S0-BAZ-354

ASIE

24

EUROPE

43

30

46

23

AFRIQUE

21

31

44

14

35

36

38

48

42

34

7

10

OCÉAN INDIEN

11

25

33

47

37

28

32

40

22

LANGUAGE, CULTURE, COMMUNICATION

Second Edition

Joel Walz
University of Georgia

Jean-Pierre Piriou
University of Georgia

D. C. Heath and Company
Lexington, Massachusetts / Toronto

Acquisitions Editor: Denise St. Jean
Developmental Editor: Anita Raducanu
Production Editor: Renée Mary
Designer: Henry Rachlin

Production Coordinator: Michael O'Dea
Photo Researchers: Martha Shethar
                   Toni Michaels
Text Permissions Editor: Margaret Roll

ACKNOWLEDGMENTS

TEXT CREDITS

Recipe and illustrations from "Crêpes" from *la pâtisserie* text et drawings by Michel Oliver. Used by permission of Librairie Plon.

Articles adapted from "Bonheur" and from "Dépenses" in *Francoscopie*, 1987. Used with permission from Francoscopie, Larousse.

We thank the following people and organizations for their generous donations of realia and authentic documents: International Programs, Unitarian Universalist Service Committee Dan Lam, Massachusetts State Office of Refugees and Immigrants, Kathleen Maguire and Taryn Thomas.

ILLUSTRATION CREDITS

Cover art: *On the Bench* by Itzchak Tarkay. Courtesy of Givon Prints.

Color insert: *p. 2* (top left) DeHogues/Gontier/The Image Works; (top right) Peter Menzel; (bottom left) DeHogues/Gontier/The Image Works; (bottom right) Joe Viesti/Viesti Associates, Inc.; *p. 3* (top left) Peter Cade/TSW; (top right) Peter Menzel; (bottom) Peter Menzel/Stock Boston; *p. 4* (top) Peter Menzel/Stock Boston; (bottom left) Mark Antman/The Image Works; (bottom right) Palmer/Brilliant; *p. 5* (top) Palmer/Brilliant; (bottom left) Raymond Scott/The Image works; (bottom right) Peter Menzel; *p. 6* (top) TSW; (bottom left) F. Apesteguy/Gamma-Liaison; (bottom right) Michael Friedel/Woodfin Camp & Associates; *p. 7* (top left) Laurent Maous/Gamma Liaison; (top right) Hubert Raguet/Gamma-Liaison; (bottom) Mark Antman/The Image Works; *p. 8* (top left) Owen Franken/Stock Boston; (top right) Joe Viesti/Viesti Associates, Inc.; (bottom) Susan Leavitres/Photo Researchers, Inc.

p. 1, Palmer/Brilliant; *p. 3*, Palmer/Brilliant; *p. 5*, Palmer/Brilliant; *p. 16*, Palmer/Brilliant; *p. 19*, Richard Lucas/The Image Works; *p. 25*, Palmer/Brilliant; *p. 26*, Palmer/Brilliant; *p. 28*, Palmer/Brilliant; *p. 38*, Palmer/Brilliant; *p. 45*, Palmer/Brilliant; *p. 47*, Mat Jacob/The Image Works; *p. 60*, Palmer/Brilliant; *p. 65*, Peter Menzel/Stock Boston; *p. 67*, Palmer/Brilliant; *p. 72*, Palmer/Brilliant; *p. 79*, Palmer/Brilliant; *p. 101*, Palmer/Brilliant; *p. 103*, Etienne Montes/Gamma-Liaison; *p. 105*, Ken Ross/Viesti Associates, Inc.; *p. 120*, Palmer/Brilliant; *p. 129*, Palmer/Brilliant; *p. 149*, Palmer/Brilliant; *p. 152*, Palmer/Brilliant; *p. 159*, Richard Lucas/The Image Works; *p. 161*, Mark Antman/The Image Works; *p. 169*, Palmer/Brilliant; *p. 183*, Richard Lucas/The Image Works; *p. 189*, Palmer/Brilliant; *p. 217*, Mark Antman/The Image Works; *p. 247*, Mark Antman/The Image Works; *p. 269*, Brucelle/Sygma; *p. 271*, Richard Lucas/The Image Works; *p. 292*, Palmer/Brilliant; *p. 295*, Palmer/Brilliant; *p. 296*, Palmer/Brilliant; *p. 313*, Richard Lucas/The Image Works; *p. 325*, Photo Researchers; *p. 345*, Palmer/Brilliant; *p. 346*, Palmer/Brilliant; *p. 365*, Wide World Photos; *p. 367*, Palmer/Brilliant; *p. 389*, Agence France-Presse/Philippe Huguen for The New York Times; *p. 399*, Stuart Cohen/Comstock; *p. 421*, Harold V. Green/Valen Photos; *p. 423*, Val Wilkinson/Valen Photos; *p. 445*, Comstock; *p. 464*, Phillipe Gontier/The Image Works.

International Standard Book Number: 0–669–16323–6.

Library of Congress Catalog Card Number: 89–83817.

10 9 8 7 6 5 4 3

Preface

Rapports, Second Edition, is a complete, flexible program designed for beginning college and university students of French. It promotes an active command of spoken French without neglecting the development of students' listening, reading, and writing skills. Because *Rapports,* Second Edition, focuses on the active, practical use of French for communication in context, emphasis is also placed on the everyday life and culture of the French and French-speakers in other francophone countries.

Organization of the Text and Its Chapters

Understanding the organization and features of a textbook is an important first step in using it to best advantage. *Rapports,* Second Edition, is organized as follows:

■ A full-color photo essay introduces students to France and the French-speaking world.

■ A preliminary chapter presents the French alphabet and immediately useful language for greetings and leave-taking.

■ Eighteen chapters provide new material for language, communication, and culture.

■ Six review sections, each appearing after every three chapters, contain oral and written exercises for class work and interactive activities to be done in small groups.

■ End-of-text reference materials round out the text.

Each of the 18 chapters contains the features listed below.

Objectives

■ Each chapter begins with a list organized by language (vocabulary and grammar) points, cultural topics, and communicative functions to highlight what students will learn.

Commençons

■ New structural points and vocabulary are first presented by a dialogue, letter, poem, or fable. To increase the portrayal of the functions for which language is used, Chapters 1–6 provide two opening dialogues. In Chapters 1–3, the dialogues are translated into English to assist students with their first exposure to French, and active vocabulary is summarized in a section entitled **Mots clés.**

Starting with Chapter 4, no translation is provided, and active vocabulary is glossed in the margin.

- **Faisons connaissance** features up-to-date notes in English on cultural points raised in the opening text(s).

- **Etudions le dialogue** poses questions on the opening text(s) to check students' global understanding.

- **Enrichissons notre vocabulaire** presents new, relevant words and expressions in realistic settings related to the opening text. This active vocabulary, which is re-entered in grammar explanations and exercises, is introduced through four basic techniques emphasizing the acquisition of language in context: brief conversational exchanges, presentation in semantic groups, organization by language function, and illustrations.

- **Prononciation** concentrates on one or two French sounds or pronunciation points, such as intonation. Thorough explanations with examples and practice exercises recorded on cassettes are provided.

Grammaire

- Grammatical structures are explained in English with examples in French drawn from or related to the chapter's opening text(s) and the **Enrichissons notre vocabulaire** section. In this way, students also learn grammar in context and focus on the communicative purposes of the structures under study. A special section, **Attention**, appears, when appropriate, to call students' attention to an exception or to a point of difficulty or importance.

- Selected grammar explanations are accompanied by a section entitled **Mots clés**, a listing of active vocabulary in the same domain as the grammatical structure just presented.

- New **Ce qu'ils disent** sections appear, when appropriate, to clarify the differences between standard French and everyday, spoken French while new **L'Orthographe** sections periodically appear to point out language features that occur only in written forms.

- A **Pratiquons** section follows each grammar explanation and provides a series of structured, often contextualized, exercises that give students ample opportunity to use each structure until they feel comfortable with it. Direction lines are in English through Chapter 6 and in French thereafter. A cassette symbol in the margin indicates when an exercise has been recorded on the cassette program.

- A second set of exercises, **Parlons**, follows each **Pratiquons** section, providing a variety of activities that ask students to communicate their own ideas in French, to role-play, and to interact with their classmates and instructor.

Communiquons

- This section highlights the integral connection that exists between culture and language. Additional cultural information related to the chapter's theme is presented in conjunction with modes of expression used in that cultural context.

This section focuses on practical topics that students who visit French-speaking countries are likely to encounter; for example, finding one's way around, ordering meals, and using the telephone.

■ Each **Communiquons** ends with a series of activities including situations, role-plays, interviews, and document-based activities to develop students' ability to communicate in practical, high-frequency situations.

Lecture culturelle

■ The reading passages in this section serve two purposes. The first is to deepen students' knowledge of French culture by providing them with texts related to the chapter's theme. The second specifically is to develop reading as a skill. The text itself is glossed for passive vocabulary. Words that are not glossed include previously studied active vocabulary, cognates, and words that appear in the pre-reading activities.

■ **Avant la lecture** features pre-reading information and activities to prepare students to work successfully with each reading selection. A short paragraph in English provides key background knowledge. Follow-up activities highlight important reading strategies, such as ways to identify or guess the meaning of unknown words, skimming, and predicting meaning.

■ **Après la lecture** consists of post-reading activities designed to check students' comprehension of the reading passage and to encourage them to apply the content to their own lives and experiences. Students will work with content questions, personal questions, list-making, and authentic documents.

Review Sections

After every three chapters, a review section appears. Divided into two parts, each review section integrates the language features of the preceding three chapters at two levels. In the **Classwork** or **Travaux pratiques** sections, a series of exercises provides a directed and partially open-ended reuse of grammar points and vocabulary items. The **Small Group Work** or **Travail en Petits Groupes** section then recycles the communicative functions of the preceding three chapters through a series of personalized, interactive activities.

Reference Materials

At the end of the text, the following reference materials are provided:

■ Appendices include the International Phonetic Alphabet, the French names of and prepositions used with the 50 American states, supplemental grammar points, and verb conjugation charts.

■ The French-English glossary lists all active and passive vocabulary in *Rapports,* Second Edition. The English-French glossary lists all active words and expressions. Each entry in the glossaries is followed by a reference indicating in which chapter it first appears and whether it is active or passive vocabulary.

■ An index provides ready access to all grammatical structures presented in the text.

Supplemental Materials for the Student

Workbook / Laboratory Manual

The *Workbook / Laboratory Manual* complements *Rapports,* Second Edition, to further develop students' listening and writing skills. Each chapter contains two sections— workbook exercises and laboratory worksheets. The Workbook section offers a variety of exercises that require students to write in French using the structures and vocabulary of the corresponding textbook chapter. Each Workbook section concludes with **Ecrivons,** a new section devoted to directed compositions and open-ended, personalized writing assignments. The Laboratory section guides students through the *Audio Program* by providing pronunciation explanations and exercises and cues for the recorded in-text **Pratiquons** exercises. In addition, the laboratory pages contain new listen-and-write activities, several of which are illustration- and document-based, as well as the writing spaces and cues for the dictations and listening-comprehension activities. The *Workbook / Laboratory Manual* now also provides workbook exercises and laboratory pages for each review section in the textbook.

Audio Program

A complete *Audio Program* to accompany *Rapports,* Second Edition, is available on cassettes. The textbook dialogues or opening texts and pronunciation examples and exercises are recorded for student repetition. They are followed by taped versions of selected in-text **Pratiquons** exercises and other original activities for listening-and-speaking and listening comprehension practice. Each cassette then concludes with a dictation and a listening-comprehension activity thematically tied to the content of the corresponding textbook chapter. In Chapters 1–5, the dictation is based on a series of sentences related to one another in meaning. In the remaining chapters, the dictations take on a variety of formats, such as paragraphs, dialogues, a letter, or a phone message, to aid student comprehension through the creation of a context. The final listening comprehension activity checks students' overall understanding of various types of recorded materials, such as dialogues, paragraphs, a series of brief situations, or a phone conversation.

Student Software

Additional, computer-aided practice in using structures and vocabulary from *Rapports,* Second Edition, is provided by this program. In-depth error analysis guides students toward self-correction of errors as they work through the activities provided for each chapter and review section of the textbook.

Supplemental Materials for the Instructor

Annotated Edition

The Instructor's Annotated Edition of *Rapports,* Second Edition, contains a complete description and explanation of the *Rapports* program, teaching and testing suggestions, sample syllabi for semester and quarter systems as well as other special needs, and suggestions for teaching for proficiency. This material is followed by the complete student textbook with annotations in color suggesting ways to implement and supplement the features of each chapter.

The Chapter Vocabulary Lists and
Workbook / Laboratory Manual Answer Key Booklet

New to the Second Edition, this booklet contains each textbook chapter's active vocabulary list and the answers to all *Workbook / Laboratory Manual* exercises whose answers do not require students' personalized responses. The pages in the booklet are perforated for easy removal so that the instructor may photocopy them for distribution to students.

Tapescript

The Tapescript provides the complete printed version of the contents of the *Audio Program.*

Testing Program

Printed Tests: The *Testing Program* consists of a set of chapter quizzes, hour exams for the semester system, midterms for the quarter system and final exams for both. The quizzes and tests evaluate students' listening comprehension, knowledge of grammar and vocabulary, and ability to communicate in writing.

Computerized Tests: For use with IBM®, IBM®-compatible and MacIntosh® computers, the *Computerized Testing Program* is new to the Second Edition. It offers instructors a bank of test items from which to create easily quizzes and tests tailored to their courses' instructional objectives and their students' needs. The diskettes are accompanied by a *User's Manual.*

Overhead Transparencies

A set of overhead transparencies is also new to the Second Edition. The transparencies are designed to teach and reinforce the vocabulary and grammar points of selected textbook chapters; to stimulate oral communication and written work; and to introduce students to the geography of the French-speaking world.

Videocassette

This new videocassette illustrates the major cultural topics treated in *Rapports,* Second Edition, with 60 minutes of authentic clips originally broadcast on French television networks.

Comments

We would like to hear your comments on and reactions to *Rapports.* Your experiences using this program would also be of great interest and value to us. Please write us care of D. C. Heath and Company, College Division, 125 Spring Street, Lexington, MA 02173 or call our toll free number 1/800–235–3565.

Acknowledgments

A major revision of this book would not have been possible without the help of many people. The authors would especially like to thank Denise St. Jean of D. C. Heath and Company for her help in all facets of the project. We also greatly appreciate the work Anita Raducanu, our developmental editor, Renée Mary, our production editor, Martha Shethar and Toni Michaels, our photo researchers, and Henry Rachlin, who designed the interior and cover of *Rapports,* Second Edition. We also thank Joan Flaherty who wrote the preliminary revision plan and got us started.

The two people who have had the greatest input outside D. C. Heath are Valérie Lastinger, Assistant Professor of French at West Virginia University, who compiled the end vocabularies and chapter lists, helped edit the manuscript, and provided much useful commentary, both linguistic and cultural. Michael Lastinger, also Assistant Professor of French at West Virginia University, revised the printed tests he had written with Jean-Luc Fallecker for the First Edition and wrote the new computer-generated tests. Their cooperation and hard work are greatly appreciated.

We have used the First Edition at the University of Georgia for five years, and many of the teachers in our department have offered us suggestions and provided us with realia. Colleagues and graduate students we would like to mention in particular are Timothy Raser, Francis Assaf, Jim Chesnut, Jon Lorrain, Jean-Luc Fallecker, the high school teachers in our summer of 1988 seminar in France, and the Lastingers. Thanks are also due to Ruth Gragg who helped to keyboard initial portions of the textbook manuscript.

Completion of the manuscript would not have been possible without computer hardware on loan from the Advanced Computational Methods Center of the University of Georgia under the direction of Dr. Charles F. Bender and Dr. Walter B. McRae.

Several colleagues reviewed the First Edition and portions of the revised manuscript of the Second Edition. We would like to thank them for their valuable suggestions without implying their endorsement of the outcome of our efforts:

Michael Bassman, East Carolina University

Jean-Pierre Berwald, University of Massachusetts, Amherst

Louis Iandoli, Bentley College

W. Pierre Jacoebée, Virginia Polytechnic Institute

John Klee, Foothill College

Jacques Laroche, New Mexico State University, Las Cruces

Joseph Morel, College of Marin

James Moses, Stephen F. Austin State University

Debra Popkin, Baruch College

Susan Schunk, University of Akron

Lastly, we would like to thank the sales force of D. C. Heath and Company for their efforts with the First Edition and their making us feel like part of the family.

Joel Walz

Jean-Pierre Piriou

Contents

▲ Un marché en plein air à Paris

◄ La Seine et Notre Dame

▲ La Pyramide du Grand Louvre

◄ Paris: La Place du Tertre à Montmartre

◄ **En Bretagne**

▲ **En Normandie**

▲ **Le Val de Loire: Le château d'Amboise**

En Alsace ▶

Sur la Côte d'Azur ▶

◀ Une centrale nucléaire

◄ **Sur le Bassin d'Arcachon**

Vignobles près de Bordeaux ►

◄ **Le TGV en Bourgogne**

**Une station de ski ▶
en Suisse**

▲ **La Communauté économique européenne à Bruxelles**

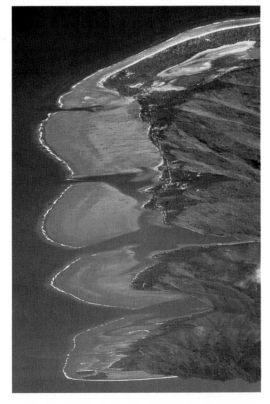

Tahiti ▶

▲ **Sommet de la Francophonie à Dakar**

◄ **La base de Kourou en Guyane**

◄ **En Tunisie**

▲ Un artiste haïtien

▼ L'Université McGill à Montréal

▼ Mardi Gras à la Nouvelle Orléans

Chapitre préliminaire

OBJECTIVES

Language:

Idiomatic Expressions
The Alphabet and Silent
    Letters

Culture:

How People Greet and Leave
    Each Other

Communication:

Greetings

Commençons

Philippe et Isabelle

PHILIPPE: Bonjour!

ISABELLE: Salut! Ça va?

PHILIPPE: Oui, ça va bien. Et toi?

ISABELLE: Ça va, merci.

PHILIPPE: Je m'appelle Philippe. Et toi?

ISABELLE: Isabelle.

Philippe and Isabelle [1]

PHILIPPE: Hello!

ISABELLE: Hi! How's it going?

PHILIPPE: Fine, and you?

ISABELLE: OK, thanks.

PHILIPPE: My name is Philippe. And yours?

ISABELLE: Isabelle.

Pierre et Madame Dumas

MME DUMAS: Bonjour, Pierre.

PIERRE: Bonjour, Madame. Comment allez-vous?

MME DUMAS: Je vais bien, merci. Et vous?

PIERRE: Très bien, merci.

Pierre and Madame Dumas

MRS. DUMAS: Good Morning, Pierre.

PIERRE: Good Morning, Ma'am. How are you?

MRS. DUMAS: I'm fine, thank you. And you?

PIERRE: Very well, thank you.

Faisons connaissance   The way people greet each other varies from culture to culture and depends on how well they know each other. When French people meet, they always make physical contact. Friends and business associates

---

[1] The dialogues in the Preliminary Chapter and Chapters 1, 2, and 3 are translated.

«Salut, Paul. Ça va?»

exchange a brief handclasp **(une poignée de main)** not only upon being introduced, but also upon seeing each other for the first time each day, and again upon parting.

In France, women shake hands as often as men. When two French people who are relatives or good friends see each other, they may embrace lightly and kiss on both cheeks **(faire la bise).** It is not unusual for French men to greet each other this way, especially if they are celebrating an important occasion.

In a French family, all children, no matter how old, will kiss both parents before leaving for the day or going to bed.

Activité

Using the expressions you have just learned in the dialogue, greet the student next to you, introduce yourself, and ask how things are going.

Prononciation[1]

A. Although French and English use the same alphabet, the combinations of letters and the sounds that they represent can be very different.

> Each language contains some sounds that do not exist in the other.
> French has no *th* sound as in *thank,* no *ch* sound as in *children.* English has no **u** sound as in **une,** no **r** sound as in **merci.**

B. Both languages have words containing letters that are not pronounced.

> French: tar*d*, alle*z*, Madam*e*
> English: *i*sland, *k*nife, nig*h*t

C. In French, as in English, one letter or one combination of letters can be pronounced more than one way.

> French: **c**omme, **c**i
> English: *c*all, *c*ircle

D. In French, as in English, one sound can be written more than one way.

> French: **ç**a, **s**alut, mer**c**i, profe**ss**eur
> English: con**qu**er, **k**itchen, **ch**aracter

---

[1] Explanations in the *Prononciation* section of this book are repeated in the **Cahier de laboratoire** so that you can review them before doing oral work with the tapes. You do not need the textbook to work with the tapes.

En cours d'anglais

OBJECTIVES

Language:

Classroom Vocabulary
The French Alphabet
Nouns and Definite Articles
Subject Pronouns
-er Verbs
Yes or *No* Questions
Numbers from 0 to 20

Culture:

Greetings
Leaving
Personal Identification

Communication:

Classroom Conversations
Greetings
Naming Things
Describing Actions
Asking Questions
Math Problems

Commençons

En cours d'anglais

LE PROFESSEUR: Commençons! Mademoiselle,
comment vous appelez-vous?

L'ETUDIANTE: Je m'appelle Nicole Martin.

LE PROFESSEUR: Vous parlez anglais, n'est-ce pas?

NICOLE: Oui, un peu.

LE PROFESSEUR: Très bien. Ouvrez votre livre page
neuf et lisez le dialogue. (*A la classe.*)
Ecoutez et répétez après Nicole.

Sessions et stages

ANGLAIS-FRANÇAIS-ALLEMAND
ESPAGNOL-SANSKRIT, apprentis-
sage efficace, joyeux, rapide par la
SUGGESTOPÉDIE, à sa source française. Tél. : 43-26-22-64.

Séjours linguistiques en Angleterre pour jeunes et adultes très
sérieux. Écoles anglaises agréés
BRITISH COUNCIL. Doc. gratuite.
Tél. : (16-1) 64-22-98-98.

In English Class

THE TEACHER: Let's begin! Miss, what's your name?

THE STUDENT: My name is Nicole Martin.

THE TEACHER: You speak English, don't you?

NICOLE: Yes, a little.

THE TEACHER: Very good. Open your book to page 9 and read the dialogue. (*To the class.*) Listen and
repeat after Nicole.

Mots clés

Nouns

l'anglais (*m.*)   English
la classe   class
le dialogue   dialogue
l'étudiant, -e   student (*m., f.*)
le livre   book
Mademoiselle   Miss
la page   page
le professeur   teacher

Verb

parler   to speak

Adjective

neuf   nine

Other Words and Expressions

à   to
après   after
Commençons   Let's begin
Comment vous appelez-vous?   What's your nam
Ecoutez...   Listen (to) . . .
en cours   in class
Lisez...   Read . . .
n'est-ce pas?   don't you?
Ouvrez votre livre.   Open your book.
Répétez...   Repeat . . .
très bien   very good, very well
un peu   a little

Faisons connaissance   There is a difference between the way French students speak to friends and the way they address teachers. In France and in the United
States, the kind of language people use with each other reflects the relationship they
have. For example, to your roommate you might say, "Hi, what's up?" **(Salut, ça va?),** but

to your roommate's parents you would probably say, "Hello, How are you?" **(Bonjour, comment allez-vous?).** French people are generally more formal than Americans, however, and are less likely to assume a casual attitude toward new acquaintances.

Etudions le dialogue

1. Repeat the dialogue after your teacher.
2. Read the dialogue with another classmate.
3. Ask one of your classmates to act out the dialogue with you in front of the class.

Enrichissons notre vocabulaire

A l'université

Qu'est-ce que c'est?
C'est… / Ce sont…

En cours de français

l'alphabet *m.*

Continuez la leçon!
Combien de pages?
Lisez **de** la page quatre à la page
    cinq et **répondez aux**
    questions.

At the university

What is it?
It's / They are. . .

In French class

the alphabet

Continue the lesson.
How many pages?
Read from page 4 to page 5 and
    answer the questions.

le tableau
la craie
le bureau
de Madame Dumas

la porte
la fenêtre

le cadeau
le crayon

la chaise   le stylo   le cahier   les livres

Voilà la salle de classe.

Questions

Comment dit-on «Good-bye»
  à Paris / au Canada?
Je ne sais pas.
A Paris, **on dit,** «Au revoir,» **mais**
  au Canada, on dit «Bonjour.»

Qu'est-ce que «Salut» veut dire?
Cela veut dire «Hi.»
Voici le livre de français.
Merci.
Il n'y a pas de quoi. / De rien.

—Ils étudient **ensemble?**
—Oui, ils étudient **ici /**
  beaucoup / avec Marie.
Non, ils étudient **mal.**

Salut!
Au revoir!
Bonsoir

Questions

How do you say "Good-bye" in
  Paris / in Canada?
*I **don't know.***
*In Paris, **you say**
"Au revoir," **but** in
Canada, you say, "Bonjour."*
What does "Salut" mean?
***It** means "Hi."*
***Here is** the French book.*
Thank you.
Don't mention it. / You're welcome.

*They study **together?***
*Yes, they study **here / a lot / with**
  Marie.
*No, they study **badly.***

Bye!
Good-bye!
Good night!

Prononciation

The International Phonetic Alphabet

The International Phonetic Alphabet (IPA), which is used in the *Prononciation* sections of this book, simplifies learning new words because each written symbol represents one specific sound. The International Phonetic Alphabet appears in Appendix I.

The French Alphabet

A. French has a system of written accent marks that are as important as the dot of an **i** or the cross of a **t.** Be sure to learn accents as part of the spelling of words.

accent	*name*	*example*
(´)	l'accent aigu (acute accent)	poignée
(`)	l'accent grave (grave accent)	très
(^)	l'accent circonflexe (circumflex accent)	hôtel
(¸)	la cédille (cedilla)	français
(¨)	le tréma (dieresis)	Noël

B. Accents can indicate pronunciation.

Commençons / kɔ mã sɔ̃ /
classe, café / klas /, / ka fe /

C. Accents can differentiate words.

a	*has*	**ou**	*or*
à	*to*	**où**	*where*

D. The French alphabet is the same as the English, but of course the names of the letters differ. The following chart gives the letters and the IPA symbols showing the pronunciation of their names.

a	/a/	j	/ʒi/	s	/ɛs/
b	/be/	k	/ka/	t	/te/
c	/se/	l	/ɛl/	u	/y/
d	/de/	m	/ɛm/	v	/ve/
e	/ø/	n	/ɛn/	w	/dubløve/
f	/ɛf/	o	/o/	x	/iks/
g	/ʒe/	p	/pe/	y	/igʀɛk/
h	/aʃ/	q	/ky/	z	/zɛd/
i	/i/	r	/ɛʀ/		

E. The letters **k** and **w** are rare in French and are only in words borrowed directly from other languages. Examples are **le week-end, le wagon, le kiosque.**

F. The letter **h** is always silent. Words that start with **h** sound like they start with the vowel that follows. Two examples are **homme** /ɔm/ and **hôtel** /o tɛl/.

Exercices

A. Repeat the French alphabet after your teacher.

B. In French, spell your full name, your mother's maiden name, and the name of the street where you live.

C. Team up with a classmate and ask each other to spell words from the dialogue. When giving the words, be sure your pronunciation is correct. When spelling the words, be sure to remember accents.

Grammaire

I. Nouns and Definite Articles

In French, all nouns, whether they represent living or nonliving things, are either masculine or feminine. Nouns referring to male human beings are masculine. Nouns referring to female human beings are generally feminine.

A. An article almost always accompanies a noun in French. The article indicates the gender (masculine or feminine) and the number (singular or plural) of the noun. A masculine noun is introduced by a masculine article. A feminine noun is introduced by a feminine article. French has four forms that correspond to the English definite article *the.*

Definite Articles

	sing.	*pl.*
masc.	**le** dialogue	**les** dialogues
	l'étudiant	**les** étudiants
fem.	**la** porte	**les** portes
	l'étudiante	**les** étudiantes

B. Le / lø / is used with masculine, singular nouns that begin with a consonant.

le stylo	*the pen*
le café	*the sidewalk café; coffee*
le crayon	*the pencil*
le français	*French (language)*

C. La /la/ is used with feminine, singular nouns that begin with a consonant.

la radio	*the radio*
la porte	*the door*
la fenêtre	*the window*
la leçon	*the lesson*
la classe	*the class*

D. L' is used with all singular nouns that begin with a vowel sound.

l'ami (*m.*) / la mi /	*the friend*
l'amie (*f.*) / la mi /	*the friend*
l'hôtel (*m.*) / lo tel /	*the hotel*
l'enfant (*m. or f.*) / lã fã /	*the child*
l'anglais (*m.*) / lã gle /	*English (language)*

E. Les is used with plural nouns, masculine and feminine. It is pronounced / le / before a consonant and / lez / before a vowel sound.

les livres (*m.*) / le livʀ /	*the books*
les femmes (*f.*) / le fam /	*the women*
les hommes (*m.*) / le zɔm /	*the men*
les amies (*f.*) / le za mi /	*the friends*

Éditorial

Le livre est une fête

L'ORTHOGRAPHE

1. As with English, French has numerous differences between what you say and what you write. This section will appear throughout the book to explain forms that are present only when you write in French.

2. In French, the plural of most nouns is formed by adding an **s** to the singular noun. If the noun already ends in **s**, the singular and the plural are the same.

le disque	les disques	*the records*
la leçon	les leçons	*the lessons*
le cours	les cours	*the classes*
l'autobus	les autobus	*the buses*

3. The letter **x** is used for the plural of words ending in *-eau*.

   | le cadeau | les cadeau**x** | *the gifts* |
   | le bureau | les bureau**x** | *the desks, the offices* |

Attention   Notice the similarity between **classe** and **class.** French and English words that are alike in sound, form, and meaning are cognates. There are, however, French words that are similar in spelling to English words but that differ in meaning. These are **faux amis,** or "false friends." An example is **comment,** which means *how.*

PRATIQUONS

A. Make the following nouns plural.

   1. l'enfant   2. le cadeau   3. le stylo   4. le disque   5. l'ami
   6. l'homme   7. l'étudiante   8. la fenêtre

B. Make the following nouns singular.

   1. les cours   2. les radios   3. les femmes   4. les étudiants   5. les crayons
   6. les hommes   7. les livres   8. les amies

C. Use the correct definite article with the following nouns. (Watch for the plural marker **s** or **x**.)

   1. fenêtre   2. disques   3. classe   4. hommes   5. crayon   6. ami
   7. bureaux   8. anglais   9. stylos   10. amies   11. leçon   12. femmes

PARLONS

A. Divide into pairs or small groups. Take turns pointing to a classroom or personal object or a photo of something and asking, **Qu'est-ce que c'est?** The student who knows must answer with **C'est,** a definite article, and a noun. Whoever gives the answer then asks the question next.

   MODEL: Student #1:   *(Pointing to the window.)* Qu'est-ce que c'est?
            Student #2:   *C'est la fenêtre.*

B. Team up with a classmate to study the nouns you have learned. When giving the
French word, use the definite article.

MODEL: Student #1:   Comment dit-on **the book?**
          Student #2:   *On dit **le livre.***

Then start with a French word and ask its English equivalent.

MODEL: Student #1:   Qu'est-ce que **le stylo** veut dire?
          Student #2:   *Cela veut dire **the pen**.*

II.   Subject Pronouns and -er Verbs

A. Subject pronouns

1. Subject pronouns replace noun subjects.

Paul chante. → **Il** chante   *Paul sings. → **He** sings.*

Paul et Marie étudient.   *Paul and Marie study.*
Ils étudient.   *They study.*

Subject Pronouns			
je	l	**nous**	we
tu	you	**vous**	you
il	he	**ils**	they (*m.*)
elle	she	**elles**	they (*f.*)
on	one, we, you, they		

2. Note that there are two French forms for *you:* **tu** and **vous.**

Tu is the singular, informal form. Use **tu** to address one person that you know well,
such as a friend, a relative, or a child.

Tu parles français?   *Do **you** speak French?*

Vous can be singular or plural. Use **vous** to speak to one person you do not know
well, or are unsure how to address, or wish to treat with respect. Also use **vous** to
speak to more than one person, regardless of your relationship.

Vous parlez anglais, Madame?   *Do **you** speak English, Ma'am?*
Philippe et Isabelle, **vous** écoutez le   *Philippe and Isabelle, are **you** listening*
    professeur?   *to the teacher?*

3. There is no specific word in French for *it*. Since all nouns have a gender, **il** refers to
masculine nouns and **elle** refers to feminine nouns.

4. **Elles** refers to two or more females or feminine nouns.

> Marie et Isabelle? **Elles** travaillent bien.
>
> *Marie and Isabelle? **They** work hard.*

5. **Ils** refers to two or more males or masculine nouns. **Ils** also refers to a combined group of males and females or masculine and feminine nouns.

> Les étudiants? **Ils** écoutent en classe.
>
> *The students? **They** listen in class.*

6. There is one impersonal subject pronoun in French: **on**. It is used in a general sense and has at least four English equivalents: *we, one, they, people.*

> Ici **on** parle français.
>
> *Here **we** speak French.*
> *Here **one** speaks French.*
> *Here **they** speak French.*
> *Here **people** speak French.*

Ce
qu'ils disent

(*What people say*)

1. You are undoubtedly aware that people do not always use a language the way grammar books (or textbooks) describe it. For example, English has the verb "going," but most people say "gonna." To help you bridge the gap between written and spoken French, this section, **Ce qu'ils disent**, will appear throughout this book.

2. In conversational French, the pronoun **on** often replaces **nous**.

> **On** regarde la télévision?
> **On** commence?
>
> *Shall **we** watch television?*
> ***Shall** we begin?*

Carte Bleue Visa. Elle parle toutes les langues.

B. **-er** Verbs

1. French verbs are classified by the ending of the infinitive. The infinitive consists of a stem (like **chant**) and an ending (like **-er**). The largest group of French verbs has infinitives that end in **-er**, like **chanter**.

	chanter (*to sing*)	
sing	je chante	*I sing, I am singing, I do sing*
	tu chantes	*you sing, you are singing, you do sing*
	il chante	*he sings, he is singing, he does sing*
	elle chante	*she sings, she is singing, she does sing*
	on chante	*one sings, one is singing, one does sing*
pl.	nous chantons	*we sing, we are singing, we do sing*
	vous chantez	*you sing, you are singing, you do sing*
	ils chantent	*they sing, they are singing, they do sing*
	elles chantent	*they sing, they are singing, they do sing*

2. The present tense in French corresponds to three English forms, as shown above.

En général, ils **chantent** bien, mais ce soir ils **chantent** mal.	*Generally, they **sing** well, but this evening they are **singing** badly.*

L'ORTHOGRAPHE

All regular **-er** verbs are conjugated the same way. Written present-tense endings for **-er** verbs are: **-e, -es, -e, -ons, -ez, -ent.**

3. Conjugated **-er** verbs have only three pronunciations. The singular forms and the third-person plural forms (**ils / elles**) are pronounced alike. The listener must know from the context whether / il ʃɑ̃t / is singular (**il chante**) or plural (**ils chantent**).

je	/ ʃɑ̃t /	nous	/ ʃɑ̃tɔ̃ /
tu	/ ʃɑ̃t /	vous	/ ʃɑ̃te /
il	/ ʃɑ̃t /	ils	/ ʃɑ̃t /
elle	/ ʃɑ̃t /	elles	/ ʃɑ̃t /

4. When a verb starts with a vowel sound:

- **je** becomes **j'**: j'invite / ʒɛ̃ vit /.
- The letter **n** is pronounced: on invite / ɔ̃ nɛ̃ vit /.
- The final **s** of all plural subject pronouns is pronounced: nous‿invitons / nu zɛ̃ vi tɔ̃ /; vous‿invitez / vu zɛ̃ vi te /; ils‿invitent / il zɛ̃ vit /; elles‿invitent / ɛl zɛ̃ vit /.

L ' O R T H O G R A P H E

In written French, verbs that end in **-ger** add an **e** before the **-ons** ending (**nous mangeons** [*we eat*]). Verbs that end in **cer** add a *cédille* to the **c** before the **-ons** ending (**nous commençons**). These small changes preserve the "soft" sounds of the **g** and **c**.

Mots clés

Common and useful -er verbs

aimer to like	**habiter** to live (*in a place*)
commencer to begin	**inviter** to invite
continuer to continue	**jouer** to play
danser to dance	**manger** to eat
écouter to listen	**montrer** to show
étudier to study	**parler** to speak
expliquer to explain	**regarder** to watch
fermer to close	**terminer** to end
fumer to smoke	**travailler** to work

PRATIQUONS

A. Replace the italicized words with each of the suggested subject pronouns. Be sure to give the correct form of the verb.

MODEL: *Elle* mange beaucoup.   Vous …
         Vous mangez beaucoup.

1. *Il* travaille avec Marc.   (Tu, Vous, Nous, Elle, Je, Ils, On)
2. *Elle* danse bien.   (Je, Nous, Elles, Tu, Vous, Il, Ils)
3. *Tu* invites les enfants.   (Nous, Il, Ils, Je, Elles, Vous, On)

B. Make complete sentences using the correct form of the verbs in parentheses.

MODEL: Nous (habiter) à Montréal.
         Nous habitons à Montréal.

1. Vous…   (aimer) le français.
           (chanter) bien.
           (fermer) la porte.
2. Elles…   (inviter) les enfants.
            (habiter) à Paris.
            (fumer) beaucoup.
3. Nous…   (étudier) la leçon.
           (manger) beaucoup.
           (regarder) les hommes.

C. Make a complete sentence with each of the following groups of words.

MODEL: Nous / danser / mal
*Nous **dansons** mal.*

1. Je / aimer / l'université
2. Elle / étudier / le français
3. Le professeur / expliquer / la leçon
4. Nous / habiter / à New York
5. Les enfants / manger / ici
6. Elles / travailler / beaucoup
7. Vous / fumer / beaucoup
8. On / danser / à Paris

PARLONS

A. Answer questions about the following people using a subject pronoun.

1. Le professeur explique la leçon?
2. Vous parlez français?
3. Vous aimez les enfants?
4. Les étudiantes travaillent bien ici?
5. Madonna chante bien?
6. Vous étudiez beaucoup?

B. Make a list of five statements about yourself based on the **-er** verbs mentioned above and the vocabulary you have learned. Present your list to the class.

MODEL: J'aime les enfants. Je chante bien. Je danse mal. Je
regarde la télévision. J'étudie le français.

C. In small groups, take turns telling each other your personal statements. Then tell your classmates what you learned about the other members of your group.

MODEL: Suzanne fume. Paul habite ici. Daniel mange beaucoup.

Elles adorent la musique.

III. Yes-or-No Questions

There are several ways to ask a *yes-or-no* question in French. Three of those ways are:

A. You can make your voice (intonation) rise, rather than fall, at the end of a sentence.

Statement: Il travaille ici.   *He works here.*

Question: Il travaille ici?   *He works here?*

B. You can add the phrase **Est-ce que** to the beginning of a sentence.

Statement: Cécile parle bien.   *Cécile speaks well.*
Question: Est-ce que Cécile parle bien?   *Does Cécile speak well?*

When the subject of a sentence begins with a vowel, the **e** of **que** is not pronounced and is replaced with an apostrophe.

Est-ce **qu'il** regarde la télévision?
Est-ce **qu'on** parle français ici?

C. You can add the phrase **n'est-ce pas** to the end of a sentence.

Statement: Je joue bien.   *I play well.*

Question: Je joue bien, **n'est-ce pas?**   *I play well, don't I?*

Statement: Elle parle français.   *She speaks French.*

Question: Elle parle français, **n'est-ce pas?**   *She speaks French, doesn't she?*

Note that your voice rises at the end of a question, regardless of which form it is.

Ce qu'ils disent

In conversation, rising intonation is the most frequently used type of question. The expression **n'est-ce pas** is used often, but implies that the listener should agree with the question.

Vous parlez anglais, n'est-ce pas?   *You speak English, don't you?*
Oui, je parle anglais.   *Yes, I speak English.*

PRATIQUONS

A. Listen carefully as your teacher reads the following unpunctuated sentences. Judging by the rising or falling intonation, indicate whether you hear a question or a statement.

1. Elle habite ici
2. Ils travaillent ensemble
3. Jacqueline aime le professeur
4. Les étudiants terminent la leçon
5. Les enfants étudient le français
6. L'homme montre le livre à l'étudiant

B. Change the following statements to questions. Be careful when using the **Est-ce que** form before vowels.

MODEL: Monique aime le français.
Monique aime le français?
Est-ce que Monique aime le français?
Monique aime le français, n'est-ce pas?

1. Les enfants étudient la leçon.
2. Elle ferme la porte.
3. Les hommes fument beaucoup.
4. Ils dansent avec les femmes.
5. Jean et Marie habitent à Paris.
6. On écoute beaucoup la radio.

C. Pretend that you are the French teacher and that you expect all your students to agree with you. Ask the following questions with **n'est-ce pas?**.

MODEL: Est-ce que vous invitez le professeur?
*Vous invitez le professeur, **n'est-ce pas?***

1. Isabelle, vous parlez français?
2. Vous habitez ici?
3. Est-ce que je travaille bien?
4. Vous mangez beaucoup?
5. Les étudiants aiment le dialogue?
6. Est-ce que vous commencez la leçon?

PARLONS

A. You are circulating from group to group at a party and you interrupt several conversations. Ask the question that elicited the following answers. Be sure to use the correct pronoun. You have a choice as to which question form to use.

MODEL: (*answer*)   Oui, je travaille après la classe.
(*question*) *Tu travailles après la classe?*
Est-ce que tu travailles après la classe?
Tu travailles après la classe, n'est-ce pas?

1. Oui, elles aiment la radio.
2. Oui, tu parles bien.
3. Non, nous terminons la leçon.
4. Oui, je chante bien.
5. Oui, vous mangez beaucoup.
6. Non, elle montre le livre.
7. Oui, on parle anglais ici.
8. Oui, elles jouent ensemble.

B. Using the words below, ask your classmates about themselves.

1. chanter bien ou mal
2. aimer le français
3. danser bien ou mal
4. étudier beaucoup
5. habiter ici
6. travailler

C. Ask each other questions to see if you remember what your classmates answered in Exercise B.

MODEL: Michel, est-ce que Robert chante bien?
Non, il chante mal.

D. Prepare five questions using **-er** verbs from the list on page 15. Interview a classmate in a small group or in front of the class.

IV. Numbers from 0 to 20

0 zéro	10 dix
1 un	11 onze
2 deux	12 douze
3 trois	13 treize
4 quatre	14 quatorze
5 cinq	15 quinze
6 six	16 seize
7 sept	17 dix-sept
8 huit	18 dix-huit
9 neuf	19 dix-neuf
	20 vingt

A. Numbers can be used alone, as in telephone numbers, or they can be used with nouns, for example, **trois livres**. When used with nouns, many numbers require pronunciation changes. You will study this in Chapter 4.

B. To express addition and subtraction, use the following:

Combien font deux **et** trois?	*How much are two and three?*
or	*or*
Combien font deux **plus** trois?	*How much are two plus three?*
Deux **plus** trois font cinq.	*Two and three are five.*
Combien font vingt **moins** six?	*How much is twenty minus six?*
Vingt **moins** six font quatorze.	*Twenty minus six is fourteen.*
Combien font quatre **multiplié par** trois?	*How much is four multiplied by (times) three?*
Quatre **multiplié par** trois font douze.	*Four multiplied by three is twelve.*
Combien font seize **divisé par** quatre?	*How much is sixteen divided by four?*
Seize **divisé par** quatre font quatre.	*Sixteen divided by four is four?*

PRATIQUONS

A. Count in French as the series of numbers below indicate.

1. 1, 2, 3 . . . 20
2. 2, 4, 6 . . . 20
3. 1, 3, 5 . . . 19
4. 20, 19, 18 . . . 0
5. 20, 18, 16 . . . 0
6. 19, 17, 15 . . . 1

B. Do the following addition and subtraction problems in French.

1. $2 + 3 =$
2. $1 + 2 =$
3. $20 - 2 =$
4. $19 - 4 =$
5. $1 + 5 =$
6. $6 + 2 =$
7. $18 - 8 =$
8. $12 - 1 =$
9. $9 + 8 =$
10. $5 + 5 =$
11. $16 - 1 =$
12. $18 - 18 =$
13. $2 + 7 =$
14. $3 + 1 =$
15. $14 - 6 =$
16. $19 - 3 =$

C. Do the following multiplication and division problems in French.

1. $2 \times 2 =$
2. $2 \times 9 =$
3. $15 \div 3 =$
4. $12 \div 4 =$
5. $3 \times 5 =$
6. $6 \times 0 =$
7. $20 \div 2 =$
8. $16 \div 8 =$
9. $4 \times 4 =$
10. $5 \times 2 =$
11. $18 \div 3 =$
12. $8 \div 2 =$
13. $6 \times 3 =$
14. $4 \times 5 =$
15. $10 \div 2 =$
16. $20 \div 4 =$

PARLONS

Divide into pairs and ask each other math problems, the answers to which range from 0 to 20.

MODEL: Combien font sept et deux? Sept et deux font neuf.
Combien font quinze moins cinq? Quinze moins cinq font dix.
Combien font cinq multiplié par deux? Cinq multiplié par deux font dix.
Combien font quatre divisé par deux? Quatre divisé par deux font deux.

Communiquons

Les rencontres

The way people greet each other varies from culture to culture. An important considera-tion is the degree of familiarity between the speaker and the person being greeted. In France, people greet everyone they know with a few words and a handshake or, for friends, **les bises.** Formal situations require a word of greeting (e.g. **Bonjour**) and the title **Monsieur, Madame,** or **Mademoiselle,** but no last name. Upon entering a small store, people often say **Bonjour, Messieurs-Dames** even if they do not know the other clients. They always use the plural of these titles when beginning a speech: **Mesdames, Mesdemoiselles, Messieurs...**

■ Some basic greetings are:

Bonjour.	*Hello. (literally, Good day)*
Bonsoir.	*Good evening.*
Salut!	*Hi! (much more familiar)*

■ To ask about the other person's health in a familiar manner, you say:

Ça va?	
Comment ça va?	*How are you?*
Ça va bien?	

In a slightly more formal manner, you ask:

Comment allez-vous?	*How are you?*

■ The preceding questions are answered as follows:

Ça va.	*O.K.*
Ça va bien	*I'm fine.*
Je vais bien.	*I'm fine.*
Très bien, merci.	*Very well, thank you.*
Pas mal. Et vous?	*Not bad. And you?*
Comme-ci, comme-ça.	*So-so.*

Of course, **mal** can replace **bien** if you are not fine!

■ To take leave of a person, you can use the following expressions.

Au revoir.	*Goodbye.*
Bonne nuit.	*Good night.*
A demain.	*See you tomorrow.*
A plus tard.	*See you later.*
A tout à l'heure.	*See you a little later.*
A bientôt.	*See you soon.*
A la prochaine.	*See you next time.*
Salut!	*So long!*
Bonsoir.	*Good evening.*

The last two expressions can be used for both arrival and departure. **Bonjour** is not used for departure in France, although it is used that way in Canada. The expression **Bonne nuit** is used when someone is going to bed.

Activités

A. Greet the student next to you.

B. Go to the front of the class with a classmate and greet each other.

C. Write a short dialogue with a classmate and then present it in front of the class.

D. What would the person mentioned in the following situations be most likely to say?

1. Jacques is kissing his mother good-night.
2. Monique has just run into a friend on campus.
3. Philippe and his English teacher arrive at the classroom at the same time.
4. Isabelle is leaving class, but will see her classmates the next day.
5. Anne and Marie are going to different classes, but they have plans to study together later in the afternoon.
6. The school year is over, and you may not see your friends for several months.
7. Jean sees a friend and asks how she is.
8. Marc is leaving the room, but will be back in an hour.

Lecture culturelle

Une pièce d'identité, s'il vous plaît.

Avant la lecture

In France, everyone eighteen and older must carry some form of identification at all times. Most people have a national identification card (**la carte nationale d'iden-tité**), which they must produce at the request of any law-enforcement officer or other person acting in an official capacity, such as at a bank. A French person may use a passport, but drivers' licenses or social security numbers are not standard forms of identification as in the United States. Credit cards are very popular in France, especially **la Carte Bleue,** the Visa card, and **Eurocard,** MasterCard, but they are not used for identification. Visitors to France who wish to stay over three months need a **carte de séjour** (*residence permit*). Both are available at French consulates in the visitor's native country.

Activités

A. Think of reasons why an American would be in a French bank. What sort of questions would the banker ask?

B. Scan the conversation to look for cognates. Are there any false cognates?

Une pièce d'identité, s'il vous plaît°

pièce... ID card /
s'il... please /

est is / dans in

un chèque... a traveler's check

montrez-moi show me

Voilà There is / ma my /
carte... student ID card
Je regrette I'm sorry

un permis... driver's license

Robert, un étudiant américain, est° dans° une banque à Paris.

ROBERT: Pour changer un chèque de voyage° s'il vous plaît?

L'EMPLOYEE: Oui, montrez-moi° une pièce d'identité, Monsieur.

ROBERT: Voilà,° ma° carte d'étudiant.°

L'EMPLOYEE: Je regrette,° Monsieur. On n'accepte pas les cartes d'étudiant.

ROBERT: Est-ce que vous acceptez un passeport ou un permis de conduire?°

L'EMPLOYEE : Un passeport. Oui, ça va. (*Elle regarde le passeport.*) Signez le chèque s'il vous plaît.

ROBERT: (*Il signe.*) Voilà.

L'EMPLOYEE: Voilà l'argent, Monsieur.

ROBERT: Merci. Au revoir.

Après **la lecture**

Questions sur la conversation

1. Qui demande (*Who asks for*) une pièce d'identité?
2. Est-ce que Robert montre un passeport?
3. Est-ce que l'employée accepte les cartes d'étudiant?
4. Quelle (*which*) pièce d'identité est-ce que Robert montre?
5. Est-ce que l'employée signe le chèque?

Activité

Les pièces d'identité.   In French, make a list of cards that are accepted as forms of identification in France and those that are not.

| le passeport | les cartes de crédit | la carte d'étudiant |
| la carte de sécurité sociale | le permis de conduire | la carte nationale d'identité. |

On accepte: **On n'accepte pas:**

1. la carte de séjour   1.
2.   2.
3.   3.
4.

Chapitre

2

Au café

OBJECTIVES

Language:

Vocabulary for the Family,
    Entertainment, Colors
Word Stress
Negation
être
Vocabulary for Occupations
    and Nationalities
Descriptive Adjectives
Numbers from 21 to 69
Ordinal Numbers

Culture:

French Universities
Entertainment
Introducing People
University Life
Writing Checks in France

Communication:

Describing People and Things
Counting
Introductions

Commençons

Au café

Gilles et Laure, deux étudiants, sont au café.

GILLES: Tiens, voilà Monique!

LAURE: Oui, elle est avec Jacques.

GILLES: Son petit ami?

LAURE: Oui, il est sympathique et studieux.

GILLES: Et Monique, elle n'est pas studieuse?

LAURE: Si, elle est toujours première. Ils étudient l'anglais ensemble.

GILLES: L'anglais? Tu es certaine?

LAURE: Oui, quand ils ne sont pas au café!

At the Cafe

Gilles and Laure, two students, are at the café.

GILLES: Hey, there's Monique!

LAURE: Yes, she's with Jacques.

GILLES: Her boyfriend?

LAURE: Yes. He is nice and studies a lot.

GILLES: Doesn't Monique study?

LAURE: Of course, she is always first in her class. They study English together.

GILLES: English? Are you sure?

LAURE: Yes, when they aren't at the café!

Un groupe d'étudiants au café.

Jacques et Monique arrivent au café

MONIQUE: Tiens, Jacques. Voilà Gilles et Laure! Salut, Laure!

LAURE: Salut, Monique! Voilà mon ami Gilles.

GILLES: (*une poignée de main.*) Enchanté. Vous étudiez l'anglais, n'est-ce pas?

MONIQUE: Oui, et voici Jacques. Nous sommes ensemble à la Fac.

JACQUES: Très heureux. Tu es étudiant aussi?

GILLES: Oui, je suis en philo.

Jacques and Monique arrive at the cafe

MONIQUE: Hey, Jacques. There are Gilles and Laure! Hi, Laure!

LAURE: Hi, Monique! This is my friend Gilles.

GILLES: (*shaking hands.*) Delighted. You study English, don't you?

MONIQUE: Yes. And this is Jacques. We're together at the university.

JACQUES: Nice to meet you. Are you a student too?

GILLES: Yes. I'm majoring in philosophy.

Mots clés

Nouns

le petit ami / la petite amie
  boyfriend / girlfriend
la Fac(ulté)   University
la philo(sophie)   philosophy

Adjectives and Adverbs

aussi   also
certain, -e   certain
enchanté, -e   delighted
heureux, -euse   happy

premier, ère   first
quand   when
son   his, her
studieux, -euse   studious
sympathique   nice
toujours   always
très   very

Other Words and Expressions

Tiens!   Hey!
Si   Yes, Of course

Faisons connaissance   Most French universities are located in the largest cities. The university in Paris and the universities in other major cities are so big that they are divided up and have numbers. For example, the former **Sorbonne** is now **Paris IV.** Students use the term **la Fac,** an abbreviation of **la Faculté,** to refer to the university. It could be any school of the university: **Faculté des Lettres et Sciences Humaines** (*Arts and Sciences*), **Faculté de Médecine** (*School of Medecine*), etc.

Most French students go to the university nearest to their home and continue to live with their family. The universities are so large that they cannot provide housing for all the remaining students. The students often must rent rooms from individuals. Consequently, there is little campus life after classes end. Students often go to cafés between and after classes to meet friends and to study. Traditionally, cafés allow anyone to stay all day after an order but near universities the waiter may insist on another order after a few hours.

Un étudiant arrive
à la Sorbonne.

Other forms of entertainment that college students enjoy include movies and plays, going for a walk, or gathering at a friend's house for an informal party. Concerts are very popular, and French students like to go dancing. Whatever they do, French students usually pay their own way.

Etudions les dialogues

A. Dialogue 1

1. Monique est la petite amie de Gilles, n'est-ce pas?
2. Est-ce qu'elle est studieuse?
3. Jacques est studieux, n'est-ce pas?
4. Jacques est toujours premier?
5. Est-ce que Jacques et Monique étudient le français?
6. Quand est-ce qu'ils étudient?

B. Dialogue 2

1. Jacques et Monique arrivent à l'université?
2. Monique étudie le français?
3. Jacques est étudiant aussi?
4. Il étudie l'anglais?

Enrichissons notre vocabulaire

La famille et les amis

son père et sa mère
son frère et sa sœur
le grand-père / la grand-mère
l'oncle / la tante
le mari / la femme
les enfants: les garçons et les filles
le fils / la fille
le cousin / la cousine
le neveu / la nièce

Mon / ma camarade de chambre
Mon copain
Ma copine

Family and friends

his / her father and his / her mother
his / her brother and his / her sister

my roommate

Les préférences

l'art moderne
le rock

le jazz
la musique classique

adorer   to adore
aimer mieux   to prefer
apprécier   to appreciate

désirer   to want
détester   to hate

Qu'est-ce que tu aimes?
—J'adore fréquenter les boîtes de
    nuit / voyager en Europe.
—Moi aussi, je fréquente souvent
    les boîtes de nuit / toujours
    les cafés.

What do you like?
I *love to go to night clubs /*
    travel to Europe.
Me too, I often go to night
    clubs / always go to cafes.

faire la cuisine
les livres sur le Canada.
les sports
regarder la télé

—Qu'est-ce que tu détestes?
—Je déteste les exercices
    / l'hypocrisie / l'intolérance /
    J'aime mieux la sincérité.

What do you detest?
I *detest exercises / hypoc-*
    risy / intolerance / I prefer sin-
    cerity.

Les couleurs

le chat noir
le vin rouge / blanc
l'herbe verte
les cheveux bruns / blonds
les pages jaunes
le ciel bleu

black cat
red / white wine
green grass
brown / blond hair
yellow pages
blue sky

Prononciation Word Stress in French

A. Those who study English as a foreign language often have a great deal of difficulty putting stress on the proper syllables. One word, such as *record* or *present,* can vary in pronunciation according to its meaning. Words can even vary according to the region where English is spoken. For example, one says la*bor*atory in England and *lab*oratory in the United States.

B. In French, however, all syllables receive the same stress except the last, which bears only slightly more.

Notice the difference in stress as you listen to and repeat the following pairs of English and French words.

English	**French**
ex*a*mine	exa*mine*
*mer*chandise	marchan*dise*
a*part*ment	apparte*ment*

In French, each syllable has the same stress and vowels maintain the same pronunciation throughout the word. This is not the case in English. For example, *Alabama* has the same written vowel throughout, but in its unaccented syllables (the second and the fourth), the vowel sound is reduced to /ə/, the "uh" sound. In French, vowel quality does not change.

Note the difference in the sound and quality of the italicized vowels as you listen to and repeat the following pairs of English and French words.

English	**French**
uni*ver*sity	universi*té*
*tel*evision	*té*lévision
*lab*oratory	*lab*oratoire

Exercice

Read the following sentences aloud, taking care to put equal stress on all syllables.

1. Je regarde la télévision.
2. Paul examine l'itinéraire.
3. Nous visitons le laboratoire.
4. Elle enveloppe les marchandises.
5. La police occupe l'appartement.
6. Le professeur est intelligent.

Grammaire

I. Negation

A. To make a statement negative in French, place the words **ne...pas** around the conjugated verb.

Est-ce qu'ils sont au café?	*Are they at the café?*
Non, ils **ne** sont **pas** au café.	*No, they aren't at the café.*

B. If there are two consecutive verbs, you still place the **ne…pas** around the conjugated verb to make the statement negative.

> Ils détestent faire la cuisine?   *They hate to cook?*
> **Non**, ils **ne** détestent **pas** faire   *No, they **don't** hate to cook.*
>   la cuisine.

C. If the verb begins with a vowel sound, you do not pronounce the **e** of **ne**, and you write **n'**.

> Elle **n'**est pas studieuse.   *She isn't studious.*
> Tu **n'**es pas étudiant.   *You aren't a student.*

Even before a consonant, the **e** of **ne** is rarely pronounced.

> Vous n¢ parlez pas bien.   *You don't speak well.*
> Je n¢ ferme pas la fenêtre.   *I am not closing the window.*

The pronunciation of the **s** of **pas** before a vowel is optional.

> Ils ne sont pas‿au café.   }   *They aren't at the café.*
> Ils ne sont pas / au café.   }

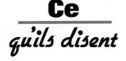

Ce qu'ils disent

In casual conversation, the French leave out the **ne** of the negation. This is particularly the case with young people. However, they would never write that way, and you must always use **ne** to maintain an appropriate style.

Speaking	**Writing**
On mange pas beaucoup.	On **ne** mange pas beaucoup.
Il écoute pas la radio.	Il **n'**écoute pas la radio.
C'est pas un stylo.	Ce **n'**est pas un stylo.

PRATIQUONS

A. Make each of the following phrases negative.

1. je travaille 2. il danse 3. nous parlons 4. elles étudient 5. vous détestez 6. j'apprécie 7. nous adorons 8. elle regarde 9. ils mangent 10. nous invitons

B. Contradict the following sentences.

MODEL: Nadine joue avec les enfants.
            *Nadine **ne** joue **pas** avec les enfants.*

1. Je danse avec Louise.
2. Paul aime regarder la télévision.
3. Nous parlons bien.
4. Bernadette et Michelle adorent la musique.
5. Tu apprécies l'art?
6. Vous travaillez beaucoup.
7. Marthe et Jean voyagent souvent.
8. Vous étudiez l'anglais?

C. Make negative sentences with the following, adding any necessary words.

MODEL: On / regarder / la télévision
*On **ne** regarde **pas** la télévision.*

1. Nous / aimer / beaucoup / Montréal.
2. Elle / travailler / bien.
3. Nous / étudier / l'anglais.
4. Robert et Brigitte / aimer / le jazz?
5. Claudette / parler / avec Jean-Pierre.
6. Nous / détester / faire la cuisine.
7. Le garçon / écouter / le disque.
8. Tu / habiter / l'université

PARLONS

A. Answer the following questions based on people you know.

1. Est-ce que les étudiants travaillent mal?
2. Est-ce que le professeur déteste l'université?
3. Est-ce que les filles parlent anglais?
4. Est-ce que les hommes étudient mal?
5. Tu fumes beaucoup?
6. Est-ce qu'on apprécie l'hypocrisie?

B. Answer the following questions. If your answer is negative, give your own alternative or use one of the suggestions in parentheses.

MODEL: Vous aimez l'art? (la musique?)
Non, je n'aime pas l'art. J'aime la musique.

1. Est-ce que tu travailles mal? (bien? beaucoup? souvent?)
2. Vous appréciez l'intolérance? (l'hypocrisie? la sincérité?)
3. Les hommes aiment faire la cuisine? (jouer? danser?)
4. Les étudiants adorent le français? (les sports? les cafés?)
5. Les enfants aiment étudier? (la télévision? la radio?)
6. Nous parlons bien français? (travailler bien? chanter bien?)
7. Tu danses souvent? (étudier? travailler? chanter?)
8. Les professeurs détestent les étudiants? (adorer? apprécier?)

C. Divide into groups of three or four and find someone who can answer truthfully each of the following questions in the negative.

1. Tu chantes bien? mal?
2. Tu regardes la télévision?
3. Tu fumes?
4. Tu étudies beaucoup?
5. Tu manges beaucoup?
6. Tu parles bien français?

D. Repeat to the class a negative statement that someone else made in Exercise C.

MODEL: Marie ne fume pas. Eric ne mange pas beaucoup.

II. Etre, être with Occupation or Nationality

A. Etre

1. **Etre** is an irregular verb, so you must memorize its forms.

être (*to be*)			
je **suis** / ʒø sɥi /	I am	nous **sommes** / nu sɔm /	we are
tu **es** / ty ɛ /	you are	vous **êtes** / vu zɛt /	you are
il **est** / i lɛ /	he is	ils **sont** / il sɔ̃ /	they are
elle **est** / ɛ lɛ /	she is	elles **sont** / ɛl sɔ̃ /	they are
on **est** / ɔ̃ nɛ /	we are		

Ils **sont** ensemble.
Nous **sommes** étudiants.
Il **est** anglais.

2. The final written consonant of each form of **être** is not usually pronounced. When the verb occurs before a vowel, however, the **t** of the third-person forms is pronounced.

Elle est étudiante.   *She is a student.*
Ils sont en philo.   *They are philosophy majors.*

3. The other final consonants may be pronounced and linked before vowels, but it is not necessary.

Je suis étudiant.
or: } *I am a student.*
Je suis / étudiant.

Tu es américaine.
or: } *You are American.*
Tu es / américaine.

B. Etre with Occupation or Nationality

1. When **être** is used with occupation or nationality, no article is used—the noun or adjective directly follows the verb.

Marie **est médecin.**   *Marie **is a doctor.**   (noun)*
Christian **est allemand.**   *Christian **is German.**   (adjective)*

2. Some occupations have one form for both the masculine and feminine.

Mme Dupont est **professeur.**   *Mme Dupont is a teacher.*
L'auteur est aussi **actrice.**   *The author is also an actress.*

L'ORTHOGRAPHE

Note that adjectives of nationality are not capitalized in French. When used as nouns, however, they are capitalized.

Il invite trois **Français.**   *He is inviting three French people.*
Les **Canadiens** travaillent   *Canadians work a lot.*
    beaucoup.

Mots Clés

Some occupations

l'acteur (*m.*), l'actrice (*f.*)
l'agent de police (*m.*)
l'architecte (*m.*)
l'artiste (*m., f.*)
l'auteur (*m.*)
l'avocat, l'avocate   lawyer
le diplomate
l'économiste (*m.*)
l'ingénieur (*m.*)
le / la journaliste
le médecin   doctor
le musicien, la musicienne

le pilote
le président, la présidente
le programmeur, la programmeuse
le / la secrétaire

Some nationalities

allemand, allemande   German
américain, américaine
anglais, anglaise
canadien, canadienne
espagnol, espagnole   Spanish
français, française
italien, italienne

Ce qu'ils disent

1. In very informal conversation, the **u** of **tu** is often dropped with the verb **être.** This may be combined with the dropping of the **ne** of the negative.

   T'es certain?   *Are you sure?*
   T'es pas anglais.   *You aren't English.*

2. In Quebec, the French have invented the feminine form **écrivaine** because there are so many active women writers there.

PRATIQUONS

A. Substitute the given subject pronouns in the following sentences.

MODEL: **Nous** sommes en classe de français.   **Je**
         Je suis en classe de français.

1. *Il* est ici.   (Je, Ils, Nous, Vous, Elles, Tu, Elle, On)
2. *Elles* ne sont pas journalistes.   (Tu, Il, Nous, On, Je, Vous, Ils, Elle)

B. Describe the following people, using the correct form of **être**.

MODEL: Je / professeur
Je suis professeur.

1. Ils / pilotes
2. Elles / diplomates
3. Vous / américains

4. Tu / canadien?
5. Nous / étudiants
6. Elle / anglaise

C. Disagree with the statements about the following people by forming a sentence with **être** in the negative.

MODEL: Je / français
Je ne suis pas français.

1. Henri / canadien
2. La mère de Jacques / étudiante
3. Les garçons / pilotes

4. Tu / italienne
5. Le diplomate / américain
6. Nous / secrétaires

PARLONS

A. Can you think of famous people with the following occupations and nationalities? Ask a question of one of your classmates.

MODEL: Qui (*who*) est acteur?
Alain Delon est acteur.

actrice	français(-e)	professeur	anglais(-e)
médecin	américain(-e)	diplomate	journaliste
pilote	avocat(-e)	étudiant(-e)	auteur
canadien(-enne)	italien(-enne)	musicien(-enne)	agent de police

B. Think of characters from movies, television, or literature whose profession or nationality is listed above. Ask your classmates to guess who that person is.

MODEL: Maigret?   J. B. Fletcher?
Il est agent de police.   *Elle est auteur.*

C. Ask each other the following questions about people and places you know. Be sure to answer in complete sentences, and honestly!

1. Le professeur est sympathique?
2. Est-ce que le président est intelligent?
3. La Tour Eiffel est à Montréal, n'est-ce pas?
4. Est-ce que vous êtes studieux(-euse)? paresseux(-se)?
5. La Statue de la Liberté est française, n'est-ce pas?
6. Tu es toujours premier(-ère)?

III. Descriptive Adjectives

In French, adjectives are usually placed after the noun, and they may vary in spelling or pronunciation or both, to agree in gender and number with the noun they describe.

A. Singular / Plural Forms

1. Most adjectives add a written **-s** to form the plural. The pronunciation does not change.

L'étudiant **intelligent** travaille beaucoup.	*The intelligent student works a lot.*
Les étudiants **intelligents** travaillent beaucoup.	*The intelligent students work a lot.*
Elle n'est pas **studieuse**?	*She isn't studious?*
Elles ne sont pas **studieuses**.	*They aren't studious.*

2. Masculine adjectives that end in a written **-s** or **-x** do not have a different plural form.

Le professeur **français** est **ambitieux**.	*The French professor is ambitious.*
Les professeurs **français** sont **ambitieux**.	*The French professors are ambitious.*

3. To describe a mixed group of masculine and feminine nouns, use the masculine plural form of the adjective.

Marie et Pierre ne sont pas **italiens**.	*Marie and Pierre are not Italian.*

B. Masculine / Feminine Forms

1. Masculine singular adjectives that end in a silent **-e** do not change the pronunciation or the spelling in the feminine.

Le garçon est **sympathique**.	*The boy is nice.*
La fille est **sympathique**.	*The girl is nice.*

Here are some adjectives that have the same masculine and feminine forms:

simple	magnifique	timide
sincère	sympathique	agréable *pleasant*
hypocrite	riche	utile *useful*

optimiste	possible	inutile	*useless*
pessimiste	impossible	pauvre	*poor*
difficile	stupide	formidable	*great*
rapide	rouge	rose	*pink*
désagréable	jaune		
fantastique	facile *easy*		

2. Masculine singular adjectives that end in a pronounced vowel or a pronounced consonant are spelled differently in the feminine, although they are pronounced the same.

L'enfant (*m.*) est **poli**.	*The child is polite.*
La mère est **impolie**.	*The mother is impolite.*
José est **espagnol**.	*José is Spanish.*
Maria est **espagnole**.	*Maria is Spanish.*

Here are some adjectives that change in spelling but not in pronunciation.

bleu, bleue		impoli, impolie	
compliqué, compliquée	*complicated*	noir, noire	
espagnol, espagnole		poli, polie	
fatigué, fatiguée	*tired*	seul, seule	*alone*
fermé, fermée	*closed*	vrai, vraie	*true*

3. Many adjectives end in a silent consonant in the masculine. To form the feminine of these, add a written **-e** and pronounce the consonant.

Le livre **français** est magnifique.	*The French book is great.*
La cuisine **française** est magnifique.	*French cooking is great.*

Here are some adjectives that end in a silent consonant in the masculine:

anglais, anglaise	content, contente	*happy*
français, française	méchant, méchante	*bad (character)*
intéressant, intéressante	chaud, chaude	*hot*
indépendant, indépendante	froid, froide	*cold*
intelligent, intelligente	mauvais, mauvaise	*bad (quality)*
absent, absente	laid, laide	*ugly*
présent, présente	prudent, prudente	*careful*
compétent, compétente	ouvert, ouverte	*open*
incompétent, incompétente	vert, verte	
charmant, charmante	gris, grise	*gray*
blond, blonde		

4. Several adjectives end in a nasal vowel in the masculine. To form the feminine of these, also add a written **-e**. If the masculine ends in **-en**, however, double the **-n** before adding the **-e**. In both cases, the vowel loses its nasality and the **-n** is pronounced.

Il n'est pas **italien**, mais **américain**.	*He's not Italian, but American.*
Elle n'est pas **italienne**, mais **américaine**.	*She's not Italian, but American.*

Here are some adjectives of this type:

américain, américaine	brun, brune
mexicain, mexicaine	canadien, canadienne
certain, certaine	parisien, parisienne
féminin, féminine	italien, italienne
masculin, masculine	ancien, ancienne *old*

5. To form the feminine of adjectives that end in **-eux**, change the **-x** to **s** and add the **-e**.

Le garçon est **paresseux**.	*The boy is lazy.*
La fille est **paresseuse**.	*The girl is lazy.*

Here are some adjectives ending in **-eux, -euse**:

ambitieux, ambitieuse	heureux, heureuse *happy*
courageux, courageuse	malheureux, malheureuse *unhappy*
dangereux, dangereuse	affreux, affreuse *terrible*
studieux, studieuse	ennuyeux, ennuyeuse *boring*
sérieux, sérieuse	affectueux, affectueuse *affectionate*
généreux, généreuse	paresseux, paresseuse

Attention   Pay particular attention to adjectives to which you add a sound to form the feminine. Final consonants are stronger in French than in English, so you must make a bigger effort to pronounce them. Otherwise, the people to whom you are speaking will not hear the difference between the masculine and feminine forms.

Une Française étudie les maths.

PRATIQUONS

A. Give the feminine forms of the following adjectives.
1. simple　2. vrai　3. intéressant　4. méchant　5. paresseux　6. ancien
7. chaud　8. timide　9. fatigué　10. absent　11. ouvert　12. blanc　13. gris

B. Give the masculine forms of the following adjectives.
1. riche　2. noire　3. charmante　4. généreuse　5. mexicaine
6. canadienne　7. pessimiste　8. rapide　9. espagnole　10. anglaise
11. indépendante　12. dangereuse　13. jaune　14. masculine

C. Write or spell the plural form of the following adjectives.
1. ambitieuse　2. parisienne　3. facile　4. vert　5. sincère　6. ennuyeux
7. anglais　8. gris　9. français　10. impossible　11. prudent
12. formidable　13. blanche

D. Describe the following people with an article and the adjective given.

MODEL:　étudiant, français
　　　　l'étudiant français

1. actrice, formidable
2. étudiante, intelligent
3. auteur, ennuyeux
4. enfant, paresseux
5. hommes, riche
6. femmes, méchant

E. Describe people and things with the verb **être**, and the correct form of the adjective.

MODEL:　garçons, fatigué
　　　　Les garçons sont fatigués.

1. cuisine, affreux
2. filles, sympathique
3. livres, facile
4. Ils, blond
5. professeurs, intéressant
6. Nous, fatigué　(*two possibilities*)
7. Je, américain
8. Vous, poli　(*four possibilities*)

PARLONS

A. Tell how you feel about the following people and things by choosing one of the adjectives suggested.

MODEL:　agents de police:　courageux / timide
　　　　Les agents de police sont courageux.

1. Américains:　agréable / désagréable
2. professeur:　intéressant / ennuyeux
3. français:　formidable / affreux
4. étudiants:　studieux / paresseux
5. journalistes:　sincère / hypocrite
6. Français (*pl.*):　sympathique / froid
7. enfants:　poli / méchant
8. exercices:　facile / difficile

B. Use the adjectives listed below to describe the following people and things.

MODEL: Les pilotes sont courageux et intelligents.

sincère	ennuyeux	inutile	charmant
hypocrite	ambitieux	fantastique	intelligent
formidable	paresseux	fatigué	heureux
compliqué	utile	méchant	malheureux

1. secrétaires
2. professeurs
3. musique
4. télévision
5. université
6. Français
7. médecins
8. président
9. femmes
10. hommes
11. étudiants
12. amis
13. Je

C. Suggest an adjective to your classmates, and ask them to tell who has that characteristic.

MODEL: compétent?   *Margaret Thatcher est* **compétente.**
         affreux?   *David Lee Roth est* **affreux.**

D. Tell your preferences by choosing one item from each of the columns below and adding any necessary words.

MODEL: J'aime les étudiants intelligents.
        Je n'aime pas les enfants méchants.

A	B	C
J'aime	femmes	affectueux	féminin
Je n'aime pas	hommes	désagréable	stupide
	professeurs	compétent	sérieux
	médecins	incompétent	masculin
	enfants	poli	sympathique
	livres	charmant	blond
	étudiants	froid	brun
	Américains	impoli	facile
	Français (*pl.*)	intelligent	difficile
	leçons	méchant	sincère

IV.   Numbers from 21 to 69; Ordinal Numbers

A. Here are a few of the numbers from 20 to 69.

20 vingt	30 trente	40 quarante
21 vingt et un	31 trente et un	41 quarante et un
22 vingt-deux	32 trente-deux	44 quarante-quatre
23 vingt-trois	36 trente-six	47 quarante-sept

50 cinquante	60 soixante
51 cinquante et un	61 soixante et un
55 cinquante-cinq	67 soixante-sept
58 cinquante-huit	69 soixante-neuf

1. **Et** is used with 21, 31, 41, 51, and 61; the **t** of **et** is never pronounced.
2. The succeeding numbers are hyphenated.
3. The **t** of **vingt** is pronounced from 21 to 29.
4. In **soixante** (/ swa sãt /), the **x** is pronounced / s /.
5. Except for **un / une**, numbers do not agree in either number or gender with the nouns they modify.

> **Quatre** garçons habitent ensemble.   *Four boys live together.*
> Voilà **neuf** filles.   *There are nine girls.*

B. Ordinal Numbers

To form ordinal numbers, in most cases, simply add the suffix **-ième** to the cardinal number.

cardinal		ordinal	
deux	*two*	**deuxième**	*second*
trois	*three*	**troisième**	*third*
dix-sept	*seventeen*	**dix-septième**	*seventeenth*
vingt	*twenty*	**vingtième**	*twentieth*
vingt et un	*twenty-one*	**vingt et unième**	*twenty-first*

L ' O R T H O G R A P H E

1. If the cardinal number ends in **-e**, you must drop the written **-e** before adding the **-ième** suffix.

cardinal	ordinal
onze	**onzième**
trente	**trentième**
cinquante-quatre	**cinquante-quatrième**

2. Other exceptions are:

cardinal	ordinal
un, une	premier, première
cinq	cinquième
neuf	neuvième

Elle est toujours **première**.	*She's always **first**.*
Ils regardent le **premier** chapitre.	*They are looking at the **first** chapter.*
Le professeur explique la **deux-ième** leçon.	*The professor explains the **second** lesson.*
Nous terminons le **troisième** exer-cice.	*We are finishing the **third** exercise.*

PRATIQUONS

A. Read the following numbers in French.

21, 25, 29, 30, 34, 38, 40, 42, 43, 49, 51, 54, 55, 58, 63, 65, 67, 68

B. Count in French.

1. 30, 31, 32. . .40
2. 21, 24, 27. . .69
3. 25, 26, 27. . .35

4. 20, 22, 24. . .68
5. 21, 23, 25. . .69
6. 60, 59, 58. . .50

C. Do the following problems in French.

1. 10 + 11 =
2. 14 + 16 =
3. 47 − 19 =

4. 15 + 16 =
5. 21 − 12 =
6. 18 + 22 =

7. 30 + 15 =
8. 20 + 29 =
9. 24 + 27 =

10. 19 + 33 =
11. 40 − 22 =
12. 55 − 34 =

D. Give the following as ordinal numbers.

1. 1
2. 4
3. 5

4. 9
5. 11
6. 17

7. 21
8. 30
9. 41

10. 52
11. 59
12. 61

E. Translate into French.

1. We are studying the fifteenth dialogue.
2. Jacqueline is inviting twelve friends.
3. The first page is difficult.

4. They are finishing the forty-first page.
5. The first door is closed.
6. Twenty students are absent.

PARLONS

A. Say the number that is associated with the following:

1. a deck of cards
2. a golf course

3. the alphabet
4. months of the year

5. ping-pong
6. a clock

B. You are in Paris and want to plan your visits to the the following places in advance. Read the names and numbers to your hotel switchboard operator.

1. Air Canada   43.20.14.15
2. Banque Nationale de Paris   42.66.43.09
3. Centre Georges Pompidou   45.08.25.00
4. Notre Dame   40.33.22.63.

5. Tour Eiffel   47.05.44.13
6. Tour d'Argent   43.44.32.19
7. Le Moulin Rouge   42.64.33.69
8. Le Lido   45.63.11.61

C. You are looking at the directory of one of the tallest buildings in Montreal. Identify on what floor (**étage**) the following people live by looking at their apartment numbers.

MODEL: M. Lebrun 4052   *le quarantième étage*

1. Mme Morin 947
2. Mlle Cloutier 2960
3. M. Gingras 3410

4. M. & Mme Ouellette 4669
5. Mlle Ducharme 5445
6. M. & Mme Réjean 6923

Communiquons

Je voudrais vous présenter...

The basic rules of politeness that exist in the United States are also observed in France. You must introduce people who do not know each other, and you must pay attention to the style of language you use. To introduce someone who is older than you, use one of the following formal expressions. For friends and relatives, one of the informal ones is appropriate.

Formal

Monsieur, je voudrais vous présenter Marie Dupont.

Enchanté, Mademoiselle.

Permettez-moi de vous présenter
   Marie Dupont.

Très heureux (de faire votre connaissance).

*Sir, I would like you to meet Marie
   Dupont.*

Pleased to meet you, Miss.

Allow me to introduce Marie Dupont.

Pleased (to meet you).

Informal

Robert, je voudrais te présenter
   Marie.

Bonjour, Marie.

Robert, je te présente Marie.

Salut!

Robert, I'd like you to meet Marie.

Hello, Marie.

Robert, this is Marie.

Hi!.

Very Casual

Monique, voilà Marc.

Bonjour, ça va?

Monique, this is Marc.

Hello, how are you?

Activités

A. What would you say to introduce the following people?

1. your roommate and your teacher

2. your roommate and an old friend
   from high school

3. your parents and your faculty advisor   4. your sister and someone in your
                                                   class

B. Divide into groups of three and practice introducing your classmates to each other.

C. Divide into groups of three and develop dialogues in which you would use the following expressions during introductions. Who would you have to meet to use them?
    «Enchanté(e), Monsieur.»
    «Salut!»
    «Très heureux(-se).»

Lecture culturelle

La Vie universitaire

Avant la lecture

French and American universities differ widely. Unlike their American counterparts, French students take a comprehensive examination at the end of secondary school. The two-thirds who pass are entitled to attend one of the numerous French universities, almost all of which are public. Tuition is practically free, and with the appropriate background, students may select any field they wish.

Despite the increase in the number of suburban universities, French universities are principally located in large cities. Because they are often in the center, they do not have a campus as is common in the United States; there are no open, grassy areas or student unions to serve as gathering places.

Activité

Skim the reading passage to find the following information:

1. the name of the examination students take at the end of high school
2. what students are called in high school and in college
3. where students live while attending the university

La vie universitaire

A... At the end / school

take / study

moins... less advanced /
 ne... are no longer / Now
years / holders of the bac
Today / percent / young people

pupils / as / **L'année**... The
 academic year
se... ends / **S'ils**... If they
 fail

tous... every day

optional

cut

rent

room / town / extracurricular

numerous

En France, le «college» n'existe pas. A la fin° de l'école° secondaire (le lycée), les jeunes passent° le baccalauréat (le bac, le bachot), un examen très complet. Des études° moins poussées° ne sont plus° suffisantes. Maintenant,° le bac est le visa nécessaire pour entrer dans la vie professionnelle ou à l'université. En 20 ans,° le nombre de bacheliers° a triplé.

Aujourd'hui,° 25 pour cent° des jeunes° de 20 à 24 ans étudient dans les universités. 5
Ils ne sont pas **élèves,**° comme° au lycée, mais **étudiants.** L'année universitaire° commence en octobre et se termine° en mai. Les étudiants passent les examens en juin. S'ils échouent,° ils repassent en septembre. Dans les universités françaises, les étudiants ne sont pas obligés d'être en classe tous les jours.° La présence aux cours est souvent facultative.°   10

Dans le système français, les étudiants sont très indépendants: ils travaillent seuls. S'ils sont ambitieux, ils sont toujours présents en classe et ils sont bien préparés. Les étudiants paresseux sèchent° les cours et fréquentent les cafés et les cinémas. En juin, ils ne sont pas contents quand ils échouent.

En France, l'université ressemble à la «*Graduate School*» américaine. Généralement, 15
les étudiants n'habitent pas sur le campus. Ils habitent en famille ou ils louent° une chambre° en ville.° Et, par conséquent, les activités extra-universitaires° ne sont pas très nombreuses.° Les «*sororities*» et «*fraternities*» et le «*football américain*» n'existent pas.

Le premier jour
de cours.

Après la lecture

Questions sur le texte

1. Est-ce que le bac est important?
2. Quand est-ce que l'année universitaire commence en France? Et aux Etats-Unis?
3. Quand est-ce qu'elle se termine?
4. Quand est-ce que les étudiants passent les examens en France?
5. Est-ce que la présence aux cours est facultative en France? Et aux Etats-Unis?
6. Généralement, est-ce que les étudiants travaillent ensemble en France?
7. En France, est-ce que les étudiants paresseux sont toujours présents en classe?
8. Généralement, est-ce que les étudiants habitent sur le campus en France? Et aux Etats-Unis?

Activités

A. Using the reading selection, make a list in French of differences (**différences**) and similarities (**similarités**) between university life in France and in the United States.

B. What would you like to change about universities in America?

MODEL: Je n'aime pas les examens.

C. What did you prefer about life in high school and what do you like better now?

MODEL: J'aime mieux la cuisine de ma mère.
J'adore fréquenter les boîtes de nuit.

A La Goulette

OBJECTIVES

Language:

Vocabulary for beverages, food,
  transportation
Nouns and Nondefinite
  Articles
The Verb **avoir** and Idiomatic
  Expressions
Uses of the Definite and
  Nondefinite Articles
The Imperative
Telling Time

Culture:

French Restaurants
North African Food
Traditional Meals in France

Communication:

Ordering Food
Making Commands and
  Requests
Telling Time

Commençons

A La Goulette ▭

Mme Lebrun et Mme Dumas, avocates, sont dans un restaurant tunisien à Paris. Elles regardent la carte.

LE GARÇON: Bonsoir, mesdames. Vous désirez?

MME LEBRUN: Je voudrais un apéritif. Vous avez du *Martini*?

LE GARÇON: Oui, madame. Rouge ou blanc?

MME LEBRUN: Rouge, s'il vous plaît.

LE GARÇON: Et madame?

MME DUMAS: Non, merci, mais apportez de l'eau minérale et un pichet de vin rouge.

MME LEBRUN: J'ai faim ce soir. Je voudrais un couscous mouton.

LE GARÇON: Vous aussi, madame?

MME DUMAS: Non, je ne mange pas de viande. Je voudrais un couscous légumes.

LE GARÇON: Très bien. J'apporte l'apéritif tout de suite.

At La Goulette

Ms. Lebrun and Ms. Dumas, who are lawyers, are in a Tunisian restaurant in Paris. They are looking at the menu.

THE WAITER: Good evening, ladies. What would you like?

MS. LEBRUN: I would like a drink. Do you have *Martini*?

THE WAITER: Yes. Red or white?

MS. LEBRUN: Red, please.

THE WAITER: And you?

MS. DUMAS: No, thank you, but bring some mineral water and a pitcher of red wine.

MS. LEBRUN: I am hungry tonight. I would like couscous with mutton.

THE WAITER: You, too?

MS. DUMAS: No, I don't eat meat. I would like couscous with vegetables.

THE WAITER: Very good. I'll bring the drink right away.

Mots clés

Nouns

l'apéritif (*m.*)   before-dinner drink
la carte   menu
le couscous   couscous
l'eau minérale (*f.*)   mineral water
le légume   vegetable
le mouton   mutton
le pichet   carafe
le restaurant   restaurant
la viande   meat
le vin   wine

Adjectives and adverbs

tunisien, -ienne   Tunisian

Other words and expressions

apporter   to bring
vous avez   you have
avoir faim   to be hungry
ce soir   this evening
dans   in
de   any
de l'   some
du   some
ou   or
s'il vous plaît   please
Je voudrais   I would like
tout de suite   right away

Faisons connaissance   Restaurants featuring foreign cooking are very popular in France. Because of the French presence in North Africa, Tunisian, Algerian, and Moroccan specialties are particularly well liked. Couscous is a typical Arab dish made with a grain called semolina **(la semoule),** which resembles rice somewhat. On top of the grain one puts a vegetable stew and a choice of meat. Mutton, lamb chops, or chicken are the usual choices. Another possibility is **merguez,** a spicy red sausage. A **couscous royal** contains all the types of meat the restaurant offers.

Traditionally, Arabs do not drink alcohol, but restaurants in France do serve it. An **apéritif** usually contains alcohol and is drunk before meals to increase one's appetite. **Martini** is a brand of vermouth and is not to be confused with the American *martini*. Many French people do not drink tap water even though there is nothing wrong with it. **Un pichet** would be the house wine, which is less expensive than bottled wine.

Menus are posted in the windows of restaurants. In traditional restaurants patrons have a choice of ordering individual items from **la carte** or a three- or four-course meal from **le menu.** Many choose the latter because the fixed price usually includes the tip **(service compris)** and often a beverage. The selection normally includes an appetizer **(le hors-d'œuvre),** a main course **(le plat principal),** a vegetable, and your choice of cheese, fruit, or dessert.

Etudions le dialogue

1. La Goulette est un restaurant anglais?
2. Est-ce que Mme Lebrun est seule?
3. Mme Lebrun aime l'apéritif?
4. Est-ce que Mme Lebrun et Mme Dumas demandent du vin blanc?
5. Est-ce que Mme Lebrun a faim ce soir?
6. Mme Dumas mange un couscous mouton aussi?
7. Mme Dumas mange de la viande?
8. Le garçon est poli ou impoli?

Enrichissons notre vocabulaire

Et comme boisson (*f.*)?

du **vin**   du **lait**   de la **bière**   du **thé**   de l'**eau**

consommer	Ils consomment des Cocas.
Pour dîner (*m.*)?	For dinner?
Je voudrais…	I would like. . .
demander	to ask for
préparer	
trouver	to find

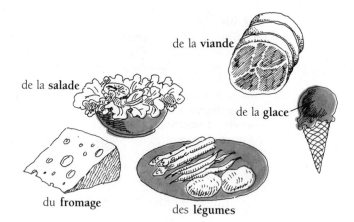

de la **viande**   de la **salade**   de la **glace**   du **fromage**   des **légumes**

Poser des questions	**Asking questions**
Demandez au garçon…	*Ask the waiter. . .*
—Où est le garçon?	*Where is the waiter?*
—Il **arrive**, Madame.	*He's coming, Ma'am.*
—**Quelle sorte** d'apéritif avez-vous?	*What kind of drinks do you have?*
Le kir est mon apéritif **préféré**.	*Kir is my favorite drink.*

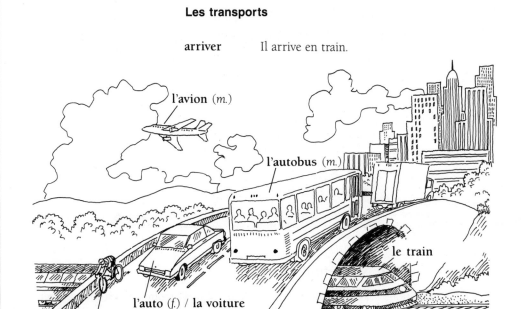

Les transports

arriver   Il arrive en train.

l'avion (*m.*)

l'autobus (*m.*)

le train

l'auto (*f.*) / la voiture

le vélo / la bicyclette

Prononciation   Silent Consonants

A. As mentioned in the preliminary chapter, a large number of written consonants are not pronounced in French.

Il est paresseux	*He is lazy.*
Jacques et Gilles étudient l'anglais.	*Jacques and Gilles are studying English.*

B. Final written consonants are rarely pronounced.

Nous ne travaillons pas.	*We aren't working.*
Les livres sont verts.	*The books are green.*

There are, however, exceptions to this rule.

Mar**c** appor**t**e un apériti**f**.	*Marc is bringing a drink.*
I**l** travaille seu**l**.	*He works alone.*

C. In general, a final silent **e** shows that the final consonant is pronounced.

Ell**e** regard**e** la cart**e**.	*She is looking at the menu.*
Jean est présent; Jeanne est absente.	*Jean is present; Jeanne is absent.*

Remember that the final silent **e** marks the difference between many masculine and feminine nouns and adjectives such as **étudiant, étudiante** and **gris, grise**.

Exercice

Read the following sentences aloud, paying particular attention to silent consonants.

1. Les trois Français étudient l'anglais.
2. Nous sommes très contents.
3. Jean est méchant et il n'est pas heureux.
4. Ils dansent très bien.
5. Tu es paresseux et tu n'étudies pas.
6. Mon amie canadienne est médecin.
7. Les enfants ne sont pas prudents.
8. Les professeurs expliquent la leçon.

Grammaire

I. Nouns and Nondefinite Articles

As mentioned in Chapter 1, an article almost always accompanies a noun in French. The most frequently used articles in French are nondefinite. *Nondefinite* articles indicate that the noun stands for an object or idea that is not specific and not defined.

There are two types of nondefinite articles, because in French there is a distinction between nouns that can be counted (*count nouns*), and those that cannot (*mass nouns*). *Indefinite articles* are used with count nouns. *Partitive articles* are used with mass nouns.

A. Indefinite Articles

		Indefinite Articles		
		sing.	*pl.*	
masc.	**un** }	a, an	**des** }	some
fem.	**une** }		**des** }	

1. Indefinite articles refer to one unspecified object or person or to an unspecified group of countable objects or persons.

Elles sont dans **un** restaurant tunisien.	*They are in a Tunisian restaurant.*
Je voudrais **un** apéritif.	*I would like a drink.*

2. The indefinite articles **un** and **une** correspond to the English *a* or *an*. The masculine, singular indefinite article is **un**, pronounced / $\tilde{\varepsilon}$ / before a consonant and / $\tilde{\varepsilon}$n / before a vowel.

un stylo / $\tilde{\varepsilon}$ sti lo /	*a pen*
un élève / $\tilde{\varepsilon}$ ne lɛv /	*a (male) student*
un bureau / $\tilde{\varepsilon}$ by ʀø/	*a desk*

un mur / ɛ̃ myʀ /	*a wall*
un bureau / ɛ̃ by ʀo /	*an office*
un camarade de classe	*a (male) classmate*

3. The feminine, singular indefinite article is **une**, always pronounced / yn /.

une chaise / yn ʃɛz /	*a chair*
une école / y ne kɔl /	*a school*
une élève / y ne lɛv /	*a (female) student*
une carte / yn kaʀt /	*a map, a card*
une photo / yn fo to /	*a photograph*
une camarade de classe	*a (female) classmate*

4. The plural indefinite article is **des**, pronounced / de / before consonants and / dez / before vowel sounds.

des chaises (*f.*)	*(some) chairs*
des examens (*m.*)	*(some) exams*

B. Partitive Articles

Partitive Articles		
before masculine, singular nouns:	**du**	⎫
before feminine, singular nouns:	**de la**	⎬ some, any
before singular nouns beginning with a vowel:	**de l'**	⎭

1. Partitive articles refer to an unspecified portion, or *part,* of an object that is measurable but not countable, such as water, wine, grain, sand, meat.

Je désire **du** vin.	*I want wine.*
	or:
	*I want **some** wine.*
Elle mange **de la** glace.	*She is eating ice cream.*
	or:
	*She is eating **some** ice cream.*
Apportez **de l'**eau minérale!	*Bring some mineral water!*

2. **Du, de la,** and **de l'** may be expressed in English as *some* or *any,* or may not be expressed at all.

The masculine partitive article for mass nouns—those that are not counted—is **du,** pronounced / dy /.

du café	*coffee*	**du** beurre	*butter*
du pain	*bread*	**du** sel	*salt*
du gâteau	*cake*	**du** sucre	*sugar*

3. The feminine partitive article for mass nouns is **de la**.

de la soupe	*soup*	**de la** farine	*flour*
de la crème	*cream*	**de la** moutarde	*mustard*
de la tarte	*pie*	**de la** nourriture	*food*
de la confiture	*jam*		

4. The singular partitive article **de l'** is used with masculine or feminine mass nouns that start with a vowel sound.

de l'agneau (*m.*)	*lamb*	**de** l'huile (*f.*)	*oil*
de l'alcool (*m.*)	*alcohol*	**de** l'argent (*m.*)	*money*
de l'eau (*f.*)	*water*		

5. When referring to a countable unit of a mass noun, such as *a bottle* of wine, *a loaf* of bread, or *two cups* of coffee, the indefinite article is used.

de la bière	*(some)* beer	**du** pain	*(some)* bread
une bière	*a bottle of* beer	**un** pain	*(a loaf of)* bread
du café	*(some)* coffee	**du** couscous	*(some)* couscous
un café	*a cup of* coffee	**un** couscous	*a meal of* couscous
du gâteau	*(some)* cake	**de la** pizza	*(some)* pizza
un gâteau	*a cake*	**une** pizza	*a pizza*

Attention   In negative sentences, all nondefinite articles change to **de** (**d'** before a vowel sound), except with **être**.

Je mange **de la** viande.	Je ne mange **pas de** viande.
Vous avez **des** disques?	Vous n'avez **pas de** disques?
Il a **un** stylo.	Il n'a **pas de** stylo.
but:	
C'est **un** stylo.	Ce n'est **pas un** stylo.
Le *Martini* **est un** apéritif.	Le Perrier n'est **pas un** apéritif.

PRATIQUONS

A. Change the following phrases to the plural.

1. un disque   2. un ami   3. un livre   4. une étudiante   5. une femme
6. une université   7. une porte   8. un bureau   9. une chaise   10. un élève

B. Change the following phrases to the singular, paying particular attention to gender.

1. des garçons   2. des tartes   3. des écoles   4. des amies   5. des fenêtres
6. des cartes   7. des examens   8. des hommes   9. des femmes   10. des étudiants   11. des enfants   12. des stylos

C. Identify the following nouns as primarily count nouns or mass nouns.

1. stylo   2. crayon   3. lait   4. homme   5. photo   6. crème   7. sucre
8. moutarde   9. farine   10. élève   11. fille   12. sel

D. You are going to a supermarket and want to make a list of what you need. Add the correct partitive or indefinite article to the following nouns.

1. huile   2. confiture   3. lait   4. stylo   5. glace   6. beurre   7. eau minérale   8. bière   9. gâteau   10. apéritif

E. Contradict the following statements.

MODEL: J'invite des Américains.
         Je n'invite pas d'Américains.

1. Marc écoute des disques.
2. Ils étudient des cartes.
3. M. Dupont est un professeur compétent.
4. Nous invitons des amis.
5. Je mange de la viande.
6. Catherine prépare de la salade.
7. Les enfants montrent des photos.
8. Le couscous est un apéritif.

PARLONS

A. Use the expressions **Voici** or **Voilà** to point out people and things within your reach in the classroom, or **Voilà** for those that are at a greater distance.

MODEL: **Voilà** un professeur. **Voici** des étudiants.

B. Take turns pointing to objects which your classmates will identify in French using the expression **C'est…** or **Ce sont…**

MODEL: **C'est** un stylo. **Ce sont** des crayons.

C. In a neighborhood grocery store in France, you usually ask the grocer to get your supplies. What do you have on your shopping list for a party you are giving this weekend?

MODEL: Je voudrais du pain, du beurre et du lait.

D. What do the following companies sell? Can you think of others?

MODEL: Bic? Ils vendent des stylos.

1. Gallo?	5. Maxwell House?	9. Wesson?
2. Budweiser?	6. Domino's?	10. Pet?
3. Perrier?	7. Renault?	11. Pepperidge Farm?
4. D. C. Heath?	8. Smucker's?	12. Lipton?

E. Answer the following questions, using any of the suggested words listed below or your own ideas.

MODEL: Quelle sorte de livres est-ce que tu aimes regarder?
J'aime regarder des livres intéressants.

intéressant	ennuyeux	anglais	gâteau
simple	sérieux	formidable	vin
difficile	américain	de Fleetwood Mac	thé
fantastique	français	de rock	lait

1. Quelle sorte de disques est-ce que vous écoutez?
2. Quelle sorte de boisson est-ce que vous consommez?
3. Qu'est-ce que vous aimez manger?
4. Quelle sorte de cigarettes est-ce que vous fumez?
5. Qu'est-ce qu'on trouve dans votre (*your*) frigidaire?

F. Interview a classmate to find out what he or she likes to eat.

MODEL: Est-ce que tu aimes manger de la tarte?
Non, je ne mange pas de tarte.

Est-ce que tu consommes du thé?
Oui, je consomme du thé.

II.   The Irregular Verb **avoir**, Expressions with **avoir**

avoir (*to have*)					
j'ai	/ ʒe /	*I have*	nous **avons**	/ nu za vɔ̃ /	*we have*
tu **as**	/ ty a /	*you have*	vous **avez**	/ vu za ve /	*you have*
il **a**	/ i la /	*he has*	ils **ont**	/ il zɔ̃ /	*they have*
elle **a**	/ ɛ la /	*she has*	elles **ont**	/ ɛl zɔ̃ /	*they have*
on **a**	/ ɔ̃ na /	*we have*			

A. The final **s** of **nous**, **vous**, **ils**, and **elles** is pronounced / z / and the **n** of **on** is pronounced / n / in the affirmative because the verb starts with a vowel sound.

B. Before a vowel sound, **je** becomes **j'** and **ne** becomes **n'**.

J'ai du talent. *I have talent.*
Je **n'**ai pas de patience. *I don't have any patience.*

C. **Avoir** is used in several idiomatic expressions.

Elle a chaud; ils ont froid. *She is hot; they are cold.*
Je ne mange pas; **je n'ai pas faim.** *I'm not eating; **I'm not hungry.***
Elle désire de l'eau; **elle a soif.** *She wants some water; **she's thirsty.***

Vous n'avez pas raison, vous avez tort!	*You aren't right; you are wrong!*
Il **y a** une carte dans la classe.	*There's a map in the classroom.*
Il n'**y a** pas de vin.	*There isn't any wine.*
—Quel âge avez-vous?	*How old are you?*
—J'ai dix-huit ans.	*I'm eighteen.*

Attention **Voilà** is used to point out something; **il y a** merely indicates existence. Both take singular or plural objects.

Voilà mon père!	*There's my father! (i.e., over there)*
Il y a des légumes dans un couscous.	*There are vegetables in a couscous.*

Mots clés

*Expressions with **avoir***

avoir faim	to be hungry	**avoir tort**	to be wrong
avoir soif	to be thirsty	**avoir...ans**	to be. . .years old
avoir chaud	to be hot	**il y a**	there is, there are
avoir froid	to be cold	**il n'y a pas**	there isn't, there aren't
avoir raison	to be right		

Ce qu'ils disent

You saw in Chapter 2 that the **u** of **tu** often disappears in informal conversation when the verb is **être**. The same is true with **avoir**.

T'as froid?	*Are you cold?*
T'as pas faim?	*Aren't you hungry?*

PRATIQUONS

A. Replace the italicized pronouns with each of the suggested words. Be sure to make any necessary changes.

1. *J'*ai des livres.   (Tu, Ils, Nous, Elle, On, Elles, Vous, Marc)
2. *Il* n'a pas d'argent.   (Je, Elle, Nous, Sylvie, Elles, Tu, Les étudiants, Vous)

B. Make a complete sentence by adding any necessary words.

1. Nous / avoir / tort.
2. Ils / ne / avoir / pas / faim.
3. Les enfants / avoir / disques.
4. On / ne / avoir / pas / froid.
5. Tu / avoir / raison.
6. Je / avoir / pas / auto.
7. Vous / ne / avoir / pas / 21 / ans.
8. Jeanne / avoir / amis.

C. Give the French equivalent for each of the following sentences.

1. Is she right?
2. Are you cold?
3. He is hot.
4. We don't have any coffee.
5. Is there any ice cream?
6. How old are you?

D. In each of the following sentences, replace the verb with **avoir.**

MODEL: Je désire de l'eau.
         J'ai de l'eau.

1. Les enfants écoutent des disques.
2. Vous mangez du pain?
3. Ils ne demandent pas de livres.
4. Elles montrent des photos.
5. Je prépare du thé.
6. Est-ce que tu invites des amis?

PARLONS

A. Name things that you have with you, things a classmate has with him or her, and things you do not have.

MODELS: J'ai un stylo, deux crayons et des livres.
          Anne et Jacqueline ont de l'argent et des photos.
          Je n'ai pas d'auto.

B. Describe the kind of friends you have, using the suggestions in parentheses or your own ideas.

MODEL: J'ai des amis sympathiques.

intéressant	intelligent
ennuyeux	studieux
indépendant	paresseux
sympathique	???

C. Name famous people who have the following things. Can you think of someone who does not have them?

MODEL: du talent?   *Pavarotti a du talent.*
                      Barry Mannilow n'a pas de talent.

1. de l'argent?
2. une Rolls-Royce?
3. un château?
4. un restaurant?
5. des amis riches?
6. beaucoup de femmes? maris?
7. des étudiants intelligents?
8. beaucoup d'enfants?

D. Find out about your classmates. Ask questions with the following expressions:

1. froid ou chaud?
2. soif ou faim?
3. avoir des frères ou des sœurs?
4. avoir quel âge?
5. avoir souvent raison ou tort?

Questions personnelles

1. Quel âge avez-vous?
2. Est-ce que vous avez du talent? Quelle sorte?
3. Vous avez une auto? De quelle couleur? Un vélo?
4. Est-ce que vous avez de l'argent? Qu'est-ce que vous désirez avoir?
5. Vous désirez avoir des enfants? Combien de garçons et combien de filles?
6. Vous avez des frères et des sœurs? Quel âge est-ce qu'ils ont?

III. Uses of the Definite and Nondefinite Articles

Now that you have learned the definite and nondefinite articles, it is essential to know when to use each kind.

A. Use of definite articles

Definite articles are used in two situations:

1. Definite articles refer to one, specific person or thing.

Elles regardent **la** carte.	*They are looking at **the** menu.* *(a specific menu)*
Tu as **le** livre?	*Do you have **the** book? (referring to a specific book)*

2. Definite articles refer to all of a given item in a generalized sense.

Les enfants aiment le chocolat.	*Children like chocolate. (in general)*
Je déteste **la** bière.	*I hate beer. (all beer)*

Verbs that lend themselves to use in a generalized sense include **aimer, aimer mieux, adorer, apprécier, détester.**

B. Use of nondefinite (indefinite and partitive) articles.

Nondefinite articles are used as follows:

1. Indefinite articles refer to an entire, unspecified object or person.

Tu as **un** stylo?	*Do you have **a** pen? (any pen)*
Elles sont dans **un** restaurant tunisien.	*They are in **a** Tunisian restaurant. (an unspecified Tunisian restaurant)*

2. Partitive articles refer to an unspecified portion, or part, of an object that is measurable but not countable.

> Apportez **de l'** eau minérale.   *Bring **some** mineral water.   (not all of it))*
>
> Jacques n'a pas **de** talent.   *Jacques doesn't have **any** talent. (none at all)*

Many verbs almost always imply a portion of an item and, therefore, take a partitive article. These include **manger, consommer, demander, désirer,** and the expression **je voudrais.**

3. In the negative, all nondefinite articles become **de** or **d'.**

> —Vous mangez **de la** viande?
> —Non, je **ne** mange **pas de** viande.

Definite articles do not change.

> Tu aimes **le** café?
> Non, je **n'**aime **pas le** café.

Attention   Translating into English will not help you choose the proper article. In French, you must decide whether the item is taken in a general or specific sense or as a portion. Compare:

> *I like **wine.***   J'aime **le** vin.
> *I want **wine.***   Je voudrais **du** vin.

PRATIQUONS

A. Replace the italicized nouns with each of the suggested nouns. Be sure to make any necessary changes.

1. Je voudrais du *thé.*   (eau, livre, café, auto, huile, disques, salade, argent, photo)
2. Monique aime le *chocolat.*   (bière, argent, lait, vin, confiture, musique, français, enfants, légumes)

«Un hamburger et des frites, s'il vous plaît.»

B. Contradict the following statements.

1. Il déteste la bière.
2. Ils mangent du couscous.
3. Tu aimes le pain français.
4. Nous avons du gâteau.
5. Christine et Michel demandent de la soupe.
6. Anne-Marie a de la salade.

C. Replace the italicized verbs with each of the suggested verbs, changing the articles if necessary.

1. Luc *a* de l'argent.   (adore, aime, apprécie, désire, déteste)
2. Vous *aimez* l'agneau.   (détestez, avez, mangez, adorez)

D. Indicate that you do not like the first item offered and that you want the second instead.

MODEL: café / thé   Je n'aime pas le café; je voudrais du thé.

1. bière / eau
2. beurre / confiture
3. lait / vin
4. légumes / salade
5. fromage / glace
6. sucre / crème

E. Make complete sentences, adding any necessary words.

1. Catherine / avoir / stylo.
2. Je / manger / mouton.
3. Elles / adorer / glace.
4. enfants / détester / école.
5. Vous / ne / apprécier / pas / musique.
6. Ils / ne / avoir / pas / cousins.

PARLONS

A. State whether you like (**aimer**) or hate (**détester**) the following things.

| université | glace | enfants | café | français |
| bière | moutarde | légumes | vin | télévision |

B. State whether or not you have the following things.

| auto | argent | crayon | disques | carte de France |
| radio | enfants | stylo | passeport | amis français |

C. Express your opinions on the following subjects by completing the sentences in a logical manner.

1. Je n'aime pas…
2. J'apprécie…
3. Le professeur n'a pas…
4. Mon restaurant préféré, _____, prépare…
5. Je mange…
6. Les Français aiment…
7. Ma mère adore…
8. Mon frère / ma sœur a…

Questions personnelles

1. Qu'est-ce que vous mangez quand vous avez faim?
2. Qu'est-ce que vous consommez quand vous avez très soif?
3. Qu'est-ce que vous aimez comme boisson?
4. Qu'est-ce que vous détestez? appréciez?
5. Vous préparez le dîner? Qu'est-ce que vous aimez préparer?
6. Qu'est-ce que vous fréquentez souvent?

IV. The Imperative

A. The forms

1. In French, the imperative is used to give orders, advice, or suggestions.

   Indicative: **Vous apportez** un pichet de vin rouge.
   Imperative: **Apportez** un pichet de vin rouge.

   Indicative: **Vous invitez** des étudiants.
   Imperative: **Invitez** des étudiants.

   Indicative: **Tu manges** du pain.
   Imperative: **Mange** du pain.

2. There is also an imperative in the **nous** form. Equivalent to the English *Let's* . . . , it is used to suggest something.

   Parlons!   *Let's talk!*
   Travaillons ensemble.   *Let's work together.*

3. Subject pronouns are not used with the imperative. The **vous** and the **nous** forms of the imperative of French verbs are the same as the corresponding form of the present indicative.

L'ORTHOGRAPHE

The **tu** form is equal to the corresponding present indicative *minus the* **-s.**

4. The negative imperative is formed with **ne...pas** like the other verb forms you have learned.

   Ne regarde pas la télévision.   *Don't watch television.*
   Ne parlez pas en classe.   *Don't talk in class.*
   Ne mangez pas de sel.   *Don't eat salt.*

B. Politeness

In French, as in English, one normally adds *please* to the imperative for politeness. There are two such forms in French.

   Ouvrez la porte, **s'il vous plaît.**   *Open the door, please.* (formal)
   Ferme la fenêtre, **s'il te plaît.**   *Close the window, please.* (familiar)

C. Irregular verbs in the imperative

The imperative forms of **avoir** and **être** are irregular:

Sois	
Soyons } Be . . .	
Soyez	

Aie	
Ayons } Have . . .	
Ayez	

Sois prudent!   **Be** *careful!*

Ne **soyez** pas méchante!   *Don't* **be** *mean!*

Ayez de la patience!   **Have** *patience!*

PRATIQUONS

A. Give the three imperative forms for the following verbs.

1. chanter   3. avoir   5. montrer
2. étudier   4. être   6. parler

B. Contradict the following commands by changing them to the negative.

1. Mangez des légumes   4. Invitons Pierre.
2. Commencez la leçon.   5. Regarde les étudiants.
3. Ferme la fenêtre.   6. Soyez généreux.

C. Make the following commands more polite by adding **s'il vous plaît** or **s'il te plaît**.

MODEL: Expliquez la leçon.   *Expliquez la leçon,* **s'il vous plaît**.
              Ne fume pas.   *Ne fume pas,* **s'il te plaît**.

1. Ne mangez pas ici.   4. Montrez des photos.
2. Ferme la porte.   5. Etudie avec Marc.
3. Ne chantez pas en classe.   6. Ayez de la patience.

D. Give commands with the following expressions and address them to the people indicated.

MODEL: (*to your classmate*) parler avec le professeur
             Parle avec le professeur.

1. (*to your brother*) danser avec Jacqueline
2. (*to your teacher*) fermer la porte
3. (*to a group of friends*) travailler ensemble
4. (*to your roommate*) étudier beaucoup
5. (*to your family, including yourself*) écouter la radio
6. (*to your classmates*) préparer la leçon

PARLONS

A. If you were to hear the following statements, what would your advice be? Use the imperative of the verbs listed below.

MODEL: J'ai chaud.
            Ouvrez la fenêtre.

étudier   fermer   consommer
manger   inviter   écouter

1. J'ai faim.   4. Nous avons froid.
2. La leçon est difficile.   5. Je suis seul.
3. J'ai soif.   6. J'adore le rock.

B. Give a command to a classmate, a group of classmates, or the teacher. Don't forget to say "please."

MODEL: Ouvrez la porte, s'il vous plaît.

C. Give advice to your classmates as to what they should do to have a good time. You may refer to the following list for ideas.

MODEL: Mangez de la glace. Ne travaillez pas.

écouter les disques de…   inviter…
regarder…la télévision   parler avec…
manger…   consommer…
(ne…pas) étudier…   (ne…pas) travailler

V.   Telling Time

A. To tell time in French, you divide the day into two twelve-hour periods.

Quelle heure est-il?	*What time is it?*
Il est une heure.	*It is one o'clock.*
Il est deux heures.	*It is two o'clock.*
Il est trois heures dix.	*It is ten after three.*
Il est six heures et quart.	{ *It is a quarter after six.* / *It is six-fifteen.* }
Il est sept heures et demie.	{ *It is half-past seven.* / *It is seven-thirty.* }

B. To express time falling within thirty minutes of the next hour, you subtract the time from the hour.

Il est huit heures moins vingt.	{ *It is twenty to eight.* / *It is seven forty.* }
Il est onze heures moins cinq.	{ *It is five to eleven.* / *It is ten fifty-five.* }
Il est neuf heures moins le quart.	{ *It is a quarter to nine.* / *It is eight forty-five.* }

Il est quatre heures moins le quart.

C. There are special terms for noon and midnight:

Il est midi.	*It is noon.*
Il est minuit et demi.	*It is twelve thirty* (A.M.)
Il est midi moins le quart.	*It is eleven forty-five* (A.M.)

L'ORTHOGRAPHE

1. Because **heure** is feminine, **demie** following **heure** is also feminine: une heure et demi**e**.
2. Midi and **minuit** are masculine, so **demi** does not take a final **-e** with either of these: **midi et demi, minuit et demi**.
3. Demi(e) is never plural: **trois heures et demie**.
4. To write a time in numbers, separate the hours and minutes with an **h** or a period, but not a colon.

  2h30   **deux heures et demie**
  5.10   **cinq heures dix**

D. To express A.M. and P.M. in French, use **du matin** (from midnight to noon), **de l'après-midi** (from noon until about six), and **du soir** (from about six until midnight).

Il est trois heures **du matin.**	*It is three A.M.*
Il est quatre heures et demie **de l'après-midi.**	*It is four thirty P.M.*
Il est onze heures **du soir.**	*It is eleven P.M.*

E. To express the time at which something happens, use the preposition **à.**

A quelle heure est-ce que vous dînez?	*At what time do you have dinner?*
Le cours commence **à** une heure et quart.	*(The) class begins at 1:15.*

Until a time is **jusqu'à.**

Jusqu'à quelle heure est-ce que vous étudiez?	*Until what time do you study?*
Je regarde la télévision **jusqu'à** minuit.	*I watch T.V. until midnight.*

PRATIQUONS

A. Quelle heure est-il?

1.

2.

3.

4.

5.

6.

B. Robert and Marianne go out together, but Robert is always fifteen minutes late. If Marianne arrives at the following times, when does Robert arrive?

1. 11:00 A.M.
2. 12:00 P.M.
3. 8:15 P.M.
4. 11:45 P.M.
5. 3:30 P.M.
6. 10:20 P.M.

C. Count around the room, adding five minutes to each of the following times.

1. 11h30 du matin
2. 10h45 du soir
3. 4h15 de l'après-midi
4. 1h18 du matin

PARLONS

A. Tell at what time the following things occur.

1. Ma classe de français commence à…
2. Le week-end, je joue jusqu'à…
3. Les films commencent à…
4. Les matchs de football américain sont à…
5. Les bars ferment à…
6. Les banques sont ouvertes jusqu'à…

B. At what time do you usually do the following?

1. manger
2. être au laboratoire
3. regarder la télévision
4. avoir faim
5. arriver à l'université
6. parler avec des amis
7. étudier jusqu'à
8. être fatigué(e)

C. With a classmate, make up an ideal television schedule with times and programs, and present it to the class.

Questions personnelles.

1. Quelle heure est-il?
2. A quelle heure est-ce que vous arrivez en classe?
3. Jusqu'à quelle heure est-ce que vous êtes à l'université?
4. A quelle heure est-ce que vous dînez?
5. Jusqu'à quelle heure est-ce que vous dansez le week-end?
6. Vous parlez au téléphone jusqu'à quelle heure?

«A quelle heure est-ce que tu as rendez-vous?»

Communiquons

Quelle heure est-il? (L'heure officielle)

The way that you just learned to tell time is called **l'heure conventionnelle** and is used primarily in informal conversations. In more formal situations, such as train or plane schedules, store hours, television schedules, and making an appointment, you would need to use official time.

L'heure officielle is based on twenty-four hours. Times from midnight to noon are expressed as **zéro heure** to **douze heures.**

Le train arrive à **neuf heures.**	*The train arrives at 9 A.M.*
La classe commence à **dix heures.**	*(The) class begins at 10 A.M.*

■ To express a time from noon to midnight, continue counting the hours from twelve to twenty-four.

J'arrive à vingt heures.	*I am arriving at 8 P.M.*
Le restaurant ferme à vingt-trois heures.	*The restaurant closes at 11 P.M.*

■ Official time never uses **midi, minuit, quart,** or **demi(e)**. You simply count the number of hours and minutes.

L'avion arrive à dix heures quinze.	*The plane arrives at 10:15 A.M.*
Nous commençons à dix-neuf heures trente.'	*We begin at 7:30 P.M.*
Le café ferme à vingt-quatre heures.	*The café closes at midnight.*

Activités

A. Convert the following times in conversational style to the more formal (official) style.

1. deux heures du matin
2. trois heures et quart du matin
3. onze heures et demie du matin
4. midi vingt-cinq
5. une heure moins le quart de l'après-midi
6. quatre heures cinq de l'après-midi.
7. neuf heures moins dix du soir
8. minuit moins le quart

B. Convert the following official times to conversational style. Do not forget to indicate whether it is A.M. or P.M.

1. trois heures	4. quatorze heures quarante
2. cinq heures quinze	5. vingt-deux heures dix
3. douze heures trente	6. zéro heure quinze

C. Convert the following figures to the **heure conventionnelle.** Ask a classmate to give the **heure officielle.**

MODEL: 1:22 P.M.
   Student 1:   une heure vingt-deux de l'après-midi
   Student 2:   treize heures vingt-deux

1. 12:30 A.M.	3. 12:05 P.M.	5. 4:45 P.M.	7. 9:20 P.M.
2. 10:15 A.M.	4. 1:00 P.M.	6. 5:30 P.M.	8. 11:55 P.M.

D. Consult the schedule for Sabena Belgian World Airlines to answer the following questions about flights originating in Brussels.

1. A quelle heure est l'avion pour Abu Dhabi?
2. A quelle heure est-ce que les deux avions pour Abidjan arrivent?
3. Est-ce qu'il y a un avion pour Anchorage le matin?
4. Combien d'avions est-ce qu'il y a pour Ajaccio?
5. Est-ce qu'il y a un avion pour Ajaccio le soir? A quelle heure est-ce qu'il arrive?
6. L'avion de 11.15 pour Alger arrive à quelle heure?

	DAYS	VALIDITY from to	DEP	✴	ARR.	AIRCRAFT CLASS			FLIGHT NUMBER		VIA
from		**Brussels** Belgium ✈ National 12km △ 30min △ 60MIN TO ISTANBUL ® tel. 02 511.90.30 △ 90MIN TO TEL AVIV									BRU +0100
Aberdeen United Kingdom	ABZ +0000	12345.. 20/01 ......7 12345.. 02/01 1234567 03/01	10.05 14.05 16.05 18.05	P P P P	12.55 16.55 19.10 21.15	73S 73S 73S 73S/757	CYL CYL CYL CYL	SN SN SN SN	603 605 607 609	BA 5610 BA 5616 BA 5618 BA 5620	LON LON LON LON
Abidjan Ivory Coast	ABJ +0000	1...... ....5..	12.20 11.55	X X	20.45 20.15	310 310	CY CY	SNRK SN	423 421		
Abu Dhabi U.A.E.	AUH +0400	...4...	12.15	R	21.30	D1M	CY	SN	277		→
Agadir Morocco	AGA +0000	......7 1...... ...4...	08.20 08.20 10.15	X T X	18.15 18.25 18.25	73S/727 73M/727 310/727	CY FCY FCY	SN SN SN	385 383 381	RN 497 ATAF 703 ATAF 703	CAS CAS CAS
Ajaccio France	AJA +0100	.....6. ...4... ....5.7	11.25 18.00 19.00	R R R	14.20 21.00 22.00	73S/727 737 737	CY CY CY	SNAF AFSN AFSN	669 1911 1927	AF 2612 AF 2618 AF 1618	NCE NCE NCE
Algiers Algeria	ALG +0100	1..45.7 .....6. ......7 .23....	11.15 12.05 12.05 12.05	X R R	13.45 16.00 14.35 14.35	737 73S 73S 73S	FY CY CY CY	AH SN SN SN	2061 403 405 401		→ → →
Alicante Spain	ALC +0100	1234567 1.3.5.. .2.4... ....5.. 12345.7	13.00 11.40 11.40 11.55 17.00	X X R T	17.25 17.15 17.15 17.25 23.20	D9S 73M/D9S 73M/D9S 73S/D9S 73S/727	CM CY CY CY FCY	B SN SN SN SN	751 691 691 671 673	B B 721 B 529 B 751 B 406	BCN BCN MAD MAD
Amman Jordan	AMM +0200	.2..... ....5.7 7	12.05 10.35 10.05		17.55 18.00 17.50	L15 L15 L15	FCY FCY FCY	RJ RJ RJ	118 124 116		→
Amsterdam Netherlands	AMS +0100	1234567 1234567 12345.. .....67 1234567 12345.7	08.10 09.05 11.25 11.30 14.55 18.50	P P T P	08.50 09.50 12.10 12.10 15.35 19.30	FK7 F27 F27 F28 F28 FK7	YB Y Y Y Y YB	SNHN HN HN HN HN SNHN	951 382 384 384 386 955		→ → → → → →
Anchorage Alaska	ANC −0900	.2..5..	12.40	X	11.50	D1M	CY	SN	261		→
Ankara Turkey	ANK +0200	......7 .2..... ...4...	08.55 12.30 12.30	X R R	16.55 19.55 20.25	73S/F28 73S/727 73M/F28	CY CY CY	SN SN SN	867 863 865	TK 138 TK 820 TK 154	IST IST IST

E. Answer the following questions based on the television schedule below. **A2** stands for **Antenne 2** and is the second oldest French channel.

A quelle heure commence(nt)…?

1. les prévisions de la météo (*weather forecast*)?
2. les sports?
3. les séries américaines?
4. l'émission pour les jeunes (*children's program*)?
5. le film?
6. le journal   (*news*)?

6.45 TÉLÉMATIN
*Magazine présenté par Roger Zabel. Journaux à **7 heures, 7 h 30** et **8 heures** présentés par Catherine Ceylac et Marc Autheman. Flashes et météo tous les quarts d'heure à partir de **6 h 45**. Voir la liste des rubriques page 38.*

8.30 JEUNES DOCTEURS
Feuilleton australien.

9.00 RÉCRÉ A2
 Emission présentée par Marie Dauphin, Charlotte Kadi, Emmanuelle Bataille et Bertrand Boucheroy.

ALBATOR
« Au Secours d'Esmeralda ».

LES EWOKS
« La Nuit de l'étranger ».

LES P'TITS CHAMPIONS
L'Équitation. Avec Pierre Durand.

C'EST CHOUETTE
« L'Œil au beurre noir ».

CLÉMENTINE
Dessin animé.

TRANSFORMERS
Dessin animé.

CLIP
Le groupe **Raft** : « Yaka danser ».

10.45 DÉFILÉ MILITAIRE DU 11 NOVEMBRE
Commentaires : François Cornet.
Accompagné du Premier ministre, Jacques Chirac, et du ministre de la Défense, André Giraud, François Mitterrand déposera une gerbe de fleurs sur la tombe du Soldat inconnu. Après cet hommage, le chef de l'Etat décorera six anciens combattants de la Première Guerre mondiale.

11.55 MÉTÉO

12.00 FLASH

12.05 L'ACADÉMIE DES NEUF
Emission présentée par Yves Lecoq.

LES ACADÉMICIENS
Alice Sapritch, Michel Oliver, Roger Carel, Maddly, Patrick Burgel, Gérard Hernandez, Patrick Préjean, Pierre Douglas, Marie Myriam.

LA CHANSON
Marie Myriam interprète « Tout est pardonné ».

L'AVOCAT DES TRUCS
Jacques Chaussard.

12.30 LES TITRES DU JOURNAL

12.35 L'ACADÉMIE DES NEUF
Seconde partie.

13.00 JOURNAL

13.45 LES RUES DE SAN FRANCISCO
Série américaine.
L'IMAGE BRISÉE

Mike Stone	**Karl Malden**
Steve Keller	**Michael Douglas**
Anne Marshall	**Barbara Rush**

Fred Marshall, un homme politique très en vue, meurt accidentellement. Telle est la version que fournit son entourage. Cependant Mike Stone, qui a connu la femme de Marshall dans sa jeunesse, ne croit pas à la thèse de l'accident. Son enquête révèle, en effet, un certain nombre de faits troublants qui tendent à prouver qu'il s'agit d'un meurtre.

14.40 RUGBY
SPORTS   **FRANCE-ROUMANIE**
En direct d'Agen.
Commentaires : Pierre Salviac et Pierre Albaladéjo.

18.15 MA SORCIÈRE BIEN-AIMÉE
Série américaine.
UNE VIE DE CHIEN

Samantha	**Elizabeth Montgomery**
Jean-Pierre	**Dick Sargent**
Alfred Tate	**David White**
Ashley Flynn	**Noam Pitlik**

Un sorcier du nom d'Ashley Flynn vient rendre visite à Samantha et décide de l'arracher à son existence monotone.

18.45 DES CHIFFRES ET DES LETTRES
Les vingt premières sont consacrées à la présentation des deux équipes. Les deux journalistes nous rappellent en outre quel est l'enjeu de ce match. Après avoir subi deux défaites lors de sa récente tournée en Ecosse, l'équipe de France devrait retrouver cet après-midi le chemin de la victoire face à une équipe roumaine aux moyens assez limités.
L'année dernière, le quinze tricolore s'était imposé à Bucarest sans l'ombre d'une contestation (20-3).

19.10 SPÉCIAL BUG'S BUNNY
JEUNES
Dessins animés.

19.35 MAGUY
Série française. Déjà diffusée.
L'AMANT DE LÀ FAMILLE

Maguy	**Rosy Varte**
Georges	**Jean-Marc Thibault**

Comment rester une femme moderne quand on découvre que le « futur » de votre fille est l'un de vos « ex » ?

20.00 JOURNAL

Lecture culturelle

Food in France

Avant la lecture

French cuisine is celebrated all over the world. In France, a meal is a ritual most people follow scrupulously. There are unwritten "rules" to observe, things that one does or does not do. For instance, salad comes with almost every meal, but usually after the meat and the vegetables, not with them. Many French people consider a meal without cheese incomplete. One always serves red wine with cheese, which comes after the meal but before dessert. A French proverb says that a meal without wine and cheese is like a day without sunshine.

Activités

A. What specialties of French cooking do you know? Do you know what goes into traditional cooking that makes it French?

B. What are the courses served during a formal dinner? In what order are they served in the United States?

C. Do you know any cooking terms that come from French? (**crêpes**, **béarnaise**, **vinaigrette**, etc.)

D. Try to guess what would follow in these statements about French cooking. Then see if you can find the answers in the reading.

1. The French use butter and cream, but not . . .
2. Heavy cooking is being replaced by . . .
3. If you do not go to supermarkets, you . . .
4. The three meals each day are . . .
5. Between lunch and dinner, children have . . .
6. Popular foreign restaurants in France might include . . .

INDEX DES RESTAURANTS PAR QUARTIER

ROME - VILLIERS	142, av. des Champs-Elysées, 43-59-20-41	JARDIN DES PLANTES	PALAIS-ROYAL
EL PICADOR, 80, bd des Batignolles, 43-87-28-87. PAELLA, ZARZUELA, BACALAO, GAMBAS. F/lundi, mardi. Plats à emporter.	**COPENHAGUE,** 1ᵉʳ étage. F. août. **FLORA DANICA,** et son jardin r.d.c. SAUMON, RENNE, CANARD SALÉ.	**LE HONGROIS DE PARIS** **LE PAPRIKA,** 43, r. Poliveau, 5ᵉ. 43-31-65-86. Orch. tzigane de Budapest, le soir.	**LA CLÉ DU PÉRIGORD,** 38, r. Croix-Pts-Champs, 40-20-06-46. F. dim. Spéc. Sud-Ouest. Pois. fins, env. 230 SC.
CHAMPS-ÉLYSÉES	GOBELINS	LES HALLES	PARMENTIER
RELAIS BELLMAN, 37, r. Franç.-Iᵉʳ, 47-23-54-42. Jusq. 22 h 30. Cadre élég. F. samedi, dimanche.	**ENTOTTO** 45-87-08-51 - F. dim. 143, r. L.-M.-Nordmann, 13ᵉ Spécialités éthiopiennes.	**CAVEAU F.-VILLON,** 64, r. Arbre-Sec, 42-36-10-92. Ses caves du XVᵉ. F. sam. et lundi. P.M.R. 170/200 F.	**LE FLEURY,** 139, av. Parmentier, 10ᵉ. F. merc. 42-38-36-97. Choix de poissons et sa carte.

Les Français et la cuisine°

cooking

refined / gourmet cooking

habits
cuisine… low-calorie cooking /
   replaces
to buy
tous… every day / stores /
   butcher shop
pastry shop / marchés… open-
   air markets
une… once or twice a week
Each / meals / le petit…
   breakfast / lunch
has / hot chocolat / pain… toast
zwieback (dried toast) / à…
   American-style
between / Often
rentrent… return from / have
   an afternoon snack

foreign

Les Français aiment la cuisine raffinée.° En France, la gastronomie° est une tradition anciennne et les spécialités régionales sont très appréciées. Dans la cuisine française, on utilise généralement du beurre et de la crème, mais on n'utilise pas souvent d'huile. On mange toujours de la salade et du fromage, et on consomme du vin et de l'eau minérale, ou de l'eau naturelle. En France, la cuisine est très importante, mais les habitudes° changent. La cuisine minceur° remplace° le beurre et la crème et élimine des calories. 5

Il y a des supermarchés, mais certains Français aiment acheter° du pain, de la viande et des légumes tous les jours.° On a des magasins° spécialisés, comme la boucherie° pour la viande et la pâtisserie° pour les desserts, et il y a aussi des marchés en plein air° une ou deux fois par semaine° sur une place publique. 10

Chaque° jour, on prépare trois repas:° le petit déjeuner,° le déjeuner° et le dîner. Au petit déjeuner, on prend° du café au lait, du thé ou du chocolat° avec du pain grillé,° du beurre et de la confiture ou des biscottes.° Les petits déjeuners copieux à l'américaine° n'existent pas en France. On prend le déjeuner entre° midi et deux heures. Souvent,° quand les enfants rentrent de° l'école, ils ont faim et ils goûtent:° ils mangent du chocolat 15 ou du pain et du beurre avec du café au lait. Le dîner commence à sept heures et demie ou à huit heures du soir, et traditionnellement tous les membres d'une famille mangent ensemble.

Les Français fréquentent aussi des restaurants où la cuisine n'est pas typiquement française. Les restaurants étrangers°—chinois, italiens, vietnamiens, et nord-africains— 20 sont très populaires. Si on préfère manger rapidement, on a des Burger King!

On mange toujours du fromage.

Après la lecture

Questions sur le texte

1. Quelle sorte de cuisine est-ce que les Français aiment?
2. En général, est-ce qu'on utilise de l'huile en France? Qu'est-ce qu'on utilise?
3. Qu'est-ce qu'on consomme comme boisson en France?
4. Qu'est-ce que la cuisine minceur remplace?
5. Qu'est-ce que certains Français aiment acheter tous les jours?
6. Qu'est-ce qu'on prend au petit déjeuner?
7. Qu'est-ce que les enfants français mangent quand ils ont faim?
8. Quelles sortes de restaurants étrangers est-ce que les Français fréquentent?

Activités

A. Study the recipe below and try it out at home.

Crêpes (13 à la douzaine)

METTEZ DANS UN GRAND BOL
2 TASSES DE FARINE,
2 ŒUFS ENTIERS,
2 PAQUETS DE SUCRE VANILLÉ,
LE ZESTE RAPÉ D'UN CITRON
ET 1 *pincée* DE SEL.
AJOUTEZ *petit-à-petit*
2 3/4 TASSES D'EAU
EN MÉLANGEANT BIEN AVEC LE FOUET.

ALLUMEZ LE GAZ (*feu moyen*).
POSEZ LA POÊLE DESSUS.
METTEZ-Y 3 *cuillères à soupe* DE BEURRE.
AUSSITOT LE BEURRE FONDU
VERSEZ-LE DANS UN PETIT BOL.
PRENEZ 1/2 LOUCHE DE PATE A CRÊPE.
VERSEZ-LA **HORS DU FEU** DANS LA POÊLE.
QUAND LA CRÊPE BOURSOUFLE
RETOURNEZ-LA ET
LAISSEZ CUIRE 15 SECONDES.
GLISSEZ LA CRÊPE SUR LE PLAT.
SUCREZ-LA AVEC
1 *cuillère à café* DE SUCRE EN POUDRE.
RECOMMENCEZ 13 FOIS.

œufs eggs

zeste rind

mélangeant mixing /
   fouet whisk
Allumez Light / **feu**
   moyen medium flame
poêle skillet /
   dessus above

Aussitôt As soon as /
   fondu melted
Versez-le Pour it
louche ladle /
   pate batter
hors away from
boursoufle bubbles

Retournez-la Turn it over

Laissez cuire Let cook

Glissez Slide

en poudre powdered

B. Look at the menu shown below. It lists items available on French trains. Long distance trains have a formal dining car, but this list is for lighter and quicker meals. What do you recognize?

TARIF — SERVICE 18% COMPRIS

Hors-d'œuvre
Crudités. 8,80
Salade composée. 12,90

Charcuteries
Terrine. 16,80
Jambon cru avec beurre. 16,80
Pâté. 13,50
Saucisson avec beurre. 13,50

Plats du Jour
Grillade, spécialité "GE". 49,00
Plat cuisiné "GE". 46,00
Plat du Jour. 39,00
Jambon salade. 26,50
Francfort frites. 26,50
Assiette de poissons fumés. . 57,00
Assiette de saumon fumé. . . . 66,00

Fromages
Roquefort avec beurre. 12,30
Bleu avec beurre. 12,30
Camembert. 8,00
Comté. 8,00
Pyrénées. 8,00
Yaourt au lait entier. 8,00
Yaourt aux fruits. 8,00

Desserts
Pâtisserie. 11,40
Crème entremets. 8,00
Fruit. 6,30
Glace. 8,40
Fruits de saison. 11,40

Petit Déjeuner
Café-Café au lait (Grande Tasse)
Thé–Chocolat. 10,20
Café (Petite Tasse). 5,10

Vins
Côtes du Rhône A.C. 20cl. . . . 10,50
Côtes de Provence
   VDQS 20cl. 10,50
Côtes de Provence VDQS 1/3 16,50
Côtes du Rhône A.C. 1/3. 16,50
Bourgogne rouge A.C. 1/2. . . . 25,00
Bergerac A.C. 1/2. 22,50
Bourgogne blanc A.C. 1/2. . . . 22,50
Côtes de Provence
   "Prestige rosé" VDQS 1/2. . . . 21,25
Champagne 1/2. 90,00

Consommations
Eaux minérales 1/2. 9,25
Bière Export 1/3. 9,75
Bière de luxe 1/3. 12,25
Soda–Jus de Fruits 1/4. 9,75
Pepsi Cola 1/4. 9,75
Schweppes 1/4. 9,75

Apéritifs. Liqueurs
Pastis 51–Richard 2,3cl. 10,50
Cinzano–7cl–Martini 6,5cl. . . 10,50
Ambassadeur 6,5cl. 10,50
Porto 7cl. 14,50
Framboise 3cl. 17,00
Cognac V.S.O.P. 3cl. 14,50
Armagnac 3cl. 14,50
Cointreau 3cl. 13,25
Grand Marnier 3cl. 13,25
Rhum 4cl. 10,50
Gin 5cl. 16,25
Whisky (avec eau
   minérale) 4,5cl. 22,50
Bourbon (avec eau
   minérale) 4,5cl. 25,00
Croissant. 4,50
Viennoiserie. 8,40

---

au GRIL EXPRESS, dégustez

- le Bourgogne aligoté blanc
- le Bourgogne rouge Passetougrain

Ets. ANDRÉ MOREY, NÉGOCIANT ÉLEVEUR
2, Rue de l'Arquebuse - 21 BEAUNE

CHAPITRES 1–3

Class Work   A. Rewrite the following sentences using the cues in parentheses. Make any necessary changes.

MODEL: Il est studieux.   (Elles…)
Elles sont studieuses.

Les amis

1. Nous sommes généreux.   (Madeleine…)
2. Tu as froid.   (… fatigué.)
3. Vous invitez des Américains?   (Luc et Jeanne… Canadienne?)
4. Ils sont tunisiens?   (Marie…?)
5. Je suis content.   (… chaud.)
6. Nous sommes sérieux.   (Claire, tu…)

Les boissons

7. Vous aimez le thé?   (… désirer…)
8. Elle aime le café.   (… consommer…)
9. Il a soif.   (Marc et Marie…)
10. Jean-Pierre déteste l'eau.   (… ne consomme pas…)

Les possessions

11. Le livre est intéressant.   (… photos…)
12. Nous adorons l'argent.   (… avoir…)
13. Tu as un ami?   (Nous… amis.)
14. Elles écoutent des disques.   (… avoir… radio.)

B. **La nourriture.** Answer the following questions using the cues provided.

MODEL: Vous avez des légumes?   (Non,…)
Non, je n'ai pas de légumes.

1. Qu'est-ce que vous mangez?   (Nous… fromage.)
2. Vous avez des gâteaux?   (Non,…)
3. Qu'est-ce que tu détestes?   (… eau minérale.)
4. Vous aimez le couscous?   (Oui, nous…)
5. Jeanne et Sylvie ont faim?   (Non,… soif.)
6. Est-ce qu'elles aiment le thé?   (Oui,… demander…)
7. Qu'est-ce que Paulette prépare?   (… mouton.)
8. Est-ce que tu manges de la viande?   (Non,… détester…)
9. Est-ce qu'il y a du lait?   (Non,…)
10. Vous aimez la cuisine française?   (Non,… aimer mieux… américain.)
11. Vous mangez au restaurant?   (Non, nous… maison.)
12. Est-ce que les enfants consomment de l'alcool?   (Non, …)
13. Tu désires de la crème?   (Non,… beurre,… vin et … huile.)
14. Quand est-ce que vous demandez un chocolat?   (… avoir froid…)

C. Make a complete sentence with each group of words below, making appropriate changes and adding any necessary words.

MODEL: étudiants / aimer / musique
Les étudiants aiment la musique.

A table!   (*Let's eat!*)

1. enfants / adorer / glace
2. Nous / détester / crème / et / sucre.
3. On / avoir / eau / chaud?
4. Paul / ne...pas / manger / salade.
5. garçon / préparer / boissons.

Les gens   (*People*)

6. Ma sœur / avoir / auto.
7. Vous / avoir / tort / Monsieur.
8. Françoise et Marc / avoir / disques / américain.
9. Est-ce que / elle / avoir / raison?
10. Monique / être / studieux.

La classe

11. Nous / commencer / leçon / intéréssant
12. Fermer / porte / s'il te plaît!
13. Ecouter / s'il vous plaît!
14. étudiant / poser / question / difficile.

D. Complete the following sentences according to your opinion.

1. J'adore...
2. Je déteste...
3. Les Américains aiment...
4. Je voudrais...
5. Quand j'ai soif, je...
6. Je suis...
7. Je ne suis pas...
8. Le professeur est...

E. Translate the following sentences into French.

1. She works with a lawyer.
2. They are watching television together.
3. Do you smoke a lot?
4. They aren't very careful.
5. They are timid, but sincere.
6. The red car is ugly.
7. You don't have any flour?
8. We want butter and jam.
9. They hate milk.
10. I have a fantastic roommate.

F. Do the following math problems in French.

MODEL: 2 + 2 =
         Deux et deux font quatre.

1. 5 + 7 =   4.   6 + 25 =
2. 15 + 16 =   5. 13 + 14 =
3. 17 + 21 =   6. 26 + 32 =

MODEL: 4 − 2 =
         Quatre moins deux font deux.

1. 65 − 34 =   4. 49 − 10 =
2. 69 − 8 =   5. 41 − 12 =
3. 57 − 22 =   6. 38 − 21 =

MODEL: 3 × 2 =
         Trois multiplié par deux font six.

1. 3 × 4 =   4. 11 × 3 =
2. 15 × 3 =   5. 7 × 3 =
3. 5 × 6 =   6. 16 × 3 =

MODEL: 6 ÷ 2 =
         Six divisé par deux font trois.

1. 60 ÷ 3 =   4. 50 ÷ 25 =
2. 48 ÷ 3 =   5. 42 ÷ 7 =
3. 66 ÷ 2 =   6. 39 ÷ 3 =

G. **Questions personnelles**

1. Qu'est-ce qu'il y a dans votre chambre? (Dans ma chambre,…)
2. Vous êtes optimiste? pessimiste? sincère? hypocrite? stupide?
3. Quelle sorte d'amis est-ce que vous avez?
4. Qu'est-ce que vous mangez quand vous avez faim?
5. Quelles boissons est-ce que vous aimez?
6. Est-ce que vous travaillez beaucoup? fréquentez des boîtes de nuit? voyagez beaucoup?
7. Est-ce que vous avez des frères et sœurs? Combien?
8. Vous désirez être avocat(e)? ingénieur? journaliste? ???

Small Group Work   Work on the following activities with your classmates.

A. Spell your name or your classmates' names. Spell words and have your partner guess them.

B. Give a word in English and ask a classmate to give its French equivalent. Give a French noun, and your partner will give the noun with the correct definite or nondefinite article.

C. Count from one to twenty in French, continuing around the group so that each person must give the next number. Then count, taking turns, from twenty to forty by odd numbers and from forty to sixty by even numbers.

D. Identify objects in the classroom by color.

MODEL: Le livre est bleu. Le stylo est noir.

E. Describe yourself, using three adjectives. Then describe one of your classmates.

F. Play the role of two people who disagree with each other. If one of you makes an affirmative statement, the other makes it negative and vice versa.

MODEL: J'ai du vin.
         Je n'ai pas de vin.

aimer   détester   avoir
vouloir   manger   être

G. Give a command to your classmates that they can carry out, then switch roles.

H. Interview your classmates about:

1. their personalities (**être** + adjectives).
2. their likes and dislikes (**aimer, détester** + an infinitive or a type of food).
3. their daily schedule with activities and times.

A Nice, au Syndicat d'Initiative

OBJECTIVES

Language:

Vocabulary for Hotels, Vacations, and Student Life
Enchaînements and **liaisons**
A and **de** with Definite Articles
Place Names
Aller and the **futur proche**
Articles and Prepositions with
  Place Names
Numbers from 70 to 1,000

Culture:

Travel in France
Transportation
Vacations

Communication:

Finding a Hotel
Expressing Future Time
Counting
Getting Around a City and
  Asking Directions

Commençons

A Nice, au Syndicat d'Initiative°

Syndicat... Tourist Office

Robert et Eric, deux étudiants américains, arrivent à Nice sur la Côte d'Azur.° Ils cherchent° un hôtel° près de° la plage° et ils sont au Syndicat d'Initiative, où ils demandent des renseignements.°

la Côte... the French Riviera /
Ils... They are looking for
hotel / **près**... near / beach /
renseignements (*m*)
information
Gentlemen

L'HOTESSE: Bonjour, Messieurs.°

sea

ERIC: Bonjour, Mademoiselle. Nous cherchons une chambre dans un hôtel près de la mer.°

A... Next to / that / is going
all / full / room / **en**...
downtown /
loin... far from the
= **Si** If / **au**... at the seaside /
nous... we're not going / to
stay
list

L'HOTESSE: A côté de° la plage, cela° va° être difficile! Les hôtels sont chers et ils sont tous° pleins,° mais il y a de la place° en ville°. C'est près des restaurants et des cinémas et ce n'est pas loin du° Casino et de la plage.

ROBERT: S'°il n'y a pas de chambres au bord de la mer,° nous n'allons pas° rester° à Nice. Nous allons aller en Italie. Est-ce que vous avez une liste° des hôtels de San Rémo?

pas... not at all

L'HOTESSE: Ah, non, pas du tout!° Nous n'avons pas de renseignements sur l'Italie, mais vous avez une agence de voyages° au coin de la rue.°

agence... travel agency / **au**...
on the street corner

ERIC: Où ça?

Là-bas Over there / **église**
(*f.*) church
Merci... Thanks a million

L'HOTESSE: Là-bas,° Monsieur. A côté de l'église.°

ROBERT: Merci mille fois.° Au revoir.

L'HOTESSE: Au revoir, Monsieur.

A la réception°

reception desk

Eric et Robert décident de° rester à Nice après tout.° Ils trouvent un petit hôtel en face de° l'agence de voyages.

décident... decide to / **après**...
after all / **en**... across from

LE RECEPTIONNISTE:°   Bonjour, Messieurs.

Receptionist

ERIC: Est-ce que vous avez une chambre à deux lits°?

lits (*m.*) beds

LE RECEPTIONNNISTE: Avec douche° ou avec bain°?

douche (*f.*) shower / **bain**
(*m.*) bath
beautiful / view

ROBERT: Nous cherchons une chambre avec une belle° vue.°

Well

LE RECEPTIONNISTE: Alors°, la 374! Vous allez avoir une douche et une belle vue sur le port.°

harbor

price

ERIC: Quel est le prix° de la chambre, s'il vous plaît?

francs (*m.*) francs

LE RECEPTIONNISTE: Trois cent quatre-vingts francs°, taxe° et petit déjeuner° compris.°

taxe (*f.*) taxes / **petit**...
(*m.*) breakfast / included
O.K.

ROBERT: Bon°, ça va.

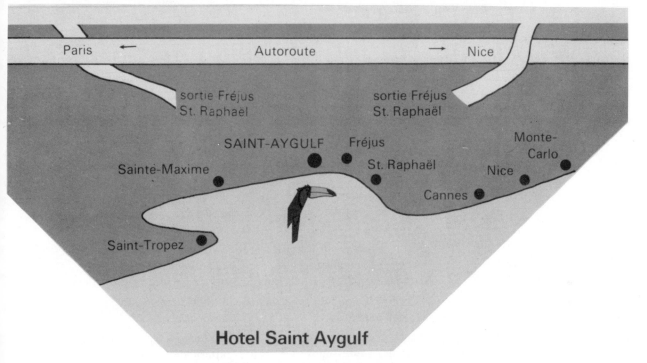

Hotel Saint Aygulf

Faisons connaissance   When you arrive in a French city or town, the useful thing to do is to go to the **Syndicat d'Initiative,** where you will get information about points of interest and a list of hotels arranged by categories. If you wish, someone at the **Syndicat d'Initiative** will call hotels for you, to check for vacancies. There, you can also find out about other areas in France you may wish to visit. Because the service is run by the French government, it does not include information about other countries.

Nice is the largest city on **La Côte d'Azur,** one of the principal vacation areas of France. You may also have heard of Cannes because of its international film festival in May. St-Tropez was made famous in the 1950s as the playground of Brigitte Bardot and other screen personalities. The tiny country of Monaco is also wedged into the Mediterranean coast to the east of Nice. San Rémo, an Italian city, is farther along the coast.

While **La Côte d'Azur** is known throughout the world for its splendid beaches, many Americans are surprised to find many of them covered with smooth stones **(les galets)** rather than with sand.

Etudions les dialogues

1. Où sont Robert et Eric?
2. Qu'est-ce qu'ils cherchent?
3. Ils désirent être loin de la plage, n'est-ce pas?
4. Est-ce qu'il y a de la place au bord de la mer?
5. Qu'est-ce qu'il y a en ville?
6. Où est-ce que Robert va aller s'il ne reste pas à Nice?
7. Où est-ce que Eric et Robert trouvent un hôtel?
8. Quelle sorte de chambre est-ce qu'ils cherchent?
9. Est-ce qu'il y a une douche ou un bain dans la 374?
10. Quel est le prix de la chambre?

Enrichissons notre vocabulaire

Les vacances
—Vous aimez les **voyages**?

—Oui, j'aime les **pays fascinants**.

—Est-ce que vous allez **visiter l'Europe** ou **rester** aux Etats-Unis?

—Je vais aller **en** France.

—**Pourquoi**?

—**Parce que** j'adore **les châteaux** et parce que j'**aime bien** les Français.

—Quel hôtel est-ce que l'agence de voyages **recommande**?

—On recommande des hôtels **sans** restaurant.

La vie des étudiants
—Tu as un cours **le matin / l'après-midi / le soir / aujourd'hui / demain**?

—J'ai un cours **maintenant!**

—Tu vas en classe **tous les jours**?

—Oui, et j'arrive en classe **à l'heure / en retard / en avance**.

—Est-ce que le **prof** de français **donne** beaucoup de **devoirs**?

—Oui, parce que nous allons **passer un examen la semaine prochaine**.

—Qu'est-ce que tu **fais** après les cours?

—Je regarde un **film à la télé**. Le soir, je **dîne** au **restau u**. / Je **rentre** à la **résidence (universitaire)**.

—Le week-end, je vais aux **matchs de football**.

La vie des étudiants américains
—Vous mangez au restaurant u?

—Non, nous allons **au supermarché** parce que nous avons un frigidaire / **un four à micro-ondes** dans la chambre.

Vacation

*Do you like **traveling**?*

*Yes, I like **fascinating countries**.*

*Are you going **to visit Europe** or **stay in the United States**?*

*I am going to go **to** France.*

Why?

***Because** I love **castles** and because I **like** French people.*

*What hotel does the travel agency **recommend**?*

*They recommend hotels **without a** restaurant.*

Student life

*Do you have a class in the **morning / afternoon / evening / today / tomorrow**?*

*I have a class **now!**

*Do you go to class **every day**?*

*Yes, and I arrive in class **on time / late / early**.*

*Does the French **teacher give** a lot of **homework**?*

*Yes, because we are going to take **an exam next week**.*

*What do you **do** after class?*

*I watch a **film on TV**. In the evening, I **have dinner** at the **university restaurant**. I **go back** to the **dorm**.*

*On weekends I go to **soccer games**.*

American student life

Do you eat at the university restaurant?

*No, We go to the **supermarket** because we have a refrigerator / a **microwave oven** in the room.*

Prononciation   Enchaînements et liaisons

    A. In spoken French, words flow together very smoothly. When a word begins with a vowel sound, French speakers pronounce the last consonant of the preceding word as if it were the first letter of the next word. This is **enchaînement**.

        avec elle   / avɛ kɛl /   il a   / i la /
        sept étudiants   / sɛ te ty djã /   elle est   / ɛ lɛ /

    Practice **enchaînements** by reading aloud the following groups of words.

        neuf étudiantes   cinq acteurs
        elle habite   l'artiste intelligent
        il invite   le professeur intéressant

    B. There is a separate category of **enchaînement** in which a written final consonant that is normally not pronounced must be sounded because a vowel sound follows it. Notice the difference in the pronunciation of: **nous travaillons** / nu tʀa va jõ / and **nous habitons** / nu za bi tõ /.

    The **s** of the second **nous** must be pronounced because the verb begins with the vowel sound / a /. This is **liaison**. It is limited to closely-linked word groups (pronoun subject-verbs, adjective-nouns), and most often involves the / z / sound.

    Listen carefully and repeat the following paired expressions after your professor. Pay particular attention to the **liaisons** in the right-hand column.

No liaisons	**Liaisons**
un livre	un ami
deux garçons	deux amies
trois cafés	trois hôtesses
six portes	six étudiants
dix cartes	dix autos
nous dansons	nous invitons
ils sont	ils ont
des légumes	des hôtels
les filles	les enfants
en France	en Amérique

    Exercice

Now practice reading these sentences aloud, while concentrating on the **enchaînements** and **liaisons**.

    1. Les Américains habitent en Amérique.
    2. Nous étudions avec un professeur intéressant.
    3. Vous avez une opinion d'elle?
    4. Les enfants sont intelligents.
    5. Ils invitent des amis sympathiques.
    6. Elle donne une leçon d'anglais aux étudiants.

Grammaire

I. A and **de** with Definite Articles

A. Two very common French prepositions are **à** (*to, in, at,* or *into*) and **de** (*from,* indicating point of origin, or *of,* indicating possession).

> Ils arrivent **à** Nice.
> Elle est **de** New York.

B. **A** and **de** are often used with the definite articles **l'** and **la**.

Elle travaille **à l'**université.	C'est le livre **de l'**étudiant.
Ils sont **à la** maison.	J'ai le stylo **de la** femme.
Quel est le prix **de la** chambre?	

C. When **à** or **de** come before the definite articles **le** or **les**, the two words form a contraction.

à + le = **au**	de + le = **du**
à + les = **aux**	de + les = **des**

Ils sont **au** Syndicat d'Initiative.	Il regarde le livre **du** professeur.
Je donne la glace **aux** enfants.	Elles sont **des** Etats-Unis.

Note that the **x** of **aux** and the **s** of **des** are pronounced / z / in front of a vowel sound, just like the **s** of **les**.

Attention   The preposition **de** plus the definite articles have the same forms as several of the nondefinite articles, which you learned in Chapter 3. But the preposition **de** never changes in the negative.

Indefinite article

J'ai **des** enfants.	*I have children.*
Je **n'**ai pas **d'**enfants.	*I **don't** have **(any)** children.*

Preposition de and the definite article les

Je parle **des** enfants.	*I'm talking **about** the children.*
Je **ne** parle **pas des** enfants.	*I'm **not** talking **about the** children.*

Mots Clés

Some commonly used place names

l'appartement (*m.*)	apartment	**la maison**	house
la banque	bank	**le musée**	museum
la bibliothèque	library	**la pharmacie**	drugstore
le cinéma	movie theater	**la résidence universitaire**	dormitory
l'école (*f.*)	school	**le restau u**	university restaurant (*fam.*)
la gare	train station	**le théâtre**	theater
la librairie	bookstore	**l'usine** (*f.*)	factory
le lycée	high school		

D. The preposition **de** is part of some prepositional expressions, subject to the same rules regarding contractions.

> Ils cherchent un hôtel **près de** la plage.
> J'habite **loin des** résidences.
> **A côté de** la plage, cela va être difficile.
> Ce n'est pas **loin du** Casino.

Mots Clés

Prepositional phrases with **de**

près de   near
loin de   far (from)
à côté de   next to

Other Prepositions

sur   on
sous   under
devant   in front of
derrière   behind
dans   in
chez   at the home of

Other prepositions do not take **de**.

> La salade est **sur** la table.
> L'enfant est **sous** la table.

> Le père est **devant** la table.
> Le chien est **derrière** la porte.

> Ils arrivent **chez** Jacqueline.
> Le lait est **dans** le frigidaire.

AUBERGE DE

L'ÉTOILE DU NORD

La NATURE, le PLEIN AIR, l'ÉVASION et la DÉTENTE
à des coûts modiques

TARIFS	OCCUPATION	
	simple	double
Chambre seulement	20$	15$
Café+couette (petit déjeuner)	25$	20$
Pension complète (3 repas)	40$	35$
Spécial 5 nuits (dimanche soir au vendredi)	175$	150$
en pension complète		

Dépliant disponible
(819) 278•4935

Accès facile par autobus
Lac Nominingue

PRATIQUONS

A. Replace the italicized words with each of the suggested nouns. Be sure to make any necessary changes.

1. Je suis à *l'université*.   (maison, restaurant, église, bibliothèque, librairie, gare, usine, café)
2. Où est le livre du *professeur?*   (étudiant, présidente, avocate, enfant, diplomate, ingénieur, enfants, auteur)

B. Replace the italicized words with each of the suggested prepositions.

1. Nous sommes *devant* le musée.   (à, à côté de, derrière, dans, loin de, près de)
2. Ils travaillent *près de* l'église.   (devant, derrière, loin de, à côté de, à, dans)

C. State that you want to speak *to* or *about* the following people. Use **parler** and the prepositions **à** and **de.**

MODEL: Je parle   (acteur)
         Je parle à l'acteur.   *Je parle de l'acteur.*

1. Nous parlons… (Canadiennes, garçon, musicienne, pilote, étudiant, programmeurs, Américains)
2. On parle… (médecin, homme, étudiants, enfants, artiste, hôtesse, Allemande)

D. Tell where the following people are by forming complete sentences.

1. Marie / travailler / librairie
2. Marc / étudier / bibliothèque
3. enfants / être / école
4. étudiante / manger / restau u
5. Nous / être / devant / théâtre
6. filles / être / près / cinéma

E. Describe the activities and locations of the people below.

MODEL: Je / être / à / université.
         Je suis à l'université.

Je	travailler	à	bibliothèque.
Vous	habiter	près de	cinéma.
Luc	être	derrière	maison.
Mes amis	étudier	à côté de	appartement.
Nous	manger	devant	étudiants.
étudiants	parler	loin de	théâtre.
agents de police		sous	université.
Mes parents		sur	
		près de…	

PARLONS

A. Tell whom you like to talk to and what you like to talk about.

1. J'aime parler à…
   {
   hommes
   femmes
   amis
   enfants
   étudiants
   professeur
   }

2. J'aime parler de…
   {
   hommes
   femmes
   télévision américaine
   musique classique, jazz, rock
   films anciens, modernes
   sports
   }

B. Situate objects and people in the classroom.

MODEL: Le livre du professeur est sur la table.
         Jacqueline est près de la porte.

C. Identify various objects in the classroom according to the owner by using the expression **Voilà** (*there is* or *there are*).

MODEL: Voilà le bureau du professeur.
         Voilà les stylos de Sylvie.

D. Using the map, give the locations of the following people and places.

MODEL: gare / hôtel
         La gare est près de l'hôtel.

1. gare / église
2. Café St. Jacques / Café des Américains
3. Vous / hôtel
4. Jacqueline et Jeanne / café
5. musée / pharmacie
6. restaurant / université
7. banque / lycée
8. cinéma / théâtre

Questions personnelles

1. Où est-ce que vous habitez?
2. Où est-ce que vous aimez étudier?
3. Vous travaillez? Où?
4. Vous aimez bien un restaurant? Où est-ce qu'il est?
5. Vous êtes de New York?
6. Qu'est-ce qu'il y a dans la ville où vous habitez?
7. Dans la ville où vous habitez, où est le musée? la gare?
   Où sont les églises? les cinémas? les cafés?
8. Qu'est-ce que vous aimez à l'université où vous étudiez?

II. Aller, the futur proche

A. Forms of **aller**

Aller is an irregular verb, and you must memorize its forms.

aller (*to go*)	
je vais	nous allons
tu vas	vous allez
il, elle, on va	ils, elles vont

1. **Aller** is almost never used alone as it can be in English (*I'm going!*). It is often followed by expressions that indicate manner or direction.

   Nous **allons en** Italie.
   Je **vais** au café **avec** Marie.
   Est-ce que vous **allez au** théâtre?
   Pour étudier, elle **va à la** bibliothèque.

2. The formation of the imperative of **aller** is regular: va, allons, allez.

   Allons au théâtre.
   Ne va pas avec Jean.

3. Here are some idiomatic expressions with **aller**:

   —**Comment ça va? Ça va?**
   —**Ça va. Ça va bien.**

   —**Comment allez-vous?**
   —**Je vais bien.**

   —**On y va?**   *Shall we go?*
   —**Allez-y. Vas-y.** *Go ahead.*
   —**Allons-y!**   *Let's go!*

B. The **futur proche**

1. One very frequent use of **aller** is to express an action in the future. A conjugated form of **aller** + *an infinitive* is similar to the English construction *to be going* + *an infinitive.*

> Nous n'**allons** pas **rester** à Nice.
> Vous **allez avoir** une belle vue.
> Je **vais travailler** demain.
> On **va partir** ce soir.

The main action portrayed appears in the form of an infinitive, which directly follows the conjugated verb **aller.**

The preposition **pour** (*in order to* . . .) + *an infinitive* indicates intention.

> Je vais aller à Québec **pour** étudier le français.

2. To make negative sentences with the **futur proche**, you simply place **ne…pas** around the conjugated form of **aller.**

> —Tu vas regarder la télévision?
> —Non, je **ne vais pas regarder** la télévision.

> Il **ne va pas aller** au cinéma.
> Nous **n'allons pas chanter** à l'église.

3. The **futur proche** is frequently used with expressions of time.

cet après-midi	this afternoon	**le week-end prochain**	next weekend
ce soir	tonight		
demain	tomorrow	**la semaine prochaine**	next week
demain matin	tomorrow morning	**l'année prochaine**	next year

PRATIQUONS

A. Substitute each of the given subjects in the following sentences.

1. *Nous* allons chez Sylvie.   (Je, Vous, Tu, Albert, L'étudiant, On, Les garçons)
2. *Je* ne vais pas à l'université.   (Il, Nous, On, Elles, Les professeurs, Vous, Tu)
3. Est-ce que *tu* vas travailler demain? (on, nous, elles, Marc, vous, il, Robert et Jacqueline)

B. The following sentences tell where people are not going. Use the cues in parentheses to tell where they are going.

MODEL: Je ne vais pas au cinéma.   (musée)
Je vais au musée.

1. Il ne va pas à l'université.   (lycée)
2. Nous n'allons pas à la gare.   (musée)
3. Les étudiants ne vont pas à la bibliothèque.   (librairie)
4. Je ne vais pas à la banque.   (théâtre)
5. Il ne va pas à l'usine.   (école)
6. Nous n'allons pas aller à la résidence universitaire.   (maison)

C. Substitute the given words in these sentences that use the **futur proche.**

1. *Je* vais étudier l'anglais.   (Nous, Ils, Tu, Vous, Les étudiants, La fille, On)
2. *Il* ne va pas être content.   (Je, Nous, Elles, Les agents de police, Vous, Elle)

D. Tell what will happen to the following people in the future by changing the sentences from the present tense to the **futur proche.**

MODEL: Il arrive fatigué.
         Il va arriver fatigué.

1. Je travaille en ville.   5. Est-ce que vous habitez ici?
2. Elle est ingénieur.   6. Nous aimons le restaurant.
3. Ils invitent des amis.   7. Tu vas au Canada.
4. Jacques a chaud.   8. Elles mangent un couscous.

PARLONS

A. Answer the following questions.

1. Où est-ce que vous allez aujourd'hui? pour étudier? pour manger? pour regarder un film? le week-end?
2. Où vont les étudiants de votre université pour dîner? pour danser? pour parler?
3. L'année prochaine, est-ce que vous allez étudier l'italien? aller à New York?
4. Vous allez regarder la télévision ce soir? écouter la radio? aller à l'église le week-end prochain?

B. Ask a classmate if he or she is going to do the following things: travailler à la maison cet après-midi? fréquenter une boîte de nuit? manger chez des amis le week-end prochain? regarder la télé? arriver en classe à l'heure / en retard? aller à Paris? danser avec des amis la semaine prochaine? manger au restaurant demain soir?

C. Ask your professor if he or she is going to do the following things: donner des devoirs pour demain? aller au cinéma? être agréable ou désagréable? donner un examen facile la semaine prochaine?

D. Give advice to a friend who wants to do the following things. What would you tell two of your friends who ask you one of these questions? What should they *not* do?

MODEL: (*to your friend*)   Pour parler français?
                             Va en France!
         (*to a stranger*)   Pour étudier?
                             Ne restez pas à la résidence.

1. Pour étudier?   4. Pour regarder un film intéressant?
2. Pour bien dîner?   5. Pour avoir de l'argent?
3. Pour danser?   6. Pour consommer de la bière?

E. Prepare a brief presentation of your plans for the weekend or the next vacation. Tell where you are going and what you are going to do and what you are not going to do.

III. Articles and Prepositions with Place Names

Unlike English, French does not make a distinction between going *to* or being *in* a place. Instead, the correct preposition depends on the type of place name.

A. Use **à**, meaning *to* or *in*, with cities.

> Nous n'allons pas rester **à Nice.**
> Robert est **à New York.**
> **A Madrid** on dîne à 22 heures.

B. Use **en**, meaning *to* or *in*, with feminine countries and all continents. (Most countries ending in a written **e** are feminine.)

> Vous allez étudier **en France.**
> Nous allons aller **en Italie.**
> Ils désirent voyager **en URSS.**
> **En Asie**, on parle français.

C. Use **au** (*pl.* **aux**), meaning *to* or *in*, with countries that are masculine. (These end in letters other than **e**.)

> Ils désirent voyager **au Canada.**
> Nous sommes **aux Etats-Unis.**
> **Au Portugal** on trouve des universités très anciennes.

Two countries end in a written **e** but are masculine: **le Mexique, le Zaïre.**

Mots clés

Some cities

Bruxelles	**Mexico**
Genève	**Moscou**
Lisbonne	**La Nouvelle Orléans**
Londres	**Varsovie** Warsaw

Some Continents

l'Afrique	**l'Asie**
l'Amérique du Nord	**l'Europe**
l'Amérique du Sud	

Some Feminine Countries

l'Algérie	**la Grande-Bretagne** Great Britain
l'Australie	**la Hollande**
l'Allemagne Germany	**l'Irlande**
l'Angleterre England	**l'Italie**
l'Autriche Austria	**la Norvège** Norway
la Belgique	**la Pologne**
la Chine	**la Suède** Sweden
la Côte d'Ivoire	**la Suisse** Switzerland
l'Espagne	**la Tunisie**
la Finlande	**l'URSS, la Russie** Soviet Union
la France	

Some masculine countries

le Brésil	le Mexique
le Canada	les Pays-Bas the Netherlands
le Danemark	le Portugal
les Etats-Unis* USA	le Sénégal
le Japon	le Tchad Chad
le Maroc Morocco	le Zaïre

Attention   If you are not expressing *to* or *in* a place, no preposition is necessary, but the definite article *must* be used with countries. Do not use an article with cities.

L'Italie est un pays fascinant.
Je vais visiter **Rome.**
Ils adorent **la Chine.**
Paris a des restaurants fantastiques.

PRATIQUONS

A. Use the proper definite article with the following place names. Remember that cities do not take one.

1. France   2. Espagne   3. Portugal   4. Rome   5. Etats-Unis   6. Mexique
7. Sénégal   8. Canada   9. URSS   10. Algérie   11. Zaïre   12. Maroc
13. Japon   14. Chine   15. Amsterdam   16. Tokyo   17. Asie   18. Tunisie
19. Italie   20. Côte d'Ivoire

B. Use the correct preposition for *to* or *in* with the following place names.

1. Brésil   2. Sénégal   3. Boston   4. Pologne   5. Etats-Unis
6. Amérique du Sud   7. URSS   8. Québec   9. Europe   10. Italie
11. Londres   12. Angleterre   13. Danemark   14. Bruxelles   15. Montréal
16. Irlande

SERVICE DES ABONNEMENTS : B P 283 · Dakar · Tel 22 38 25
C C P Dakar 5095 ou C C P Paris 15 337 34 H
Tarif des abonnements :

P A Y S	6 MOIS	1 AN
Sénégal	3.900 F. CFA	7.800 F. CFA
A.O. Francophone	5.000 F. CFA	10.000 F. CFA
A.O. Anglophone	136 FF	272 FF
Cameroun, Tchad, Congo, Gabon	6.800 F. CFA	13.600 F CFA
Zaire, Ethiopie, Rwanda, Burundi, Ouganda, Sud-Ouest, et Sud-Est Africain, Proche-Orient	180 FF	360 FF
France, Afrique du Nord	145 FF	290 FF
Europe, Egypte, Turquie	167 FF	334 FF
Amériques	190 FF	380 FF
Inde, Pakistan	209 FF	418 FF
Extrême Orient, Australie, Océanie	250 FF	500 FF
Sauf pour le Sénégal, tous les abonnements sont servis par la voie aérienne.		

*Articles and prepositions used with the states of the United States are found in Appendix II.

C. Form a sentence to describe where someone is, based on the following model.

MODEL: Paris, France
Il est à Paris, en France.

1. Rome, Italie	6. Oslo, Norvège
2. Berlin, Allemagne	7. Hanoi, Viêt-nam
3. Mexico, Mexique	8. Bruxelles, Belgique
4. Washington, Etats-Unis	9. Montréal, Canada
5. Dakar, Sénégal	10. Lyon, France

D. Identify the following countries by what continent they are on.

MODEL: La France est en Europe.

1. Mexique	3. Chine	5. Brésil	7. Portugal
2. Angleterre	4. Zaïre	6. Tchad	8. Japon

PARLONS

A. Try to identify where you are, as another student chooses a number for a country or a letter for a city from the map on p. 95.

MODEL: 1. Nous sommes en France.
B. Nous sommes à Madrid.

B. With a classmate, plan a trip through Europe using the same map. Then read your itinerary.

MODEL: J'arrive à Paris. Je visite la France. Après, je vais en Suisse et en Italie. Je continue mon voyage en Autriche et je termine les vacances à Berlin.

C. Tell where the following people live.

MODEL: François Mitterrand?
Il habite en France.

1. Juan Carlos?	5. Brian Mulroney?
2. la princesse Diana?	6. Jacques Chirac?
3. Federico Fellini?	7. Dr. Ruth?
4. Helmut Kohl?	8. Carlos Salinas de Gortari?

D. Answer the following questions with complete French sentences.

1. Où est-ce que vous désirez aller en Europe? en Afrique?
2. Quelles (*Which*) villes et quels pays est-ce que vous désirez visiter?
3. Où est-ce que la vie est agréable? désagréable?
4. Quels pays est-ce que vous recommandez aux Américains? Pourquoi?

E. In small groups, take turns giving each other the names of cities and telling what country they are in.

MODEL: Tokyo?
Tokyo est au Japon.

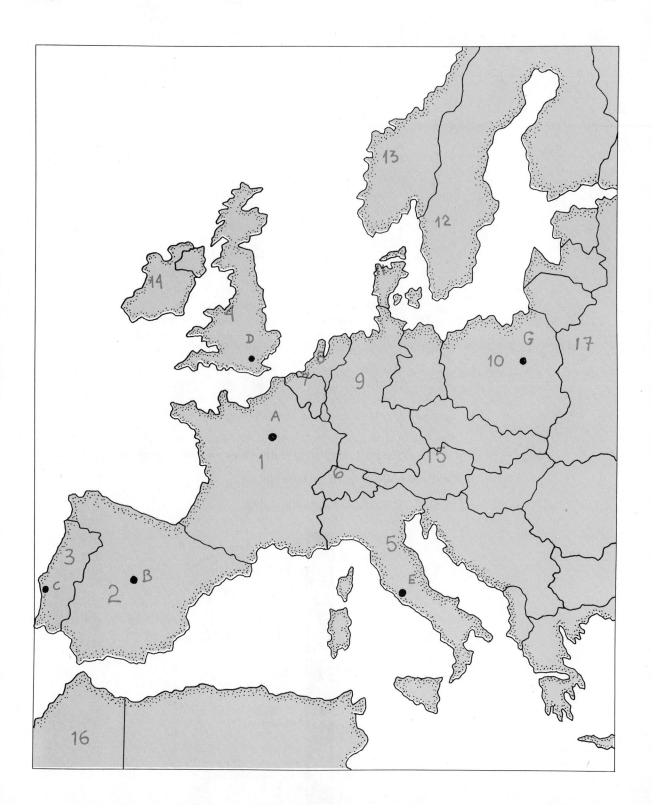

IV. Numbers from 70 to 1,000

70	soixante-dix	93	quatre-vingt-treize
71	soixante et onze	94	quatre-vingt-quatorze
72	soixante-douze	95	quatre-vingt-quinze
73	soixante-treize	96	quatre-vingt-seize
74	soixante-quatorze	97	quatre-vingt-dix-sept
75	soixante-quinze	98	quatre-vingt-dix-huit
76	soixante-seize	99	quatre-vingt-dix-neuf
77	soixante-dix-sept	100	cent
78	soixante-dix-huit	101	cent un
79	soixante-dix-neuf	108	cent huit
80	quatre-vingts	111	cent onze
81	quatre-vingt-un	116	cent seize
82	quatre-vingt-deux	120	cent vingt
83	quatre-vingt-trois	172	cent soixante-douze
84	quatre-vingt-quatre	199	cent quatre-vingt-dix-neuf
85	quatre-vingt-cinq	200	deux cents
86	quatre-vingt-six	214	deux cent quatorze
87	quatre-vingt-sept	231	deux cent trente et un
88	quatre-vingt-huit	284	deux cent quatre-vingt-quatre
89	quatre-vingt-neuf	300	trois cents
90	quatre-vingt-dix	400	quatre cents
91	quatre-vingt-onze	701	sept cent un
92	quatre-vingt-douze	1.000	mille

A. Note that **et** is used with 21, 31, 41, 51, 61, and 71 (**Vingt et un, trente et un,**…), but not with 81, 91, and 101 (**Quatre-vingt-un, quatre-vingt-onze, cent un**).

B. **Cent** and **mille** are *never* preceded by **un**.

100	cent	1,005	mille cinq

L ' O R T H O G R A P H E

1. **Quatre-vingts** and multiples of **cent** take an **s** when they are not followed by another number. When they are followed by another number, there is no **s.**

quatre-vingts	quatre-vingt-cinq
deux cents	deux cent trente-quatre
quatre cents	quatre cent dix

2. **Mille** never takes an **s.**

Mille, deux mille, trois mille…

PRATIQUONS

A. Read the following numbers in French.

71, 81, 89, 99, 100, 102,
151, 274, 391, 500, 544, 1,000

B. Count from 70 to 100 by threes.

70, 73, 76,. . .

C. Count from 100 to 200 by fives.

100, 105, 110,. . .

D. Count from 500 to 700 by tens.

500, 510, 520,. . .

PARLONS

A. Give your phone number to the class. In France, you would read the first three digits as a whole number and break the other number into a pair of two-digit numbers.

MODEL: 549–8859

cinq cent quarante-neuf, quatre-vingt-huit, cinquante-neuf

B. Give the distances in kilometers to the following destinations in French-speaking Canada.

MODEL: New York → Montréal   613

New York est à six cent treize kilomètres de Montréal.

1. Montréal → Québec   270
2. Chicoutimi → Rivière-du-Loup   182
3. Gaspé → Rivière-du-Loup   499
4. Sherbrooke → Victoriaville   97
5. Trois-Rivières → Chicoutimi   367
6. Québec → Ville-Marie   918

C. You are traveling in the **Pyrénées** region of southwestern France. Tell what road you would take to get to the following cities.

MODEL: Carcassone → Narbonne   113

On va de Carcassone à Narbonne par la route 113.

1. Gaillac → Montauban   99
2. Lautrec → Grauhlet   83
3. Perpignan → Argelès   114
4. Lourdes → Pau   637
5. Fleurance → Condom   654
6. Toulouse → Albi   88

RÉSULTATS

BASEBALL MAJEUR

Rendement des Expos

AU BÂTON	AB	PC	CS	PP	CC	BV	Moy.
Aldrete, Mike,	123	12	27	12	1	1	.220
Brooks, Hubie,	419	39	101	45	8	6	.241
Fitzgerald, Mike,	203	24	50	31	5	2	.246
Foley, Tom,	279	27	64	27	5	2	.229
Galarraga, Andres,	427	55	112	63	17	10	.262
Garcia, Damaso,	179	25	50	16	2	5	.279
Hudler, Rex,	121	19	32	13	6	13	.264
Johnson, Wallace,	81	8	19	14	2	1	.235
Martinez, Dave	278	32	78	19	3	14	.281
Nixon, Otis,	249	35	55	20	0	30	.221
Owen, Spike,	315	39	74	33	5	3	.235
Raines, Tim,	369	60	107	55	8	26	.290
Santovenia, Nelson	227	27	61	24	5	2	.269
Walker, Larry,	3	2	2	1	0	0	.667
Wallach, Tim,	442	63	123	59	9	3	.278

AU MONTICULE	G	P	VP	ML	PM	BB	R	MPM
Burke, Tim,	7	2	23	68.2	20	16	44	2.62
Gross, Kevin,	9	8	0	164.0	78	70	130	4.28
Hesketh, Joe,	5	4	3	41.0	30	24	33	6.85
Langston, Mark,	10	3	0	125.2	27	61	125	1.93
Martinez, Dennis,	12	3	0	175.2	59	39	100	3.03
McGaffigan, Andy	3	5	2	65.2	28	28	37	3.84
Perez, Pascual,	6	12	0	147.2	62	36	113	3.78
Smith, Bryn,	9	7	0	165.0	47	39	99	2.56
Smith, Zane,	0	1	2	27.0	2	14	16	0.66
Thompson, Rich	0	0	0	5.2	0	1	2	0.00

(Assistance 62 programmes)

JEUDI	21,057
1989	1,383,631
1988	1,217,137
Différence	166,494

LIGUE NATIONALE
Division Est

	G	P	Pct.	Diff.	10 der.	Série
Chicago	71	50	.587	---	8-2	G3
New York	66	54	.550	4½	8-2	P1
Expos	66	55	.545	5	3-7	P1
St. Louis	64	55	.538	6	6-4	G4
Pittsburgh	51	69	.425	19½	4-6	P1
Philadelphie	49	71	.408	21½	5-5	P1

Division Ouest

	G	P	Pct.	Diff.	10 der.	Série
San Francisco	69	52	.570	---	5-5	G1
Houston	66	55	.545	3	4-6	G1
San Diego	60	61	.496	9	5-5	G1
Los Angeles	57	64	.471	12	5-5	G1
Cincinnati	56	64	.467	12½	4-6	P3
Atlanta	48	73	.397	21	4-6	P4

LIGUE AMÉRICAINE
Division Est

	G	P	Pct.	Diff.	10 der.	Série
Baltimore	63	57	.525	---	6-4	G1
Milwaukee	63	60	.512	1½	9-1	G7
Toronto	61	60	.504	2½	6-4	P1
Cleveland	58	63	.479	5½	4-6	P1
Boston	57	62	.479	5½	3-7	P5
New York	56	65	.463	7½	4-6	G1
Detroit	44	77	.364	19½	4-6	P1

Division Ouest

	G	P	Pct.	Diff.	10 der.	Série
Oakland	73	48	.603	---	6-4	G1
Californie	71	48	.597	1	5-5	G2
Kansas City	66	53	.556	6	7-3	G2
Texas	62	57	.521	10	4-6	P1
Minnesota	59	61	.492	13½	4-6	P2
Seattle	57	62	.479	15	5-5	P1
Chicago	52	69	.430	21	5-5	G1

D. **Useless facts.** The annual publication *Quid* resembles *The World Almanac* and presents a great many statistics for France. Read the following in French.

1. Caisses d'épargne (*Savings & Loans*) attaquées: 270
2. Consommation annuelle de caviar: 50 tonnes
3. Ecrivains professionnels: 945
4. Sénateurs: 317; députés (*congressmen*): 577
5. Cas de rougeole (*measles*): 974
6. Transplantations cardiaques: 300

Questions personnelles

1. Quel âge a le professeur?
2. Quel âge a le Président des Etats-Unis?
3. Combien d'étudiants est-ce qu'il y a à la résidence? à l'université?
4. Combien de pages est-ce qu'il y a dans le livre de français?
5. Combien de disques est-ce que vous avez?
6. Combien d'étudiants vont aux matchs de football?

Communiquons

Les déplacements [Ways to Get Around]

French people are much more likely to take a train between cities than Americans, because plane travel in Europe is exceedingly expensive. Trains in France are nationalized; the company is **la SNCF (Société Nationale des Chemins de fer Français).** They are fast, comfortable, and almost always on time. The **TGV (train à grande vitesse),** the world's fastest commercial train, travels at a top speed of 200 miles per hour. It first ran between Paris, Lyon, and the Riviera, but new segments are added every year.

- ■ The various means of transportation are expressed as follows.

en avion

en voiture, en auto

en autobus, en autocar

à bicyclette, à vélo

en taxi

en train

en bateau

à cheval

à pied

en métro

—Comment est-ce que vous allez en classe?
—Je vais à pied.
—Comment est-ce que vos parents arrivent de Paris?
—Ils arrivent de Paris en avion.

1. When **Comment allez-vous…?** does not refer to health, there is no liaison between **comment** and **allez**.

2. **Un autobus** refers to urban transportation, **un autocar** to a bus that travels between cities.

■ To ask directions in French you need to know several expressions.

Excusez-moi / Pardon	*Excuse me*
Pourriez-vous me dire…	*Could you tell me. . .*
Pourriez-vous m'indiquer…	*Could you indicate to me. . .*
… où se trouve…	*. . .where. . .is located*

Pourriez-vous me dire où se trouve la gare?
Pourriez-vous m'indiquer une banque?
Où se trouve le bureau de poste?

■ To give directions, use one of these expressions.

au coin de la rue	*to / on the street corner*	à gauche	*to the left*
tout droit	*straight ahead*	jusqu'à	*up to*
à droite	*to the right*		

Allez tout droit jusqu'au coin de la rue, ensuite tournez à gauche.

■ While Americans judge distances in cities by blocks, the French generally give a more precise measurement in meters. A meter is about three inches longer than a yard.

C'est à 300 mètres d'ici.

Activités

A. Answer the following questions.

1. Comment est-ce que vous allez à l'université? au restaurant?
2. Comment est-ce que vous allez au cinéma? à la maison?
3. Comment est-ce qu'on va en Europe? au Canada?
4. Pour aller à la résidence, on va tout droit? Expliquez.
5. Le parking est à quelle distance de la classe? Le parking des professeurs est loin ou près de la classe?

B. Using the map on p. 88, give directions to Jacqueline and Jeanne to go to: **la gare, le Café des Américains, le Lycée Voltaire, le Théâtre de la Gare.**

C. **Role playing.** Act out the following situations.

1. One student is a French tourist who is lost, and another of you will give directions to various landmarks around town.
2. You go into a French travel agency, and plan a trip to Europe. You talk about cities, countries, and methods of transportation.
3. Conduct a public opinion poll (**un sondage**) about travel. Ask your classmates where and how they travel.
4. You are selling train tickets. Your classmates will be your customers and will ask when their trains will arrive.

D. Make up a set of directions to get from one place to another in your town or on your campus. Mention a specific location only in the first sentence (**Vous êtes à…**). Read the passage out loud and ask your classmates to guess where you end up.

Lecture culturelle

Vacations in France

Avant la lecture

In France, every person who has been employed for at least a year is entitled to five weeks of paid vacation. July and especially August are the months in which the vast majority takes its annual leave. In August, the country almost comes to a standstill. Most plants, companies, and big corporations shut down completely, and the population migrates to summer resorts in France and abroad. Tourists who visit Paris in August are often irritated to see signs that say **Fermeture annuelle** on stores, theaters, and exhibits.

For years, the government has encouraged people to spread their vacations over a longer period of time. But most are reluctant to do so. Many still consider August the ideal vacation time because of better chances for good weather. It is also a question of status. In big companies, newly hired employees are forced to take their vacations in June or September because those with more seniority almost always pick July or August.

More and more people with school-age children take their vacations in two parts, four weeks in the summer and another in the winter, either during the Christmas holidays or in February, when children have a break from classes.

Des vacances à
la plage à Arcachon.

Activités

A. Imagine what a vacation would be like in the U.S. if everyone had five weeks of paid vacation and took it at the same time.

B. Look at a map of France that shows geographical features. Where would you go to vacation at a beach? In the mountains?

C. Where could the French go to save money on a vacation? What could they do to cut down on expenses?

D. Have you ever gone to a cold climate for a winter vacation? What sports are available?

E. What measures can be taken to promote safe driving when many people are on the road?

F. The following words are closely related to English words. What do you think they mean?

Nouns	Adjectives	Verbs
en juillet	payés	passent
la montagne	scolaires	constitue

G. Many words you encounter may be a derivation of another word you know or could guess. Compare the words on the left with the ones on the right, which appear in this reading. What do they mean?

salaire	salarié
vacances	vacanciers
habiter	habitants
pauser	pause-café

**BONNES VACANCES
L'équipe du
FIGARO-MAGAZINE
vous retrouvera
à la rentrée
dès le samedi
2 septembre**

Les congés°

Vacations

wage earners / school

July / grandes… big companies /
August
months / grandes… summer
vacation / stores

à… abroad

spend

à… in the mountains / à… in
the country / expensive
motor home / In summer
terrains… campgrounds /
vacationers
fields / camping… unauthorized
camping / local people
cette… this kind / people / invade
properties / create

faire… to go water skiing /
planche… wind surfing /
Most people / to swim
prendre… to sunbathe
winter

font… go skiing / patin… ice
skating / sledding / snow

véritable… true exodus /
jammed / traffic
plus… faster
drivers / pause-café coffee break

la limite… speed limit

En France, les salariés° ont cinq semaines de congés payés. Les vacances scolaires° commencent en juillet° et les grandes entreprises° ferment en août.° Juillet et août sont les mois° des grandes vacances.° En août, à Paris, les magasins,° les théâtres et l'Opéra ferment.

Les Français aiment aller en vacances à l'étranger,° particulièrement en Espagne, en 5
Italie et au Portugal. Ils vont aussi très loin et visitent la Jamaïque, les Antilles ou les Seychelles. Les Français restent aussi en France et passent° des vacances à la mer, à la montagne,° à la campagne° et dans les villes. Les vacances à l'hôtel sont très chères° et beaucoup de Français préfèrent camper ou voyager en caravane.° L'été,° sur la Côte d'Azur, les terrains de camping° sont toujours pleins, et beaucoup de vacanciers° campent dans 10
les champs° et sur la plage. C'est le «camping sauvage.°» Les habitants° et les autorités de la région n'aiment pas cette sorte° de camping parce que les gens° envahissent° les propriétés° privées et créent° des situations difficiles.

En vacances, les Français pratiquent beaucoup de sports; à la mer, ils aiment faire du ski nautique° et de la planche à voile.° La plupart° aiment nager° et prendre des bains de 15
soleil.°

Les Français aiment aussi les vacances d'hiver.° De décembre à mars, ils vont aux sports d'hiver. Ils restent en France ou ils vont en Suisse, en Autriche, en Italie ou en Allemagne. Ils font du ski,° du patin à glace,° de la luge° et ils jouent dans la neige.° Le soir, ils dansent dans les discothèques. 20

Les vacances sont très importantes pour les Français. Le 1er août constitue un véritable exode.° Les routes sont encombrées° et la circulation° est intense. A la radio, on recommande régulièrement des itinéraires supplémentaires pour aller plus vite.° On demande aux chauffeurs° de ne pas consommer d'alcool, de faire souvent une pause-café° et de respecter la limite de vitesse.°

Les grandes vacances: la route est encombrée!

Après la lecture

Questions sur le texte

1. En France, qui a cinq semaines de congés payés?
2. Quand commencent les vacances scolaires en France?
3. En août à Paris, est-ce que les magasins, les théâtres, et l'Opéra sont ouverts?
4. Où vont les Français en vacances?
5. En général, est-ce que les Français vont à l'hôtel? Pourquoi?
6. Pourquoi est-ce que les vacanciers campent dans les champs et sur les plages?
7. Où vont les Français aux sports d'hiver?
8. Qu'est-ce qu'on demande aux chauffeurs de faire?

Activités

A. Dessinez (*draw*) une carte d'Europe au tableau. Montrez les endroits (*places*) mentionnés dans le texte. Où est-ce que vous désirez aller?

B. Qu'est-ce que vous proposez pour garantir la sécurité de la route? Vous êtes prudent(e) quand vous êtes en voiture?

C. Vous aimez faire du camping? Pourquoi? Où?

D. Décrivez (*describe*) vos vacances idéales.

Gaëtan et Lise Morin font un voyage organisé

Chapitre 5

OBJECTIVES

Language:

Vocabulary for Clothing and Travel

Tense Vowels

Faire and Expressions Using **faire**

Passé composé

Possessive Adjectives

Tonic Pronouns

Culture:

French in Quebec

French-Speaking World

Communication:

Describing Past Events

Expressing Ownership

Expressing Quantity

Commençons

Gaëtan et Lise Morin font un voyage organisé°

font… go on a tour

from Quebec / February

font… bagages (*m.*) pack their bags / **Cette…** This year

as… valises (*f.*) packed your suitcases / **Notre vol** (*m.*) Our flight

il… we need / almost

tes courses (*m.*) your errands

Je… I think so / bought / several / **un maillot…** a bathing suit

forgotten / **crèmes solaires** (*f.*) suntan lotion / **fait…** not pay attention / sun

fait… hurts

à… about that / marvellous

Monsieur et Madame Morin sont québécois.° Ils habitent à Montréal. Tous les ans en février,° ils font leurs bagages° pour aller faire un voyage organisé. Cette année,° ils vont à la Guadeloupe.

GAËTAN: Est-ce que tu as fait tes valises?° Notre vol° est à six heures demain matin et il faut° presque° une heure pour aller à Mirabel.

LISE: Oui, j'ai tout terminé ce matin; et toi, est-ce que tu as fait tes courses?°

GAËTAN: Je pense.° J'ai acheté° plusieurs° livres sur la Guadeloupe et un maillot de bain.°

LISE: Tu n'as pas oublié° les crèmes solaires?° Quand on ne fait pas attention,° le soleil° fait très mal.°

GAËTAN: Oui, mais ne pensons pas à cela.° Nous allons faire un voyage merveilleux.°

Au comptoir° d'Air Canada

counter

check / **fait…** wait in line / for

(*f.*) minutes / (*f.*) turn

(*f.*) reservations

(*m.*) tickets / name

Un… Just a minute / (*m.*) seats / nonsmoking

bagages… (*m.*) hand luggage

(*m.*) bags

cartes… (*f.*) boarding passes / gate

Les Morin sont à Mirabel et enregistrent° leurs bagages. Ils ont fait la queue° pendant° vingt minutes° et c'est leur tour° maintenant.

M. MORIN: Nous avons deux réservations° sur le vol de Pointe-à-Pitre. Est-ce que vous avez nos billets?° C'est au nom° de Morin.

L'AGENT: Un instant,° s'il vous plaît… Gaëtan et Lise Morin? Deux sièges° non-fumeur.° Est-ce que vous avez des valises à enregistrer?

M. MORIN: Oui, et nous avons aussi des bagages à main.°

L'AGENT: Combien?

MME MORIN: Deux sacs.°

L'AGENT: Ça va. Ils sont petits. Voilà vos cartes d'embarquement.° Soyez à la porte° 42 à cinq heures trente. Bon voyage.

AIR CANADA
Téléphonez à Air Canada ou à votre agent de voyages pour des renseignements concernant nos tours-vacances.

Faisons Connaissance   French is the native language of over seven million Canadians and the official language of Quebec. Montreal is the second largest French-speaking city in the world. However, it is the capital of neither Canada (Ottawa) nor the Province of Quebec (Quebec City). It has a large cosmopolitan population and exhibits cultural features of English- and French-speaking communities and many other ethnic groups. It is often the site of international meetings and events, and in 1976 it hosted the Summer Olympics.

Just as differences have developed between American and British English, the French spoken in Quebec differs from that of France. Vocabulary items and several features of pronunciation are different. While Madame Morin uses the expression **faire des courses**, she could have said **magasiner**, a word commonly heard in Quebec but never in France. A native of France might use **faire du shopping**. While the Québécois have been accused of letting English influence their French too much, the latter example shows that this is not always true. Another example is the use in France of the word **week-end**, which is **fin de semaine** in Quebec.

Canadians love to travel, and because of the long winters many take a vacation in a warmer climate. Some of their favorite places are Florida, Guadeloupe, and Martinique, two French **départements** in the Caribbean, and other tropical locations.

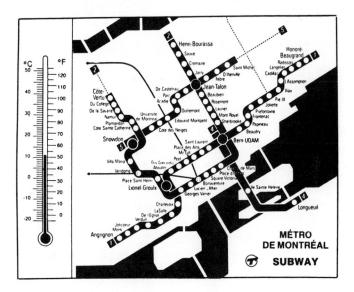

Etudions le dialogue

1. Où est-ce que M. et Mme Morin habitent?
2. Où est-ce qu'ils vont cette année?
3. Leur vol est à quelle heure?
4. Gaëtan a fait quelles courses?
5. Quel livre est-ce qu'il a acheté?
6. Pourquoi est-ce qu'ils n'oublient pas les crèmes solaires?
7. Qu'est-ce qu'ils ont fait pendant vingt minutes à Mirabel?
8. Où est-ce qu'ils vont aller à la Guadeloupe?
9. Est-ce que M. et Mme Morin fument?
10. Est-ce qu'ils ont beaucoup de bagages?

Enrichissons notre vocabulaire

Les vêtements

le chemisier

la cravate

la chemise

la robe

les jeans (m.)

les chaussettes (f.)

la jupe

le pantalon

les chaussures (f.)

Faire ses valises

—Vous allez **porter** des vêtements d'été?

—Non, je vais porter des vêtements d'hiver. Il va **faire froid**.

Et je vais **acheter** un **parapluie**.

*Are you going **to wear** summer clothes?*

*No, I'm going to wear winter clothing. It is going **to be cold**.*

*And I am going **to buy** an **umbrella**.*

Parlons du voyage

—**Quel** est votre **monument préféré**?

—J'adore la Tour Eiffel.

—Pas moi. Il y a **trop de touristes**.

—Vous allez visiter beaucoup de **parcs**?

—C'est une **bonne idée**!

—J'aime mieux **aller voir mes parents**.

Let's talk about the trip

*What is your **favorite monument**?*

I love the Eiffel Tower.

*Not me. There are **too many tourists**.*

*Are you going to visit many **parks**?*

*What a **good idea**!*

*I prefer **to visit my parents**.*

Prononciation   Vowel Tension

French vowels are pronounced with much more tension of the muscles in the tongue, lips, and jaw than English vowels. The gliding of one vowel sound into another is common in English, and the sound produced is called a diphthong. You must avoid this movement when pronouncing French vowel sounds, so that each is distinct.

Listen carefully and repeat after the teacher the following English and French word pairs. Pay attention to any unwanted movement when pronouncing the French words.

English	French
see	si
D	dit
boo	bout
do	doux
day	des
Fay	fait
foe	faut
low	l'eau

Exercices

A. Read the following words, paying attention to vowel tension.

/i/	/u/	/e/	/o/
si	où	et	l'eau
dit	bout	des	beau
Guy	cou	les	faut
J	fou	mes	mot
oui	vous	été	tôt

B. Read the following sentences, taking care to keep your muscles tense when you pronounce the vowels.

1. Vous travaillez au café?
2. Sylvie étudie le français.
3. Hervé va aller au musée.
4. Les Anglais vont visiter l'université.
5. Le bureau est à côté du tableau.
6. J'ai oublié mon idée.
7. Vous allez téléphoner cet après-midi?
8. Nous aimons le café de Colombie.
9. L'ami de Claude est impoli.
10. Où est-ce que vous allez pour les vacances d'été?

Grammaire

I. The Verb **faire**

faire *(to do, make)*	
je **fais**	nous **faisons**
tu **fais**	vous **faites**
il, elle, on **fait**	ils, elles **font**

Imperative: **fais, faisons, faites**

A. All singular forms are pronounced alike: /fɛ/. The **nous** form is pronounced /fø zõ/.

Je **fais** une pizza.   Nous **faisons** la cuisine ensemble.
Il ne **fait** pas de devoirs.

Mots clés

Common expressions with **faire**

faire attention à   to pay attention to
faire des devoirs   to do homework
faire la grasse matinée   to sleep late
faire mal (à)   to hurt

faire ses bagages / sa valise   to pack one's bags / suitcase
faire une promenade / un tour   to go for a walk / ride
faire la queue   to wait in line
faire un voyage   to take a trip

faire des courses   to go shopping, to do errands
faire le ménage   to do housework
faire la vaisselle   to do the dishes
faire la cuisine   to cook

des crêpes (*f.*)	crepes	**une omelette**	omelet
des frites (*f.*)	French fries	**un sandwich**	sandwich

faire un régime / être au régime   to be on a diet

Ils **font leurs bagages** et vont **faire un voyage** organisé.
Quand on **ne fait pas attention**, le soleil **fait très mal**.
Ils **ont fait la queue** pendant vingt minutes.

In addition, the verb **faire** is also used with the impersonal pronoun **il** to talk about the weather.

Il fait beau.	*It is nice.*	**Il fait froid.**	*It is cold.*
Il fait mauvais.	*The weather is bad.*	**Il fait chaud.**	*It is warm.*

Attention   As in English, the answer to a question using **faire** often uses a different verb.

Qu'est-ce que vous **faites** ce soir?
Je **vais regarder** la télévision.

PRATIQUONS

A. Replace the italicized words with each of the suggested subjects.

1. *Je* fais des courses.   (Vous, Elles, On, Tu, Nous, Robert, Ses parents)
2. *Il* ne fait pas la vaisselle.   (Ils, Nous, Elles, Je, On, Tu, Vous)
3. *Nous* allons faire un voyage.   (Jeanne, Les étudiants, Je, Vous, Tu, On, Il)

B. Fill in the blanks with the appropriate form of **faire**.

1. Nous _____ des devoirs.
2. Il _____ la vaisselle.
3. Ne _____ pas la cuisine.
4. Il va _____ un tour en ville.
5. Est-ce que vous _____ les bagages de Paul?

6. Elle n'aime pas _____ le ménage?
7. Tu _____ la grasse matinée?
8. On a faim; _____ des sandwichs!

C. Make sentences with the words given below, adding any necessary words.

1. Robert / faire / queue / cinéma.
2. Les étudiants / ne...pas / faire / devoirs / le week-end.
3. Faire / promenade / avec les enfants.
4. Il / faire / froid / le week-end prochain.
5. enfants / ne faire / pas attention / voitures.
6. Vous / faire / voyage / Angleterre.
7. Je / aller / faire / crêpes.
8. On / faire / ménage / demain?

D. Translate the following sentences into French.

1. I hate to do housework.   4. Isn't it too hot?
2. Are you going to do the dishes?   5. No, the Morins are taking a walk now.
3. No, we are going to do some errands.   6. They aren't on a diet!

E. Answer the following questions, using the cues provided.

1. Vous aimez faire des promenades?   (Oui, nous...)
2. Qu'est-ce que Luc et Gilles font?   (... des courses.)
3. Est-ce que les étudiants font attention en classe?   (Oui, mais Jacqueline ne...)
4. Tu fais la cuisine?   (Non, Mme Dumas...)
5. Qui fait un voyage en Europe?   (Pierre et Jacques...)
6. Est-ce que tu fais la vaisselle?   (Non,... la cuisine.)

PARLONS

A. What do you like to do when the following weather conditions prevail:

1. Quand il fait beau, je...   faire une promenade
                                    aller au parc
                                    rester à la maison
                                    aller à la plage
                                    étudier à la bibliothèque
                                    faire un tour

2. Quand il fait froid? chaud? mauvais?

B. What are your plans for next weekend? Indicate your activities for each of the following time slots.

vendredi soir	samedi	samedi soir	dimanche
(Friday night)	*(Saturday)*	*(Saturday night)*	*(Sunday)*
des devoirs	une promenade	travailler à la bibliothèque	
la cuisine	la grasse matinée	aller danser	
des courses	aller au cinéma	regarder la télévision	

C. Ask a classmate for the following information.

1. … où il / elle fait des courses
2. … où il / elle fait des promenades
3. … s'il / si elle fait la cuisine / le ménage
4. … s'il / si elle fait attention au professeur / aux agents de police
5. … quand il / elle fait le ménage
6. … s'il / si elle fait un régime

D. In today's world, stereotypes are disappearing quickly. Tell what you think men and women like to do.

1. Les hommes…

2. Les femmes…

la vaisselle
le ménage
des voyages
la cuisine
des courses
du judo
de la bicyclette

E. What do the following people do for a living? Can you think of others?

MODEL: *Louis Malle fait des films.*

1. Louis Malle	a. la cuisine
2. Chris Evert et Boris Becker	b. du théâtre
3. Justin Wilson	c. du cinéma
4. Mike Tyson	d. faire des films
5. Meryl Streep et Jane Fonda	e. de la politique
6. Hume Cronyn et Jessica Tandy	f. de la boxe
7. Margaret Thatcher	g. du tennis

II. The **passé composé**

A. The **passé composé** refers to actions or events that the speaker views as completed in the past. To form the **passé composé**, use the present indicative forms of **avoir** and the past participle of the main verb.

travailler (*to work*)	
j'**ai** travaillé	nous **avons** travaillé
tu **as** travaillé	vous **avez** travaillé
elle, il, on **a** travaillé	ils, elles **ont** travaillé

J'**ai** tout **terminé** ce matin.
Tu **as oublié** les crèmes solaires.
Il **a acheté** plusieurs livres sur la Guadeloupe.

B. To form the past participle of **-er** verbs, drop the **-er** of the infinitive and add **é** as in **travailler → travaillé**. (The pronunciation does not change.)

C. The **passé composé** has several English equivalents. For example, **elle a chanté** could be *she sang, she has sung,* or *she did sing.*

Elle **a chanté** la semaine dernière.	*She **sang** last week.*
Elle **a chanté** trois fois.	*She **has sung** three times.*
Elle n'**a** pas **chanté**.	*She **did** not **sing**.*

D. In the negative, place the **ne ... pas** around the auxiliary verb **avoir**.

Il **n'a pas** répété le dialogue.
Je **n'ai pas** terminé la leçon.

E. Many verbs have irregular past participles. Those that you have studied so far are:

avoir → eu	Il **a eu** une idée.	*He **had** an idea.*
être → été	Elle **a été** contente.	*She **was** happy.*
faire → fait	Tu **as fait** tes courses?	*Did you **do** your errands?*

F. Generally, expressions of time are placed either at the end or at the beginning of the sentence. Some frequent expressions indicating past time are the following:

hier	yesterday	**le mois dernier**	last month
le week-end dernier	last weekend	**l'année dernière**	last year
récemment	recently	**l'été dernier**	last summer
la semaine dernière	last week		

J'ai fait une promenade **hier**.
Hier il a fait le ménage.
Le week-end dernier nous avons fait la grasse matinée.

In contrast, many frequently used adverbs precede the past participle.

beaucoup	a lot	**peu**	a little
bien	well	**mal**	poorly
souvent	often	**toujours**	always
déjà	already	**pas encore**	not yet
trop	too much, too many		

—Vous avez **déjà** fait la vaisselle?
—Non, je n'ai **pas encore** commencé.

—Ils ont **bien** dîné?
—Oui, mais ils ont **trop** mangé.

PRATIQUONS

A. Replace the italicized words with each of the suggested subjects.

1. *J'ai* trouvé un livre.   (Lise, Nous, Tu, On, Les agents, Vous)
2. *Vous* avez eu chaud.   (Je, Ils, Marie et Jeanne, Tu, Nous)
3. *Nous* n'avons pas fait de promenade.   (Le touriste, M. et Mme Morin, Vous, On, Tu, Elle)
4. *Il* n'a pas été content.   (Je, Vous, Luc et Jacques, Tu, Nous, Elles)

B. Replace the infinitive with the **passé composé** in the following sentences.

1. Paul (donner) un cadeau à Jean-Paul.
2. Vous (avoir) froid en Angleterre.
3. Tu (être) content du cadeau.
4. Nous (trouver) un livre formidable.
5. Ils (manger) un couscous.
6. On (fermer) la valise.
7. Les étudiants (visiter) le musée.
8. Je (oublier) le disque.

C. Change the following sentences into the negative.

1. Nous avons fait le ménage.
2. Il a aimé le livre.
3. Michelle a trouvé l'hôtel.
4. Gaston a fait attention au professeur.
5. Elles ont cherché une chambre.
6. On a invité les parents de Marie.

D. Talk about the following people in the past by using the **passé composé**.

1. Je porte une cravate.
2. Louise regarde souvent la télévision.
3. Vous ne fermez pas bien la porte?
4. Nous ne terminons pas la leçon.
5. Tu manges de la salade?
6. Pierre et Paul ont faim.
7. On n'est pas encore à Paris?
8. Il cherche un cadeau.

E. Make complete sentences by using a word from each column below.

A	B	C
hier	nous	acheter une jupe
le week-end dernier	mes amis	faire froid
récemment	mes parents	trouver un parapluie
la semaine dernière	des étudiants	avoir chaud
l'année dernière	le professeur	visiter un parc
l'été dernier	vous	être fatigué
	il	faire des frites

PARLONS

A. What did the following people do to become famous?

MODEL: Thomas Jefferson a acheté la Louisiane.

1. Thomas Jefferson	a. inventer la radio
2. Marco Polo	b. être pilote
3. John Wilkes Booth	c. étudier l'atome
4. George Pompidou	d. faire un voyage en Chine
5. Henry VIII	e. assassiner Lincoln
6. Guglielmo Marconi	f. étudier des sociétés primitives
7. Marie Curie	g. développer des vaccins
8. Amelia Earhart	h. avoir six femmes
9. Margaret Mead	i. chanter «La Vie en rose»
10. Louis Pasteur	j. acheter la Louisiane
11. Edith Piaf	k. être Président de la République Française
12. Rip Van Winkle	l. acheter beaucoup de chaussures
13. Imelda Marcos	m. faire la grasse matinée pendant vingt ans

B. Tell the class what you did yesterday. Some suggestions are listed below.

MODEL: Hier j'ai regardé la télévision.

écouter la radio, des disques, de la musique
étudier…
manger (où?)
acheter (?) …
travailler à …
faire la cuisine, une promenade…
faire des courses à…
parler avec…
avoir chaud, avoir froid
danser à…

C. Tell the class something you did *not* do recently that you should have done.

MODEL: faire la vaisselle
         Je n'ai pas fait la vaisselle.

préparer la leçon
travailler à…
téléphoner à mes parents
faire le ménage
faire attention en classe
écouter les professeurs
terminer les exercices
étudier le français

D. Divide into small groups and find out what your partners did or did not do last summer. Report your findings to the class. Some possible answers are listed below.

MODEL: L'été dernier, Robert a étudié le français.

> travailler à…
> visiter les Etats-Unis, l'état de…, etc.
> acheter des disques, des livres, des vêtements,…
> étudier l'anglais, les mathématiques, etc. à…(université)
> faire un voyage au Mexique, en France,…
> faire des promenades
> manger (où?)
> fréquenter les cafés, les bars, les boîtes de nuit
> inviter des amis
> parler au téléphone (avec?)

Questions personnelles

1. Qu'est-ce que vous avez acheté hier?
2. Est-ce que vous avez chanté en public? Où? Quand?
3. Qui est-ce que vous avez souvent invité à la maison?
4. Vous avez donné des leçons? De quoi? A qui?
5. Quel monument célèbre (*famous*) est-ce que vous avez visité?
6. Où est-ce que vous avez déjà voyagé?
7. Vous avez parlé avec une personne célèbre? Qui?
8. Quel film est-ce que vous avez regardé à la télévision récemment?

III.   Possessive Adjectives

In English, possessive adjectives show the ownership of an object (*my book*) or of a quality (*your* honesty). They also show relationship: (*his* girlfriend).

In French, these adjectives show not only the possessor, but also indicate the number (singular or plural) of the object possessed, and they can also show its gender (masculine or feminine).

mon livre	my book (**livre** is *m.* + *sing.*)
ma femme	my wife (**femme** is *f.* + *sing.*)
mes crayons	my pencils (**crayons** is *pl.*)

A. Written Forms

		Singular		
Possessor	English	masc.	fem.	Pl.
1st sing.	my	mon	ma	mes
2nd sing.	your	ton	ta	tes
3rd sing.	his, her its, one's	son	sa	ses

		Plural	
1st pl.	our	notre	nos
2nd pl.	your	votre	vos
3rd pl.	their	leur	leurs

French identifies the gender of the item possessed, but not the gender of the possessor.

—C'est l'appartement de Marie?
—Oui, c'est **son appartement**.

—C'est l'appartement de Jacques?
—Oui, c'est **son appartement**.

—C'est la bicyclette de Lise?
—Oui, c'est **sa bicyclette**.

—C'est la bicyclette de Robert?
—Oui, c'est **sa bicyclette**.

Attention

1. The adjectives **ma**, **ta**, and **sa** are not used before a vowel. You must use **mon**, **ton**, and **son**, even if the word is feminine.

   Vous êtes **son é**tudiante?
   Voilà **son a**mie.

   Therefore **ton enfant** may refer to a male or female child.

2. To identify the possessor, use **C'est** or **Ce sont** (for plurals) as the subject of the sentence.

   C'est votre jupe?
   Ce sont ses chaussures.

B. Oral Forms

1. The pronunciation of possessive adjectives changes according to whether the following noun starts with a consonant or a vowel sound.
   The only final written consonant that is always pronounced is the **r** of **leur**. The pronunciation of all other possessive adjectives changes before a vowel sound.

   Où est **leur argent**   / lœ ʀaʀ ʒã /
   Voici **leur valise**   / lœʀ va liz /

2. **mon, ton, son**:   the **n** is pronounced because of *liaison*. **mes, tes, ses, nos, vos, leurs**:   the **s** is pronounced because of *liaison*.

Liaison	**No Liaison**
leurs enfants / lœʀ zɑ̃ fɑ̃ /	leurs classes / lœʀ klas /
mon ami / mɔ̃ na mi /	mon frère / mɔ̃ fʀɛʀ /

3. The final **e** in **notre** and **votre** is not pronounced before a vowel; the adjective and noun should be pronounced as one word.

   notre appartement   / nɔ tʀa paʀ tø mɑ̃ /
   votre école   / vɔ tʀe kɔl /

4. Remember that **ma, ta,** and **sa** change the most: they become **mon, ton,** and **son** when the following noun begins with a vowel sound.

Ce
qu'ils disent

In conversation, the **-re** of **notre** and **votre** is often dropped when it occurs before a consonant.

   A quelle heure est notre vol?   / nɔt vɔl /
   Ils ont votre sac.   / vɔt sak /

   but:

   C'est votre auto?   / vɔ tʀo to /

Exercices de prononciation

A. Before beginning the regular exercises on possessive adjectives, your teacher will help you pronounce the adjectives by pairing each form with the words below.

   MODEL: pantalon   (*m. + sing.*)
   mon pantalon, ton pantalon, son pantalon

   argent   (*m. + sing.*)
   notre argent, votre argent, leur argent

Initial consonant	**Initial consonant**	**Initial vowel**
masculine	*feminine*	
1. chemisier	7. chemise	13. ami(e)
2. stylo	8. robe	14. auto
3. crayon	9. cravate	15. hôtel
4. livre	10. chaussette	16. appartement
5. cahier	11. chaussure	17. étudiant(e)
6. jeans	12. jupe	18. université

B. Now change the nouns to the plural and repeat the exercise.

PRATIQUONS

A. Replace the italicized words with each of the suggested possessive adjectives.

1. Jacques a trouvé *son* stylo.   (mon, votre, leur, ton, notre)
2. Il fait *sa* valise.   (votre, ta, ma, leur, notre)
3. Sylvie a regardé *mes* photos.   (tes, nos, leurs, ses, vos)

B. Replace the italicized words with each of the suggested subjects and change the possessive adjective to reflect the new subject.

1. *Il* a demandé *son* cahier.   (Je)
2. *Pierre* a trouvé *son* auto.   (Luc et Jacques)
3. *Elles* ont invité *leurs* amis.   (Vous)
4. *J'*ai oublié *mon* argent.   (Tu)
5. *Vous* avez fait *vos* courses?   (Pauline)
6. *Elle* a expliqué *ses* idées.   (Nous)

C. Replace the possessive nouns with possessive adjectives.

MODEL: C'est l'amie de Micheline.
C'est son amie.

1. C'est la chemise de Jacques.
2. J'aime l'école de Monique.
3. Voilà la jupe de Jeanne.
4. Regardez la valise de mon frère.
5. Nous admirons l'auto de Pierre.
6. J'ai parlé avec les enfants de mes amis.

D. Translate the following expressions into French.

1. his university   2. my car   3. their jeans   4. your friend (male)   5. your friend (female)   6. their skirts   7. her dress   8. our record   9. our umbrella   10. his pants   11. his school   12. her school   13. their children   14. my cousins   15. her child   16. our test   17. your plane   18. their agents   19. our crepes   20. one's ideas

E. Answer the following questions according to the cue provided.

1. Est-ce que vous avez votre stylo?   (Oui,…)
2. Tu aimes mes sœurs?   (Oui,…)
3. Où est-ce que vous avez acheté mon cadeau?   (… en Belgique.)
4. Ils ont visité mon université?   (Oui, la semaine dernière…)
5. Où est-ce que vous avez trouvé votre robe et vos chaussures?   (… en ville.)
6. Vous avez regardé nos photos?   (Non,…)
7. Tu as montré sa maison aux touristes?   (Non,… appartement…)
8. Est-ce que Jacques écoute ses disques?   (Non,… radio.)

PARLONS

A. Point to objects in class for your classmates to identify by ownership.

MODEL: C'est votre livre?   *Oui, c'est mon livre.*
         C'est ma cravate?   *Oui, c'est votre cravate.*
         Ce sont vos chaussures?   *Non, ce sont mes chaussettes.*

B. If you were lost on a desert island, which three of your possessions would you most like to have with you? Consult the following list, but use your imagination!

MODEL: Je voudrais avoir ma radio.

disques	petit ami	voiture
argent	petite amie	bière préférée
auto	parents	amis
cravates	professeurs	livre de français
pizza	maillot de bain	crèmes solaires

C. Describe the members of your family, according to the ideas below.

MODEL: Mon frère est sympathique.
         Mes cousins habitent à New York.

Où est-ce qu'ils habitent?	Qu'est-ce qu'ils aiment?
Où est-ce qu'ils travaillent?	Qu'est-ce qu'ils détestent?
Quel âge est-ce qu'ils ont?	Où est-ce qu'ils voyagent?

Regardez sa
belle robe.

D. Divide into small groups and review the colors (Chapter 2). Select a color, and take turns naming objects of that color. Do not forget that colors are adjectives and must agree with the nouns they modify.

MODEL: Rouge?   *Ma chemise et sa robe sont rouges.*
         Vert?   *Ton pantalon est vert.*

Questions personnelles

1. Où est-ce que vos parents habitent?
2. Qu'est-ce que vous faites avec vos ami(e)s?
3. Quel est votre livre préféré? votre film préféré?
4. Où est votre résidence universitaire ou votre appartement?
5. Où est-ce que vous faites vos devoirs?
6. De quelle couleur est votre auto? votre maison?
7. Qu'est-ce qu'il y a sur votre bureau?
8. Est-ce que vous aimez nos exercices?

IV.   Tonic Pronouns

person	sing.		pl.	
1st	**moi** *I, me*		**nous** we, us	
2nd	**toi** you		**vous** you	
3rd	**lui** (*m.*) he, him, it		**eux** (*m.*) they, them	
	elle (*f.*) she, her, it		**elles** (*f.*) they, them	

Tonic pronouns have the following uses:

A. Without a verb

—Et **toi**? Tu as fait tes courses?

—Qui aime le vin?
—**Moi**!

—Est-ce qu'il étudie beaucoup?
—Non, pas **lui**.

B. After a preposition

—Tu vas travailler avec **nous**?
—Non, je travaille avec **elle**.

—Est-ce qu'ils sont en retard?
—Oui, le professeur a commencé sans **eux**.

Attention   Two of the few uses of the tonic pronoun after the preposition **à** are with the expressions **être à** (*to belong to*) and **penser à** (*to think about*).

—A qui est l'auto rouge?
—Elle **est à moi**.

—Est-ce qu'il pense souvent aux Morin?
—Oui, il **pense** souvent **à eux**.

C.   To put emphasis on a subject pronoun

1.   In French, you cannot simply add stress as in English (*I don't care!*). A tonic pronoun repeats the subject.

>   —J'adore les vêtements de Madonna.
>   —**Moi**, je n'aime pas ses chemisiers.
>
>   —Edouard est médecin?
>   —Non, il n'est pas médecin, **lui**.
>
>   —Elles sont riches, **elles**.
>   —Pas du tout! Elles sont professeurs.

2.   Note that the tonic pronoun can come at the beginning or the end of the sentence, and that the intonation rises at the comma. If you want to emphasize a noun, the tonic pronoun must follow it.

>   Les Canadiens, **eux**, ils sont sympathiques.

3.   Another way to emphasize a subject pronoun is to use the tonic pronoun followed by **-même(s)**. This is the equivalent of *-self* in English.

>   —Vous mangez au restaurant?
>   —Non, je fais la cuisine **moi-même**.
>
>   —Est-ce que vous avez fait votre robe **vous-même?**
>   —Oui, la semaine dernière.

Ce
qu'ils disent

1.   Tonic pronouns appear very frequently in conversation and may serve almost as "fillers."

>   **Lui**, Jacques, il est studieux.

2.   The pronoun **moi** may appear unexpectedly and mean *in my opinion*.

>   —**Moi**, j'aime le sucre dans mon café.
>   —**Moi**, c'est le contraire.

PRATIQUONS

A.   Replace the italicized word with the pronouns given.

1.   Il est avec *Lise*.   (lui, vous, moi, eux)
2.   Gérard habite chez *Paul?*   (elle, toi, elles, eux)
3.   Jacqueline est à côté de *Christine*.   (moi, vous, toi, nous)
4.   Ils ont commencé sans *elle*.   (lui, elles, moi, nous)

B. Ask a simple question by replacing the italicized word with each of the suggested pronouns.

Nous allons au cinéma. Et *toi?*   (lui, elles, eux, vous, elle)

C. Answer the following question, replacing the italicized word with each of the suggested pronouns.

MODEL: **Je** vais en Europe.   (Et elle?)
Elle va en Europe aussi.

Demain, *je* vais faire la grasse matinée.   (Et vous? Et lui? Et toi? Et eux?)

D. Make the subjects of the following sentences more emphatic by adding the appropriate tonic pronouns at the beginning or the end of the sentence.

MODEL: Elle ne va pas à l'église.
Elle, elle ne va pas à l'église.

or:

Elle ne va pas à l'église, elle.

1. Il est très intelligent.
2. J'adore faire la cuisine.
3. Nous allons en Suisse.
4. Elles ont du talent.
5. Tu ne travailles pas beaucoup.
6. Vous habitez une maison magnifique.
7. Elle n'a pas de devoirs.
8. Ils vont au Brésil.

E. The following sentences all show possession with possessive adjectives. Change them by using the expression **être à**.

MODEL: C'est mon livre.
Il est à moi.

1. Ce sont leurs valises.
2. C'est ton stylo.
3. Ce sont vos disques.
4. C'est l'auto de Sylvie.
5. C'est mon argent.
6. Ce sont nos boissons.
7. C'est la maison des Morin.
8. C'est le cadeau de l'enfant.

PARLONS

A. Express your opinions about the following topics using a tonic pronoun to answer the questions.

MODEL: Votre professeur parle français. Et vous?
Moi, je parle français aussi.

1. Faye Dunaway a du talent? Et vous?
2. Les Mexicains parlent espagnol. Et les Canadiens?
3. Les Français aiment le vin. Et les Américains?
4. Pavarotti chante bien. Et Barbra Streisand?
5. Les Italiens font bien la cuisine. Et le professeur de français?
6. Les étudiants travaillent beaucoup. Et les professeurs?

B. **Questions personnelles.**   Answer the following questions using tonic pronouns.

1. Vous habitez chez vos parents?
2. Vous parlez français avec votre professeur?
3. Est-ce que le professeur parle français avec vous?
4. Vous allez au cinéma avec des filles / des garçons?
5. Est-ce que vos camarades aiment étudier avec vous?
6. Est-ce que vous pensez souvent à vos parents?

C. Question your classmates to find out the following answers.

MODEL: Qui a une bicyclette?
Robert, lui, il a une bicyclette.

1. Qui a une auto rouge?
2. Qui a deux frères?
3. Qui a voyagé en Europe?
4. Qui habite une maison blanche?
5. Qui adore la cuisine mexicaine?
6. Qui a fait la grasse matinée aujourd'hui?

D. Interview a classmate to find out three things you both like and / or three things on which you disagree. Be sure to emphasize which one of you has which preference.

MODEL: Moi, j'adore la pizza; elle, elle aime mieux la salade.
Nous aimons faire des promenades, nous.
Lui, il déteste faire la queue; moi, je déteste faire le ménage.

Communiquons

«Combien de...?»   (La quantité)

- There are many ways to express undefined quantities in French. Some expressions of quantity are:

assez de	*enough*
trop de	*too much, too many*
moins de	*less, fewer*
plus de	*more*
peu de	*a little, few*
un peu de	*a little, some*
beaucoup de	*a lot of, many*
plusieurs	*several*
quelques	*a few*

Trop de saumon

- Notice that, as in English, **un peu de** has a positive connotation, whereas **peu de** often has a negative one.

Je voudrais **un peu de** crème.   *I would like some (a little) cream.*
Il a **peu de** talent.   *He has little talent.*

■ Some nouns that also express quantity:

A l'épicerie	*At the grocery store*
—A qui?	*Whose turn is it?*
—C'est à moi! Je voudrais un kilo de farine, une livre de beurre, un litre d'huile, et une bouteille de vin rouge.	*It's mine.*
Au café	
—Vous désirez?	
—Pour moi, une tasse de thé et pour Madame, un verre de vin blanc.	*For me, a cup of tea and for her a glass of white wine.*

Attention

1. The preposition **de (d')** is used after adverbs and nouns of quantity, even if the following noun is plural. No article is used.

   Je voudrais une livre **de** sucre.
   J'ai trop **de** devoirs.

2. The adjectives **plusieurs** and **quelques** do not take the preposition **de**.

   Marie a invité plusieurs amis chez elle.
   Nous avons fait la queue pendant quelques minutes.

Activités

A. Tell whether you would like more or less / fewer of the following items using **plus de** or **moins de**.

MODEL: Je voudrais moins de camarades de chambre.

1. argent	5. classes
2. devoirs	6. exercices
3. camarades de chambre	7. amies
4. travail	8. français en classe

B. Tell to what degree you have the following qualities using adverbs of quantity: **beaucoup de, pas beaucoup de, pas assez de, un peu de, trop de.**

1. patience
2. ambition
3. imagination
4. talent
5. énergie
6. prestige
7. courage
8. tact
9. intelligence

beaucoup de devoirs

pas assez de talent

C. Name famous people who have many or none of the qualities listed above.

   MODEL: Steven Spielberg a beaucoup d'imagination.
            Beetle Bailey et Garfield ont peu d'énergie.

D. Tell what quantity of the following items you would like to have at a picnic.
   Je voudrais beaucoup de / un peu de / peu de…

viande	salade	eau
vin	bière	pain
beurre	glace	sucre

Lecture culturelle

French Throughout the World

Avant la lecture

The word **francophonie** refers to the use of the French language. Only about half of the people who use French daily live in France. The others live in locations all over the world—North and South America, Africa, and islands in the Pacific and Indian Oceans. The introduction of French into these areas took place at various points in history. The Age of Discovery brought Jacques Cartier to Canada, and La Salle to Louisiana. Later, when slave trading became a profitable enterprise, the French influence began to develop in West Africa and the Antilles. In the nineteenth century, France evolved as a colonial power in Africa, the Near East, and Southeast Asia. The French colonial empire rapidly dissolved with the loss of Vietnam in the early 1950s, a disastrous war with Algeria ending in 1962, and a more friendly separation from other African countries throughout the 1960s. Despite political turmoil, French remains the official language in the province of Quebec and in several countries, and a language of communication in others.

Activités

A. Consult the map of the francophone world at the beginning of the book. What French-speaking countries can you locate without looking at the list of names?

B. French immigrants have had a strong influence in North America. What cities do you know that have French names? What family names do you know that have a French origin?

C. You should be able to guess the meaning of many words in the following text. Some are close cognates:

occupé	emploient
nombreuses	nom
langues	indigène
esclaves	

Another way of guessing the meaning of words is to try to think of an English word that comes from the same family of words:

seuls (*solitude*)	travail (*travail*)
pays (*peasant*)	Nouvelle (*novel*)
jour (*journal*)	côté (*coast*)
quatre (*quarter*)	vie (*vital*)
monde (*mundane*)	

La francophonie

French-speaking

Nouvelle... New England

numerous

gave up
world
la... most
thus / use
tous... every day / work
even / anthem

La France, la Belgique et la Suisse ne sont pas les seuls pays francophones.° On parle français dans beaucoup de pays et sur plusieurs continents. En Amérique du Nord, on utilise le français tous les jours au Québec, en Nouvelle Angleterre° et en Louisiane. Dans les Caraïbes, le français est parlé en Haïti et dans deux départements français, la Guadeloupe et la Martinique. Un autre département français, la Guyane, est situé en 5
Amérique du Sud. Elle est célèbre pour sa prison de l'Ile au Diable et la base de missiles français à Kourou. Sur le continent africain, de nombreux° pays, comme le Maroc, la Côte d'Ivoire et le Sénégal, ont conservé l'usage de la langue française.

A l'origine, le français dérive du latin. Les Romains ont occupé la Gaule, mais leur langue, le latin, a changé progressivement et a cédé° sa place au français. Dans leur 10
histoire, les Français ont exporté leur langue aux quatre coins du monde.° Ils ont colonisé de nombreuses régions et la plupart de° ces pays sont encore francophones.

Le français est ainsi° la langue officielle de sept millions de Québécois. Ils emploient° le français tous les jours° à l'école ou à l'université, dans leur travail° et en famille. Le reste du Canada est officiellement bilingue et même° l'hymne° national est en français et en 15
anglais.

left

Au cours de leur histoire, beaucoup de Québécois ont quitté° leur pays pour les Etats-Unis. En Nouvelle Angleterre, il y a beaucoup de villes où on parle français. En Louisiane, on trouve trois langues à côté de l'anglais. Les aristocrates de la Nouvelle Orléans parlent le «français grammatical», une variété du français standard. Quelques 20

slaves
chassés... *run out of / century*
word / name
land

descendants d'esclaves° emploient un créole similaire à la langue parlée en Haïti. Les descendants des Québécois, chassés du° Canada au dix-huitième siècle,° parlent le «cajun», une autre variété du français. Le mot° «cajun» dérive du mot «Acadien», nom° donné à un habitant de l'Acadie au Canada, la terre° ancestrale des Cajuns.

because

Dans les pays francophones d'Afrique, on utilise des langues africaines comme le 25 ouolof et le bambara dans la vie de tous les jours. Les enfants étudient le français à l'école car° on utilise la langue française dans l'administration. Le français reste la langue littéraire des pays africains francophones. La majorité des écrivains publient leurs

novels / However / witness /
de... *more and more*

romans° et leurs poèmes en français. Pourtant,° on assiste° de plus en plus° au développement d'une littérature en langue indigène. 30

Ainsi, dans le monde, plus de cent millions de personnes parlent le français comme langue maternelle ou comme langue officielle.

 **la lecture**

A. Questions sur le texte

1. Où est-ce qu'on parle français en Europe? En Amérique du Nord?
2. Quels sont les départements français des Caraïbes?
3. En Afrique, est-ce qu'on a conservé l'usage du français? Où?
4. Le français dérive de quelle langue?
5. Est-ce que les Québécois parlent souvent français? Où?
6. Où est-ce qu'on parle français aux Etats-Unis?
7. Le ouolof et le bambara sont une variété du français?
8. Combien de gens parlent français dans le monde?

B. The following famous people were associated with the French-speaking world. Can you match the person with the modern name of the country?

1. Dr. Albert Schweitzer   a. le Zaïre (l'ancien [*former*] Congo Belge)
2. Dr. Stanley Livingston   b. la Guyane (l'Ile au Diable)
3. Papillon   c. le Gabon
4. Jean-Jacques Rousseau   d. le Canada (Québec)
5. Georges Simenon   e. la Belgique
6. René Lévesque   f. la Suisse

C. Where is English spoken in the world? Are the reasons that so many people speak English the same as the reasons people speak French? Does English sound the same everywhere?

D. Have you ever read *Evangeline* by Longfellow? What is it about?

E. Prepare a brief written description of a francophone country in French. Describe its location and principal economic activities. .

Dans le métro

Chapitre 6

OBJECTIVES

Language:

Pronunciation of / y / and / u /
Calendar
Passé composé with **être**
Inversion and interrogative
   adverbs
Numbers from 1,000 to
   1,000,000,000

Culture:

Subway System of Paris
French People Today

Communication:

Getting Around by Subway
Talking about Leisure Activities
Expressing Dates
Seeking and Giving
   Information

Commençons

Dans le métro

met / metro stop / concert

*Chantal a retrouvé° ses amis Hélène et Richard à la station° Châtelet. Ils vont aller à un concert°
de rock à l'Olympia.*

copains (*m.*) friends / depuis...
  for a long time
big / problem
pocket / imperméable (*m.*)
  raincoat
changed / got off / =
  imperméable
seat
sommes... went / end / line /
  pour... for nothing /
  Fortunately
le bureau... lost and found /
  Thursday

CHANTAL: Salut, les copains!° Je suis là depuis longtemps°, moi!

HELENE: Salut, Chantal! On a un grand° problème.° Richard a oublié nos billets dans la
  poche° de son imperméable.°

RICHARD: On a changé° à *Gare du Nord* et quand je suis descendu,° j'ai laissé mon imper°
  sur la banquette.°

HELENE: Nous sommes allés° au bout° de la ligne° pour rien.° Heureusement,° le bureau
  des objets trouvés° est ouvert le jeudi° soir.

CHANTAL: C'est au métro *Plaisance.* Allons-y!

Au bureau des objets trouvés

jeunes... young people /
  sont... arrived / l'employé
  (*m.*) the employee
C'est... Whose turn is it?
brought back

Les trois jeunes gens° sont arrivés° au bureau et ils parlent avec l'employé.°

L'EMPLOYE: C'est à qui?°

HELENE: C'est à nous. Est-ce qu'on a rapporté° un imperméable?

Comment... What is it like?

L'EMPLOYE: Comment est-il?°

beige / belt

RICHARD: Il est beige° avec une ceinture.°

(*m.*) coats

L'EMPLOYE: Est-ce qu'il est avec les manteaux° là-bas?

as a matter of fact

RICHARD: Oui, justement.°

L'employé donne l'imperméable à Richard. Richard cherche dans la poche et trouve les billets.

Quelle... What luck! / even /
  time / prendre... to have a
  drink
before

RICHARD: Quelle chance!° Voilà les billets. On a même° le temps° de prendre un pot°
  avant° le concert.

Faisons connaissance   The **métro** in Paris is a system of 100 miles of rails plus the RER **(Réseau Express Régional),** a network of suburban lines. It is not only a very efficient system of transportation, it is also one of the easiest to use. Thanks to the numerous **correspondances** (stations where you can change lines), the **métro** is the fastest way to get from one point to another in Paris. Because you go any distance on one ticket, travel is very inexpensive. Rather than buy one ticket **(un ticket)** at a time, it is much more economical to buy a booklet **(un carnet)** of ten tickets or a **Carte Orange,** which permits unlimited travel for specified periods of time. All of these are also valid on the bus system.

Work is constantly being done to enlarge and improve the **métro.** The old rails have been replaced, and most trains now run on rubber tires rather than on metal wheels. Parisians complain about people who do not pay and about the ever-increasing amount of crime in the **métro** and blame it on the replacement of ticket punchers with automatic turnstiles several years ago. Some stations **(Louvre, Franklin Roosevelt,** and **Chaussée d'Antin)** are quite artistically decorated. Other stations **(Opéra)** are true commercial centers with many underground shops. Of course, the traditional accordion and guitar players playing for tips are still seen in the **métro.**

Etudions le dialogue

1. Où est Chantal?
2. Qu'est-ce qu'elle va faire avec ses amis?
3. Quelle sorte de problème est-ce que Richard et Hélène ont?
4. Où est-ce que Richard a laissé son imperméable?
5. Où est-ce qu'ils ont cherché?
6. Avec qui parlent-ils au bureau des objets trouvés?
7. Comment est l'imperméable de Richard?
8. Est-ce que l'employé a l'imperméable?
9. Est-ce que les billets sont dans la poche?
10. Qu'est-ce qu'ils vont faire avant le concert?

Enrichissons notre vocabulaire

En métro, à la station *Odéon,* au Quartier Latin

—Pardon, Madame. Pour aller au
  Musée d'Orsay?

*"Excuse me, Ma'am. To get to the
  Musée d'Orsay?"*

—**Direction** Porte d'Orléans et
  vous avez une **correspondance** à Montparnasse.

*"Take the Porte d'Orléans line with a
  transfer at Montparnasse."*

un ticket
un carnet = a booklet of ten
  tickets

Les distractions

—Quel jour est le concert?

"What day is the concert?"

—C'est le 23 mai.

"It's on May 23."

—A quelle heure commence la
  réception?

"What time does the reception start?"

—A vingt heures.

"At 8 P.M."

—Pourquoi êtes-vous arrivé après
  le **début** du film?

*"Why did you arrive after the begin-
  ning of the film?"*

—Parce que je suis allé **au laboratoire.**

"Because I went to the laboratory."

—Parce que j'ai oublié **mes
  affaires.**

"Because I forgot my things."

—**D'habitude,** où **faites-vous du
  sport?**

*"Where do you usually play
  sports?"*

—Je fais du sport **au stade / au
  gymnase / à la piscine.**

*"I play sports at the stadium / at
  the gym / at the swimming
  pool."*

Prononciation · The Sounds /y/ and /u/

A. You have already encountered the sound /y/ several times in words such as **tu** and
du. It is always represented in writing by the letter **u**, and must not be confused with
the **ou** sound (**nous, vous**). The /y/ sound is produced with the tongue forward in
the mouth and lips rounded. The easiest way to say it is to pronounce the /i/ sound
(as in **si**) and then round your lips without moving your tongue.

Repeat after your teacher the following pairs of words, which differ only in lip
rounding.

/i/: *unrounded*	/y/: *rounded*	/i/: *unrounded*	/y/: *rounded*
si	su	J	jus
dit	du	qui	Q
fit	fut	rit	rue

Now practice these pairs, which differ only in tongue position.

/ u /: *back*	/ y /: *front*
où	U
bout	bu
nous	nu
cou	Q
sous	su
tout	tu
vous	vu

B. When the / y / sound is followed by another vowel sound, it is pronounced in a shorter fashion but still with the lips rounded and the tongue forward. Many English speakers attempting to pronounce **lui** (lɥi) say (/ lwi /) instead, which is understood as **Louis**. Practice the / ɥ / sound, called a *semi-vowel*, in the following words.

lui	juillet
cuisine	ennuyeux
je suis	affectueux
huit	tout de suite
huile	la Suisse

Exercice

Read the following sentences aloud, paying particular attention to the vowel sounds / y / and / ɥ /.

1. Je suis curieux.
2. Tu étudies avec lui?
3. Lucie trouve vos chaussures ridicules.
4. Ils sont étudiants à l'université de Tours.
5. Luc a eu huit amis chez lui.
6. Je suis allé avec lui au Portugal.
7. En Russie les avenues sont très grandes.
8. Il habite rue de la Huchette.
9. Justement, Lucien fume depuis plusieurs années.
10. En juin et en juillet on ferme les usines.

Grammaire

I. Le Calendrier

A. Les Jours de la semaine (*The days of the week*)

lundi	Monday	vendredi	Friday
mardi	Tuesday	samedi	Saturday
mercredi	Wednesday	dimanche	Sunday
jeudi	Thursday		

1. The week always begins with Monday (**lundi**), not Sunday (**dimanche**). Note that in French, another way of saying one week (**une semaine**) is **huit jours. Quinze jours** is two weeks, but after that you say **trois semaines** and **quatre semaines (un mois).**

2. Do not use a preposition to express the English *on* a day of the week.

> Je vais aller chez le dentiste lundi.

3. All of the days of the week are masculine nouns. They take the article **le** only to indicate a habitual action or repeated occurrence. In English, this is expressed by a plural.

> Le bureau est ouvert **le jeudi soir.**   Nous allons à l'église **le dimanche.**

4. You can use **prochain** and **dernier** with days of the week.

> Ils n'ont pas travaillé **mardi dernier.**
> Il y a un concert **jeudi prochain.**

B. **Les Mois de l'année** (*The months of the year*)

janvier	January	**mai**	May	**septembre**	September
février	February	**juin**	June	**octobre**	October
mars	March	**juillet**	July	**novembre**	November
avril	April	**août**	August	**décembre**	December

1. August (**août**) has two acceptable pronunciations: / u / and / ut /.

2. To say *in a month,* you use **en** plus the month or **au mois de.**

> Les Français ne travaillent pas **en août.**
> Je vais aller en vacances **au mois de juin.**

L ' O R T H O G R A P H E

Days of the week and months are not capitalized in French.

C. Les Quatre **Saisons** (*The four seasons*)

> **le printemps** spring   **l'automne** fall
> **l'été** summer   **l'hiver** winter

> Je joue au tennis **au printemps.**
> Je fais du ski nautique **en été.**
> Je joue au football **en automne.**
> Je fais du ski **en hiver.**

D. La Date

1. To ask the date, you say:

> **Quelle est la date aujourd'hui?**
>
> *or*
>
> **Quel jour sommes-nous?**

2. To express a date in French, use a combination of the definite article **le**, the number, and then the month.

> La Saint Valentin est **le** 14 février.
> En Belgique, la Fête Nationale c'est **le** 21 juillet.

3. You always use the cardinal numbers, which you have already learned, except for the first day of the month, **le premier.**

> **Le premier mai** est la Fête du Travail en Europe.

4. If you wish to add the day of the week, it may come before or after the article.

> **le jeudi** 12 décembre
> **dimanche, le 1er** novembre

E. Les années

1. In French, there are two ways of expressing calendar years. Start with **mil** and count in hundreds:

> 1963 = **mil** neuf cent soixante-trois

or count in hundreds:

> **dix-neuf** cent soixante-trois

2. When only the year is given, the preposition **en** is used.

> Il a visité la Chine **en** 1981.
>
> *but:*
>
> Il est arrivé en Chine **le** 22 juin 1981.

Attention   1. You do not drop the **e** of **le** in front of numbers that begin with a vowel sound.

> **le** huit février   **le** onze novembre

2. No prepositions are used with days of the month or with **week-end.**

> Ils vont arriver le 4 octobre.
> Elles travaillent beaucoup le week-end.

3. **Mil** is the correct spelling for years.

4. Dates are abbreviated with the day first.

> le 10 mars 1990 → 10-3-90

PRATIQUONS

A. Quels sont les jours de la semaine? du week-end? Quelles sont les saisons? Quels sont les mois d'été? d'hiver? du printemps? d'automne?

B. Read the following dates aloud in French.

1. January 1, 1918
2. March 10, 1929
3. April 23, 1779
4. Thursday, August 1, 1889
5. Friday, September 30, 1955
6. Saturday, December 25, 1900

C. Fill in the blanks with an appropriate word when necessary.

1. Je vais acheter une auto _____ printemps.
2. Paul a visité l'Angleterre _____ été dernier.
3. Sylvie va inviter Luc _____ dimanche prochain.
4. Mes parents ne travaillent pas _____ samedi.
5. Le Tour de France commence _____ juillet.
6. Je ne mange pas de viande _____ vendredi.

D. Translate the following sentences into French.

1. Next summer, Paul is going to live in Switzerland.
2. He is going to arrive in Geneva on June 1.
3. He is going to work Mondays, Tuesdays, Wednesdays, and Thursdays.
4. August 1 is the National Holiday in Switzerland.
5. He is going to visit several cities on the weekend.
6. He wants to go skiing in July!

PARLONS

A. Using vocabulary related to the calendar, complete the following sentences as they pertain to you.

MODEL: Je n'étudie pas _____.
   Je n'étudie pas le dimanche.

1. J'aime aller danser _____.
2. Mes parents vont à l'église _____.
3. J'aime faire du sport _____.
4. Je regarde toujours la télévision _____.
5. Je fais mes courses _____.
6. Je vais à la piscine _____.

B. **History Test!**   Match the following events with the dates on which they occurred.

1. On a signé la Déclaration d'Indépendance.
2. Le Japon a bombardé Pearl Harbor.
3. On a assassiné John Kennedy.
4. La Guerre de Sécession (*Civil War*) a commencé à Fort Sumter.
5. On a guillotiné Marie-Antoinette.
6. On a couronné (*crowned*) Napoléon.

a. 14-4-1861
b. 16-10-1793
c. 2-12-1804
d. 4-7-1776
e. 22-11-1963
f. 7-12-1941

MONTRÉAL, LE QUÉBEC ET
LA RÉVOLUTION
FRANÇAISE
1789-1805

du 25 mai au 4 septembre 1989
Maison de la Culture Parc Frontenac

C. Test your knowledge of the calendar by answering the following questions.

1. Quand est-ce qu'on joue au football américain au lycée? à l'université? au football américain professionnel?
2. A quelle saison est-ce qu'on joue au basket-ball? au base-ball?
3. Quel jour est-ce qu'on vote aux Etats-Unis? en France?
4. Quand est Noël? la Saint Valentin? la Fête Nationale en France? la Fête du Travail en Europe? aux Etats-Unis? Thanksgiving aux Etats-Unis? au Canada?

Questions personnelles

1. Quel est votre jour préféré? Pourquoi?
2. Vous faites des devoirs le week-end?
3. Est-ce que vous allez en classe le lundi matin? A quelle heure?
4. Quelle est votre saison préférée? Pourquoi?
5. A quelle saison est-ce que vous faites du sport? Quel sport?
6. Quel mois est votre anniversaire (*birthday*)?
7. Qu'est-ce que vous avez fait samedi dernier?
8. Qu'est-ce que vous allez faire l'été prochain?

II. Passé composé with être

A. In the last chapter, you learned the formation of the **passé composé** using the conjugated form of **avoir** and the past participle:

Chantal a retrouvé ses amis.

B. There are about 20 verbs in French that take **être** and not **avoir** as the auxiliary verb in the formation of the **passé composé**. The verb **aller** is one of them:

Nous sommes allés au bout de la ligne.

Passé composé of **aller**	
je suis allé(e)	nous sommes allé(e)s
tu es allé(e)	vous êtes allé(e)(s)
il est allé	ils sont allés
elle est allée	elles sont allées
on est allé	

Mots clés

Verbs conjugated with **être**

Infinitives		**Past Participles**
aller	to go	allé
arriver	to arrive	arrivé
naître	to be born	né
rester	to stay	resté
rentrer	to return	rentré
monter	to get on; to go up	monté

Les trois sont arrivés au bureau.
Il **est rentré** chez lui et il **est monté** dans sa chambre.
Ma mère **est née** le onze février.

L'ORTHOGRAPHE

1. Note that, unlike verbs conjugated with **avoir**, verbs conjugated with **être** show agreement in number and gender between the subject and the past participle. This can lead to a number of forms with the same subject:

Vous êtes **allé** au café?	*(if you are talking to a man)*
Vous êtes **allée** au café?	*(if you are talking to a woman)*
Vous êtes **allés** au café?	*(if you are talking to a group of men or men and women)*
Vous êtes **allées** au café?	*(if you are talking to a group of women)*

2. The agreement of the past participle with the above verbs never causes a change in pronunciation: **Vous êtes arrivé** and **Vous êtes arrivées** are pronounced alike.

Attention

With **aller** and **arriver** there is almost always a **liaison** with three forms of **être: suis, est,** and **sont.**

   Je suis‿allé à Québec.   Il est‿arrivé en retard.   Elles sont‿arrivées de Paris.

PRATIQUONS

A. Replace the italicized words with each of the suggested subjects.

   1. *Il* est monté chez Paul.   (Nous, Tu, Je, On, Ils, Elle, Vous, Elles)
   2. *Je* ne suis pas resté à l'hôtel.   (Sylvie, Vous, Tu, Il, Nous, Etienne et Marie, On)
   3. *Elle* est arrivée en avance.   (Elles, On, Je, Vous, Tu, Nous, Pierre, Mes amies)

B. Change the following sentences to the **passé composé.** Be sure to use the correct auxiliary verb.

   1. Je rentre dimanche.
   2. Elle reste quinze jours à Paris.

3. Le diplomate montre les photos à l'agent de police.
4. Nous arrivons à Paris.
5. Vous allez au Québec en mai?
6. Chantal est prudente.

C. Describe the activities of the following people by replacing the italicized words with each of the suggested phrases.

1. Jacqueline *est allée au musée.* (Après,… visiter une église, monter à la Tour Eiffel, dîner au restaurant, rentrer à l'hôtel)
2. Georges *n'a pas trouvé son parapluie.* (chercher chez lui, aller au bureau des objets trouvés, rester chez lui)
3. Est-ce que tu *es arrivé en retard?* (faire tes devoirs?, rester à la bibliothèque?, avoir beaucoup à faire? rentrer à deux heures du matin?)

D. Replace the italicized words with those given in parentheses. Be sure to make all other necessary changes.

MODEL: **Demain** Paul va aller au restaurant.   (Hier)
Hier Paul **est allé** *au restaurant.*

1. *Mardi prochain,* nous allons monter à Paris.   (Lundi dernier)
2. Vous allez rester aux Etats-Unis *l'été prochain.*   (l'hiver dernier)
3. Tu vas faire du sport *ce soir?*   (hier soir)
4. Jérôme travaille à Montréal *cette année.*   (l'année dernière)
5. Les ingénieurs vont aller à la réception la semaine *prochaine.*   (dernier)
6. Pauline va rentrer *vendredi matin.*   (hier matin)

E. Make complete sentences, adding any necessary words.

1. Mon / enfant / naître / Montréal / 1963
2. Il / commencer / école / 1969
3. Nous / aller / France / 1972
4. enfant / rester / Paris / 3 / ans
5. Nous / rentrer / Canada / 3-9-74
6. famille / faire / voyage / Europe / été dernier

PARLONS

A. Match the following famous people with where they went on their voyages of discovery.

MODEL: *Marco Polo est allé en Chine.*

1. Marco Polo	a. en Inde
2. Christophe Colomb	b. au Canada
3. Vasco Nuñez de Balboa	c. au pôle Sud
4. Jacques Cartier	d. en Amérique
5. Vasco de Gama	e. en Chine
6. Armstrong et Aldrin	f. dans l'Océan Pacifique
7. Amundsen et Scott	g. sur la lune

B. Match the following famous people with their birthplaces.

MODEL: Michael J. Fox?   *Il est né au Canada.*

1. Elizabeth II?   a. France
2. Juan Carlos?   b. Italie
3. Sophia Loren?   c. Pologne
4. Catherine Deneuve?   d. Autriche
5. Ella Fitzgerald?   e. Espagne
6. les enfants von Trapp?   f. Angleterre
7. Jean-Paul II?   g. Etats-Unis
8. Moi, je...?   h. ?

C. Tell what you, your friends, and your family did at the times given below. Try to add original sentences also.

1. Hier, je (j')...aller à la bibliothèque?, acheter...?, faire mon français?, arriver en classe en retard?, rester chez moi?
2. Dimanche dernier, mes amis...faire un tour en auto?, aller au parc?, avoir une réception?, rentrer chez eux?, faire du sport?
3. L'été dernier, mes parents et moi, nous...aller en vacances?, rester en ville?, monter en avion?, voyager...?, faire beaucoup de promenades?

D. Write a paragraph telling what you think your French teacher did the last time he or she was in Paris.

Il / elle...rester à l'hôtel?, monter à la Tour Eiffel?, acheter des souvenirs?, aller au Lido?, oublier son passeport à la banque?, visiter des musées?, consommer trop de vin?, ne (n') ... pas rentrer à l'hôtel?, fréquenter les bars?

Questions personnelles

1. Où est-ce que vous êtes allé(e) le week-end dernier? Qu'est-ce que vous avez fait?
2. Où est-ce que vous êtes né(e)?
3. Est-ce que vous êtes arrivé(e) en retard ce matin?
4. Est-ce que vous êtes resté(e) à la maison hier?
5. Est-ce que vous êtes allé(e) à la bibliothèque la semaine dernière?
6. Vous êtes rentré(e) chez vos parents récemment? Quand?
7. Vous êtes monté(e) en avion récemment? Où est-ce que vous êtes allé(e)?
8. Avec qui est-ce que vous avez voyagé?

III.   Inversion and Interrogative Adverbs

A. Questions with inversion

1. In Chapter 1 you learned three ways of asking a question in French:

   Rising intonation: Tu es resté chez toi hier?
   Est-ce que: **Est-ce qu'** on a rapporté un imperméable?
   n'est-ce pas: Tu es resté chez toi hier, **n'est-ce pas?**

2. Another interrogative form is *inversion:* you invert the pronoun and the verb.

   Vous travaillez samedi?   **Travaillez-vous** samedi?
   Ils sont au régime?   **Sont-ils** au régime?

3. If the subject is a noun, you add a pronoun subject of the same number and gender, in the inverted position.

   Les Français font du sport?
   Les Français font-ils du sport?

   Jacques et Marie vont au cinéma ce soir?
   Jacques et Marie vont-ils au cinéma ce soir?

4. In the third-person singular, you must add a **t** between hyphens for all forms of verbs not ending in a written **t**.

   Parle-t-on français ici?
   A-t-il chaud?
   Ecoute-t-elle les mêmes histoires?
   but:
   Etienne **est-il** arrivé aujourd'hui?

5. Inversion is usually avoided when **je** is the subject. Use **Est-ce que** instead.

   Est-ce que je suis en retard?

6. When there are two verbs in a sentence, as in the **futur proche** and **passé composé** tenses, you invert the conjugated verb and the pronoun.

   Allons-nous préparer l'examen?
   A-t-elle visité la Suisse?

7. In the negative interrogative, the **ne ... pas** surrounds both the conjugated verb and the pronoun subject.

   Ne va-t-il pas faire la vaisselle?
   Les touristes **ne sont-ils pas rentrés?**

B. Inversion with adverbs
   Inversion is frequently used with interrogative adverbs.

   Où faites-vous du sport?
   Quand vont-elles au restaurant?
   Comment vont-ils à Québec?
   Combien de frères **as-tu?**
   Pourquoi êtes-vous arrivés après le début?

Mots clés

Interrrogative adverbs

Quand? When?
Combien de? How much?, How many?
Comment? How?

Pourquoi? Why?
Où? Where?

Ce qu'ils disent

1. Inversion is very common in English: *Is he studying? What is he studying?* In French, it shows a more formal style. In French conversation, the use of intonation and **est-ce que** are more common.

2. In a very familiar style, the French do use interrogative adverbs without inversion or **est-ce que:**

   Où tu vas?
   Comment il est, ton imper?

   This may be too informal for most situations you will encounter.

PRATIQUONS

A. Replace the italicized words with each of the suggested subjects. Be sure to keep the inversion, where possible.

1. Aimez-*vous* le couscous?   (tu, Jacques, Les enfants, elle, on)
2. *Pierre* est-*il* en retard?   (je, Sylvie, nous, on, vous)
3. As-*tu* acheté un imperméable?   (Chantal et Jacqueline, vous, il, ils, Ta sœur)
4. N'aimes-*tu* pas le fromage?   (vous, ils, Les Anglais, Brigitte, Robert)

B. Change the following questions with **est-ce que** to the inverted form.

1. Est-ce que tu vas au concert ce soir?
2. Est-ce que Monique a fait sa valise?
3. Où est-ce que nous allons aller?
4. Comment est-ce qu'on prépare des crêpes?
5. Quand est-ce que vous êtes arrivé à la réception?
6. Pourquoi est-ce que les étudiants sont en retard?

C. Make the following sentences questions, using inversion where possible.

1. Vous regardez la télévision.
2. Mes amis ont froid.
3. Marie fait un voyage en Europe.
4. Le professeur va expliquer le passé composé.
5. Louise est montée dans son bureau.
6. Je suis trop timide.
7. Tu n'es pas content.
8. Vous n'avez pas parlé à l'employé.

D. Using inversion, find the questions that elicited the following answers.

1. Non, ils ne sont pas intelligents.
2. Oui, Georges va faire la vaisselle.
3. Elles sont arrivées en métro.
4. Nous sommes allés au Maroc.
5. Je n'ai pas acheté de bière parce que je n'ai pas 21 ans.
6. Mon enfant est né au mois de janvier.

PARLONS

A. Interview a classmate. Using inversion, ask the questions to elicit the following information.

MODEL: son nom?   *Comment vous appelez-vous?*

son âge? où il / elle est né(e)? où il / elle habite? s'il / si elle est étudiant(e)? pourquoi il / elle est à l'université? comment il / elle parle français? s'il / si elle fume? où il / elle est allé(e) en vacances?

B. Divide into small groups and ask each other about the following things. Ask questions with inversion.

aimer aller au théâtre
habiter chez ses parents
dîner souvent au restaurant
être optimiste ou pessimiste

faire beaucoup de promenades
étudier à la bibliothèque ou à la maison
aller travailler l'été prochain

C. Find imaginative excuses for the following situations.

1. Vous arrivez en classe quinze minutes en retard. Le professeur demande: «Pourquoi êtes-vous arrivé(e) en retard?»
2. Vous êtes absent(e) le jour d'un examen. Le professeur demande: «Où êtes-vous allé(e)?»
3. Vous n'êtes pas allé(e) au laboratoire la semaine dernière. Le professeur demande: «Comment expliquez-vous votre absence?»
4. Vous avez un examen de mathématiques demain. Vous n'avez pas étudié. Votre camarade de chambre demande: «Quand vas-tu commencer à étudier?»

Questions personnelles

1. Avez-vous travaillé hier soir? Quelle sorte de travail avez-vous fait?
2. Vos parents sont-il modernes? Aiment-ils voyager?
3. Vos amis fréquentent-ils les boîtes ou sont-ils studieux?
4. Où aimez-vous faire vos courses? acheter vos affaires?
5. Pourquoi êtes-vous étudiant(e)?
6. Comment allez-vous? Avez-vous des problèmes?

IV.   1,000 to 1,000,000,000

A. In French, there are two ways of counting from one thousand to two thousand. As you learned, when expressing calendar years, both are used.

—Quand est-ce qu'on est allé sur la lune?
—En dix-neuf cent soixante-neuf.
—En mil neuf cent soixante-neuf.

B. To express numbers above two thousand, you must use the word **mille**.

—Combien d'habitants y a-t-il dans votre ville?
—Presque trois mille.   (*almost three thousand*)

2.500	deux mille cinq cents
10.750	dix mille sept cent cinquante
52.382	cinquante deux mille trois cent quatre-vingt-deux
300.000	trois cent mille

C. The following examples express one million and above:

—Quelle est la population de Paris?
—Presque deux millions deux cent mille habitants.

1.000.000	un million
3.000.000	trois millions
10.800.000	dix millions huit cent mille

D. Unlike **cent** and **mille, million** needs the article **un** for *one* when millions are counted. Also, when counting in millions, you must use the preposition **de (d')**.

un million d'habitants   *one million* inhabitants
quatre millions de francs   *four million* francs

However, when **million** is followed by a number, the preposition is dropped.

deux millions cinq cent mille dollars

E. One billion is **un milliard,** and it follows the same rules as **un million**.

│ L │ ' │ O │ R │ T │ H │ O │ G │ R │ A │ P │ H │ E │   │   │   │   │   │

1. **Mille** never takes an **s,** and like **cent,** is never preceded by **un**.

1.000	mille
3.000	trois mille

2. Note that French uses a period or a space (3 000) to mark thousands, not a comma as in English. Decimals are the opposite: two and five-tenths (2.5 in English) is 2,5 in French (**deux virgule cinq**).

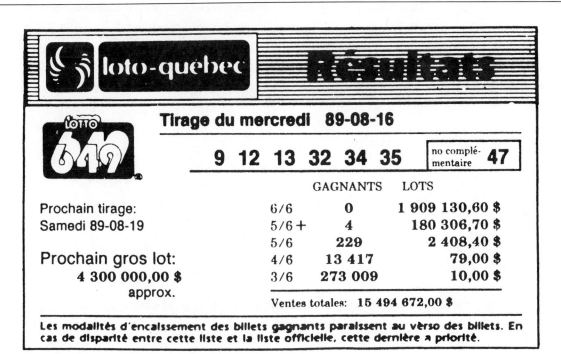

PRATIQUONS

A. Read the following numbers aloud in French.

1. 1.200	5. 7.777	9. 1.000.000
2. 1.730	6. 10.000	10. 10.500.000
3. 2.314	7. 70.8000	11. 100.000.000
4. 3.568	8. 100.000	12. 756.386.581

B. Translate the following expressions.

1. fifty-seven million French people
2. two hundred forty million Americans
3. one billion francs
4. thirty-five hundred francs
5. a thousand students
6. a hundred thousand books

C. Write out the following numbers.

1. 1.000	5. 16.552
2. 1.600	6. 200.000
3. 2.000	7. 1.000.000
4. 10.000	8. 100.000.000

PARLONS

A. Try to match the following famous people with the year in which they were born.

MODEL: George Washington est né en 1732.

1. Charlemagne	a. 1412
2. Jeanne d'Arc	b. 1763
3. Catherine de Médicis	c. 1809
4. l'Impératrice Joséphine	d. 1921
5. le Prince Charles	e. 742
6. Louis XIV	f. 1638
7. Abraham Lincoln	g. 1519
8. Simone Signoret	h. 1948

B. Match the following events with the year in which they happened.

1. Gutenberg a imprimé (*printed*) la Bible en…	a. 1620
2. Christophe Colomb est arrivé en Amérique en…	b. 1776
3. Le *Mayflower* est arrivé à Plymouth en…	c. 1861
4. On a signé la Déclaration d'Indépendance en…	d. 1452
5. La guerre de Sécession (*American Civil War*) a commencé en…	e. 1903
6. On a donné le Prix Nobel à Marie et à Pierre Curie en…	f. 1492

C. Try to match the following francophone countries with their populations.

MODEL: La France a cinquante-sept millions d'habitants.

1. Belgique	a. 9.500.000
2. Canada	b. 9.850.000
3. Côte d'Ivoire	c. 10.000.000
4. Haïti	d. 25.213.000
5. Luxembourg	e. 6.500.000
6. Madagascar	f. 5.400.000
7. Mali	g. 8.210.000
8. Suisse	h. 366.000

D. **More useless facts.**   The following statistics come from *Quid*, the French version of *The World Almanac*. Read them aloud.

1. La dette nationale en France en 1984?   915.000.000.000 F.
2. Escargots consommés?   40.000 tonnes
3. Sucre consommé?   1.865.000 tonnes
4. Nombre de bicyclettes?   1.958.000
5. Cigarettes consommées?   88.000.000.000 par an (*a year*)
6. Naturistes?   500.000

Communiquons

«Où se trouve...?» (Les renseignements)

■ Demander des renseignements

1. To get someone's attention to ask a question, use the following expressions:

Pardon,...	Monsieur / Messieurs	*Sir / Gentlemen*
Excusez-moi,...	Madame / Mesdames	*Ma'am / Ladies*
S'il vous plaît,...	Mademoiselle / Mesdemoiselles	*Miss*

It is very difficult to know when to use **Mademoiselle** or **Madame** with a woman you do not know. It is better to use **Madame** if she appears to be over twenty-five. There is no equivalent of **Ms.**

2. Quelques questions utiles

Excusez-moi...
Comment vous appelez-vous? (Je m'appelle...)
Comment allez-vous? / Comment ça va? / Ça va?
Quel âge avez-vous?
Quelle heure est-il?
A quelle heure...?
Quel temps fait-il? / va-t-il faire...?
Où se trouve le / la / l'...?
Où se trouvent les...?
Où est le / la / l'...?
Où sont les...?

En classe

Comment dit-on **Hello** en français?	*How do you say **Hello** in French?*
Qu'est-ce que cela veut dire?	*What does that mean?*
Que veut dire (le mot) **piscine?**	*What does (the word) **piscine** mean?*
Ça veut dire **swimming pool.**	*It means **swimming pool.***
Que veut dire l'expression **A tout à l'heure?**	*What does the expression **A tout à l'heure** mean?*
Ça veut dire **See you soon.**	*It means **See you soon.***

Au magasin

C'est combien?	*How much is it?*
Combien coûte...?	*How much is . . . ?*
Est-ce que vous avez...?	
De quelle couleur est...?	

Chez les amis

Quoi de neuf?	*What's new?*
Qu'est-ce qui se passe?	*What's going on?*
Qu'est-ce qui s'est passé?	*What happened?*
Qu'est-ce qu'il y a?	*What is the matter?*
Qu'est-ce qui ne va pas?	*What's wrong?*

3. You must pay attention to the style you use when asking questions. The most formal type would be one with inversion:

> Y a-t-il une pharmacie près d'ici?

Next most formal is the use of **Est-ce que.**

> Est-ce qu'il y a une pharmacie près d'ici?

Most informal is rising intonation.

> Il y a une pharmacie près d'ici?

Exceptions

1. The questions asked most frequently, such as those in Section 2 above, are usually used with inversion regardless of the level of formality:

> Comment allez-vous? Quelle heure est-il?

2. Inversion is common with **Où** and the repetition of the pronoun is not necessary:

> Où se trouve le bureau des objets trouvés?
> Où habitent les Morin?

■ Donner des renseignements

1. To provide information about which you are not absolutely certain, use the following expressions:

Je pense que…	*I think that . . .*
Je crois que…	*I believe . . .*
J'espère que…	*I hope that . . .*
Je ne sais pas.	*I don't know.*
Je ne sais pas si…	*I don't know if / whether . . .*
Or, if you are sure:	
Je suis sûr(e) que…	*I'm sure that . . .*

Je pense qu'il va faire beau.

Je suis sûr qu'il va faire beau.

2. The conjunction **que** becomes **qu'** before a vowel and **si** becomes **s'** before **il** and **ils.**

> Je pense qu'il va arriver demain.
> Je ne sais pas s'il va arriver à l'heure.

Activités

A. Interview a classmate to find out the following information:

son nom / son âge / son adresse / quand et où il ou elle est né(e) / à quelle heure il ou elle arrive à l'université / s'il ou si elle va bien / la couleur de sa voiture /

B. What question(s) would you ask in the following situations?

1. You are lost in the center of Montréal.
2. You are to meet a friend who is arriving from Quebec at the train station, but you do not know where the station is or what time the train gets in.
3. You are in Pollack's department store in Quebec and are looking for an article of clothing that you do not see.
4. You see an interesting person while going for a walk on the Terrasse Dufferin in Quebec. How would you meet him / her?
5. You run into an old friend you haven't seen for several years.
6. You are in your room at the Reine Elisabeth Hotel in Montréal, and you are not feeling well.
7. You want to go on a cruise on the St. Laurent but you are unsure of the weather.
8. You see a friend who looks terrible.

C. Work with another student to create a short skit based on the following situations where you must ask for and give information.

1. a policeman and a tourist who is lost
2. two friends who meet
3. an elderly person who sees a child playing in the street
4. two people meeting in a restaurant
5. a sales person in a store and a customer looking for clothes
6. ????

D. Interview another student as if you were a reporter. The other student may answer as himself or herself or pretend to be someone famous, either fictional or real.

«Vous avez un 38 dans ce chemisier?»

Lecture culturelle

Les Français d'aujourd'hui

Avant la lecture

The French think that public opinion polls **(les sondages d'opinion)** are not only interesting, but important. Numerous polls, and even entire books, have been published in order to describe and analyze the way in which people live. The poll described below destroys a lot of stereotypes about the French, but confirms others. Check the following stereotypical ideas we hold to see if you agree and to guess whether the poll may reveal changes.

1. France is populated by very old people.
2. Most French families have a dog, which is usually mean **(méchant)**.
3. French women do the shopping, cooking, and housework.
4. French women spend a lot of time preparing elaborate meals.
5. Most French people marry and have lots of children.
6. French people are short.
7. French people all go away on vacation.

Activités

A. Prepare a list of questions that you would ask a group of people if you were preparing a sociological study.

B. What would the answers to the following questions be for the United States.

1. Est-ce que nous sommes plus âgés ou moins âgés?
2. Nous avons plus d'animaux ou moins d'animaux à la maison?
3. Les hommes ou les femmes font les courses?
4. Combien de jeunes vont à l'université?
5. Combien d'enfants y a-t-il dans une famille typique?
6. Il y a plus de mariages ou moins de mariages aujourd'hui?

C. What would the relationships be between the following phenomena in a society?

1. l'âge des habitants et le nombre d'enfants dans une famille
2. la fréquence des mariages et le nombre d'animaux domestiques

D. Try to guess the meaning of new words in the following text from similar words you already know.

New word	Word you know
faire le marché	un marché
rangement	arranger
choisissent	un choix
études	étudier
grandissent	grand

E. You can guess the meaning and function of many words by learning typical suffixes (endings). Study the following:

1. **-ée** often indicates a past participle used as a noun:

> **Données** is from **donner** and means *data.*
> **durée** is from **durer** (*to last*) and means *duration.*

2. **-ment** may often be an adverb:

> **proportionnellement** is from **proportionnel**
> **équitablement** is from **équitable**

but **-ment** may also be the ending of a noun:

> **le rangement**   **l'enseignement**

3. **-it** and **-issent** indicate a verb that often means *to become something.*

> **Vieillit** is from **vieux** (*old*) and means *to get old.*
> **Grandissent** is from **grand** and means *to get bigger.*

Les Français d'aujourd'hui

°Every — Tous° les trois ans, l'Institut National de la Statistique et des Etudes Economiques (INSEE) publie «Données Sociales,» une sorte de portrait national des Français basé sur les réponses données à des questions sur l'emploi,° les vacances, et même la cuisine, l'habillement° et les animaux domestiques.° On obtient ainsi° une sorte d'auto-portrait° du Français.   5

employment — °emploi

clothing / **animaux**... pets / thus / self-portrait — °l'habillement ... °animaux domestiques °ainsi °auto-portrait

Age

because / Western / birth rate / drops — La France vieillit car,° comme dans beaucoup de pays occidentaux,° la natalité° baisse° et la durée de la vie augmente.° Les personnes âgées deviennent° plus° importantes dans la société et proportionnellement, leurs ressources augmentent plus vite que celles° de la population active.   10

increases / become / more those

Animaux

unmarried people — Avec l'augmentation du nombre de célibataires° dans les jeunes générations, une société de solitaires commence à émerger. Pour cette raison, on trouve dans plus de la moitié° des foyers° un animal domestique, en général un chien ou un chat. Les statistiques prouvent que les artistes, les intellectuels et les fonctionnaires° préfèrent les chats.   15

half — °moitié

households — °foyers

government employees — °fonctionnaires

Cuisine

share — Hommes et femmes partagent° équitablement la responsabilité de faire le marché. A la maison, les choses° ont moins évolué. Les Françaises passent une heure trois-quarts à la préparation des repas et une heure pour la vaisselle et le rangement.°

things — °choses

cleaning up — °rangement

Diplômes   20

ouvriers (*m.*) workers / **enseignement**... vocational education middle-level managers — Les enfants d'ouvriers° choisissent l'enseignement technique,° mais les filles et fils de cadres° et d'intellectuels poursuivent des études générales. Trente pour cent des jeunes d'une génération obtiennent le baccalauréat.

Les Français aiment faire du camping.

Education

A 17 ans, 83 pour cent des filles et 76 pour cent des garçons vont encore à l'école. A 20 ans, ils sont encore 30 pour cent et à 22 ans, 18 pour cent.

Enfants

La famille type est composée d'un couple et de deux enfants.   5

Taille°

Height

grown

mesurent... average

Les Français grandissent! Ils ont pris° un centimètre en dix ans. Les hommes mesurent en moyenne° 1,72m et les femmes 1,61m.

Union

numerous / expects

above all

Les mariages sont de moins en moins nombreux,° même quand on attend° un enfant— 10
surtout° dans les grandes villes: 20 pour cent des enfants parisiens ont des parents célibataires.

Vacances

partent... go on vacation

Beaucoup de Français (57 pour cent) partent en vacances.° La majorité passe encore ses vacances en famille ou chez des amis.   15

Adapted from the article "French People Today," Vol. 9, No. 14, *Journal Français d'Amérique*, Reprinted by permission.

 **la lecture**

Questions sur le texte

1. Qu'est-ce que l'INSEE? Quelle est sa fonction?
2. Pourquoi la France vieillit-elle?
3. Pourquoi le nombre d'animaux domestiques grandit-il en France?
4. Quels Français préfèrent les chats?
5. Combien de temps les Françaises passsent-elles dans la cuisine?
6. Quelle est la composition d'une famille type?
7. Quelle est la taille moyenne des hommes et des femmes?
8. Où la majorité des Français passe-t-elle ses vacances?

Activités

A. Combien est-ce que les Français mesurent? Multipliez le nombre par 39,3 pour obtenir le nombre de pouces (*inches*). Les hommes $1,72 \times 39,3 = $? ; les femmes $1,61 \times 39,3 = $?

B. Sondage en classe:
   Take a poll of your classmates to find out the following information about life here.

1. nombre d'animaux par famille? autres que (*other than*) les chiens et les chats?
2. mère ou père fait la cuisine ou la vaisselle?
3. combien d'enfants dans la famille?
4. combien mesurez-vous?
5. allez-vous en vacances? avec ou sans votre famille?

C. En suivant (*Following*) le modèle des «Données sociales» françaises, préparez l'auto-portrait de l'Américain typique.

CHAPITRES 4–6

Class Work   A. Rewrite the following sentences using the cues in parentheses.

       MODEL: Marie étudie le français.   (L'année prochaine…)
                  L'année prochaine Marie va étudier le français.

Nos amis

1. Vas-tu au concert ce soir?   (…jeudi prochain?)
2. J'ai dix-huit ans.   (Demain…)
3. Est-ce que *Lise* dîne avec *ses amis*?   (*Use pronouns for italicized words.*)
4. Christine a fait des courses au supermarché. (Nous ne… pas… souvent…)
5. Nous allons voir nos cousins cet après-midi.   (… hier.)
6. Les enfants écoutent-ils leurs parents?   (Isabelle…?)
7. Etes-vous contents?   (… demain matin?)
8. Mes soeurs étudient beaucoup.   (La semaine dernière…)

En voyage

9. Claire passe un mois au Sénégal.   (… l'été prochain.)
10. Elles n'ont pas froid.   (Le mois dernier…)
11. Les étudiants ne restent pas chez eux en été.   (Paul… l'été dernier.)
12. Il fait un voyage en Amérique.   (Vous… déjà…)
13. Avez-vous de l'argent?   (Oui… 1.000 dollars.)
14. On parle anglais ici.   (*Ask question using inversion.*)

B. Answer the following questions using the cues provided.

       MODEL: Où allez-vous?   (… université.)
                  Je vais à l'université.

Les possessions

1. C'est votre imper?   (Non,… cousine.)
2. Il donne des cadeaux à Mme Morin?   (Non,… frère.)
3. Ton jean est français?   (Non… Etats-Unis.)
4. As-tu acheté ta cravate chez Cardin?   (Non,… supermarché.)
5. C'est ta jupe?   (Non,… ma mère.)
6. Où as-tu trouvé tes chemises?   (…Angleterre.)

Les activités

7. Où Pierre fait-il un voyage en été?   (… Mexique.)
8. Où étudiez-vous le soir?   (… bibliothèque.)
9. Est-ce que Sylvie visite la France?   (Non,… Tunisie.)
10. Où allez-vous le dimanche?   (… piscine.)
11. Qu'est-ce que Jean va faire samedi?   (… grasse matinée.)
12. Tu as des amis en France?   (Non,… Maroc.)
13. Chantal et Luc sont allés faire une promenade?   (Non,… stade.)
14. Où vos parents ont-ils passé l'été?   (… Rome.)

C. Make complete sentences with each group of words below, adding any necessary words.

MODEL: Je / faire / promenade
         Je fais une promenade.

Dans ma ville

1. Quand / ils / aller / réception?
2. tu / passer / vacances / ici?
3. Où / on / faire / voyage?
4. Marie / aller / toujours / église / dimanche.
5. printemps / on / faire / promenades / parc.
6. enfant / naître / 1-12-86.

Qu'est-ce qu'on a fait?

7. Pourquoi / Eric / rester chez lui / hier?
8. Jacques / monter / dans / voiture / et faire / tour.
9. Nous / faire / ménage / hier matin.
10. Elle / chercher / parapluie / sœur.
11. Nous / être / fatigué / hier.
12. Lundi / Gaëtan / avoir / chaud / stade.
13. Jacqueline et Laure / arriver / hier / soir?   (*Use inversion.*)
14. Il / ne / recommander / hôtel / gare.

D. Fill the blanks when necessary with the appropriate article or preposition.

MODEL: … Rome est… Italie.
         Rome est en Italie.

1. … Canada est un pays magnifique.
2. … Madrid est une ville intéressante.
3. J'ai visité… Dakar,… Sénégal.
4. Avez-vous passé vos vacances… Japon?
5. … Etats-Unis, les villes sont très grandes.
6. … Florence, il y a beaucoup de musées.
7. … Abidjan est… Côte d'Ivoire.
8. … été prochain, mes parents vont visiter… Mexique.
9. … Italie est un pays merveilleux.
10. Je suis allé au concert… lundi dernier.
11. Je vais visiter Washington… samedi.
12. Noël est… décembre.
13. … million… touristes ont visité notre musée… année dernière.
14. Paul a trouvé… mille… dollars dans la rue… hier.

E. Translate the following sentences into French.

1. Where is my book?
2. It is on your table.
3. Yesterday, your mother visited my school.

4. She likes our teacher a lot.
5. Their friends have my car.
6. And they left their bicycles at my house.
7. Her dorm is far from her parents' house.
8. She hates living at their house.

F. In French, read aloud or write the following numbers.

1. 71	5. 214	9. 891	13. 1.982	17. 1.000.000
2. 81	6. 321	10. 961	14. 2.600	18. 3.000.000
3. 95	7. 554	11. 1.000	15. 10.971	19. 10.500.000
4. 100	8. 742	12. 1.433	16. 259.500	20. 324.657.895

Small Group Work

A. Give your birthdate and ask your classmates' birthdates.

B. Make a statement in the **futur proche**, then ask a classmate to repeat the same statement in the **passé composé**. Use the following verbs.

aller	inviter	acheter
oublier	rester	visiter
faire	manger	rentrer
monter	étudier	arriver

C. Write a number on a slip of paper for another student to read aloud.

D. Identify objects that belong to you and point them out to your classmates using the expression **C'est…** or **Ce sont…**

MODEL: C'est mon stylo. Ce sont mes chaussures.

E. Identify things that belong to your classmates.

F. Ask a question using the **Est-ce que** form or inversion, and have a classmate respond.

MODEL: Est-ce que tu as chaud? } *Oui, j'ai chaud.*
As-tu chaud?

G. Interview your classmates about the following subjects.

1. Qu'est-ce que tu as fait le week-end dernier?
2. Comment va-t-on chez toi?
3. Où fais-tu tes courses?
4. Qu'est-ce que tu aimes?   (*Insist:* Moi, j'aime…)
5. Quel pays as-tu visité? Où désires-tu aller?
6. Aimes-tu faire la cuisine? Quelle est ta spécialité?
7. Où es-tu allé hier? Pourquoi?
8. Fais-tu toujours tes devoirs? Pourquoi ou pourquoi pas?

Fixer rendez-vous chez le dentiste

Chapitre 7

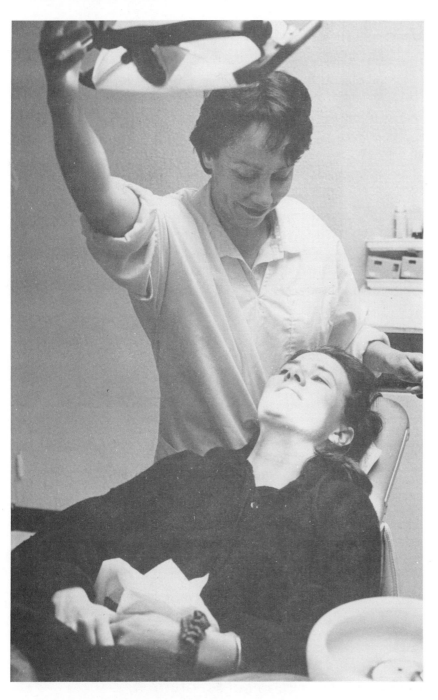

OBJECTIVES

Language:

Nasal Vowels
Interrogative and
    Demonstrative Adjectives
-ir Verbs
Interrogative Pronouns
Pouvoir and **vouloir**

Culture:

Dental Care in France
The **Minitel**

Communication:

Using the Telephone
Making Appointments

Commençons

Fixer rendez-vous chez le dentiste

fixer… to give an appointment

mal (*m.*)… toothache / is telephoning / Doctor
Hello / office

Est-ce… / May I

qui… (*m.*) **l'appareil?** who is calling?

Ne… Can you hold, please?

didn't sleep / **cette…** last night
Can / come / this
I finish / I am going out
plus… sooner

Great! / **A…** See you in a little while
Je… You're welcome

Chantal Pinton a mal aux dents.° Elle téléphone° chez son dentiste, le docteur° Jacqueline Calvet.

LA RECEPTIONNISTE: Allô,° le cabinet° du docteur Calvet.

CHANTAL: Allô, bonjour Madame. Est-ce que je peux° parler au docteur Calvet, s'il vous plaît?

LA RECEPTIONNISTE: Oui, qui est à l'appareil?°

CHANTAL: Mme Pinton.

LA RECEPTIONNISTE: Ne quittez pas.°

LE DR. CALVET: Allô? Oui, bonjour Mme Pinton. Comment allez-vous?

CHANTAL: J'ai mal aux dents et je n'ai pas dormi° cette nuit.°

LE DR. CALVET: Pouvez°-vous venir° cet° après-midi à dix-sept heures trente?

CHANTAL: Non, je finis° à dix-sept heures et je sors° avec des amis après. Je ne peux pas venir plus tôt?°

LE DR. CALVET: Pendant l'heure du déjeuner, alors? Treize heures, ça va?

CHANTAL: Parfait!° A tout à l'heure° et merci.

LE DR. CALVET: Je vous en prie.°

Faisons connaissance The French usually wait until they have a problem before making an appointment with a dentist. The practice of having a dentist's secretary contact patients to remind them they are due for an appointment is unheard of in France. In fact, many dentists have very small practices and do not have help. They must answer the phone and set up appointments themselves. Interestingly, there is a higher percentage of women dentists in France than in America.

The word **cabinet** used in the dialogue refers to the office of any professional person (doctor, lawyer, architect). It is often a separate room in the person's apartment. The location of the office is indicated on the street level by a plaque with the name and specialty.

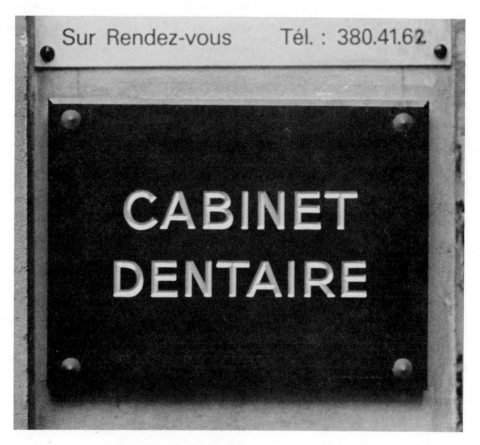

Etudions le dialogue

1. Est-ce que Mme Pinton va bien?
2. Elle téléphone à son médecin?
3. A qui parle-t-elle?
4. A-t-elle bien dormi? Pourquoi pas?
5. Peut-elle aller chez le Dr. Calvet à dix-sept heures trente? Pourquoi pas?
6. A quelle heure va-t-elle chez le dentiste?

Enrichissons notre vocabulaire

une montre

une alliance

une bague

un collier

Chez le dentiste

—Qu'est-ce que vous avez?

—Je ne peux pas **supporter** la **douleur** / manger **facilement**.

—Cette dent est **sensible** au **froid**.

—Je vais avoir des **problèmes** dans l'**avenir**.

Chez le bijoutier

—Vous voulez regarder quelque chose?

—Vous avez beaucoup de **jolies choses!** Je veux une **montre** pour ma mère.

—Oui, une **bague** pour ma sœur.

—Oui, une **alliance** pour ma **fiancée**.

—Oui, un **collier** pour ma tante.

Dans une maison de cadeaux

—Vous désirez, Monsieur?

—Qu'est-ce qui **reste** de vos **soldes**?

—Ce parfum **sent bon** / **mauvais**.

—Qu'est-ce que c'est que **cela**?

Au bureau de tabac

—Monsieur?

—Est-ce que je peux téléphoner? C'est pour ici.

—Je voudrais **ces** trois **cartes postales**.

—Des **timbres** pour envoyer **cette** lettre au Canada?

—**Ce** sac de **bonbons** et un **paquet** de **cigarettes**.

—Quelle **marque**, monsieur?

—Des Gauloises sans filtre, s'il vous plaît.

At the dentist's

What's the matter?

*I can't **stand** the **pain** / eat **easily**.*

*This tooth is **sensitive to cold**.*

*I'm going to have **problems** in the **future**.*

At the jeweler's

Would you like to look at something?

*You have plenty of **nice things!** I want . . .*

In a gift shop

And for you, Sir?

*What's **left** from your **sales**?*

*This perfume **smells good** / **bad**.*

*What's **that**?*

At the tobacco shop

Sir?

May I make a phone call? It's local.

*I would like **these** three **postcards**.*

***Some stamps** to mail **this** letter to Canada?*

*This bag of **candies** and a **pack** of **cigarettes**.*

*What **brand**, Sir?*

Gauloises without filter, please.

Prononciation   Nasal Vowels

French has three vowel sounds that are nasalized. This means that air is allowed to pass into the nasal cavity and vibrate. If you pinch your nose and say the words **vin** and **va**, you will feel the vibrations with the first but not the second.

Repeat the following words, which are grouped according to the nasal vowel sound they contain.

1. / ã / (Your lips are rounded, your tongue back.)

an	quand	banque	cent deux
dans	sans	chantez	je danse
dent	blanc	changez	il demande

2. / ɔ̃ / (Your lips are more rounded, your tongue farther back.)

on	non	ils font	travaillons
blond	son	elles sont	nous avons
ton	ils vont	faisons	mon

3. / ɛ̃ / (Your lips are spread, your tongue forward.)

pain	un	bien	loin
cinq	brun	impossible	Alain
vin	lundi	important	sympathique

NOTE: Some French people pronounce the sequence **un** as a fourth vowel sound, but this is disappearing.

Exercices

A. Pronounce the following words and identify the nasal vowel sound as / ɛ̃ /, / ã /, or / ɔ̃ /.

allons	faisons	mes enfants	à demain
en France	invite	bonjour	sa maison
continuons	magasin	canadien	mexicain
examen	tu manges	décembre	pardon

B. Read the following sentences aloud, paying particular attention to the nasal vowels.

1. Chantal danse bien.
2. Combien de garçons allons-nous inviter?
3. Les Américains sont-ils sympathiques?
4. Jean et Alain vont partir en vacances au printemps.
5. Mes enfants vont répondre aux questions.
6. Elles ont trouvé un restaurant mexicain fantastique.
7. Nous avons mangé dans un coin charmant.
8. Nous avons encore faim, Maman!
9. Onze et quinze font vingt-six.
10. En France, les gens ne mangent pas de viande le vendredi.

Grammaire

I. Interrogative and Demonstrative Adjectives

A. Interrogative Adjectives

1. In French, as in English, interrogative adjectives ask for a choice. They are expressed as *what?* and *which?* in English.

	sing.	*pl.*
masc.	**quel**	**quels**
fem.	**quelle**	**quelles**

Chez **quel** dentiste est-ce que vous allez?
A **quelle** heure pouvez-vous venir?
Vous allez sortir avec **quels** amis?
Quelles sont vos activités préférées?

Note that, like other French adjectives, **quel** agrees in gender and number with the noun it modifies.

2. The plural **quels** and **quelles** call for a **liaison obligatoire**.

Quels artistes est-ce que tu apprécies?
Quelles universités vont-ils visiter?

3. Either inversion or **est-ce que** are used with **quel**.

Quel Président ? Avec quelle majorité ?
Quel Premier Ministre ?
Dissolution ou non de l'Assemblée Nationale ?
Le dimanche 8 mai à partir de 20 h 00
et le lundi 9 mai dès 6 h 30 du matin,
les journalistes de France-Inter, de France-Info et L'Express
et leurs invités politiques vous apporteront
des éléments de réponses aux questions
que vous vous posez.

B. Demonstrative Adjectives

1. French uses several forms of **ce** as demonstrative adjectives. They are equivalent to *this, that, these,* and *those* in English.

	sing	pl.
masc.	ce, cet	ces
fem.	cette	ces

2. **Cet** is a special form of **ce** used with masculine singular nouns beginning with a vowel sound.

> **Cet** animal adore la viande.
> A-t-elle invité **cet** homme?

3. The forms in the table can mean *this* or *that* and *these* or *those.* The distinction between the two is rarely necessary in French.

> —Quel film recommandez-vous?
> —Ce film est intéressant.

> —Quand est-ce que vous allez venir chez nous?
> —Cet après-midi.

> —Tu aimes ces couleurs?
> —Quelles couleurs?

When a distinction *is* necessary, you add **-ci** to the noun for *this* or *these* and **-là** for *that* or *those.*

> —**Cette montre-ci** est à toi?
> —Non, elle est à mon père.

> —Vous désirez?
> —Donnez-moi **ce fromage-là.**

PRATIQUONS

A. Remplacez les adjectifs interrogatifs suivants (*following*) par des adjectifs démonstratifs.

1. Quelle église?
2. Quel jour?
3. Quelles agences?
4. Quels colliers?
5. Quel château?
6. Quels employés?

Remplacez les adjectifs démonstratifs suivants par des adjectifs interrogatifs.

1. cet appartement
2. ces affaires
3. ce pays
4. ce match
5. ces autos
6. cette étudiante

B. Employez un adjectif interrogatif et un adjectif démonstratif avec les mots suivants.

1. idée
2. saison
3. rue
4. trains
5. librairies
6. hôtel
7. gare
8. hôtesses
9. port
10. ville

C. Formez des phrases complètes en employant (*using*) les mots donnés et en faisant tous les changements nécessaires.

1. Tu / penser / quel / restaurant?
2. vous / avoir / laisser / ce / montre?
3. bijoutier / ne … pas / recommander / ce / marque.
4. quel / heure / il / déjeuner?
5. Je / oublier / ce / bagues.
6. Nous / ne … pas / aller / continuer / ce / leçon.
7. Quel / pays / et / quel / ville / vos amis / aller / visiter / l'été prochain?
8. Il / aller / chercher / ce / fille / et / ce / garçon / à / gare?

D. Répondez aux questions suivantes en employant les mots entre parenthèses et des adjectifs démonstratifs.

1. A-t-il acheté cette alliance?   (Non,… collier)
2. Va-t-elle porter cette robe?   (Oui, et… chaussures aussi)
3. Qu'est-ce que Pierre a oublié?   (stylo et… cahiers)
4. Est-ce que vous êtes arrivés ce matin?   (Non,… après-midi)
5. Quand Michel va-t-il faire la cuisine?   (… soir)
6. Est-ce que Jacqueline a demandé ces timbres?   (Oui,… et… paquet de cigarettes aussi)

E. Trouvez les questions qui (*which*) élicitent les réponses suivantes. Employez des adjectifs interrogatifs.

MODELE: J'aime ce film.
Quel film aimez-vous?

1. Marie est arrivée à huit heures.
2. Je cherche le train de Paris.
3. Louise a dix-huit ans.
4. Je vais visiter Nice.
5. Nous sommes allés à l'appartement 13A.
6. J'aime les Renault et les Citroën.
7. Elles habitent cette maison-là.
8. Nous aimons mieux les gâteaux.

PARLONS

A. Montrez des objets dans la salle de classe et identifiez leur propriétaire (*owner*).

MODELE: Ce crayon est à Marie. Ces livres sont à Robert.

B. Formez des questions avec les mots suivants. Posez ces questions à vos camarades et n'oubliez pas d'attendre (*to wait for*) une réponse!

Quel	appartement	habites-tu?
Quelle	résidence universitaire	aimes-tu mieux?
Quels	ville	vas-tu visiter?
Quelles	film	fréquentes-tu?
	classe	
	artistes	
	livre	
	musée	
	pays	
	villes	
	café	
	bars (*m.*)	
	cinéma	
	boîtes de nuit	

C. **Comparaison de tailles** (*size comparison*).   Répondez aux questions suivantes sur les tailles des vêtements en employant des adjectifs démonstratifs.

TABLE DE COMPARAISON DE TAILLES

Robes, chemisiers et tricots femmes.

F	36	38	40	42	44	46	48
GB	10	12	14	16	18	20	22
USA	8	10	12	14	16	18	20

Bas et collants femmes.

F	1	2	3	4	5
USA	8½	9	9½	10	10½

Chaussures femmes.

F	35½	36	36½	37	37½	38	39
GB	3	3½	4	4½	5	5½	6
USA	4	4½	5	5½	6	6½	7½

Chaussures hommes.

F	39	40	41	42	43	44	45
GB	5½	6½	7	8	8½	9½	10½
USA	6	7	7½	8½	9	10	11

Costumes hommes.

F	36	38	40	42	44	46	48
GB	35	36	37	38	39	40	42
USA	35	36	37	38	39	40	42

Chemises hommes.

F	36	37	38	39	40	41	42
USA	14	14½	15	15½	16	16½	17

Tricots hommes.

F	36	38	40	42	44	46
GB	46	48	51	54	56	59
USA	46	48	51	54	56	59

MODELE: Les robes: Une Anglaise porte un dix.
En France, cette Anglaise porte un trente-six.

Les robes

1. Une Anglaise porte un quatorze. En France?
2. Une Américaine porte un seize. En France?
3. Deux Françaises portent un trente-six. Aux Etats-Unis?

Les chemisiers

4. Une Française porte un trente-huit. En Angleterre?
5. Trois Américaines portent un huit. En France?
6. Une Anglaise porte un douze. Aux Etats-Unis?

Les chemises d'homme

7. Un Français porte un trente-sept. Aux Etats-Unis?
8. Deux Américains portent un quinze et demi. En France?
9. Un Français porte un quarante-deux. Aux Etats-Unis?

D. **Poursuite Triviale.** Répondez aux questions suivantes avec un adjectif démonstratif si vous savez (*know*) la réponse!

MODELE: Quelle femme a été pilote dans les années trente?
           Cette femme est Amelia Earhart.

1. Quelle actrice a joué le rôle de Scarlet O'Hara?
2. Quels journalistes ont été célèbres (*famous*) après *Watergate?*
3. Humphrey Bogart est propriétaire de quelle boîte de nuit dans le film *Casablanca?*
4. Quelle a été la première université fondée aux Etats-Unis?
5. Quels explorateurs américains sont allés jusqu'à l'océan Pacifique?
6. Quel président a acheté la Louisiane?
7. Quels avocats ont participé au procès (*trial*) de Scopes?
8. Quelle est la première Anglaise née en Amérique?

Questions personnelles

1. Vous aimez quels livres?
2. Quel vin préférez-vous?
3. Dans quels restaurants est-ce que vous aimez manger?
4. Quels sports aimez-vous?
5. Vous avez quelle sorte d'auto?
6. Quelle boisson consommez-vous en été? en hiver?
7. Avec quels amis aimez-vous aller dans les boîtes de nuit?
8. A quelle heure est-ce que vous rentrez le week-end?

II.   **-ir** Verbs

In Chapter 1, you learned that French verbs are categorized according to the infinitive ending. In addition to **-er** verbs, there is a group ending in **-ir.** There are two distinct conjugations for this group.

A. **-ir** verbs that replace the infinitive ending with the following endings in the present tense:

finir (*to finish*)	
je **finis**	nous **finissons**
tu **finis**	vous **finissez**
il, elle, on **finit**	ils, elles **finissent**

Attention   Note the **-iss-** in the plural.

Mots clés

Verbs conjugated like ***finir***

choisir   to choose
désobéir à   to disobey
obéir à   to obey
punir   to punish
réfléchir à   to think (about), consider
réussir à   to succeed; to pass (an exam)
rougir   to blush

Je **finis** à dix-sept heures.
Elle va **choisir** des cartes postales.
Les Dupont ne **punissent** pas leurs enfants.
Elles **réussissent** toujours aux examens.

Ils réfléchissent!

Attention   Obéir, désobéir, réussir, and réfléchir must take the preposition à before a following noun.

> J'obéis toujours à mes parents.
> Ne désobéissez pas à la police.
> Je n'aime pas réfléchir aux problèmes de l'avenir.

1. The imperative is regular: you simply delete the subject.

> Finis tes devoirs.
> Obéissez à l'agent de police.

2. To form the past participle, drop the r of the infinitive.

> —Vous avez choisi votre dessert?
> —Non, nous n'avons pas fini notre fromage.
>
> —Pourquoi est-ce qu'ils ont puni leur fils?
> —Parce qu'il a désobéi.

PRATIQUONS

A. Substituez les mots donnés dans les phrases suivantes.

1. *Marie* choisit une montre.   (Nous, Je, Vous, Tu, Pierre et Jean, On, Il)
2. *Ils* ont fini la leçon.   (Tu, La classe, Nous, Je, On, Elles, Vous)

B. Substituez les verbes donnés dans les phrases suivantes.

1. Ils ne *réfléchissent* pas souvent.   (réussir, désobéir, finir, obéir, rougir)
2. Nous *réussissons* toujours.   (désobéir, finir, obéir, choisir, réfléchir)

C. Formez des phrases complètes avec les mots donnés. Faites les changements nécessaires.

1. Je / finir / ce / lettre.
2. Qu'est-ce que / tu / choisir / comme dessert?
3. Tu / réfléchir / pas / quand / tu / faire / cela.
4. enfants / désobéir / souvent / parents.
5. Il / réussir / pas / examen.
6. Nous / punir / pas / souvent / étudiants.

D. Mettez les phrases suivantes au présent.

1. Mes parents vont punir ma sœur.
2. Ils ont désobéi à l'agent de police.
3. Vous allez finir les exercices chez vous.
4. Jacqueline a choisi beaucoup de jolies cartes postales.
5. Les enfants ont rougi.
6. Les étudiants vont réussir cette année.

E. Refaites (*Redo*) les phrases suivantes en employant les mots données.

1. *Nous* finissons *le sac de bonbons.*   (Je… bière)
2. *Il n'a pas pu finir* l'examen.   (Vous… réussir…)
3. *Luc* a obéi à *l'agent.*   (Nous… agents)
4. *Avez-vous* fini à huit heures?   (Jacqueline…)
5. *Ce soir,* je vais choisir le vin.   (Hier soir,…)
6. *Marc* rougit souvent en classe.   (Marc et Marie…)

B. **-ir** verbs conjugated like **servir**

servir (*to serve*)	
je **sers**	nous **servons**
tu **sers**	vous **servez**
il, elle, on **sert**	ils, elles **servent**

Mots clés

Verbs conjugated like **servir**

dormir	to sleep	**je dors, nous dormons**
mentir	to lie	**je mens, nous mentons**
partir	to leave	**je pars, nous partons**
sentir	to smell, to feel	**je sens, nous sentons**
sortir	to go out	**je sors, nous sortons**

Attention   Note that you drop the last consonant of the stem in the singular forms of the present tense.

Pl.	**Sing.**	**Pl.**	**Sing.**
serv-	ser-	part-	par-
dorm-	dor-	sent-	sen-
ment-	men-	sort-	sor-

Je **sors** avec des amis après.
Ils ne **sentent** pas le froid.
Nous **allons dormir** tard ce week-end.

1. The imperative is regular.

   Servons du café à nos amis.   Ne **mentez** pas à vos parents.

2. To form the past participle, drop the **r** of the verb infinitive.

   Je n'ai pas **dormi** cette nuit.   Ils n'ont pas **servi** de vin.

   The **passé composé** of **partir** and **sortir** takes **être**, so the subject and past participle must agree.

   Elles sont **parties** hier.   Nous sommes **sortis** mardi soir.

PRATIQUONS

A. Substituez les pronoms donnés dans les phrases suivantes.

1. *Ils* sont partis hier.   (Tu, Nous, Je, On, Elles, Vous, Il)
2. *Les journalistes* dorment dans l'avion.   (Je, Vous, Elle, Nous, Tu, Ils, On)

B. Substituez les verbes donnés dans les phrases suivantes.

1. On ne *part* pas aujourd'hui.   (dormir, servir, sortir)
2. Ils *servent* maintenant.   (sortir, dormir, désobéir, partir)

C. Formez des phrases complètes avec les mots donnés. Faites les changements nécessaires.

1. Les Français / servir / toujours / vin.
2. Mes amis / partir / hier soir.
3. Tu / sortir / le samedi.
4. enfants / dormir / huit heures.
5. Elles / réfléchir / souvent / avenir.
6. Je / ne ... pas / mentir / agent de police.

D. Mettez les phrases suivantes au présent.

1. Tu es partie en retard.
2. Il va sortir avec Marie ce soir.
3. Ils vont dormir l'après-midi.
4. Vous avez servi le dîner?
5. As-tu senti le bon gâteau?
6. Nous n'avons pas menti à notre professeur.

E. Refaites les phrases suivantes en employant les mots donnés.

1. Tu pars *demain?*   (... hier)
2. *Elles* dorment jusqu'à *dix heures.*   (Il... midi)
3. *Ils* ont menti aux *avocats.*   (Elle... avocat)
4. *Nous* servons du vin *rouge.*   (Je... bon)
5. *Tu* n'as pas senti *la douleur?*   (Vous... froid)
6. Vous allez sortir avec vos amis *aujourd'hui?*   (... le week-end dernier)

PARLONS

A. Est-ce que les phrases suivantes sont vraies (*true*) ou fausses (*false*)? Si (*If*) elles sont fausses, refaites des phrases vraies.

1. Je dors cinq heures tous les jours.
2. Mes amis choisissent des cours difficiles.
3. Je sors souvent avec des filles / des garçons parce qu'ils / elles sont intelligent(e)s.
4. Les enfants d'aujourd'hui obéissent toujours.
5. Je ne mens pas à mes parents.
6. Les étudiants réfléchissent quand ils font leurs devoirs.
7. Mes amis ne servent pas d'alcool.
8. Quand je fais la cuisine, cela sent toujours bon.

B. Complétez les phrases suivantes.

1. Je réussis à mes examens quand…
2. Nous sommes partis en vacances…
3. Comme cadeau, mes parents ont choisi…
4. Je rougis toujours quand…
5. Le week-end, je dors jusqu'à…
6. Je voudrais sortir avec…

C. Qu'est-ce que vous allez faire dans les situations suivantes? Utilisez une des réponses données dans une phrase complète ou inventez une réponse originale.

1. Vous avez un examen important demain.
    a. sortir avec des amis   c. choisir de bons livres pour étudier
    b. partir en vacances   d. … ?

2. Vos amis veulent aller écouter de la musique classique.
    a. partir avec eux   c. réfléchir et rester chez moi
    b. finir mes devoirs   d. … ?

3. Vos amis et vous, vous regardez un mauvais film à la télé.
    a. choisir un nouveau film   c. sortir
    b. servir de la bière   d. … ?

4. Vos parents veulent partir en vacances à cinq heures du matin.
    a. obéir   c. ne pas partir avec eux
    b. dormir jusqu'à neuf heures   d. … ?

5. La mère de votre petit(e) ami(e) demande si vous aimez son dîner. (Le dîner est très mauvais!)
    a. mentir   c. réfléchir
    b. rougir   d. … ?

D. Que choisissez-vous, que choisissent vos parents?

MODELE: un restaurant chinois ou américain
           Moi, je choisis un restaurant chinois. Mes parents, eux, ils choisissent un restaurant américain.

1. un concert de musique classique ou un match de football?
2. des vacances en Europe ou à la campagne?
3. du lait ou de la bière?
4. une profession intéressante ou bien payée
5. l'avion ou la voiture pour voyager?
6. le cinéma ou la télévision?

Questions personnelles

1. A quelle heure partez-vous le matin?
2. Jusqu'à quelle heure dormez-vous le week-end?

3. Qu'est-ce que vous aimez sentir?
4. Qu'est-ce que vous servez quand vous avez des amis chez vous?
5. Vous sortez beaucoup? Qu'est-ce que vous faites le samedi soir quand vous ne sortez pas?
6. Réussissez-vous toujours à vos examens? et votre camarade de chambre?
7. Quand rougissez-vous?
8. Comment est-ce que votre professeur punit la classe quand vous ne préparez pas la leçon?

III. Interrogative Pronouns

In French, the form of an interrogative pronoun depends on whether the pronoun is the subject or the object of the verb. As in English, the form also varies according to whether you are asking about a person (*who? whom?*) or a thing (*what?*)

A. Persons

1. To ask about a person as the subject of a verb (*Who?*), use **Qui est-ce qui** or **Qui**.

   —**Qui est-ce qui** a faim?
   —Moi!

   —**Qui** est à l'appareil?
   —C'est Mme Pinton.

2. If the person is an object of the verb (*Whom?*), use **Qui est-ce que** or **Qui** with inversion.

   —**Qui est-ce que** vous admirez?
   —**Qui** admirez-vous?
   —J'admire mes parents.

   —**Qui est-ce que** tu as invité?
   —**Qui** as-tu invité?
   —J'ai invité mes amis.

3. If the person is the object of a preposition, use the preposition + **qui est-ce que** or **qui** with inversion.

   —**Avec qui est-ce qu'**ils ont joué?
   —**Avec qui** ont-ils joué?
   —Avec leurs enfants.

   —**A qui est-ce que** tu as téléphoné?
   —**A qui** as-tu téléphoné?
   —J'ai téléphoné au docteur Calvet.

B. Things

1. To ask about a thing as the object of a verb (*What?*), use **Qu'est-ce que** or **Que** with inversion.

> —**Qu'est-ce que** les enfants cherchent?
> —Ils cherchent leurs crayons.

> —**Qu'est-ce que** vous avez choisi?
> —**Qu'**avez-vous choisi?
> —J'ai choisi un couscous mouton.

2. Occasionally, a thing can be the subject of a sentence. In this case, the only correct form is **Qu'est-ce qui.** This pronoun is often used with **arriver** (*to happen*).

> —**Qu'est-ce qui** est arrivé?
> —Il a oublié ses affaires.

> —**Qu'est-ce qui** reste?
> —Un peu de Coca.

3. If a thing is the object of a preposition, use **quoi**, which is followed by **est-ce que** or inversion.

> —De **quoi** est-ce qu'ils parlent?
> —De **quoi** parlent-ils?
> —Ils parlent de leur réception.

For a person, use **qui.**

> —Chez **qui** est-ce que tu vas?
> —Chez **qui** vas-tu?
> —Chez mon dentiste.

Culture

DANSE

« Eh, qu'est-ce que ça m'fait à moi!? »
de Maguy Marin, à Avignon

Entre Kurt Weill et Ubu-Roi

> 66 « Qui es-tu ? » A cette question, Philippe, bien que blessé, ne répondait pas, même sous la menace. Plus que jamais, il désirait mourir pour oublier Anne. 99

C. Summary

	Persons (who)	**Things** (what)
Subj. of verb	**Qui**	**Qu'est-ce qui**
	or	
	Qui est-ce qui	
Obj. of verb	**qui** + *inversion*	**que** + *inversion*
	or	*or*
	qui est-ce que	**qu'est-ce que**
Obj. of prep.	*Prep.* + **qui** + *inversion*	*Prep.* + **quoi** + *inversion*
	or	*or*
	Prep. + **qui est-ce que**	*Prep.* + **quoi est-ce que**

Here are some examples of how you can use interrogative pronouns.

Person / Thing contrasts

1. **Qui est-ce qui** reste?   *Who's left?*
2. **Qu'est-ce qui** reste?   *What's left?*
3. **Qui est-ce que** vous regardez?   *Whom are you looking at?*
4. **Qu'est-ce que** vous regardez?   *What are you looking at?*

Subject / Object contrasts

1. **Qui est-ce qui** a invité Jacques?   *Who invited Jacques?*
2. **Qui est-ce que** Jacques a invité?   *Whom did Jacques invite?*
3. **Qu'est-ce qui** indique cela?   *What shows that?*
4. **Qu'est-ce que** cela indique?   *What does that show?*

PRATIQUONS

A. Traduisez (*Translate*) les phrases suivantes en anglais.

1. Qui est monté chez toi?
2. Qui a-t-elle invité au cinéma?
3. Qu'est-ce que vous allez étudier le trimestre prochain?
4. Qui est-ce qui est arrivé hier?
5. Qu'est-ce qui est arrivé hier soir?
6. A qui va-t-il envoyer ce cadeau?

B. Donnez une autre forme pour les questions suivantes, si c'est possible.

1. Qui va au cinéma?
2. Que vas-tu faire demain?
3. Qui est-ce que vous punissez?
4. Qu'est-ce que les enfants ont choisi?
5. Qu'est-ce qui reste sur la table?
6. A qui a-t-il obéi?

C. Traduisez les phrases suivantes en français.

1. What are you doing?
2. About whom are you speaking?
3. What happened?
4. Whom did she forget?
5. Whom did you phone?
6. What are your parents listening to?

D. Complétez les phrases suivantes avec un pronom interrogatif approprié (*appropriate*).

1. … a mangé mon dessert?
2. A… avez-vous donné l'argent?
3. … est arrivé ce matin?
4. Avec… a-t-on fait des crêpes?
5. … il y a sur la table?
6. … ont-ils regardé?

E. Trouvez les questions qui élicitent les réponses en italique.

1. Nous étudions *l'anglais.*
2. Ils ont invité *les Calvet.*
3. *Marie* et *Jacqueline* chantent à l'église.
4. *Ce lait* est froid.
5. Je vais téléphoner à *Luc.*
6. Tu vas faire *ta valise.*
7. *Danielle* est née au Sénégal.
8. Le président parle avec *ses employés.*

PARLONS

A. Formez des groupes et posez des questions en utilisant des pronoms interrogatifs. Consultez les verbes donnés et informez vos camarades de classe des résultats.

MODELE: Qui admires-tu?
           Qu'est-ce que tu as à la maison?

aimer bien
porter en classe demain
téléphoner à
oublier
supporter bien / mal
faire facilement
détester
faire le dimanche
manger
regarder à la télévision
aller faire ce week-end
faire quand il y a des soldes

B. En utilisant un pronom interrogatif, posez une question basée sur les situations données. Demandez à un camarade de classe de deviner (*guess*) la réponse.

MODELE: monter en avion
          Qui est-ce qui monte en avion?
          Un pilote monte en avion.

1. manger comme dessert   a. médecin
2. faire des livres   b. confiture
3. expliquer la leçon   c. crêpe
4. manger du pain   d. montre
5. téléphoner quand on ne va pas bien   e. professeur
6. indiquer l'heure   f. auteur

C. En utilisant les mots de la colonne de gauche (*left column*), trouvez des questions qui élicitent le nom (*name*) des gens célèbres de la colonne de droite (*right*).

1. chanter bien   a. Catherine Deneuve
2. danser bien   b. Paul Prudhomme et Justin Wilson
3. encourager les femmes   c. George Washington
4. faire du cinéma   d. Ghandi
5. recommander un parfum   e. Fred Astaire et Ginger Rogers
6. donner des leçons de cuisine   f. Tina Turner
7. désobéir aux Anglais   g. Simone de Beauvoir
8 ne pas mentir à son père   h. Bernard Blier

D. Imaginez que vous êtes un personnage célèbre. Vos camarades de classe vont essayer (*try*) de deviner votre identité en posant des questions avec des adjectifs, des adverbes, et des pronoms interrogatifs.

MODELE: Où habites-tu? Qu'est-ce que tu fais?
          Tu parles français? Quand est-ce que tu es né(e)?

Questions personnelles

1. Qu'est-ce que vous aimez faire le week-end?
2. Pour qui est-ce que vous avez voté en 1988?
3. Avec qui est-ce que vous allez voyager cet été?
4. De quoi aimez-vous parler avec vos amis?
5. A qui aimez-vous téléphoner le week-end?
6. Qui avez-vous invité chez vous cette semaine?
7. Qui fait le ménage chez vous?
8. Qu'est-ce qui est arrivé hier?
9. A quoi êtes-vous sensible?
10. Avez-vous quelque chose à faire cet après-midi? Quoi?

IV.   **Pouvoir** and **vouloir**

The verbs **pouvoir** and **vouloir** are irregular.

A. Pouvoir

1. In the present tense, **pouvoir** (*to be able, can, may, to be allowed to*) is conjugated as follows:

je **peux**	nous **pouvons**
tu **peux**	vous **pouvez**
il, elle, on **peut**	ils, elles **peuvent**

2. **Pouvoir** is often followed by another verb in the infinitive.

> **Pouvez-vous** venir cet après-midi?
> Est-ce que **je peux** parler au docteur?

> —Est-ce que ton frère part en vacances en hiver?
> —Non, il ne **peut** pas supporter le froid.

The past participle is **pu.**

> —Qu'est-ce que vous avez?   —Vous **avez pu** parler au dentiste?
> —Je n'ai pas **pu** dormir.   —Non, il est sorti.

B. Vouloir

1. **Vouloir** (*to want*) in the present tense is conjugated as follows:

je **veux**	nous **voulons**
tu **veux**	vous **voulez**
il, elle, on **veut**	ils, elles **veulent**

2. **Vouloir** is also frequently used with an infinitive.

> —Tu **veux** finir mon dessert?
> —Non, je ne **peux** pas.

but:

> —Elle **veut** de la bière ou de l'eau?
> —De l'eau.

3. The past participle is **voulu.**

> —Ils n'**ont** pas **voulu** partir le matin?
> —Non, ils ont préféré faire la grasse matinée.

You have already seen the expression **je voudrais**; it is a polite way to say *I want.*

> **Je voudrais** parler au médecin.
> **Je voudrais** du café, s'il vous plaît.

Attention   These two irregular verbs share similar pronunciaton.

    1. The vowel sounds are the same.

          je peux / veux   / ʒø pø /, / ʒø vø /
          nous pouvons / voulons   / nu pu vɔ̃ /, / nu vu lɔ̃ /
          ils peuvent / veulent   / il pœv /, / il vœl /

    2. Although the third-person vowels are all written *eu,* the vowel sound changes from the singular to the plural. You must open your mouth wider to pronounce the sound for *eu* in the plural.

          il peut, ils peuvent   / il pø /, / il pœv /
          il veut, ils veulent   / il vø /, / il vœl /

PRATIQUONS

A. Substituez les mots donnés dans les phrases suivantes.

    1. *Pierre* peut commencer.   (Nous, On, Elles, Vous, Je, Il, Tu, Les étudiants)
    2. *Nous* voulons visiter la ville.   (Je, Vous, Les touristes, On, Il, Tu, Nous, Elles)

B. Mettez les phrases suivantes à la forme négative.

    1. Michèle veut sortir ce soir.
    2. On peut mentir au professeur.
    3. Vous avez voulu parler au médecin.
    4. Tu vas pouvoir fumer dans l'avion.
    5. Ils peuvent inviter leurs amis.
    6. Jean va vouloir regarder le film.

C. Dans les phrases suivantes, remplacez **vouloir** par **pouvoir** et vice versa.

    1. Il ne veut pas aller chez le dentiste.
    2. Est-ce que vous pouvez fermer la fenêtre?
    3. Mes parents n'ont pas voulu partir.
    4. Nous pouvons inviter des amis.
    5. Ils veulent écouter la radio.
    6. Je n'ai pas pu parler français.

D. Mettez les phrases suivantes au passé composé.

    1. Est-ce que vous pouvez aller au cinéma?
    2. Les secrétaires ne veulent pas rester jusqu'à cinq heures.
    3. Je ne veux pas de viande.
    4. Cet avocat ne va pas pouvoir parler.
    5. Est-ce que tu peux venir ici?
    6. Pierre ne veut pas aller avec toi.

E. Formez des phrases complètes avec les mots donnés. Faites les changements nécessaires.

    1. parents / pouvoir / pas / acheter / auto.
    2. week-end / dernier / je / vouloir / pas / aller / mer.

3. vous / vouloir / eau / ou / bière?
4. Nous / pouvoir / laisser / bagages / gare.
5. Robert / vouloir / pas / être / économiste.
6. Tu / pouvoir / passer / examen / après-midi.

PARLONS

A. Qu'est-ce que vous voulez faire et qu'est-ce que vous ne voulez pas faire?

MODELE: Je voudrais manger de la glace.
           Je ne veux pas aller au cinéma.

faire mes devoirs
aller à la plage
faire une promenade
rester à la bibliothèque jusqu'à minuit
avoir une auto
voyager en Europe ou en Afrique
travailler le week-end
inviter des amis chez moi
dormir tard demain
sortir au restaurant avec mes parents

B. Pourquoi ne faites-vous pas les choses suivantes? Choisissez ou inventez une excuse.

MODELE: Je ne peux pas parler parce que j'ai mal aux dents.

Activités

étudier ce soir
aller en classe
faire le ménage
aller chez le dentiste
jouer au football
parler français
porter une robe / une cravate
manger beaucoup
réfléchir aux questions du professeur

Excuses

avoir chaud, froid, faim, soif
être fatigué, timide, stupide, paresseux
vouloir regarder la télévision, écouter mes disques, parler au téléphone
rougir trop facilement
finir mes devoirs
?

AVEC LE BAC A, VOUS POUVEZ ENCORE VOUS INSCRIRE EN
LANGUES
AVEC LE BAC B, VOUS POUVEZ ENCORE VOUS INSCRIRE EN
ÉCONOMIE
AVEC LE BAC C, VOUS POUVEZ ENCORE VOUS INSCRIRE EN
MATHÉMATIQUES - PHYSIQUE - CHIMIE
AVEC LE BAC A, VOUS POUVEZ ENCORE VOUS INSCRIRE EN
LETTRES

C. Trouvez une suite (*follow-up*) logique aux phrases suivantes avec les verbes **pouvoir** ou **vouloir**.

MODELE: Marie a vingt ans.
Elle peut voter.
Elle ne peut pas acheter d'alcool.

1. J'ai très faim!
2. Elle n'a pas de passeport.
3. Il n'a pas d'argent.
4. Ils vont sortir ce soir.
5. Leur chambre sent mauvais.
6. Il fait mauvais aujourd'hui.
7. Nous aimons la musique classique.
8. Tu es paresseux!

D. Qu'est-ce que vous avez pu faire hier et qu'est-ce que vous avez voulu faire?

MODELE: Hier, j'ai pu terminer mes devoirs.
J'ai voulu aller à la plage hier.

téléphoner à un(e) ami(e)	faire des courses	manger au restaurant
aller en classe	acheter un pantalon	faire la cuisine
rester à la maison	oublier mon travail	téléphoner à mes parents

Questions personnelles

1. Qu'est-ce que vous voulez pour votre anniversaire?
2. Où voulez-vous aller pour les vacances?
3. Quelle profession voulez-vous avoir?
4. Où est-ce que vous voulez habiter?
5. Voulez-vous préparer le dîner ce soir? et votre camarade de chambre?
6. Est-ce que vous pouvez aller au cinéma ce week-end? et vos amis?
7. A quel âge peut-on consommer de l'alcool dans votre état?
8. Qu'est-ce que vous ne pouvez pas supporter?

Communiquons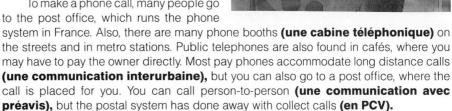

Un coup de téléphone

France has one of the most sophisticated telephone systems in the world. One can call anywhere in France or the rest of the world in a matter of seconds, even from public phone booths. Nevertheless, the French are rather conservative in their use of the phone, often having only one in an entire house, and not calling during meals or after 9 p.m.

Telephone numbers in France are eight digits. For example, the number for the **Bureau des objets trouvés** for the metro system is 45.31.82.10, which is read **quarante-cinq, trente et un, quatre-vingt-deux, dix.** The number **08** would be read **zéro huit.**

To make a phone call, many people go to the post office, which runs the phone system in France. Also, there are many phone booths **(une cabine téléphonique)** on the streets and in metro stations. Public telephones are also found in cafés, where you may have to pay the owner directly. Most pay phones accommodate long distance calls **(une communication interurbaine),** but you can also go to a post office, where the call is placed for you. You can call person-to-person **(une communication avec préavis),** but the postal system has done away with collect calls **(en PCV).**

Another innovation for people who use pay phones frequently is a card **(une télécarte)** available at all post offices and **bureaux de tabac.** It has a set price encoded on a magnetic chip, and each time you use it, the phone electronically subtracts the cost until the entire value is used up. People who do not buy them may have trouble in certain areas finding phones that accept coins.

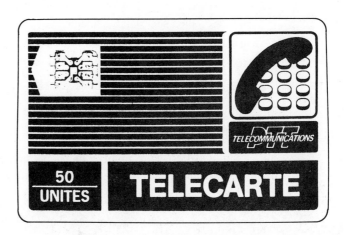

Here are the most frequently used words related to phone conversations.

> donner / passer un coup de téléphone   *to make a phone call*
> le numéro de téléphone   *the phone number*
> l'annuaire (*m.*)   *the phone book*
> les renseignements (*m.*)   *information*
> sonner   *to ring*
> décrocher   *to pick up*
> faire le numéro, composer   *to dial*
> Allô   *Hello*
> Qui est à l'appareil?   *Who's calling?*
> C'est de la part de qui?   *May I say who's calling?*
> Est-ce que je pourrais parler à...?   *May I speak to . . . ?*
> Ne quittez pas.   *Hold the line.*
> Il / Elle n'est pas là.   ⎫
> Il est sorti. / Elle est sortie. ⎭   *He / She isn't in.*
> La ligne est occupée.   *The line is busy.*
> Un instant, je vous prie.   *One moment please.*
> Pouvez-vous rappeler dans...?   *Can you call back in . . . ?*
> raccrocher   *to hang up*

François est là?

Jacques décroche le téléphone et compose le numéro.

MME MORIN: Allô!

JACQUES: Bonjour, Madame. Est-ce que je pourrais parler à François?

MME MORIN: C'est de la part de qui?

JACQUES: C'est Jacques Calvet.

MME MORIN: Ne quittez pas, Monsieur.

Une minute plus tard.

MME MORIN: Il n'est pas là. Pouvez-vous rappeler dans une heure?

JACQUES: Bien sûr. Merci, Madame.

MME MORIN: Merci et au revoir.

JACQUES: Au revoir.

Jacques raccroche.

Activités

A. Répondez aux questions suivantes.

1. Quel est votre numéro de téléphone? le numéro de la police? des renseignements?
2. En France, comment trouve-t-on un numéro de téléphone?
3. Où peut-on téléphoner en France?
4. Vous êtes en France et vous voulez téléphoner à vos parents aux Etats-Unis. Que faites-vous?

B. Avec un / une camarade, inventez des dialogues adaptés aux situations suivantes.

1. Call for an apointment with the doctor.
2. Ask someone to go to the movies with you.
3. Call the train station to find out the schedule for trains from Paris to Nice.
4. Call information for a phone number.
5. Call lost and found to ask about a raincoat.
6. Call a restaurant to find out about their menus and when they are open.
7. Call a travel agency to book a flight (**faire une réservation**).
8. Call a movie theater to find out about the films and show times.

Lecture culturelle

Le Minitel

Avant la lecture

As recently as twenty years ago, France had one of the poorest telephone systems in the industrialized world; today it has one of the best. The phone company has always been nationalized and is part of the postal system, or **les P.T.T. (Postes Télécommunications Télédiffusion).**

A unique feature of the telephone system is the **Minitel,** a small computer plugged into one's phone line and designed to replace the paper phone book (**l'annuaire** or **le bottin**). The **Direction Générale des Télécommunications** (la **D.G.T.**) had the ingenious idea of supplying the Minitel for free and offering an introductory monthly rate for using it. Now the French type in codes to get phone numbers, train schedules, horoscopes, video games, or hundreds of other services.

The highly successful service is not without its critics, however. Some are shocked at the content of the personal message services, and one magazine reported that many people have had their phone disconnected when they could not pay their two-month bills, which were running as high as 20,000 francs ($3,300)!

Activités

A. You have a brand-new, sophisticated product to market. How would you get people to use it?

B. If you had a computer hooked up to phone lines, what services would you like to have? Number the following in order of importance to you and add others you can imagine.

___ les numéros de téléphone   ___ les résultats des compétitions sportives

___ les prévisions météorologiques   ___ les horoscopes

___ les nouvelles   ___ les messages personnels

___ _____   ___ _____

C. Think of three problems you might encounter if you had a home computer on loan from a business.

D. It is easier to guess the meaning of new words if you know frequently used prefixes and suffixes. Study the definitions below and find the words in the text that use the ones given.

Prefixes

co = ensemble   **télé** = de loin
mini = petit   **pseudo** = faux

Suffixes

-ologue = une personne qui (*who*) étudie
-scope = regarder
Par exemple: **téléscope** = instrument pour regarder de loin.

E. Past participles of verbs can be used as adjectives and nouns to indicate an action that is carried out on someone or something (adjectives) or a person who carries out the action (nouns). The following text contains four adjectives and three nouns that come from past participles. They come from **-er** verbs and end in **-é(e)(s)**. Find them in the text and guess their meanings.

F. The ending **-aux** is often the plural of **-al**. In many cases, the singular noun or adjective will resemble more closely its English equivalent than the plural. Find the three words in the text that follow this rule.

Le Minitel: une révolution unique

new

people in the know / games

tele-computing

Le Minitel est la nouvelle° drogue des Français. Le compagnon indispensable de tous les «branchés°», le Minitel est un paradis où jeux° et messages personnels coexistent avec les annuaires télématiques° et les services utilitaires.

screen / **clavier**... keyboard / **branché**... plugged into reach

    Le mot **Minitel** est la contraction de «mini» et «télématique». Imaginez un petit écran° avec un clavier à touches° branché° sur votre téléphone. Imaginez toute la France à   5 votre portée.° Maintenant, il n'est pas nécessaire de sortir: on fait un numéro et on peut converser avec tout le monde.

at no cost

computerized / old

type

L'idée est simple: la DGT distribue gratuitement° de petits terminaux dans les maisons françaises où il y a le téléphone. Ces terminaux servent d'annuaire téléphonique informatisé° et remplacent les vieux° bottins en papier. Pour chercher le numéro d'une personne, on tape° son nom et le nom de sa ville. Immédiatement, tous les gens de la même localité avec le même nom passent sur l'écran, et vous pouvez choisir votre correspondant. 10

subscribers / broadcasts / product

Mais le Minitel peut faire beaucoup mieux. Il ne sert pas seulement à communiquer des listes d'abonnés° au téléphone. Il diffuse° un produit° et le client paie une taxe (0,74 15 francs ou 13 cents) toutes les 45 secondes à la compagnie française des téléphones.

account

weather report

news / **journaux**... printed news

Avec un Minitel, on peut consulter son horoscope, son compte° en banque, la météo,° un médecin, un vétérinaire, un psychiatre et même un sexologue. Le Minitel donne aussi des nouvelles° et remplace les journaux écrits.°

bottle

Si on veut faire des courses sans quitter la maison, on tape le code «Télémarket» et on 20 peut acheter du beurre ou une bouteille° d'huile par exemple.

non... either

Il ne faut pas oublier non plus° les messages personnels échangés la nuit par beaucoup d'abonnés. Les gens utilisent généralement un pseudonyme et participent aux «messageries roses°».

messageries... adult message
   services

bill / increased

Après une heure de Minitel, votre facture° de téléphone a augmenté° de 60 francs ou 25 10 dollars. Généralement, les premiers mois après l'installation, la facture téléphonique d'un abonné augmente considérablement. La DGT donne aux compagnies qui° offrent un service 38,40 francs pour chaque heure de communication.

who

business / more than

En somme, l'affaire° Minitel est très sérieuse. La France, avant° tous les autres pays expérime avec la télématique de masse. Au bureau ou à la maison, 4,5 millions de 30 Français possèdent° les 2,2 millions de terminaux Minitel installés. Entreprises, grandes banques, services publics et créateurs de programmes spéciaux pour Minitel ne veulent pas manquer° une occasion:° en 1986, le Minitel a fait 1,2 millards de bénéfices° (environ° 200 millions de dollars).

own

miss / chance / profit

about

Adapted from the article "Le Minitel," Vol. 9, No. 5, *Journal Français d'Amérique*. Reprinted by permission.

Après **la lecture**

Questions sur le texte

1. Décrivez le Minitel.
2. Qui distribue le Minitel?
3. Qui peut avoir un Minitel?
4. Pour chercher un numéro, que faites-vous?
5. Combien coûte (*cost*) ce service?
6. Quels sont les autres services?
7. Qu'est-ce que «les messageries roses»?
8. Est-ce qu'il y a beaucoup de bénéfices?

sur minitel:
■ 24 h sur 24
Pour sélectionner une
école correspondant
à vos désiderata,
et recevoir sa
documentation grâce
au service lecteur
ACCÈS AU SERVICE:

3615 CIDE

Les Écoles
se présentent
sur Minitel.

INFORMATIONS

C.I.D.E.
CENTRE D'INFORMATION ET
DE DOCUMENTATION SUR L'ENSEIGNEMENT
1, rue de Choiseul, 75002 Paris
Tél.: **(1) 42 96 16 68**

Activités

A. Votre réaction personnelle.

1. Voulez-vous avoir un Minitel chez vous? Pourquoi ou pourquoi pas?
2. Quels services sont utiles pour vous?
3. Quel est le montant (cost) de votre facture téléphonique? Est-ce peu ou beaucoup?
4. Pourquoi est-ce que le Minitel existe en France et pas aux Etats-Unis?

B. Répondez aux questions basées sur l'extrait suivant du **Minitel Magazine**.

1. A quoi sert le programme **Anglatel?**
2. Quand est-ce qu'on peut parler avec un professeur?
3. Quand on veut communiquer avec des professeurs du Centre, qu'est-ce qu'on peut faire?
4. Si on réussit bien, qu'est-ce qu'on peut gagner (win)?
5. Où trouve-t-on des renseignements sur les journaux et les cassettes en anglais?
6. Quels renseignements est-ce que Au pair in America donne?

36.15 + ANGLATEL

Au préalable, donner son pseudo et sa date de naissance, indispensable pour le suivi pédagogique.

INStructions

Faites les leçons et exercices, *Anglatel* vous indiquera si vous avez donné la bonne réponse. *Anglatel* comptabilisera et mémorisera vos points ; en cours d'exercice, la touche « guide » permet d'être assisté. Vous pouvez aussi pratiquer votre prononciation en lisant à haute voix la réponse correcte.

ABOnnements

Accès par le 36.14 à tarifs préférentiels.

ANGlatel lessons

Les différents niveaux (begining, pre-intermediate, intermediate, post-intermediate, pre-advanced, advanced) et les domaines (grammar, vocabulary, usage, pronunciation, reading comprehension, dialogues, idioms, etc).

DANgerous scoop

Le premier feuilleton d'aventure sur minitel.

SPEak with the professor

De 18 h 00 à 20 h 00 le lundi, mardi, mercredi et jeudi, salon « Anglatel » avec un professeur anglophone du Centre franco-américain de Provence.

BOOkshop

Consultation d'une liste de livres en anglais.

STAges d'anglais

Présentation des stages intensifs à Avignon et Aix-en-Provence, en juillet et août prochains.

SEE the top-scores

Les meilleurs scores réalisés par les usagers du service ; un aller/retour Paris-New York-Paris a été gagné par une personne en 1986.

MAIl-box

Boîtes aux lettres pour écrire aux profs du Centre.

TRIp to the USA

Conditions de participation au concours du meilleur score de l'année (1er prix : un voyage aux USA).

NEWs from the center

Présentation des activités du Centre franco-américain d'Aix-en-Provence.

FERnand Nathan

Informations de « Speakeasy Publications » (cassettes et journaux pour tous niveaux).

AUPair aux USA

Présentation de « Au pair in America », programme d'échanges culturels destiné aux jeunes européennes parlant anglais.

Une lettre à Mamy

OBJECTIVES

Language:

Oral Vowels and Nasal
  Consonants
The Weather
Suivre and **suivre des cours**
Direct Object Pronouns: Third
  Person
Voir

Culture:

Studying in France
The **Musée d'Orsay**
Leisure Time in France
Television in France

Communication:

Computer Science
Taking Classes
Leisure Activities

189

Commençons

Une lettre à Mamy

Bernard est un étudiant américain du Maine. Il est à Paris, et il va suivre des cours° à la Sorbonne pendant° l'année. Il fait une lettre à sa grand-mère,° une francophone° d'origine québécoise.

Paris, le 12 octobre 1990

Ma chère° Mamy,

Je suis arrivé en France le 15 septembre. Il a fait très chaud° pendant deux semaines, mais maintenant il fait beau.° Bientôt° il va faire frais° et il va pleuvoir.° Heureusement,° à Paris il ne neige pas° beaucoup et il ne fait jamais° très froid. Puisque° les cours n'ont pas encore commencé, je visite la capitale° avec mes amis français. Hier, nous sommes allés au Musée d'Orsay et je le° trouve impressionnant.° Le soir, nous avons vu° un film français, mais je ne l'°ai pas beaucoup aimé.

Demain matin, je vais à l'université pour voir la liste° des cours. L'année dernière, j'ai suivi des cours de français, de littérature anglaise et d'informatique.° Cette année, je vais suivre un cours d'histoire de l'art et de philosophie.° Ces matières° sont fascinantes, et je veux les° étudier ici.

J'ai déjà dépensé° beaucoup d'argent et je ne peux pas faire d'économies.° Donne-moi de tes nouvelles.°

Affectueux baisers,°

Bernard

---

suivre... to take courses

during / grandmother / French speaker

dear

Il a... It was hot (**faire**)

il... it is nice (**faire**) / Soon / **il...** it is going to be cool / to rain

Fortunately / **il...** it doesn't snow (**neiger**)

ne... never / Since

capital

it / impressive / **nous...** we saw (**voir**)

it (**le**)

list

informatique (f.) computer science

philosophy / **les matières** (f.) the courses, subjects

them

J'ai... I have spent (**dépenser**)

faire d'économies (f.) not to save money / **Donne-moi...** Let me hear from you.

Affectueux... Hugs and kisses

Faisons connaissance Each year thousands of foreign students go to France. The main centers for study are Paris, Grenoble, and Aix-en-Provence, but all universities offer special courses for foreigners to learn French. These programs last an academic year or varying lengths of time in the summer. You usually have to take a placement test because courses are offered at all levels.

It is also possible to enroll as a regular French student. In the past, all an American needed was a birth certificate and proof of two years of college work. Because of an increasing number of American applicants in France, however, the government has begun making it more difficult to enroll. Universities are almost free in France, while French students who want to study in the United States must pay a substantial tuition.

The **Musée d'Orsay** is an art museum that opened in late 1986 in what used to be a train station, **la Gare d'Orsay**. The museum houses a superb collection of over 4000 pieces of 19th century French art. It now attracts a large number of visitors (4 million in its first year) and has received great critical acclaim.

Musée d'Orsay

Informations générales

Musée d'Orsay
62, rue de Lille
75007 Paris
tél. 45 49 48 14

répondeur
informations
générales : 45 49 11 11

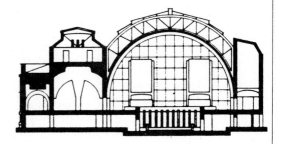

Entrée principale : 1, rue de Bellechasse.
Entrée des Grandes expositions du M'O :
place Henry-de-Montherlant (sur le quai).
Entrée du restaurant après la fermeture
du Musée : 62 bis, rue de Lille.

Etudions la lettre

1. Qui est «Mamy»?
2. Quand Bernard est-il arrivé en France?
3. Est-ce qu'il fait chaud en France maintenant?
4. A quelle saison est-ce qu'il pleut à Paris?
5. Avec qui Bernard visite-t-il Paris?
6. Est-ce qu'il aime le Musée d'Orsay? Pourquoi?
7. Pourquoi va-t-il à l'université demain?
8. Quels cours va-t-il suivre cette année?

Enrichissons notre vocabulaire

Faites-vous de l'informatique?

—Qu'est-ce que tu penses du
  matériel IBM?
—C'est formidable! J'ai acheté
  deux **logiciels** pour mon **OP**.
—Quelles sortes?
—J'ai un **traitement de texte** pour
  mes **notes** et mes devoirs
  écrits et un **tableur**.
—Tu as **rencontré** des problèmes?

—Non, et je vais **gagner** de l'argent
  si je **tape** les devoirs de mes
  amis.
—Est-ce que je peux **emprunter**
  ton matériel et tes logiciels?
—Non, je ne les **prête jamais**; je
  les **utilise** tout le temps.

**Are you studying computer
science?**

What do you think of IBM
  hardware?
*It's fantastic! I bought two **software***
  ***programs** for my **PC**.*
What kind?
*I have a **word processor** for my*
  ***notes** and my **written** work, and a*
  ***spreadsheet**.*
*Have you **met** (run into) with any*
  problems?
*No, and I am going to **earn** money if*
  *I **type** my friends' papers.*

*May I **borrow** your equipment and*
  your software?
*No, I **never lend** them; I **use** them all*
  the time.

un ordinateur

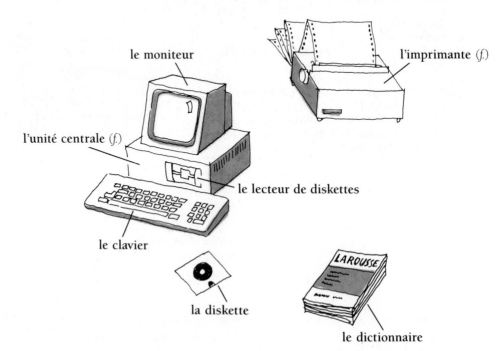

le moniteur

l'imprimante (f.)

l'unité centrale (f.)

le lecteur de diskettes

le clavier

la diskette

le dictionnaire

Prononciation Oral Vowels and Nasal Consonants

A. In chapter 7, you learned the pronunciation of the three nasal vowels in French: / $\tilde{\varepsilon}$ / (pain), / $\tilde{a}$ / (lent), and / $\tilde{o}$ / (ton). With nasal vowels, you never pronounce the letter **n** or **m** that follows.

masc.	fem.
américain	américaine
canadien	canadienne
italien	italienne

The masculine forms end in a nasal vowel, so the **n** is not pronounced. The **n** must be pronounced in the feminine, however, so the preceding vowel is oral instead of nasal.

B. The **n** or **m** must be pronounced if it is doubled (**sommes**) or followed by a vowel (**télépho*n*e**). Pronounce the following words and indicate whether the vowels in boldface are oral or nasal.

je d**o**nne	**e**n ville	v**i**n
t**o**n stylo	s**o**nne	m**a**tin
bi**e**n	**a**nnée	i**nu**tile

Exercices

A. Pronounce the following pairs of words, making a clear distinction between the oral and nasal vowels.

Jean / Jeanne	un / une
an / année	vietnamien / vietnamienne
matin / matinée	gens / jeune
plein / pleine	brun / brune

B. Read the following sentences aloud, taking care not to nasalize vowels before pronounced **n** and **m**.

1. Les usines anciennes consomment beaucoup d'énergie.
2. Elle aime un homme ambitieux.
3. Tiens! Etienne déjeune avec une Canadienne.
4. Anne et Micheline vont emprunter mon traitement de texte.
5. Jean et Jeanne ont acheté un ordinateur.
6. Cet astronome examine la lune.
7. La crème est inutile dans la cuisine minceur.
8. Madame Lebrun est programmeuse à Lyon.

Grammaire

I. The Weather (La météo)

In Chapter 5 you learned that the verb **faire** is often used to describe the weather.

> Il **fait** beau.
> Il **fait** mauvais.
> Il **fait** chaud.
> Il **fait** froid.

There are other descriptions of the weather that contain **faire**:

> Il fait du vent.   Il fait du brouillard.

> Il fait du soleil.   Il fait de l'orage.
> Il fait une chaleur insupportable!   Il y a des éclairs et du tonnerre.

> Il fait frais.   *It is cool.*
> Il fait bon.   *It is nice.*

In addition to **faire**, there are other verbs used to describe weather:

> **pleuvoir**: Il pleut.   *to rain: it is raining.*
> **neiger**: Il neige.   *to snow: it is snowing.*
> **être**: Le ciel est couvert.   *to be: It's cloudy.*

Here are some other weather-related terms:

> **La pluie** va inonder ma maison.   *The **rain** is going to flood my house.*
> Il y a **des nuages**.   *There are **clouds**.*
> Il y a déjà beaucoup de **neige**.   *There is already a lot of **snow**.*

The following examples show how weather expressions are used in other tenses:

Passé composé

Il **a fait** très chaud pendant deux semaines.
Le week-end passé, il **a plu** mais il n'**a pas neigé**.

Futur proche

Il va faire frais et il va pleuvoir.
Il va neiger la semaine prochaine.

Attention   1. **Il fait beau** is used for general weather conditions (warm, sunny), while **il fait bon** refers to temperature and can refer to a room indoors.

Il fait bon dans cette chambre.

2. **Chaud** and **froid** can be used with three different verbs, depending on what is being described.

weather	(**faire**):	Il **fait chaud.** Il **fait froid.**
people	(**avoir**):	J'ai **chaud.** Il **a froid.**
things	(**être**):	L'eau **est chaude.** Cette bière **est froide.**

PRATIQUONS

A. Quel temps fait-il? (Faites deux phrases.)

1   2   3

4   5   6

B. Refaites les phrases suivantes en employant les mots entre parenthèses.

1. Il pleut.   (... demain.)
2. Quel temps fait-il?   (... hier?)
3. Il neige beaucoup.   (L'année dernière...)
4. Il ne fait pas froid.   (... ce soir.)
5. Il fait de l'orage.   (Le week-end dernier...)
6. Il va faire du brouillard.   (... hier matin.)

C. Caractérisez le climat des pays suivants en faisant des phrases complètes avec les mots donnés.

1. pleuvoir / beaucoup / Angleterre
2. neiger / pas beaucoup / Maroc
3. faire / soleil / Italie
4. Espagne / faire / chaud
5. faire / brouillard / Irlande
6. U.R.S.S. / faire / froid

D. Traduisez les phrases suivantes.

1. It was hot in Spain last summer.
2. There's going to be a storm tomorrow.
3. It's always nice here.
4. It's foggy and it's going to rain this afternoon.
5. It's windy and cool in Paris in the spring.
6. It's going to be sunny this weekend.

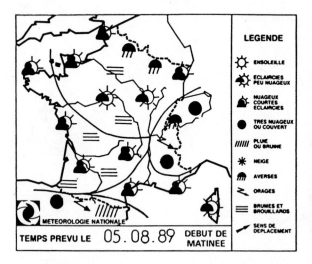

TEMPÉRATURES	maxima - minima et temps observé
Valeurs extrêmes relevées entre le 03-8 à 6 heures TU et le 04-8-1989 à 6 heures TU	le 04-8-1989

FRANCE

AJACCIO	27	17	D	TOURS	22	14	N
BIARRITZ	24	18	C	TOULOUSE	29	18	C
BORDEAUX	24	15	C	POINTE-A-P.	33	25	A
BOURGES	21	15	C				
BREST	19	9	N	**ÉTRANGER**			
CAEN	19	12	C	ALGER	30	18	D
CHERBOURG	17	13	N	AMSTERDAM	18	10	D
CLERMONT-FERR.	28	17	N	ATHÈNES	31	20	D
DIJON	22	14	C	BANGKOK	34	26	C
GRENOBLE St-M-H	31	14	D	BARCELONE	28	19	D
LILLE	19	10	B	BELGRADE	29	16	D
LIMOGES	21	14	C	BERLIN	19	10	C
LYON	27	17	P	BRUXELLES	19	9	N
MARSEILLE-MAR.	32	17	D	LE CAIRE	34	23	D
NANCY	19	15	A	COPENHAGUE	18	9	D
NANTES	21	13	N	DAKAR	30	25	P
NICE	26	20	D	DELHI	39	33	D
PARIS-MONTS.	22	14	N	DJERBA	29	21	D
PAU	28	17	C	GENÈVE	28	14	C
PERPIGNAN	32	22	D	HONGKONG	31	28	D
RENNES	24	11	N	ISTANBUL	29	19	D
ST-ÉTIENNE	28	17	C	JÉRUSALEM	29	18	D
STRASBOURG	20	15	A	LISBONNE	35	21	D
				LONDRES	21	10	D

LOS ANGELES	25	17	D
LUXEMBOURG	17	10	D
MADRID	37	17	D
MARRAKECH	35	20	D
MEXICO	27	13	B
MILAN	31	20	D
MONTRÉAL	27	19	D
MOSCOU	26	16	C
NAIROBI	24	15	C
NEW-YORK	32	23	D
OSLO	21	13	P
PALMA-DE-MAJ.	29	16	D
PÉKIN	25	20	N
RIO-DE-JANEIRO	21	14	D
ROME	30	20	D
SINGAPOUR	31	25	C
STOCKHOLM	16	10	N
SYDNEY	16	12	D
TOKYO	26	22	C
TUNIS	30	19	D
VARSOVIE	18	10	N
VENISE	30	20	N
VIENNE	19	15	P

A	B	C	D	N	O	P	T	*
averse	brume	ciel couvert	ciel dégagé	ciel nuageux	orage	pluie	tempête	neige

★ TU = temps universel, c'est-à-dire pour la France : heure légale moins 2 heures en été ; heure légale moins 1 heure en hiver.

(Document établi avec le support technique spécial de la Météorologie nationale.)

PARLONS

A. Certaines villes sont célèbres pour leur climat. Quel temps fait-il dans les villes suivantes?

MODELE: Dakar? A Dakar il fait chaud.

1. Québec?   3. Londres?   5. Casablanca?
2. Chicago?   4. Anchorage?   6. Cherbourg?

B. Vos camarades partent en vacances. Suggérez des activités pour les différentes conditions météorologiques.

MODELE: quand il fait bon?
          Quand il fait bon, faites une promenade!

1. quand il pleut?   4. quand il fait du soleil?
2. quand il neige?   5. quand il fait de l'orage?
3. quand il fait mauvais?   6. quand il fait très froid?

C. Choisissez un(e) camarade et préparez ensemble un bulletin météorologique (*weather report*) pour une des situations suivantes.

1. votre ville cet après-midi   4. la Californie en hiver
2. votre ville l'hiver dernier   5. l'Afrique
3. votre état ce week-end   6. Montréal en hiver

D. Choisissez une activité selon (*according to*) le temps qu'il fait.

MODELE: regarder la télévision?
          On regarde la télévision quand il pleut.

rester à la maison?	faire mauvais
faire un pique-nique?	faire froid
étudier?	faire beau
fermer les fenêtres?	faire du soleil
porter un imper?	faire du vent
faire un tour?	faire chaud
faire du ski?	neiger
aller aux cours?	pleuvoir

Questions personnelles

1. Etes-vous content(e) quand il fait froid? quand il fait chaud?
2. Aimez-vous faire une promenade quand il pleut?
3. Quelle saison aimez-vous mieux? Pourquoi?
4. Quel temps a-t-il fait le week-end dernier?
5. Quel temps a-t-il fait pendant vos vacances?
6. Où est-ce qu'on trouve un climat idéal?

II. Suivre and suivre des cours

A. Suivre

suivre *(to follow)*	
je **suis**	nous **suivons**
tu **suis**	vous **suivez**
il, elle, on **suit**	ils, elles **suivent**

Passé composé: il **a suivi**

> Nous allons **suivre** cette auto.
> **Suivez-moi**, s'il vous plaît.
> J'**ai suivi** un homme jusqu'au métro.

B. **Suivre** is often used with academic subjects (**suivre des cours, suivre un cours de…**).

> Il **va suivre des cours** à la Sorbonne.
> J'**ai suivi des cours** d'informatique.

The following vocabulary can be used to talk about the school year: **un trimestre** (*a quarter*), **un semestre** (*a semester*), and **l'année scolaire** (*the school year*).

C. There are three ways to state the subjects you study.

> **suivre un cours de** (d')
> **faire du** (de la, des, de l')
> **étudier le** (la, les)

> Mon ami **suit un cours** d'histoire.
> Moi, je **fais de la** physique mais j'aime mieux la psychologie.
> Ma sœur **étudie le** latin et **le** grec.

Attention You must be sure to use the correct article with each verb.

1. **suivre un cours** takes only the preposition **de**, not an article.

2. **faire** takes only the partitives **du, de la, des**.

3. **étudier** takes only the definite articles **le, la, les**.

S'INFORMER
POUR FORMER

CHAMBRE
DE COMMERCE
ET D'INDUSTRIE
DE PARIS

ENSEIGNER LE FRANÇAIS DES AFFAIRES   **A**

Pour professeurs de français désireux d'élargir leurs compétences.
A1 *Economie et Commerce. 19 / 23 juin*
A2 *Stage pédagogique. 26 juin / 7 juillet*

Mots clés

Les matières (*f.*)	subjects	**les langues étrangères**	foreign languages
l'anthropologie (*f.*)		**l'allemand** (*m.*)	**le français**
l'architecture (*f.*)		**l'anglais** (*m.*)	**le grec**
l'art (*m.*)		**l'arabe** (*m.*)	**l'italien** (*m.*)
la biologie		**le chinois**	**le latin**
la chimie	chemistry	**l'espagnol** (*m.*)	**le russe**
le droit	law		
l'éducation physique (*f.*)		**la littérature**	
la géographie		**les mathématiques** *or* **les maths** (*f.*)	
la géologie		**la médecine**	
la gestion	business	**la musique**	
l'histoire (*f.*)		**la philosophie**	
l'informatique (*f.*)		**la physique**	
le journalisme		**la psychologie**	
		les sciences économiques (*f.*)	
		les sciences politiques (*f.*)	
		la sociologie	

Note that all languages are masculine and all sciences are feminine.

Ce qu'ils disent

1. When French students talk about the subjects that they study, they often use abbreviations. Most of them end in **o**.

   philo philosophie   **psycho** psychologie
   socio sociologie   **sciences éco** sciences économiques

2. Students indicate their major with the preposition **en**.

   Je suis **en** sciences po.   *I'm a poli sci major.*

3. They refer to the university as **la fac**.

   Elle est en maths à **la fac**.

PRATIQUONS

A. Remplacez les mots en italique par les mots donnés.

1. *Bernard* suit un cours de philosophie.   (Je, Nous, Anne, Elles, Vous, Tu)
2. *Vous* allez suivre un cours d'allemand.   (Tu, Ils, Je, Nous, Elle, Marc)
3. *Elle* a suivi un cours de sociologie.   (Nous, Tu, Il, Je, Vous, Elles)

B. Remplacez les mots en italique par les matières suivantes.

1. Paul suit un cours de *musique*.   (gestion, géologie, anglais, mathématiques, éducation physique, géographie, histoire)
2. Nous faisons du *français*.   (chimie, arabe, littérature, sciences politiques, russe, anthropologie)
3. Elle étudie le *journalisme*.   (espagnol, médecine, droit, physique, architecture, philosophie, psychologie)

3. Elle étudie le *journalisme*.   (espagnol, médecine, droit, physique, architecture, philosophie, psychologie)

C. Faites des phrases en remplaçant les mots en italique par les mots entre parenthèses.

MODELE: Il **fait** du français.   (étudier)
            *Il **étudie** le français.*

1. Luc *étudie* le russe.   (suivre un cours)
2. Je *fais* du droit.   (étudier)
3. Nous *allons suivre un cours* d'histoire.   (faire)
4. Tu vas *étudier* la géologie.   (suivre un cours)
5. Mon camarade de chambre a *fait* du chinois.   (suivre un cours)
6. Mes sœurs *ont étudié* la physique.   (faire)

D. Faites une phrase complète avec les mots donnés.

1. Je / suivre / cours / informatique.
2. semestre dernier / nous / étudier / grec / et / latin.
3. Nous / faire / sciences économiques.
4. année prochaine / on / suivre / cours / littérature / anglais?
5. Anne / étudier / mathématiques / et / physique.
6. trimestre prochain / elle / faire / droit.

E. Traduisez les phrases suivantes.

1. He is a business major.
2. Next year, I am going to take chemistry courses.
3. Last semester, we took a P.E. course.
4. Is she going to study medicine in the fall?
5. This school year, we are studying computer science.
6. This quarter, you are going to study history, geography and philosophy.

PARLONS

A. Ces célébrités ont été étudiants aussi! Qu'est-ce qu'ils ont étudié?

MODELE: Albert Einstein?
            Il a fait de la physique.

journalisme	philosophie
anthropologie	sociologie
biologie	psychologie
architecture	français
physique	musique

1. Pasteur?	6. Joyce Brothers?
2. I.M. Pei?	7. Levi-Strauss?
3. Marie Curie?	8. Margaret Mead?
4. Descartes?	9. Barbara Walters?
5. Brooke Shields?	10. Beverly Sills?

B. Vous avez devant vous l'emploi du temps (*schedule*) d'Anne, une lycéenne (*lycée student*) de Villefranche-sur-Saône, près de Lyon. Décrivez son emploi du temps en répondant aux questions suivantes.

1. Quels jours Anne étudie-t-elle le français? l'anglais?
2. A quelle heure est-ce que son cours de géographie commence?
3. Quels cours Anne suit-elle le mardi?
4. Combien de fois fait-elle des maths? des sciences économiques?
5. Quels cours a-t-elle le jeudi après-midi?
6. Combien de langues étrangères étudie-t-elle?

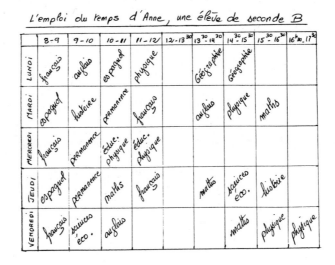

L'emploi du temps d'Anne, une élève de seconde B

C. Présentez à la classe votre emploi du temps de la semaine ce trimestre ou ce semestre, le trimestre ou le semestre prochain.

D. Votre camarade de chambre a un livre d'un des auteurs suivants. Quelle langue étudie-t-il / elle?

MODELE: Dante?   *Il fait de l'italien.*

                           or:

                           Elle étudie l'italien.

1. Cervantes?   3. Jules César?   5. Homère?   7. Tolstoï?
2. Goethe?   4. Simone de Beauvoir?   6. Confucius?   8. Emily Brontë?

Questions personnelles

1. Quels cours aimez-vous? détestez-vous?
2. Quels cours allez-vous suivre la prochaine année scolaire?
3. Avez-vous déjà étudié la psycho?
4. Faites-vous des sciences cette année?
5. Quel cours est trop difficile pour vous?
6. Qu'est-ce que vous faites quand vous n'allez pas aux cours?

III. Direct Object Pronouns: Third Person

A. Direct objects

1. In English, a direct object receives the action of the verb directly. In the following sentences, the words in boldface are direct objects.

> He is buying **the apple.**
> I like **your ideas.**
> We saw **Jane** at the movies.

2. A direct object can be a person, an object, or an idea. It answers the question *whom?* or *what?* Direct object pronouns replace nouns that have already been mentioned.

> "Where is the jacket?"
> "He is buying **it.**"
>
> "What do you think of his ideas?"
> "I like **them.**"
>
> "Has anyone seen Mary?"
> "I saw **her.**"

B. Third-person direct object pronouns

1. French also has direct objects.

> Bernard visite **la capitale.**
> Il trouve **le musée** impressionnant.
> Il aime **les films** français.

They can be replaced by the following pronouns:

	sing.	*pl.*
masc.	**le, l'**	**les**
fem.	**la, l'**	

2. Masculine singular: **le** or **l'**   *him, it*

> —Comment trouvez-vous **le Musée d'Orsay?**
> —Je **le** trouve impressionnant.
>
> —Tu as vu **le film?**
> —Oui, mais je ne **l'**aime pas.

3. Feminine singular: **la** or **l'**   *her, it*

> —Marie est là?   —Vous rapportez **la ceinture?**
> —Non, je **la** cherche.   —Non, je **l'**adore.

4. Masculine and feminine plural: **les**   *them*

> —Vous avez emprunté **ces disques?**   —Où sont **les crêpes?**
> —Oui, la bibliothèque **les** prête.   —Il **les** prépare.

Attention   Remember that all French nouns have a gender, so *it* can be either **le** or **la**, depending on the noun for which it stands. Both **le** and **la** becomes **l'** before a vowel, while the silent **s** of **les** becomes the sound / z /.

> —Vous faites du russe?
> —Oui, je l'étudie mais je ne **le** parle pas.

> —Pourquoi parle-t-il aux Dupont?
> —Il **les** invite chez lui.

C. Position of Direct Object Pronouns

1. As you have just seen, the direct object pronoun precedes the verb in an affirmative or negative present tense statement.

> —Vous avez **beaucoup d'argent?**
> —Non, je **le** dépense tout de suite.

> —Elle supporte **la chaleur?**
> —Oui, elle ne **la** sent même pas.

2. The same is true of questions, including inversion.

> —Voilà **mon ami belge!**
> —**L'**aimez-vous bien?

> —Où est **la lettre** de Bernard?
> —Est-ce que vous **la** voulez maintenant?

3. In any *helping verb* + *infinitive* construction, the direct object pronoun precedes the infinitive, that is, the verb which takes the pronoun as its direct object.

> —Il a **beaucoup de devoirs?**
> —Oui, mais il ne peut pas **les** faire.

> —Tu as parlé avec **tes amis?**
> —Oui, je vais aller **les** voir demain.

4. In the **passé composé**, the pronoun precedes the auxiliary verb **avoir**.

> —Tu vas suivre un cours sur Corneille?
> —Non, je **l'**ai déjà étudié.

> —Avez-vous le cadeau?
> —Non, je **l'**ai donné à Lucie.

Attention   1. In the **passé composé**, the past participle must agree in gender and in number with the direct object pronoun. This does not change the pronunciation of most past participles.

> —Tu as acheté cette voiture?
> —Non, je **l'**ai empruntée à un ami.

> —Où as-tu trouvé ces jolies bagues?
> —Je **les** ai trouvées chez un bijoutier à Montréal.

2. You have learned only one past participle whose masculine and feminine forms can be *audibly* distinguished from one another: **faire (fait / faite)**.

—Est-ce que je peux faire la vaisselle?
—Non, nous l'avons déjà fait**e**.

—Ils vont faire leurs courses cet après-midi?
—Non, ils **les** ont déjà fait**es**.

PRATIQUONS

A. Complétez les phrases suivantes en employant un pronom comme complément d'objet direct (*direct object*).

1. Nous faisons…   (la vaisselle, le ménage, les courses, nos valises, nos devoirs, la cuisine)
2. Vous ne préparez pas…   (les examens, le dîner, la leçon, les exercices, vos bagages, cette omelette)
3. Jean admire…   (ses parents, Picasso, sa sœur, la sincérité, les Anglais, son ami)

B. Mettez les phrases suivantes au **passé composé** et au **futur proche**.

1. Nous les empruntons tous les jours.
2. Vous la suivez.
3. Il la laisse à la gare.
4. Les porte-t-on aujourd'hui?
5. Est-ce que vous l'invitez?
6. Je la regarde le soir.

C. Remplacez les compléments d'objet direct par un pronom dans les phrases suivantes.

1. Je parle français.
2. Ecoute-t-elle la radio?
3. Jacqueline a fermé la porte.
4. Nous n'avons pas trouvé son livre.
5. Tu vas étudier la sociologie.
6. Les enfants ne vont pas apprécier leurs cadeaux.
7. Vous ne voulez pas fermer la fenêtre?
8. Ils aiment regarder la télévision.

D. Refaites les phrases suivantes en ajoutant (*by adding*) les mots entre parenthèses.

> MODELE: Il ne le fait pas. (aller)
> *Il ne va pas le faire.*

1. Il les suit. (… hier)
2. Elle l'a commencée. (… la semaine prochaine)
3. Je le fais tous les jours. (… pouvoir…)
4. Ils ne les rapportent pas. (… vouloir…)
5. Vous les gardez longtemps? (… désirer…)
6. Le veulent-elles? (Est-ce qu'…)

E. Répondez aux questions suivantes en employant les mots entre parenthèses. Employez des pronoms dans vos réponses.

> MODELE: Avez-vous trouvé mes notes? (Non,…)
> *Non, je ne les ai pas trouvées.*

1. Voulez-vous regarder les photos de ma maison? (Oui,…)
2. A-t-il rencontré cette actrice? (Non,…)
3. Est-ce qu'ils peuvent expliquer le dialogue? (Non,…)
4. Quand avez-vous fait la vaisselle? (… hier soir)
5. Voulez-vous ouvrir la fenêtre? (Non,…)
6. Est-ce qu'elle veut la voiture de son père? (Oui,…)

PARLONS

A. Vous entendez (*hear*) la dernière partie d'une conversation. Dans chaque situation, imaginez le sujet de cette conversation.

> MODELE: Je ne peux pas la faire.
> *Tu ne peux pas faire la vaisselle?*

1. Pouvez-vous l'ouvrir?
2. Il ne va pas les inviter.
3. Tu ne l'as pas préparée?
4. Nous ne l'avons pas étudié.
5. Je ne les ai pas trouvés.
6. Je n'aime pas le faire.

B. Interviewez un(e) camarade de classe pour découvrir (*discover*) ses préférences. Posez des questions avec les suggestions suivantes et il / elle va répondre en employant des pronoms.

> MODELE: Tu aimes le café?
> *Non, je ne l'aime pas.*

Tu aimes	les agents de police	les avions
Tu n'aimes pas	le lundi	les cigarettes
Tu détestes	les dentistes	le base-ball
	le vin, le lait, la bière, le café	la plage
	le restaurant de l'université	les enfants
	les mathématiques, le français	l'hiver
	l'argent	la neige
	ton (ta) camarade de chambre	la pluie
	la musique classique	la chaleur
	l'art moderne	le froid

C. Posez des questions à vos camarades avec les éléments donnés. Ils / Elles vont répondre en employant des pronoms.

MODELE: Vas-tu préparer ton dîner ce soir?
Oui, je vais le préparer.

or:

Non, je ne vais pas le préparer.

aller	consulter le médecin	oublier ton passé
désirer	appeler tes amis	préparer ton dîner ce soir
pouvoir	changer l'avenir	finir tes cours cette année
	quitter l'université	choisir ton / ta camarade
vouloir	étudier l'arabe ou le chinois	de chambre pour l'année
	écouter tes parents	prochaine
	expliquer tes absences	suivre le cours
	faire la cuisine chez toi	du même professeur le
	montrer tes photos	trimestre prochain

D. En petits groupes, préparez des réponses aux questions suivantes. Employez des pronoms.

As-tu étudié la musique? l'informatique?
Aimes-tu tes cours ce trimestre?
Vas-tu étudier le français le trimestre prochain?
Où fais-tu tes devoirs?
Regardes-tu souvent la télévision?
Fréquentes-tu les cafés le soir?

Questions personnelles

Employez des pronoms compléments d'objet direct dans vos réponses.

1. Aimez-vous le jazz? le rock?
2. Voulez-vous visiter l'Europe cet été?
3. Appréciez-vous l'art moderne?
4. Quand voulez-vous finir vos études?
5. Où avez-vous acheté vos livres?
6. Qui fait le ménage chez vous?
7. Quand écoutez-vous la radio?
8. Où pouvez-vous utiliser votre français?

IV. Voir

voir (*to see*)

je **vois**	nous **voyons**
tu **vois**	vous **voyez**
il, elle, on **voit**	ils, elles **voient**

Passé composé: il **a vu**

Imperative: **vois** / **voyons** / **voyez**

A. The singular forms and the third-person plural (**voient**) have the same pronunciation: /vwa/.

> —**Avez**-vous **vu** le film hier soir?
> —Oui, nous l'**avons vu.**

> —Tu **as vu** ma bicyclette?
> —Non, je ne l'**ai** pas **vue.**

> —Son père a 82 ans! Comment va-t-il?
> —Pas mal, mais il ne **voit** pas bien.

> —Qu'est-ce qu'elle fait cet après-midi?
> —Elle va **voir** la liste de cours.

B. Other verbs conjugated like **voir: prévoir** (*to foresee*), **revoir** (*to see again* or *to review*).

> Il n'**a** pas **prévu** cela.
> Elle va **revoir** ses leçons.
> Ils ne les **ont** pas **revus.**

Ce qu'ils disent

1. The imperative form **Voyons!** changes meaning according to the speaker's tone of voice. With the simple declarative intonation, it means *Let's see* as when someone is looking for something or trying to think of something.

   > Voyons. Où est-ce que j'ai laissé mon parapluie?

2. With a slightly exasperated intonation, it means *Come on!*

   > Voyons! Tu n'es pas sérieux!

PRATIQUONS

A. Remplacez les mots en italique par les mots donnés.

1. *Bernard* voit souvent ses amis.   (Je, Nous, Ils, Tu, Vous, On)
2. *Nous* avons vu un film.   (Elle, Je, On, Vous, Il, Elles)
3. L'été prochain, *vous* allez revoir le musée.   (on, nous, ils, elle, je, tu)

B. Dans les phrases suivantes, remplacez le verbe employé par le verbe **voir**.

MODELE: Je n'ai pas visité la ville.
Je n'ai pas vu la ville.

1. Ont-elles gardé mes disques?
2. Nous les invitons le samedi.
3. Tu ne trouves pas l'adresse de Paul?
4. Ils la rencontrent le week-end.
5. Elle n'a pas aimé les films de James Bond.
6. Je ne suis pas son ami.

C. Faites des phrases complètes avec les mots donnés.

1. Est-ce que / vous / voir / Musée d'Orsay / été dernier?
2. Elle / revoir / exercices / avant / examen / demain.
3. Dimanche dernier / je / ne...pas / voir / grand-mère / Bernard.
4. Tu / voir / ce film / semaine / dernier?
5. Nous / prévoir / un / été / très chaud.
6. Ils / voir / médecin / souvent / ce / jours-ci.

D. Répondez aux questions suivantes en employant des pronoms à la place des compléments d'objet direct.

1. Tu as revu *sa petite amie?*
2. Ils ont vu *leurs parents?*
3. Nous n'avons pas vu *la capitale?*
4. Ont-ils bien prévu *la météo?*
5. Est-ce que je vais voir *les monuments de Paris?*
6. Voyez-vous *la liste des cours?*

PARLONS

A. Qu'est-ce que vous voyez dans votre avenir? Utilisez votre imagination!

MODELE: Je vois cinq enfants, une profession fascinante et beaucoup d'argent.

une maison blanche?	une profession intéressante?
une voiture de sport?	des enfants intelligents?
un appartement à Nice?	des vacances à Tahiti?
une femme / un mari riche?	un yacht aux Antilles?

B. Avez-vous déjà vu une célébrité? Où avez-vous rencontré cette personne? Quand l'avez-vous vue?

C. Qui voulez-vous revoir ou ne pas revoir? Qu'est-ce que vous voulez revoir ou ne pas revoir?

MODELE: Je ne veux pas revoir mon professeur d'éducation physique.
Je veux revoir le film *Casablanca.*

film	villes
ami(es)	chanteurs (-euses)
professeur(s)	émissions de télévision (*TV shows*)

Questions personnelles

1. Avez-vous vu vos parents récemment? Quand?
2. Allez-vous voir un film ce week-end? Quel film?
3. Est-ce qu'on voit souvent des films français dans votre ville?
4. Vous avez passé des vacances avec votre famille? Qu'est-ce que vous avez vu ensemble?
5. Qu'est-ce qu'on peut voir dans votre ville?
6. Où aimez-vous voir vos amis? Pourquoi?
7. Qu'est-ce qu'on voit de la fenêtre de votre chambre?
8. Est-ce que vos amis voient souvent des matchs de basket-ball? de football américain?

Communiquons

Les Loisirs (Leisure Time)

The newspaper *Le Monde* took a poll of its readers to find out what French people like to do in their free time. The results are given below.

Parmi les distractions suivantes, quelle est celle que vous préférez ?

	%
• Regarder la télévision	33
• Lire	16
• Aller au cinéma	12
• Le sport	11
• Écouter de la musique chez soi	8
• Sortir au restaurant, en boîte, etc	7
• Aller au concert ou au théâtre	4
• Les expositions, les musées	2
• Sans opinion	7
TOTAL	100

Parmi Among   **celle que** the one that   **Lire** to read   **chez soi** at home

■ La Télé

le programme   *the evening's program*
les émissions (f.)   *shows*
    un dessin animé   *cartoon*
    une émission de variétés
    un feuilleton   *a series*
    un film
un jeu télévisé   *a game show*
le journal / les actualités (f.)   *news*
    les actualités régionales   *local news*
la météo   *weather report*

Questions personnelles

1. Qu'est-ce que vous aimez regarder à la télé?
2. Quel feuilleton / Quel dessin animé / Quel jeu télévisé préférez-vous?
3. Est-ce que la télé joue un rôle important dans votre vie? Est-ce que vous la regardez trop, assez, ou pas assez?
4. Préparez un programme idéal.
5. En petits groupes, préparez un journal télévisé avec la météo. Présentez votre émission à la classe.

■ La Lecture (Reading)

La littérature

un conte   *a tale*
une nouvelle   *a short story*
une pièce (de théâtre)   *a play*
la poésie / un poème
un récit   *a story*
un roman historique   *a historical novel*
         policier   *a mystery*
         d'amour
         d'espionnage   *a spy novel*

La presse

un journal / des journaux
un magazine / une revue de mode
                 scientifique
                 d'actualités
                 de sports

Questions personnelles

1. Qu'est-ce que vous aimez lire (*read*)? Quel roman avez-vous fini récemment?
2. Vous aimez la poésie? Quel poète admirez-vous? Pouvez-vous réciter un poème?
3. Est-ce que vous allez souvent au théâtre? Quelle sorte de pièce aimez-vous mieux?
4. Quel journal consultez-vous? Quels sont vos magazines préférés?

■ Le cinéma

Les genres

une comédie
une comédie musicale
un dessin animé   *a cartoon*
un drame
un film d'épouvante   *a horror film*
         historique
         policier
         de science fiction
un western

Questions personnelles

1. Quelle sorte de films aimez-vous? Avez-vous revu un film plusieurs fois?
2. Quels acteurs et quelles actrices aimez-vous? Qui est-ce que vous ne pouvez pas supporter?
3. Décrivez votre film préféré. Vos camarades de classe vont deviner (*guess*) le titre.

■ Les sports et le pourcentage (%) de pratiquants:

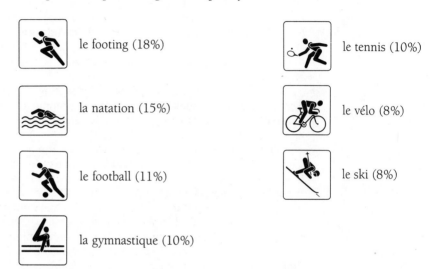

le footing (18%)

le tennis (10%)

la natation (15%)

le vélo (8%)

le football (11%)

le ski (8%)

la gymnastique (10%)

Le football est plus populaire chez les hommes; la gymnastique chez les femmes.

■ Here are some expressions for sports:

jouer à: jouer au football, jouer au tennis
faire: faire du footing (du jogging)   faire du vélo
          faire de la natation (nager)   faire du ski (skier)
          faire de la gymnastique

Questions personnelles

1. Quel(s) sport(s) pratiquez-vous?
2. A votre avis (*opinion*), quel sport important n'est pas sur la liste? Refaites la liste du point de vue d'un(e) Américain(e).
3. Quels joueurs professionnels admirez-vous? détestez-vous?

Activités

A. Décrivez vos activités préférées; comment passez-vous vos loisirs? Quelle activité n'avez-vous pas trouvée dans la liste du *Monde?*

B. Préparez un dialogue avec un(e) camarade de classe: qu'est-ce que vous voulez faire ensemble ce week-end?

Lecture culturelle

La télévision en France

Avant la lecture

There are now six television channels in France and more are being planned. Although they were once nationalized, some French TV channels are now independent. They get their revenue from an annual tax on TV sets **(la redevance)** and from ever more frequent commercials. The commercials are grouped together and interrupt shows less frequently than in the United States. One channel, **Canal** + (Canal Plus), requires a converter box and a monthly fee, much like movie channels on American TV.

In many families, evening schedules follow television programming. An announcer, a woman called **une speakerine,** gives **le programme** for the evening and returns before each show **(émission)** to introduce it. The **speakerine** used to tell what was on the other channels when there were fewer of them.

One very popular show was *Apostrophes.* The host was Bernard Pivot, who interviewed authors of recently published books. It exerted such an influence on the public that appearing on the show could spell immediate success for an author. Other popular programs are movies, variety shows, and sports.

One controversy is the increase in the number of American TV shows broadcast on French TV and dubbed in French. With so many channels competing for air time, producers have found it cheaper to buy American programs than to make their own. Some examples are *Deux Flics à Miami, Santa Barbara, Dallas,* and *Aline et Cathy.* The French also copy American formats, as with *La Roue de la Fortune.*

TELEVISION

SEMAINE DU 31 JUILLET AU 6 AOUT

Course d'Europe à la voile (la 5, mercredi 23 h 20).

JEUDI 3 AOUT

TF1 De 6.26 à 12.30 voir lundi. 13. Journal. 13.35 La ligne de chance. 14.25 Julien Fontanes. 15.55 En cas de bonheur. 16.20 Quarté à Deauville. 16.30 Club Dorothée. 18.10 Les rues de San Francisco. 19. Santa Barbara. 19.25 La roue de la fortune. 20. Journal.

20.30 Orages d'été. *Feuilleton. Avec Annie Girardot.*

22. L'ami Maupassant. 23. La citadelle. 23.55 Journal. 0.10 Mésaventures. 0.40 Intrigues. 1.05 C'est déjà demain.

A2 De 6.30 à 12.30 voir lundi. 13. Journal. 13.45 Falcon Crest. 14.35 Splendeurs et misères des courtisanes. 16.15 Les grands fleuves. 17.05 Pour tout l'or du Transvaal. 18. Trivial pursuit. 18.25 Top models. 18.50 Des chiffres et des lettres. 19.15 Le journal de la Révolution. 19.30 Affaire suivante. 20. Journal.

FR3 11.58 1789 au jour le jour. 12. Estivales 89. 12.57 Flash. 13.05 La vie Nathalie. 13.30 Regards de femme. 13.57 Flash. 14. Flamingo road. 14.50 40 à l'ombre de la 3. Flash à 16 h. 17 Flash. 17.05 Amuse 3. 18.02 Drevet. 18.30 Journal en images. 19. Youpi les vacances. 19.30 Happy days. 19.57 Journal.

20.35 La onzième victime. *Film de Jonathan Kaplan. Avec Bess Armstrong.*

22.25 Deux flics à Miami. 23.25 Course d'Europe à la voile. 23.30 L'enquêteur. 0. Journal. 0.05 Programmes nocturnes jusqu'à 6h.

M6 De 6. à 12.30 voir lundi. 12.30 Les routes du paradis. 13.20 Madame

C+ □ 7. Top 50. □ 7.45 CBS Evening news. 8.10 Cabou cadin. 9. Le retour de l'Etalon noir. 10.40 Les mois d'avril sont meurtriers. 12.05 Dans les forêts de Nouvelle-Zélande. □ 12.30 Flash. □ 12.35 Dossiers brûlants. □ 13.25 Flash. 13.30 West side story. 15.55 Magnificient warriors. 17.25 Cabou cadin. □ 18.15 Cabou. □ 18.40 Badge 714. □ 19.09 Flash. □ 19.10 Top album. □ 19.55 Flash. □ 20. Allô allô.

20.30 Au bout de l'amour. *Film TV d'Adrien Carr. Avec Cheryl Ladd.*

22.05 Jack Killian, l'homme au micro. 22.50 Flash. 23. Les dents de la mer. 0.25 Soigne ta droite. 1.45 Les contes de Canterbury. 3.30 Le tonnerre de dieu. 4.55 De sable et de sang.

LA 5 De 6. à 9.15 voir lundi. 10.15 Bouvard et Cie. 10.30 Thierry La Fronde. 11.30 Cosmos 1999. 12.30 Journal. 13.30 Amicalement -vôtre. 14.25 L'enquêteur. 15.25 Maigret. 17.05 Thierry

20.35 Une clé pour deux. *Pièce de John Chapman et David Freeman.*

22.35 Dans la chaleur de la nuit. 23.25 Formule sport.. 0.15 Journal. 0.35 Intrigues. 1. Mannix.

A2 8.30 Journal des sourds et des malentendants. 8.50 Câlin-matin. 9.30 Eric et compagnie. 12. Flash. 12.05 Pilotes de course. 13. Journal. 13.25 L'homme qui tombe à pic. 14.15 Aventures-voyages. 15.10 Samedi passion. 17.50 Les cinq dernières minutes : « Fenêtre sur jardin ». 19.35 Les pique-assiettes. 20. Journal.

20.40 *Jeux sans frontières : à Castiglione Delle Stiviere (Italie).*

22. La bataille de Normandie. 23.30 Journal. 23.50 Retour au château. 1.25 60 secondes.

FR3 12. Estivales 89. 12.57 Flash 13. L'âme de fond. 14. Génies en

Activités

The following are excerpts from a guide to French television, *Le Figaro TV Magazine*.

1. Read them using your own knowledge of TV. For example, in Excerpt A, you are already familiar with *The Wheel of Fortune*. What are some of the words you associate with this show?

2. Use your general knowledge of TV to guess the meaning of **panneau géant** in Excerpt A and **diffusé** in Excerpt B.

3. Guess words based on the context of the sentence:
   prendre (B), **arrière-pays**, **naissance**, and **orphelin** (C).

La télévision en France

SÉLECTION DE LA SEMAINE

19.00 SANTA BARBARA
Feuilleton américain en 320 épisodes.
8. Cruz essaie d'obtenir de la mère de Lionel des renseignements sur le souterrain. De mystérieux visiteurs fouillent le bureau de Cruz, à la recherche des pièces concernant le meurtre de Channing. Eden rompt avec Cruz à la suite d'une violente querelle.

19.30 LA ROUE DE LA FORTUNE
Jeu présenté par Michel Robbe.
Le principe est celui d'une loterie combinée à un panneau géant où s'affiche une phrase à découvrir.

20.00 JOURNAL
20.30 MÉTÉO

---

un souterrain an underground passage   **fouiller** to search   **le bureau** the office   **le meurtre** the murder   **rompre** to break off   **à...** following   **s'affiche** is posted

A. Sélection de la semaine

1. Quelle sorte d'émission est *Santa Barbara?*
2. Comment joue-t-on à *La Roue de la Fortune?*
3. A quelle heure présente-t-on le *Journal?*
4. Qu'est-ce qui suit le *Journal?*

13.45

SÉRIE AMÉRICAINE

SIMON ET SIMON

Un gros poisson

Déjà diffusé en mars 1985.

A.J. Simon
Jameson Parker

Rick Simon
Gerald MacRaney

Cecilia Simon
Mary Carver

Georges Hardeman
Guy Stockwell

Dexter
M.C. Gainey

Gregory Gable
Gregory Sierre

PRESS IMPACT

Simon
(Jameson Parker).

A.J. Simon a décidé de prendre quelques jours de vacances en Caroline du Nord. Mais les paisibles parties de pêche ne dureront pas. A.J. Simon est témoin d'un événement dramatique : il croit avoir assisté à un assassinat. Or personne ne veut le croire... Il décide alors de faire appel à son frère Rick. Simon, et Simon ignorent encore, à ce moment-là, qu'ils se sont engagés dans une aventure périlleuse...

paisibles peaceful	**partie...** a fishing trip	**ne...** won't last	**témoin** witness	**croit**
believes	**Or** But	**ignorent** don't know	**encore** yet	**se...** have engaged

B. Simon et Simon

1. Quelle sorte d'émission est *Simon et Simon?*
2. Qu'est-ce que A. J. Simon va faire en Caroline du Nord?
3. Quel événement dramatique observe-t-il?
4. Qu'est-ce qu'il demande à son frère Rick?

NOUVEAU

13.45

FEUILLETON FRANÇAIS EN SIX ÉPISODES DE CLAUDE BOISSOL

LES FILS DE LA LIBERTE

PREMIER ÉPISODE
SCÉNARIO : LOUIS CARON ET CLAUDE BOISSOL
MUSIQUE : CLAUDE LEVEILLÉE ET ALAIN LEROUX

Hyacinthe Bellerose	**Charles Biname**	Mᵐᵉ Plessis	**Eléonore Hirt**
Marie-Moitié	**Sophie Faucher**	Flavie Piché	**Nathalie Breuer**
Le major Hubert	**Roger Blay**	Tim	**Sacha de Liamchin**

L'HISTOIRE

Un dimanche de l'été 1832, dans un village du Bas-Canada, Hyacinthe Bellerose et Flavie Piché se marient « à la gaumine », c'est-à-dire avec la consécration de la messe, devant Dieu, mais sans le consentement des parents et sans prévenir le prêtre. Ce scandale les met au ban de tout le village. Ils doivent s'installer dans l'ar-

Flavie (Nathalie Breuer).

rière-pays, où ils défrichent, labourent, cultivent. Flavie attend un enfant, mais il meurt à la naissance. Pour atténuer leur douleur, Hyacinthe adopte un orphelin, Tim, un petit Irlandais de cinq ans.
A l'automne, un messager apprend aux jeunes époux que la terre qu'ils occupent a été vendue par la couronne d'Angleterre à une grande société.

---

se marient get married   c'est… that is to say   Dieu God   prévenir inform   le prêtre priest   les… banishes them   doivent must   défrichent clear the land   labourent plow   attend expects   meurt dies   apprend informs   que that   vendue sold société company

C. Les fils de la liberté

1. Où habitent Hyacinthe et Flavie? Que font-ils?
2. Est-ce qu'ils ont le consentement de leurs parents?
3. Que font-ils dans l'arrière-pays?
4. Ont-ils des enfants?

Après **la lecture**

Activités

A. Quel(s) feuilleton(s) regardez-vous l'après-midi? Présentez le résumé du dernier épisode à la classe.

B. En petits groupes jouez à *La Roue de la Fortune*. Préparez un mot et demandez à vos camarades de trouver les consonnes et les voyelles.

C. Avez-vous été témoin d'un événement dramatique ou avez-vous eu une aventure périlleuse? Racontez l'histoire à vos camarades.

D. Quelle est votre série américaine préférée? Résumez un épisode.

E. Est-ce que vos parents aiment vos petit(e)s ami(e)s en général? Est-ce que leur opinion est importante?

F. Qu'est-ce que vous avez fait sans le consentement de vos parents?

G. Préférez-vous avoir ou adopter des enfants? Pourquoi?

La Conciergerie

Chapitre 9

OBJECTIVES

Language:

The Consonant / R /
Prenominal Adjectives
-dre Verbs
Indirect Object
   Pronouns: Third Person
prendre

Culture:

Monuments in Paris
Meals
Restaurants
Michelin Guides

Communication:

The Home
Personal Possessions
Describing People and
   Things
Food

Commençons

La Conciergerie

group / old (**vieux**) / jail

them / to wait for / guide

Welcome / **tout**... everybody / understand

him / answers

learn

end / visit / First
are going down / beautiful / vaulted ceilings / Then
cuisines (*f.*) kitchens / fireplaces / From there
takes / Gallery / **Prisonniers** (*m.*) Prisoners
famous / guillotine
each / **cachots** (*m.*) cells
finit... ends with / Courtyard
lose / **chemin** (*m.*) way

Un groupe° d'étudiants américains visite la Conciergerie, la vieille° prison° de la Révolution. On leur° a demandé d'attendre° le guide.°

LE GUIDE: Bienvenus° à la Conciergerie. Est-ce que tout le monde° comprend° le français?

Un étudiant lui° répond.°

JIM: Oui, nous l'apprenons° à la Sorbonne. Est-ce qu'on peut poser des questions?

LE GUIDE: Oui. Mais attendez la fin° de la visite,° s'il vous plaît. D'abord,° nous descendons° dans la Salle des Gardes avec ses belles° voûtes.° Ensuite,° c'est une grande salle et les cuisines° avec de grandes cheminées° dans les quatre coins. De là,° on prend° la Rue de Paris pour aller à la Galerie° des Prisonniers.° Pendant la Révolution, beaucoup de prisonniers célèbres° sont partis de cette galerie pour la guillotine.° De chaque° côté de la galerie, il y a des cachots.° Vous allez visiter le petit cachot où Marie-Antoinette a passé ses derniers jours. On finit par° la Chapelle et la Cour° des Femmes. Allons-y et ne perdez° pas votre chemin!°

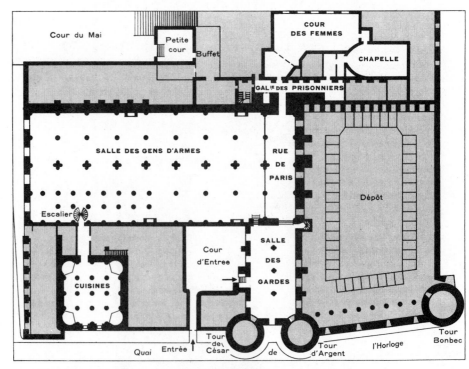

La Conciergerie.

Faisons connaissance In 1989, the French celebrated the bicentennial of the French Revolution and the centennial of the Eiffel Tower, which was built for the **Exposition universelle** of 1889. No building still in existence in Paris is more closely linked with the Revolution than the **Conciergerie,** an imposing edifice overlooking the Seine on the **Ile de la Cité** not far from **Notre Dame.** During the Reign of Terror (1793 and 1794), it served as the prison for 2,600 people who awaited the guillotine at the **Place de la Concorde** and other public squares.

The **Rue de Paris** mentioned in the dialogue is not really a street, but a corridor inside the prison. It got its name from **Monsieur de Paris,** the traditional name for the executioner. Today, the building is a popular tourist attraction with guided tours conducted in French.

Etudions le dialogue

1. Qu'est-ce que la Conciergerie?
2. Est-ce que les étudiants parlent français? Pourquoi?
3. Quand est-ce qu'on peut poser des questions?
4. Qu'est-ce qu'on voit dans la première salle?
5. Où les prisonniers sont-ils allés de la Conciergerie?
6. Où est-ce que Marie-Antoinette a passé ses derniers jours?

Enrichissons notre vocabulaire

La maison

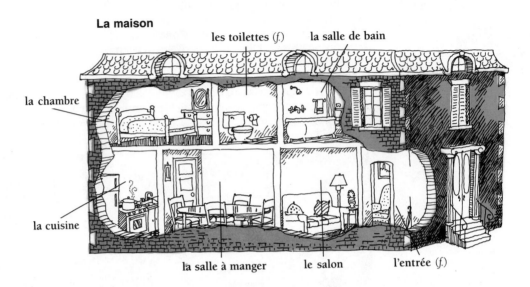

les toilettes (*f.*) la salle de bain

la chambre

la cuisine

la salle à manger le salon l'entrée (*f.*)

Ma chambre

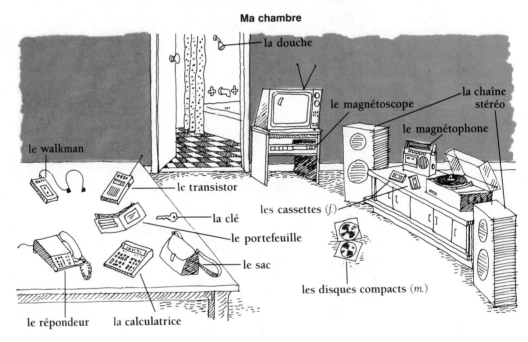

la douche

le magnétoscope la chaîne stéréo

le magnétophone

le walkman

le transistor

les cassettes (*f.*)

la clé

le portefeuille

le sac

les disques compacts (*m.*)

le répondeur la calculatrice

une **belle** maison	beautiful	une **nouvelle** voiture	new
une maison **laide**	ugly	une **vieille** voiture	old
une **jolie** maison	pretty		
un **petit** lit	small	un **gros chien**	big dog
un **grand** lit	big	un **petit** chien	little

Prononciation   ## The French / R / Sound

To pronounce the French / R / sound, tuck in the tip of your tongue behind your lower teeth, and curve the back of your tongue toward the roof of your mouth. The words **gaz** (/ gaz /) and **rase** (/ Raz /) are almost identical, except that in the / g / sound the back of your tongue touches the roof of your mouth, while in the / R / sound there is just a lot of friction.

Practice the / R / sound following a consonant in the following words.

crème	grand	crêpe
cravate	grammaire	groupe

Practice the / R / sound in the middle of the following words.

Marie	africain	heureux
admirer	agréable	parapluie

Practice the / R / sound at the end of the following words.

alors	lettre	milliard
lecture	la mer	sur

Practice the / R / sound at the beginning of the following words.

radio	regarder	rentrer
rapide	regretter	repas

Exercice

Read the following sentences aloud, paying particular attention to the / R / sound.

1. Brigitte travaille au restaurant.
2. Il va faire du brouillard à Londres mardi.
3. Marie a perdu son portefeuille dans le parc.
4. Christine et son mari apprécient l'art moderne.
5. Beaucoup d'Américains vont avoir froid cet hiver.
6. La librairie ferme à trois heures le vendredi.
7. Catherine et son frère vont écrire une lettre à leurs parents.
8. La mère de Marc porte toujours une robe rouge.
9. Ouvrez vos livres page trois cent quarante-quatre.
10. Votre sœur va faire des courses au supermarché mercredi.

Grammaire

I.   Prenominal Adjectives

A. As you learned in Chapter 2, an adjective agrees in gender and number with the noun it modifies, and it usually follows the noun.

Un groupe d'étudiants **américains** visite la Conciergerie.
Beaucoup de prisonniers **célèbres** sont partis de cette galerie.

There is, however, a group of frequently used adjectives that must precede the noun. The following chart gives the most common ones.

	sing.		*pl.*	
masc.	*fem.*	*masc.*	*fem.*	*meaning*
beau	belle	beaux	belles	*beautiful, handsome*
bon	bonne	bons	bonnes	*good*
dernier	dernière	derniers	dernières	*last*
grand	grande	grands	grandes	*big, great*
gros	grosse	gros	grosses	*big*
jeune	jeune	jeunes	jeunes	*young*
joli	jolie	jolis	jolies	*pretty*
mauvais	mauvaise	mauvais	mauvaises	*bad*
nouveau	nouvelle	nouveaux	nouvelles	*new*
petit	petite	petits	petites	*small, little*
premier	première	premiers	premières	*first*
vieux	vieille	vieux	vieilles	*old*

Ils visitent la **vieille** prison.
Vous allez visiter les **petits** cachots.
Marie-Antoinette a passé ses **derniers** jours en prison.

B. Because these adjectives precede the noun, **liaison** is obligatory when the noun begins with a vowel sound.

J'ai téléphoné à un **bon** ami.
Les Wright ont fait le **premier** avion.
Elle a invité ses **bons** amis.

C. Because of liaison, there are some irregular adjective forms. Before masculine, singular nouns that begin with a vowel, you will find:

beau   → **bel**

Le Concorde est un **bel** avion.

nouveau → **nouvel**

La classe a commencé un **nouvel** exercice.

vieux   → **vieil**

Il a vu un **vieil** ami.

It will help you to remember that when a masculine, singular noun begins with a vowel sound, the preceding adjective sounds like its feminine form.

un **bon** étudiant, une **bonne** étudiante
un **vieil** ami, une **vieille** amie

D. A few adjectives may come either before or after the noun, but they change meaning according to their position.

un **grand** homme	a **great** man
un homme **grand**	a **tall** man
la **dernière** semaine	the **last** week (of a series)
la semaine **dernière**	**last** week
un **pauvre** homme	a **poor** man (unfortunate)
un homme **pauvre**	a **poor** man (no money)
un **cher** ami	a **dear** friend
un cadeau **cher**	an **expensive** gift

Attention

1. Whenever the indefinite article **des** is followed by an adjective, it becomes **de**.

Il porte **des** vêtements. → Il porte **de beaux** vêtements.
des cheminées → **de grandes** cheminées
Ce sont **des** amis. → Ce sont **de vieux** amis.

but

Ce sont **des** monuments intéressants.

2. In **liaison**, the masculine form of **grand** is pronounced with a / t / sound:
un **grand appartement**, un **grand homme**.

The masculine form of **gros** is pronounced with a / z / sound:
un gros éclair, les gros avions.

PRATIQUONS

A. Lisez les expressions suivantes à haute voix *(aloud)*.

1. un beau garçon
2. de beaux enfants
3. un joli imperméable
4. de jolis imperméables
5. un bon livre
6. un bon ami
7. un petit enfant
8. deux petits enfants
9. une grande école
10. un grand ami
11. un vieux monsieur
12. de vieux avions

B. Mettez les expressions suivantes au masculin.

1. une belle enfant
2. une nouvelle amie
3. une vieille femme
4. une nouvelle secrétaire
5. une mauvaise employée
6. une bonne musicienne
7. une belle fille
8. une vieille journaliste

Mettez les expressions suivantes au féminin.

1. un bon dentiste
2. un beau diplomate
3. un vieil étudiant
4. un bel acteur
5. un vieux Canadien
6. un gros monsieur
7. un nouvel artiste
8. un nouveau président

C. Mettez les expressions suivantes au singulier.

1. de beaux appartements
2. de bonnes actrices
3. les gros nuages
4. de vieux hôtels
5. de nouveaux ordinateurs
6. de vieux livres

Mettez les expressions suivantes au pluriel.

1. un bel avion
2. une petite table
3. un nouvel appartement
4. un vieil homme

D. Ajoutez la forme appropriée des adjectifs entre parenthèses aux noms en italique dans les phrases suivantes. Faites attention à la place de l'adjectif.

MODELE: Nous avons voyagé dans un avion. (gros)
*Nous avons voyagé dans un **gros** avion.*

1. L'*acteur* arrive de New York. (grand)
2. Nous avons vu des *maisons*. (joli)
3. Il a invité des *enfants*. (jeune)
4. Avez-vous trouvé les trois *exercices?* (dernier)
5. Avez-vous emprunté ma *calculatrice?* (petit)
6. Elle a invité des *amis*. (sympathique)
7. Est-ce qu'il y a beaucoup d'*émissions?* (mauvais)
8. Cette *prison* est très célèbre. (vieux)

E. Donnez le contraire de l'adjectif en italique dans les phrases suivantes.

MODELE: J'ai une **petite** voiture.
*J'ai une **grande** voiture.*

1. Regardez cette *jolie* maison!
2. Il habite un *petit* appartement.
3. C'est une *bonne* bière.
4. Les *jeunes* avocats travaillent beaucoup.
5. Je n'ai pas vu ses *dernières* photos.
6. Est-ce qu'il porte son *nouveau* pantalon?
7. Il a acheté une cravate *laide*.
8. Avez-vous un *gros* dictionnaire?

PARLONS

A. Donnez votre opinion en répondant aux questions suivantes. Commencez vos réponses avec «**C'est…** » ou «**Ce sont…** ».

MODELE: Votre cours de français est facile ou difficile?
C'est un cours facile.

1. Votre université est grande ou petite?
2. La cuisine du restaurant universitaire est délicieuse ou affreuse?
3. L'idée d'étudier l'informatique est bonne ou mauvaise?
4. Vos vêtements sont nouveaux ou vieux?
5. Votre professeur est jeune ou vieux?

6. Ses vêtements sont beaux ou laids?
7. Vos réponses en classe sont bonnes ou mauvaises? intelligentes ou stupides?
8. Les exercices dans ce livre sont intéressants ou ennuyeux?

B. Qu'est-ce que vous avez acheté récemment? Qu'est-ce que vous avez depuis (*for*) longtemps? Utilisez la liste suivante.

MODELE: J'ai un nouveau vélo.
          J'ai une vieille voiture.

appartement	cravate	imper	vêtements
pantalon	auto	walkman	lit
bicyclette	chaussures	chaîne stéréo	magnétophone
calculatrice	magnétoscope	cassette	répondeur

C. Identifiez la profession des personnes suivantes. Qu'est-ce que vous pensez d'eux?

MODELE: Georges Simenon est un bon écrivain (*writer*).

Isabelle Adjani	être	mauvais	acteur / actrice
Gérard Depardieu		jeune	musicien / musicienne
Albert Camus		vieux	journaliste
Diane Sawyer		beau	homme / femme
Brooke Shields		bon	écrivain / femme écrivain
Julio Iglésias			
Jackie Collins			
Dan Rather			

D. Est-ce que vous aimez ou est-ce que vous n'aimez pas les choses suivantes? Indiquez vos préférences avec des phrases complètes.

MODELE: J'aime les hommes sincères.
          Je n'aime pas les vieux hôtels.

Noms		Adjectifs	
Américains	appartements	joli	intelligent
hommes	hôtels	bon	petit
femmes	autos	sincère	mauvais
enfants	repas	hypocrite	rapide
agents de police	université	pauvre	économique
étudiants	… ?	sympathique	vieux
professeurs		grand	… ?
		stupide	

Questions personnelles

1. Quels restaurants aimez-vous mieux? (simples ou chers?)
2. Quelles sortes d'amis avez-vous? (bons? sincères? … ?)
3. Quelle sorte de villes voulez-vous visiter? (vieilles ou modernes?)
4. Quelle sorte de maison habitez-vous? (petite? grande? blanche?)
5. Quelles autos aimez-vous? (petites? grandes? économiques? chères?)
6. Quelle sorte de musique écoutez-vous? (classique? moderne?)

II. -dre Verbs

A. Verbs with infinitives ending in **-dre** drop the **-re** and add the following endings:

attendre (*to wait for*)	
j'attends	nous **attendons**
tu **attends**	vous **attendez**
il, elle, on **attend**	ils, elles **attendent**
passé composé: il **a attendu**	

Mots clés

attendre   to wait for
descendre   to go down, come down; to get off
entendre   to hear
perdre   to lose
  perdre patience   to lose patience
rendre   to give back, to return
  rendre visite à   to visit (*a person*)
répondre à   to answer
vendre   to sell

Il va **vendre** son magnétoscope.
Les étudiants **attendent** le guide.
Je **réponds** à la question.

B. With inversion, the final **d** has a / t / sound, so **-t-** is not necessary.

Répond-il au professeur?

C. The imperative of **-dre** verbs is regular; the **s** is not deleted from the **tu** form.

Descendons maintenant!
Ne **perds** pas ton chemin.
Attendez la fin de la visite.

D. The past participle is formed by dropping **-re** and adding **u**.

J'ai **perdu** mon parapluie.
Nous sommes **descendus** dans la Salle des Gardes.

Note that **descendre** is conjugated with **être** in the **passé composé**.

Attention The difference in pronunciation between the singular and plural third-person forms is the / d / sound. You must make an extra effort to pronounce this sound.

il perd	/ il pɛʀ /	ils perdent	/ il pɛrd /
elle rend	/ ɛl ʀɑ̃ /	elles rendent	/ ɛl ʀɑ̃d /

PRATIQUONS

A. Remplacez les mots (*the words*) en italique par les mots donnés.

1. *Pierre* attend le train.   (Je, Vous, On, Elles, Tu, Nous, Ils)
2. *Elle* ne répond pas aux questions.   (Tu, Vous, Les étudiants, Je, Le Président, Nous, On, Ils)
3. *Nous* n'avons pas vendu beaucoup de cassettes.   (On, Les employés, Elle, Je, Vous, Tu, Mon père)

B. Mettez les phrases suivantes au passé composé.

1. Jacques perd beaucoup de temps.
2. A quelle heure va-t-il descendre ce soir?
3. Nous les attendons devant le café.
4. Combien allez-vous vendre votre ordinateur?
5. Entend-elle le téléphone?
6. Quand allez-vous rendre votre voiture?

C. Complétez le paragraphe suivant avec la forme appropriée d'un verbe en **-dre**.

Je suis à l'aéroport Charles de Gaulle à Roissy, près de Paris. J(e) _____ l'avion pour New York. J(e) _____ mon imperméable et je demande à un employé où est le bureau des objets trouvés. Il _____: «_____. Vous allez le trouver en face de la boutique où on _____ des journaux.» J(e) _____ et je vois un autre employé. «Pardon, Monsieur. J(e) _____ mon imperméable. L'a-t-on trouvé?» Il ne _____ pas et j(e) _____ patience.

D. Formez des phrases complètes en employant les mots donnés.

1. Hier / ils / perdre / nouveau / valises / gare.
2. semaine / dernier / vous / répondre / questions / professeur?
3. Quand / vous / vouloir / déjeuner, / descendre!
4. Nous / entendre / notre / enfants / parc.
5. année / dernier / Jacques / vendre / son / vieux / voiture.
6. Je / attendre / lettre / de / mon / mère.

PARLONS

A. Voici des confrontations célèbres. Qui a perdu?

MODELE: le général Custer / les Indiens
          Le général Custer a perdu.

1. Annibal / les Romains dans les Alpes
2. les Anglais / Guillaume le Conquérant en 1066
3. les Français / les Anglais dans la Guerre de Sept Ans
4. Danton / Robespierre pendant la Révolution
5. Alexander Hamilton / Aaron Burr dans un duel
6. les Allemands / les Alliés en 1945
7. Nixon / Kennedy en 1960
8. Dukakis / Bush en 1988

B. Pendant combien de temps attendez-vous?

MODELE: Mon petit ami? Je l'attends une demi-heure.

votre petit(e) ami(e)	une minute
votre camarade de chambre	10 minutes
vos professeurs	une heure
le garçon au restaurant	plusieurs heures
l'autobus	… ?
avant de répondre au téléphone	

C. Qu'est-ce que vous avez perdu récemment? votre montre? votre stylo? vos clés? votre portefeuille? votre argent? votre calculatrice? votre livre de français? …? Pendant combien de temps l'avez-vous cherché? Où l'avez-vous retrouvé?

D. Travail en petits groupes.

1. Vous vendez quelque chose (*something*). Votre camarade de classe est votre client. Présentez un dialogue à la classe.
2. Trouvez le nom (*name*) des magasins suivants. Où vend-on…?

de l'aspirine	de la viande
des livres	des billets de train (*train tickets*)
des boissons	des billets d'avion

Questions personnelles

1. Avez-vous rendu un cadeau récemment? Quel cadeau? Pourquoi?
2. Où attendez-vous l'autobus? Où descendez-vous?
3. Chez vous, qui répond au téléphone?
4. Est-ce que votre équipe (*team*) de football ou de basket-ball perd souvent?
5. Vous êtes représentant(e) de commerce (*traveling salesperson*). Qu'est-ce que vous voulez vendre?
6. Qui répond souvent en classe?
7. Quels musiciens avez-vous entendus cette année?
8. Rendez-vous toujours vos livres à la bibliothèque à temps?
9. Faites-vous du sport? Perdez-vous souvent ou ne perdez-vous jamais?
10. Quand est-ce que vous perdez patience?

III.   Indirect Object Pronouns: Third Person

A. Introduction

1. In Chapter 8, you learned direct object pronouns, which receive the action of the verb.

—Où est ta clé?
—Je l'ai perdue.

2. An *indirect* object indicates *to whom* or *to what* this action is directed.

He sold the car *to John.*   OR   He sold *John* the car.

In the examples above, *John* is the indirect object, since the action of selling the car is directed to him. Indirect objects are somewhat easier to identify in French than in English because an indirect object noun is almost always preceded by the preposition **à**.

3. A pronoun can replace the indirect object noun.

> —L'étudiant répond **au guide?**
> —Non, il ne **lui** répond pas; il ne parle pas français.

> —Qu'est-ce qu'on a demandé aux **étudiants?**
> —On **leur** a demandé d'attendre.

B. Third-person indirect object pronouns

	sing.	*pl.*
masc. *fem.*	**lui**	**leur**

1. Masculine and feminine singular: **lui**, *(to) him, (to) her*

> Il a vendu un transistor à **Jean-Paul.**
> Il **lui** a vendu un transistor.

> Sylvie rend les disques compacts **à son amie.**
> Elle **lui** rend les disques compacts.

2. Masculine and feminine plural: **leur** *(to) them*

> Je ne réponds pas aux **journalistes.**
> Je ne **leur** réponds pas.

> Elle téléphone à ses **copines.**
> Elle **leur** téléphone.

C. Position of indirect object pronouns

1. The correct position of indirect object pronouns is the same as that of direct object pronouns: they precede the verb from which the action is directed.

Present

> Je **lui** apporte du café.
> Jacques ne **lui** prête pas sa voiture.

Passé composé

> Nous ne **leur** avons pas téléphoné hier.
> Elle **lui** a montré mon ami.

2. Past participles do not agree with preceding indirect objects, as they do with preceding direct objects.

> A qui ont-elles donné la réponse?
> Elles l'ont donn**ée** à Anne.
>
> *but:*
>
> Elles lui ont donn**é** la réponse.

3. Indirect object pronouns follow helping verbs.

> Il va **leur** expliquer le film.
> Vous ne pouvez pas **lui** répondre?

4. In negative commands, indirect object pronouns precede the verb.

> Ne **lui** téléphonez pas maintenant.
> Ne **leur** montrez pas cette photo.

5. The position of pronouns is irregular in affirmative commands. Both direct and indirect object pronouns are placed after the verb and joined with a hyphen.

> **Donne-lui** mon adresse.
> **Apportez-leur** un sandwich.
> **Servons-leur** du thé.
> **Regarde-le!**

Mots clés

Verbs that take indirect objects

apporter / rapporter	montrer	rendre
demander	obéir / désobéir	répéter
donner	parler	répondre
emprunter / prêter	passer	ressembler *(to resemble)*
expliquer	poser une question	servir
faire mal	présenter *(to introduce)*	téléphoner
indiquer	recommander	vendre
mentir		

Attention   French verbs do not always take the same kind of object as their English equivalents. Translating will rarely help determine the correct pronoun.

1. Direct object in French / Preposition in English

Attendre, chercher, demander, écouter, and **regarder** take a direct object in French, but are followed by a preposition in English.

> Je cherche **le métro.** → Je **le** cherche.
> Il a demandé **la carte.** → Il **l'**a demandée.
> Nous allons écouter **la radio.** → Nous allons **l'**écouter.
> J'ai regardé **ses photos.** → Je **les** ai regardées.

2. Indirect object in French / Direct object in English

Obéir à, désobéir à, téléphoner à, rendre visite à, répondre à, and **ressembler à** take indirect objects in French, but take direct objects in English.

> Ils ont obéi **à l'agent de police.** → Ils **lui** ont obéi.
> Téléphone **à Jacques.** → Téléphone-**lui.**
> Elle ressemble **à sa mère.** → Elle **lui** ressemble.

PRATIQUONS

A. Remplacez les noms entre parenthèses par un pronom complément d'objet indirect.

MODELE: Il ressemble à sa **mère**. → *Il **lui** ressemble.*
(à ses frères) → *Il **leur** ressemble.*

1. Je téléphone à *Marie*. (aux enfants, à ma mère, à mon père, aux Dupont, au dentiste)
2. Elle ne parle pas à *Marc*. (à son frère, à son amie, à ses parents, aux étudiants, aux enfants)
3. Ils ne veulent pas montrer leur examen au *professeur*. (à Jacqueline, à leurs amis, à leurs parents, à Gilles, à leur sœur)

B. Mettez les phrases suivantes à la forme négative.

1. Marc lui emprunte son transistor.
2. Jacqueline leur téléphone le dimanche.
3. Prêtez-lui votre calculatrice!
4. Parlons-leur des vacances!
5. Ils leur ont demandé de l'argent.
6. Apporte-lui un cadeau demain matin!

C. Répondez aux questions suivantes en utilisant des pronoms compléments d'objet indirect.

1. Est-ce que Jacques apporte un cadeau à son père? (Oui,…)
2. Nous ne servons pas de thé à nos amis? (Non,… café.)
3. Tu ne veux pas obéir au professeur? (Si,…)
4. On va donner les clés à l'avocat? (Non,…)
5. Paul a-t-il téléphoné à son copain. (Non,… pas encore…)
6. Peux-tu demander l'adresse à l'hôtesse. (Oui,…)

D. Refaites les phrases suivantes selon les indications entre parenthèses.

1. Vous leur servez du vin français? (… hier soir)
2. Je lui ai montré mon ordinateur. (Demain…)
3. Ne lui demandez pas de lait! (*Make affirmative.*)
4. Elle ressemble à ses parents. (*Use a pronoun.*)
5. Il lui présente ses amis. (Le week-end dernier…)
6. Nous lui parlons du film. (*Give a command.*)

PARLONS

A. Vous avez vu un très bel homme / une très belle femme et vous voulez le / la revoir. Qu'est-ce que vous pouvez faire pour arranger un rendez-vous?

MODELE: Je lui demande son nom.

parler après la classe, téléphoner ce soir, demander s'il / si elle veut sortir, inviter chez moi, donner mon adresse, présenter mes amis, parler de son avenir et de…, montrer mes timbres, servir…

B. Voyez-vous souvent les personnes suivantes? Leur téléphonez-vous? Tous les combien (*How often*)?

MODELE: Mon frère? Je ne le vois pas souvent, mais je lui téléphone toutes les
semaines.

vos amis	tous les jours / mois / ans
vos parents	toutes les heures / semaines
votre frère / sœur	une / deux / trois fois par jour / semaine / mois
votre petit(e) ami(e)	souvent / pas souvent
vos grands-parents	rarement
votre camarade	ne… jamais
de chambre	
votre professeur	

C. Qu'est-ce que vous allez donner aux personnes suivantes pour leur prochain
anniversaire.

MODELE: mon père?   *Je vais lui donner du vin.*

vos parents?	un disque de rock
votre frère?	un disque de musique classique
votre sœur?	un beau livre
votre petit(e) ami(e)?	une jolie cravate
vos professeurs?	une voiture de sport
vos amis?	de l'argent
votre camarade de chambre?	un voyage en avion
vos camarades de classe?	un répondeur
	un stylo
	une belle robe
	un walkman
	un magnétoscope
	une chaîne stéréo
	un magnétophone
	votre photo
	du vin
	un disque compact

D. Que pouvez-vous dire (*say*) à vos amis dans les situations suivantes?

1. Ils ont un invité (*guest*) important.

MODELE: présenter vos amis   *Présentez-lui vos amis.*

servir une boisson, montrer votre appartement, ne … pas demander leur âge, ne …
pas laisser seul, parler du temps

2. Votre professeur les a invités à dîner.

apporter un cadeau, admirer pour son travail, demander comment il / elle va, ne …
pas demander d'argent, ne … pas expliquer vos absences, ne … pas parler de
l'examen final

3. Ils vont visiter le campus avec des étudiants de première année.

montrer la librairie, le laboratoire, etc., ne … pas recommander le restaurant universitaire, indiquer des cours faciles, ne … pas inviter dans les bars, ne … pas vendre de billets pour la bibliothèque

Questions personnelles

Utilisez des pronoms compléments d'objet indirect dans vos réponses.

1. Avez-vous téléphoné à vos parents récemment? Pourquoi?
2. Qu'est-ce que vous allez demander au Père Noël (*Santa Claus*) cette année?
3. Prêtez-vous votre voiture à vos amis? vos disques compacts? votre walkman?
4. Désobéissez-vous souvent à vos parents?
5. Qu'est-ce que vous servez à vos amis quand ils mangent chez vous?
6. Qu'est-ce que vous allez apporter au professeur le dernier jour de classe?
7. A qui aimez-vous rendre visite? A vos parents? A vos grands-parents?
8. Ressemblez-vous à votre père? A votre mère? Au facteur?

IV. Prendre

prendre (*to take; to have* [*food*])	
je **prends** / pʀɑ̃ /	nous **prenons** / pʀø nɔ̃ /
tu **prends** / pʀɑ̃ /	vous **prenez** / pʀø nɔ̃ /
il, elle, on **prend** / pʀɑ̃ /	ils, elles **prennent** / pʀɛn /

A. Note that **prendre** has three different vowel sounds in the present tense: / pʀɑ̃ /, / pʀø nɔ̃ /, and / pʀɛn /.

> On **prend** la Rue de Paris.
> Vous ne **prenez** pas le train aujourd'hui?
> Ils **prennent** le métro.

B. Although its infinitive ends in **-dre, prendre** is not conjugated like the verbs you learned earlier in this chapter. In the present tense, the differences are in the plural.

nous vend**ons**	nous pren**ons**
vous vend**ez**	vous pren**ez**
ils vend**ent**	ils pren**nent**

C. The verb **prendre** can also mean *to have* when used with foods, replacing **manger**.

> Je ne **prends** pas de sucre.
> Qu'est-ce que tu **prends?**

It *must* be used with the names of meals.

> Ils ne **prennent** pas de petit déjeuner.
> On **prend** le dîner à huit heures.

D. The past participle of **prendre** is **pris**, and its **s** is pronounced when preceded by a feminine direct object.

> Nous **avons pris** le train de Paris.
> Cette **photo?** Je ne **l'ai** pas **prise**.
> Elles **ont pris** le petit déjeuner à huit heures.

E. **Apprendre** (*to learn*) and **comprendre** (*to understand*) are conjugated like **prendre**.

> —Est-ce que tout le monde **comprend** le français?
> —Oui, nous **l'apprenons** à la Sorbonne.

While **apprendre** means *to learn* (*how to*), **apprendre à** + *a person* means *to teach*. It can be followed by a noun or **à** + *an infinitive*.

> Il apprend l'italien **aux** étudiants.
> Il apprend **aux** étudiants **à** parler italien.

Attention   The letter **d** has a / t / sound in **liaison** (**un grand enfant**), so there is no need to add **-t-** with inversion.

> Prend-elle l'autobus ce matin?
> Apprend-il le russe?

PRATIQUONS

A. Remplacez les mots en italique par les mots donnés.

1. *Ils* prennent de la tarte.   (Je, Nous, On, Elle, Vous, Tu)
2. *J'ai* compris.   (Elles, Marc, Tu, Nous, Vous, On)
3. Est-ce qu'*il* apprend le français?   (les étudiants, Jacqueline, tu, vous, on, vos parents)

B. Substituez le verbe entre parenthèses dans les phrases suivantes.

1. Ils entendent l'arabe à l'université.   (apprendre)
2. On vend des livres de chinois à la librairie.   (prendre)
3. Est-ce que vous avez emprunté mon livre?.   (prendre)
4. Etudiez l'allemand!   (apprendre)
5. Nous rendons les notes de Jean-Paul.   (comprendre)
6. Je parle très bien l'italien.   (comprendre)

C. Faites des phrases complètes avec les mots donnés.

1. Ils / prendre / train / deux / heures.
2. Est-ce que / vous / comprendre / ce / hôtesse / chinois?
3. Nous / aller / prendre / bon / douche / hôtel.
4. Elle / apprendre / espagnol / son / frère.
5. Vous / aller / prendre / avion?
6. Elles / comprendre / mon / lettre.

D. Mettez les phrases suivantes au passé composé.

1. Prenez-vous un bain ou une douche?
2. Les étudiants ne comprennent pas la question.
3. Qu'est-ce que vous allez apprendre en France?
4. Ils ne prennent pas de vin avec leur repas.
5. Vas-tu prendre l'autobus?
6. Où Pierre apprend-il à chanter?

E. Répondez aux questions suivantes avec les mots donnés. Remplacez les compléments d'objet direct en italique par des pronoms.

MODELE: A-t-elle pris cette photo?   (Oui,…)
          Oui, elle l'a prise.

1. As-tu compris *cette leçon?*   (Non, je…)
2. Avez-vous pris *le train* récemment?   (Oui, la semaine dernière…)
3. Peuvent-ils apprendre *l'alphabet?*   (Non,… ne … pas vouloir…)
4. Vas-tu prendre *ton petit déjeuner* maintenant?   (Non,… plus tard.)
5. Comprennent-ils *l'examen?*   (Non, mais moi,…)
6. Apprend-elle *le chinois?*   (Oui,…)

PARLONS

A. Décrivez (*Describe*) votre repas typique. Précisez (*Specify*):

a) l'heure   b) les plats (*dishes*)   c) les boissons

MODELE: A midi je prends un sandwich et un Coca.

Les plats:	pain	glace	pizza
	viande	légumes	frites
	rosbif	fromage	omelette
	gâteau	salade	sandwich
Les boissons:	eau	café	vin
	eau minérale	thé	Coca-Cola
	bière	lait	Martini

B. Qui étudie les matières suivantes?

MODELE: Ma camarade de chambre apprend l'italien.

l'histoire	l'espagnol	la gestion
le russe	les maths	l'informatique
la sociologie	la physique	
le latin	l'allemand	

C. Avez-vous beaucoup voyagé? Quels transports avez-vous utilisés? Pour aller où?

MODELE: J'ai pris un train pour aller de Paris à Nice.

un train	le métro	un avion
ma bicyclette	un autocar	un bateau (*boat*)
une voiture	un autobus	un taxi

D. Quelle(s) langue(s) comprend-on dans les pays suivants?

MODELE: En France?   En France, on comprend le français.

1. au Maroc?   4. au Mexique?   7. en Suisse?
2. en Angleterre?   5. en URSS?   8. en Autriche?
3. en Allemagne?   6. au Canada?   9. en Chine?

Questions personnelles

1. Quelles langues comprenez-vous? Et dans votre famille?
2. Qu'est-ce que vous apprenez à l'université?
3. Qu'est-ce que vous avez pris ce matin au petit déjeuner?
4. Aimez-vous mieux prendre un bain ou une douche?
5. Qu'est-ce que vous prenez quand vous allez au café? Et vos amis?
6. Qu'est-ce que vous avez appris à votre frère / votre sœur / votre ami(e)?
7. Prenez-vous beaucoup de photos? De quoi?
8. Est-ce que vous avez appris à utiliser un ordinateur personnel?

Communiquons

Prendre les repas

French people usually have three complete meals a day. Breakfast is very light, consisting of **café au lait** or tea and bread or **croissants.** Lunch is much more substantial. The French have traditionally taken a two-hour lunch break to go home or to a restaurant while offices, banks, and stores closed. This is rapidly being replaced by shorter breaks and fast food restaurants as more and more businesses stay open during the lunch hour. The French usually eat dinner at home and start often as late as 8 P.M.

   "A table!" signals to everyone that a meal is ready. The first course, **les hors-d'œuvre,** can be cold cuts **(de la charcuterie)** or vegetable salad **(des crudités),** for instance. Then the main course **(le plat principal)** is served. Normally meat or fish, it is followed by vegetables, which most people eat separately. The last part of the meal consists of salad, cheese and fruit or dessert.

   There are many differences in eating habits between France and America. In France, you should keep both hands on the table rather than keeping one on your lap. At informal dinners in France, bread does not have a special plate but is put directly on the table. You generally do not put butter on bread, but you do on radishes! Milk and hot beverages are not drunk with meals. Plates are changed several times during the meal, and some people wipe them clean with bread. Finally, French people, as do all Europeans, eat with the fork in their left hand.

   Eating out is very popular in France. As in the United States, families go to a restaurant for special occasions: a birthday **(un anniversaire),** a wedding anniversary **(un anniversaire de mariage),** Mother's Day **(la Fête des Mères).** However, people also like to go to a restaurant just as an outing, or to meet some friends. Even on week nights, many people like to make reservations **(réserver une table).** Usually, when they dine out, people eat a little later than when they eat at home. The choice of a restaurant is also a very important decision, and when they are on a trip, French people rely heavily on the information they find in their *Guide Michelin.*

■ Here is some useful vocabulary for food:

Hors-d'œuvre

des carottes râpées   *grated carrots*
des crudités (*f.*)   *vegetable salad*
du pâté   *puréed, seasoned meat*
une salade de concombres   *sliced cucumber salad*
une salade de tomates   *sliced tomato salad*
du saucisson   *hard salami*

Plat principal

du bœuf   *beef*   du porc   *pork*
du jambon   *ham*   du poulet   *chicken*
du poisson   *fish*   du veau   *veal*

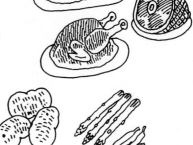

Légumes (*m.*)   (vegetables)

des asperges (*f.*)   *asparagus*
des épinards (*m.*)   *spinach*
des haricots verts (*m.*)   *green beans*
des petits pois (*m.*)   *peas*
des pommes de terre (*f.*)   *potatoes*
du riz   *rice*

Fruits (*m.*)   (fruits)

une banane   une poire   *pear*
une orange   une pomme   *apple*
une pêche   *peach*   du raisin   *grape*

Le couvert   (table setting)

une assiette   *plate*   une petite cuillère   *teaspoon*
un couteau   *knife*   une serviette   *napkin*
une cuillère   *spoon*   une tasse   *cup*
une fourchette   *fork*   un verre   *glass*

Au restaurant

l'addition (*f.*)   *the check*
la carte   *menu*
la carte des vins   *wine list*
le garçon   *waiter*
le maître d'hôtel   *maitre d'*
le menu   *fixed-price meals*
le plat du jour   *special of the day*
le pourboire   *tip*
la serveuse   *waitress*

Commander   (to order)

service compris   *tip included*
boisson et service en sus   *drink and tip extra*
Payez à la caisse.   *Pay the cashier.*

On réserve une table

M. Marchand téléphone au restaurant Jamin *pour réserver une table.*

LE MAITRE D'HOTEL: Allô, le restaurant *Jamin.*

M. MARCHAND: Bonjour, je voudrais réserver une table pour quatre ce soir.

LE MAITRE D'HOTEL: Attendez voir… non, ce soir, nous sommes complets.° Mais je veux bien prendre votre nom. Nous allons peut-être° avoir une annulation.°

M. MARCHAND: Et demain soir?

LE MAITRE D'HOTEL: Oui, à quelle heure?

M. MARCHAND: Vingt heures trente?

LE MAITRE D'HOTEL: C'est noté.° C'est à quel nom?

M. MARCHAND: Monsieur Marchand.

LE MAITRE D'HOTEL: C'est convenu.° A demain soir.

M. MARCHAND: A demain.

Margin glosses:
booked
perhaps / cancellation

C'… I've got it.

C'est… All right.

Activités

A. En petits groupes, demandez à vos camarades quels plats ils aiment et quels plats ils détestent. Préparez un repas idéal et un repas affreux selon vos préférences.

   MODELE: Tu aimes les épinards?
   Non, je les déteste.

B. Quelles sont les spécialités de votre famille?

   MODELE: Ma mère prépare de bons gâteaux.
   Mon père fait du poisson.

C. **Jeu de rôles.** Jouez les scènes suivantes.

   1. Vous êtes dans un restaurant et vous commandez un repas.
   2. Vous téléphonez à votre restaurant préféré pour réserver une table.
   3. Vous demandez au garçon / à la serveuse pourquoi votre repas est si (*so*) cher.
   4. Donnez votre **recette** (*recipe*) préférée: expliquez comment vous préparez votre spécialité.

      MODELE: Je prends du sucre, de la farine…

D. Décrivez le plus mauvais repas de votre vie. Où l'avez-vous pris? Qu'est-ce que vous avez mangé (n'avez pas pu manger)?

E. Vous allez ouvrir (*open*) un nouveau restaurant. Préparez la carte avec un menu, des spécialités de la maison, les prix (*prices*), et indiquez si le service est compris.

Lecture culturelle

Traveling in France

Avant **la lecture**

Many French people love to travel during their free time, and they often use a detailed itinerary to help them with France's elaborate system of expressways, main highways, and secondary roads. Michelin, one of the world's major tire manufacturers, has a number of inexpensive publications to help travelers. Its maps and *Guides Verts* help tourists find interesting places to visit in Europe. The company's best seller, however, is the *Guide Rouge* (the guides are named for the color of their covers). This guide is most known for its ratings of restaurants and hotels all across France. Just being mentioned in the guide is an honor for a restaurant, and receiving one, two, or three stars is a true distinction.

There are only about 20 three-star restaurants in France. A few years ago, the internationally known Parisian restaurant *Maxim's* asked to be dropped from the listing. Some say the management heard they were about to lose one of their three stars, but they claim they are too highly specialized to be compared with others.

Activités

A. Make a list of what kinds of information you would want to have before setting out on a long trip.

B. What would you want to know about a hotel or a restaurant before going in?

C. If you were writing a guide book, what symbols would you use to indicate credit cards accepted, TV, a shower or bath in the room, a garage, and no pets?

Les Guides Michelin

En général, les Français ne partent pas en vacances sans prendre leurs guides et leurs cartes Michelin avec eux. La firme Michelin est célèbre surtout° pour ses pneus,° mais elle aide aussi les voyageurs° en France et en Europe avec des cartes routières° et des guides touristiques.

Les cartes Michelin sont excellentes. Elles indiquent non seulement° les routes mais   5
aussi les curiosités locales (de vieilles églises, de beaux panoramas, des sites pittoresques).
Les cartes sont extrêmement détaillées° et permettent° aux touristes de choisir un
itinéraire selon° leurs préférences. Les touristes pressés° prennent les autoroutes ou les
routes nationales, mais les petites routes servent aux touristes sérieux.

Si vous voulez visiter une région pendant plusieurs jours, vous pouvez acheter un   10
Guide Vert. Pour toute la France, Michelin offre une vingtaine° de guides (*Châteaux de la
Loire, Côte d'Azur, Alpes…*). Ils proposent des itinéraires variés selon la longueur° de votre
visite. Ils indiquent les monuments historiques et expliquent l'architecture du pays. Ils
sont très complets et comportent° toujours une partie historique.

especially / tires

travelers / **cartes…** road maps

non… not only

detailed / permit
according to / in a hurry

about twenty
length

include

Annuellement vôtre

MICHELIN

	Grand luxe	XXXXX
	Grand confort	XXXX
	Très confortable	XXX
	De bon confort	XX
	Assez confortable	X
	Simple mais convenable	

❀❀❀	La table vaut le voyage
❀❀	La table mérite un détour
❀	Une très bonne table
R 70/110	Repas soigné à prix modérés
☲	Petit déjeuner
enf. 15	Menu enfant

	Menu à moins de 65 F

	Hôtels agréables
XXX ... X	Restaurants agréables
←	Vue exceptionnelle
←	Vue intéressante ou étendue
ঌ	Situation très tranquille, isolée
ঌ	Situation tranquille

	Repas au jardin ou en terrasse
	Piscine en plein air ou couverte
	Jardin de repos - Tennis à l'hôtel

	Ascenseur
	Non fumeur
	Air conditionné
	Téléphone dans la chambre
	Téléphone direct
ঙ	Accessible aux handicapés physiques
	Parking - Garage
	Salles de conférence, séminaire
	Accès interdit aux chiens

Les plans

	Hôtels
	Restaurants

Curiosités

	Bâtiment intéressant et entrée principale
	Édifice religieux intéressant : Catholique - Protestant

Voirie

	Autoroute, double chaussée de type autoroutier échangeur : complet, partiel, numéro
	Grande voie de circulation
	Sens unique - Rue impraticable
	Rue piétonne - Tramway
Pasteur P	Rue commerçante - Parc de stationnement
	Porte - Passage sous voûte - Tunnel
	Gare et voie ferrée
B	Bac pour autos - Pont mobile

Signes divers

	Information touristique
	Mosquée - Synagogue
	Tour - Ruines - Moulin à vent - Château d'eau
	Jardin, parc, bois - Cimetière - Calvaire
	Stade - Golf - Patinoire - Hippodrome
	Piscine de plein air, couverte
	Table d'orientation - Vue - Panorama
	Funiculaire - Téléphérique, télécabine
	Monument, statue - Fontaine - Usine
	Port de plaisance - Phare
	Transport par bateau : passagers et voitures, passagers seulement
	Bâtiment public repéré par une lettre :
A C	Chambre d'agriculture - Chambre de commerce
G H J	Gendarmerie - Hôtel de ville - Palais de justice
M P T	Musée - Préfecture, sous-préfecture - Théâtre
U	Université, grande école
POL	Police (commissariat central)
③	Repère commun aux plans et aux cartes Michelin détaillées
	Bureau principal de poste restante et téléphone
	Hôpital - Marché couvert - Caserne
	Tour ou pylône de télécommunications
	Aéroport - Station de métro - Gare routière
	Passage bas (inf. à 4 m 50) - Pont à charge limitée (inf. à 19 t.)
	Garage : Peugeot, Talbot, Citroën - Renault (Alpine)

publishes

urban areas

informs / establishments

unknown
includes

elevator / know

also
included

has

outstanding

Michelin publie° aussi le *Guide Rouge*. Les Français l'appellent le *Guide Michelin* ou, simplement, *Le Michelin*. En France, c'est la bible du voyageur. Une nouvelle édition sort tous les ans, et beaucoup de gens l'achètent régulièrement. Toutes les villes et tous les villages sont présentés par ordre alphabétique. Il y a un plan de toutes les agglomérations° importantes, mais on insiste surtout sur les hôtels et les restaurants. Le système de 5 symboles adopté par Michelin renseigne° les voyageurs sur la classe des établissements° mentionnés.

Quand on cherche un hôtel dans une ville inconnue,° *Le Michelin* donne les renseignements nécessaires sur la classe et le prix des établissements, mais il contient° aussi un grand nombre de détails supplémentaires. Une série de symboles indique au 10 voyageur si l'hôtel a un garage, un restaurant, l'ascenseur.° On peut aussi savoir° combien il y a de chambres; si elles sont avec douche ou avec salle de bain et si elles ont le téléphone et la télévision. On apprend également° si le petit déjeuner et les taxes sont compris.° Il y a aussi une liste des cartes de crédit acceptées.

Le Michelin est célèbre principalement pour son évaluation des restaurants. Il 15 accorde une, deux ou trois étoiles aux restaurants de qualité exceptionnelle. La France compte° seulement une vingtaine de restaurants trois étoiles. Dans ces restaurants on ne mange pas pour moins de cent dollars par personne, mais la cuisine et le service sont remarquables.°

Après la lecture

Questions sur le texte

1. En général, qu'est-ce que les Français prennent quand ils partent en vacances?
2. Qu'est-ce que la firme Michelin fait?
3. Qu'est-ce qu'elle publie?
4. Comment sont les cartes Michelin?
5. Pourquoi consulte-t-on un *Guide Vert?*
6. Qu'est-ce qu'on trouve dans le *Guide Rouge?*
7. Qu'est-ce que les symboles dans *Le Michelin* indiquent?
8. Qu'est-ce que les étoiles du *Guide Rouge* indiquent?

Activités

A. Obtain a guide of a motel chain or an AAA directory in North America and compare the symbols with those of the *Guide Rouge*. What does the American guide not indicate that is specified in the French guide?

B. Vous êtes à Roanne et vous consultez votre *Guide Rouge*. (Voir la carte de cette ville à la page 242.) Trouvez les renseignements suivants:

1. le numéro de téléphone de l'Office du Tourisme.
2. la distance à Paris.
3. le nom du fleuve (*river*).
4. le nom d'un restaurant réputé.

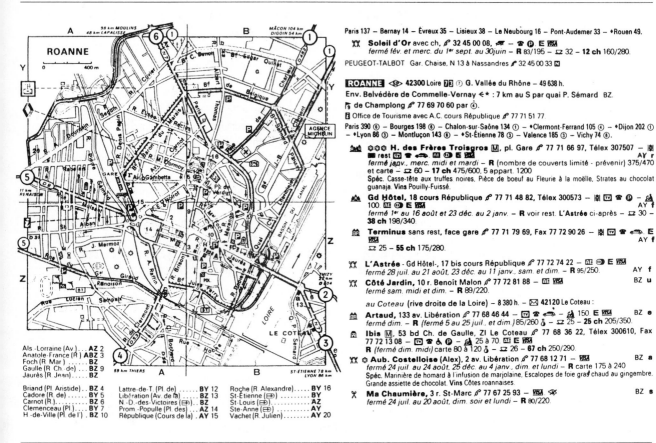

Paris 137 – Bernay 14 – Évreux 35 – Lisieux 38 – Le Neubourg 16 – Pont-Audemer 33 – ◆Rouen 49.

XX Soleil d'Or avec ch, 🖉 32 45 00 08, 🍴 – ☎ 🅿 E 🆅🆂🅰
fermé fév. et merc. du 1er sept. au 30 juin – **R** 83/195 – 🖃 32 – **12 ch** 160/280.

PEUGEOT-TALBOT Gar. Chaise, N 13 à Nassandres 🖉 32 45 00 33 🅽

ROANNE ⬧ 42300 Loire 📵 ⑦ G. Vallée du Rhône – 49 638 h.
Env. Belvédère de Commelle-Vernay ←* : 7 km au S par quai P. Sémard BZ.
📓 de Champlong 🖉 77 69 70 60 par ④.
🅱 Office de Tourisme avec A.C. cours République 🖉 77 71 51 77.
Paris 390 ⑥ – Bourges 198 ⑤ – Chalon-sur-Saône 134 ① – ◆Clermont-Ferrand 105 ④ – Dijon 202 ①
– Lyon 86 ③ – Montluçon 143 ⑤ – ◆St-Étienne 78 ③ – Valence 185 ③ – Vichy 74 ⑤.

🏯 ❀❀❀ **H. des Frères Troisgros** 🅼, pl. Gare 🖉 77 71 66 97, Télex 307507 – 🖂
🖿 rest 🏢 🏢 🖭 🍴   AY r
fermé janv., merc. midi et mardi – **R** (nombre de couverts limité - prévenir) 375/470
et carte – 🖃 60 – **17 ch** 475/600, 5 appart. 1200
Spéc. Casse-tête aux truffes noires, Pièce de bœuf au Fleurie à la moëlle, Strates au chocolat
guanaja. **Vins** Pouilly-Fuissé.

🏨 **Gd Hôtel**, 18 cours République 🖉 77 71 48 82, Télex 300573 – 🖂 🖭 ☎ 🅿 – 🔺
100. 🆐 🅾 E 🆅🆂🅰   AY f
fermé 1er au 16 août et 23 déc. au 2 janv. – **R** voir rest. L'Astrée ci-après – 🖃 30 –
38 ch 198/340.

🏨 **Terminus** sans rest, face gare 🖉 77 71 79 69, Fax 77 72 90 26 – 🖂 🖭 ☎ 🚗 E
🆅🆂🅰   AY f
🖃 25 – **55 ch** 175/280.

XX L'Astrée - Gd Hôtel-, 17 bis cours République 🖉 77 72 74 22 – 🆐 🅾 E 🆅🆂🅰
fermé 28 juil. au 21 août, 23 déc. au 11 janv., sam. et dim. – **R** 95/250.   AY f

XX Côté Jardin, 10 r. Benoît Malon 🖉 77 72 81 88 – 🆐 🆅🆂🅰   BZ u
fermé sam. midi et dim. – **R** 89/220.

au Coteau (rive droite de la Loire) – 8 380 h. – ⌧ 42120 Le Coteau :

🏨 **Artaud**, 133 av. Libération 🖉 77 68 46 44 – 🖭 🚗 – 🔺 150. E 🆅🆂🅰   BZ e
fermé dim. – **R** (fermé 5 au 25 juil. et dim.) 85/260 ⅓ – 🖃 25 – **25 ch** 205/350.

🏨 **Ibis** 🅼, 53 bd Ch. de Gaulle, ZI Le Coteau 🖉 77 68 36 22, Télex 300610, Fax
77 72 13 08 – 🖭 ☎ ♿ 🅿 – 🔺 25 à 70. 🆐 E 🆅🆂🅰   BZ e
R (fermé dim. midi) carte 80 à 120 ⅓ – 🖃 26 – **67 ch** 250/290.

XX ❀ **Aub. Costelloise** (Alex), 2 av. Libération 🖉 77 68 12 71 – 🆅🆂🅰   BZ e
fermé 24 juil. au 24 août, 25 déc. au 4 janv., dim. et lundi – **R** carte 175 à 240
Spéc. Marinière de homard à l'infusion de marjolaine, Escalopes de foie gras chaud au gingembre,
Grande assiette de chocolat. **Vins** Côtes roannaises.

X Ma Chaumière, 3 r. St-Marc 🖉 77 67 25 93 – 🆅🆂🅰 🍴   BZ e
fermé 24 juil. au 20 août, dim. soir et lundi – **R** 80/220.

---

5. si le Gd Hôtel a un restaurant.
6. le prix d'une chambre dans cet hôtel.
7. si le restaurant l'*Astrée* accepte les cartes de crédit.
8. quand il est fermé.

CHAPITRES 7—9

Travail en classe   A. Refaites les phrases suivantes selon les indications entre parenthèses.

En classe

1. Il sort à onze heures.   (Elles… midi.)
2. Elle a suivi un cours d'informatique.   (… faire…)
3. Je ne comprends pas pourquoi ils dorment en classe.   (Nous… il…)
4. Elle explique ce dialogue aux étudiants.   (… apprendre… leçon…)
5. Ils font de l'italien.   (… étudier…)

Au café

6. Ils finissent cette bière froide.   (… servir… bon…)
7. Elle présente ses vieux amis à son fils.   (… ami… fille.)
8. Nous allons voir nos voisins ce soir.   (… hier soir.)
9. Je prends du café quand il fait froid.   (Ils… pleuvoir.)
10. Demain nous allons voir un film intéressant.   (Hier… mauvais…)

En voyage

11. Il a trouvé son magnétophone.   (… perdre… walkman.)
12. Aujourd'hui, il fait froid.   (Hier… vent… neiger.)
13. Il ne veut pas ce pantalon.   (Ils… cravate.)
14. Vous allez visiter votre vieille maison?   (… ami?)
15. Ecoute-t-elle ces disques compacts?   (Vendre… chaîne stéréo?)

B. Répondez aux questions suivantes en employant les mots entre parenthèses. Remplacez les mots en italique par des pronoms.

A l'université

1. Quels *cours* a-t-elle suivis le semestre dernier?   (… physique et … mathématiques.)
2. Qui est-ce qui a visité *l'université?*   (Jean-Paul et Véronique….)
3. J'étudie le français, et toi?   (… apprendre… russe.)
4. Pourquoi as-tu demandé cela au professeur?   (… parce que… je ne… pas comprendre.)

En ville

5. Quel temps va-t-il faire demain?   (… chaud et… pleuvoir.)
6. J'ai soif; qu'est-ce que je peux prendre?   (Prendre… eau!)
7. Qui choisit *les films* quand vous allez au cinéma?   (Nos parents…)
8. Est-ce que vous voyez bien?   (Non, je… parce que… brouillard.)
9. Qu'est-ce qu'ils font devant le café?   (… attendre… amis.)

Chez vous

10. Est-ce qu'elle a un répondeur?   (Non… répondre… elle-même.)
11. Avez-vous donné de l'argent *aux enfants?*   (Non… petit cadeau.)
12. Quel dessert prenez-vous?   (… gâteau.)
13. Va-t-il voir *les filles?*   (Non… hier.)
14. Quelle sorte de vêtements a-t-il choisis?   (… beau…)
15. Pourquoi es-tu fatiguée?   (… ne… pas pouvoir dormir.)

C. Formez des phrases complètes en employant les mots donnés.

En famille

1. Ce / homme / ressembler / mère.
2. Que / vous / voir / fenêtre?
3. Elles / sortir / souvent, mais / elles / ne … pas / dormir assez.
4. Qui / pouvoir / fermer / ce / porte?
5. Je / servir / thé / chaud / mon / amis.

Les études

6. Quel / cours / vous / choisir?
7. Nous / réussir / examen / maths?
8. Elle / vouloir / acheter / nouveau / ordinateur.
9. Nous / faire / sciences économiques / automne.
10. Ce / femmes / étudier / langues / étranger.

Au bureau

11. Il / partir / 4h00 / hier.
12. Nous / ne … pas / comprendre / ce / vieux / employé.
13. Ils / arriver / retard / matin / parce que / neiger.
14. bureau / être / fermé; ils / ne … pas / répondre / téléphone.
15. Vous / prendre / sucre / dans / café?

D. Répondez aux questions suivantes en employant des pronoms compléments. Remplacez les mots en italique par des pronoms.

1. Vous avez parlé *à vos amis?*   (Oui,…)
2. Avez-vous vu *son magnétophone?*   (Non,… pas encore…)
3. Elle apprend l'anglais *aux enfants?*   (Non,… le français.)
4. Est-ce que Christine veut acheter *cette robe?*   (Non,… détester.)
5. Nous allons inviter *les Ouellette* cette semaine?   (Non,… mois prochain.)
6. Il apprend *le chinois* à sa femme?   (Oui,…)
7. Est-ce qu'on fait *la vaisselle* maintenant?   (Non,… demain.)
8. Est-ce que j'ai perdu *mon livre de français?*   (Non,… oublier chez toi.)
9. Qu'est-ce que je peux donner *à Marc?*   (… une montre.)
10. Tu n'aimes pas désobéir *à ton père?*   (Non,… pas du tout…!)

E. Complétez les phrases suivantes logiquement (*logically*).

1. Le dimanche à six heures, je…
2. Ce cours est…
3. En classe, nous ne pouvons pas…
4. Les jeunes enfants ne veulent pas…
5. Quand il pleut,…
6. Ce trimestre, je suis des cours…
7. De ma chambre, on peut voir…

F. Traduisez les phrases suivantes.

1. It is foggy this morning.
2. Who can understand Chinese?
3. I want to see the old hotel.

4. The software? Give it to my sister!
5. She is looking for her calculator.
6. We saw her yesterday.
7. How many courses are you taking this quarter?
8. They did not take their wallets.
9. He called me last night.
10. Look at this beautiful apartment!

Questions personnelles

1. Quand vous mangez au restaurant, qu'est-ce que vous aimez prendre?
2. Qu'est-ce que vous voulez apprendre?
3. A quelle heure prenez-vous votre petit déjeuner?
4. Quel cours suivez-vous ce trimestre / semestre?
5. A qui téléphonez-vous souvent?
6. Si vous allez en France l'été prochain, qu'est-ce que vous voulez voir?
7. Où aimez-vous aller quand vous sortez?
8. Quelles langues étrangères comprenez-vous?
9. Chez vous, qui répond au téléphone?
10. Dans votre famille qui désobéit souvent?

Travail en petits groupes

A. Quel temps fait-il / a-t-il fait / va-t-il faire?

le week-end passé	demain
hier	le week-end prochain
aujourd'hui	

B. Parlez de vos études le trimestre / semestre dernier, ce trimestre / semestre, le trimestre / semestre prochain.

C. Quels sont vos rapports avec votre camarade de chambre?

vous l'aimez / le détestez?	vous lui prêtez des vêtements?
vous lui téléphonez souvent?	vous lui ressemblez?
vous lui donnez des cadeaux?	vous l'écoutez toujours?
vous lui avez présenté votre famille?	

D. Quels bons films avez-vous vus? Racontez-les.

E. Quelles qualités / quels défauts (*faults*) avez-vous? Faites une liste de cinq de vos qualités et cinq de vos défauts. Que faites-vous pour corriger (*correct*) vos défauts?

F. Vous préparez un voyage pour le week-end prochain. Avec qui allez-vous voyager? Qu'est-ce que vous voulez visiter? Qui est-ce que vous voulez voir?

G. Qu'est-ce que tu voudrais apprendre à faire? Où peux-tu aller pour l'apprendre? Qu'est-ce que tu peux apprendre à une autre personne? A qui veux-tu apprendre quelque chose?

On loue une voiture

OBJECTIVES

Language:

Vocabulary for Filling Out a
    Form
Mid Vowels / e / and / ɛ /
Savoir and **connaître**
Passé composé
Imperfect
Venir and Similar Verbs

Culture:

Renting a Car
Driving in France

Communication:

Describing Past Events and
    Conditions
Driving a Car

247

Commençons

On loue° une voiture

rents

les grandes... summer vacation

viennent... have just /
l'aéroport (*m.*) airport

compagnie... rental company

avez... need

reserved / paid for

know / pay

know / frais (*m.*) costs

assurance... (*m.*) full collision
insurance / en... extra /
required

know / habitudes (*f.*) habits /
conducteurs (*m.*) drivers /
European / almost

automatic (*transmission*)

Here / papiers (*m.*) papers /
sign / keys

Trois étudiants américains font un voyage en Europe pendant les grandes vacances.° Ils viennent d'°arriver à l'aéroport° de Zaventem à Bruxelles et ils sont allés au bureau de la compagnie de location° de voitures Avis.

L'EMPLOYÉE: Bonjour, vous avez besoin d'°une voiture?

JANE: Oui, nous l'avons réservée° aux Etats-Unis et nous l'avons payée.°

L'EMPLOYÉE: Très bien. Mais vous savez°, il faut régler° la T.V.A. en Belgique quand vous rendez la voiture.

JANE: Nous ne savions° pas cela quand nous l'avons louée. Est-ce qu'il y a d'autres frais?°

L'EMPLOYÉE: L'assurance tous risques° est en plus.° Elle n'est pas obligatoire,° mais si vous ne connaissez° pas bien les habitudes° des conducteurs° européens,° elle est presque° indispensable.

JANE: Oui, d'accord. Je vais payer avec ma carte de crédit. Est-ce que la voiture est automatique?°

L'EMPLOYÉE: Oui. C'est une Renault 21. Tenez,° voilà les papiers° à signer° et les clés.°

Faisons connaissance   Renting a car is an excellent, if expensive, way to see Europe. The two major agencies in Europe are the American companies Hertz and Avis. Rentals can be arranged through American offices of these companies, through travel agents, or by writing to any of their offices in Europe. Often airlines have special offers combining air travel and a rental car.

One reason that rentals are expensive is the **T.V.A. (taxe à la valeur ajoutée).** This is a tax that many European countries add to purchases; it can be 33 percent of the total cost, or even more for luxury items. While it is possible for a foreigner to obtain a refund of the value-added tax for goods taken out of the country, it is not possible with rental cars. In France, you can save the receipts of purchases that add up to a minimum amount, obtain a form **(une facture de détaxe)** from the store, and present it at customs upon leaving the country. You will then receive a refund of **la détaxe** in the mail. Another major expense in renting a car is additional insurance coverage. The deductible on standard coverage is quite high, making **assurance tous risques** a good idea.

In general, you must be at least twenty-one to rent a car; you must also present a valid driver's licence and leave a major credit card number.

Etudions le dialogue

1. Que font les trois étudiants américains à l'aéroport de Bruxelles?
2. Est-ce qu'ils ont déjà réservé une voiture? Où?
3. En Belgique, qu'est-ce qu'on paye en plus du prix de la location?
4. Quand paye-t-on la T.V.A.?
5. Quand est-il prudent de prendre une assurance tous risques?
6. Quelle marque de voiture Jane et ses amis ont-ils louée?

Enrichissons notre vocabulaire

A. Christine est en retard **lorsqu'**elle arrive chez son amie Elisabeth. Elisabeth **était** très inquiète car Christine était seule en voiture.

—Vous n'avez pas eu d'**accident**, j'**espère**?
—Si, mais ce n'est pas grave et heureusement, les **gendarmes** sont arrivés tout de suite.
—Qui est-ce qui **avait tort**?
—Moi, parce que je **venais de gauche**.
—Vous n'avez pas pu **éviter** l'**autre** voiture?
—Non, j'ai freiné, mais pas **à temps**.

lorsque	when
était	was
accident (*m.*)	accident
espère	hope
gendarmes (*m.*)	police
avait tort	was wrong
venais de gauche	came from the left
éviter	avoid
autre	other
freiné	braked
à temps	in time

B. Remplir un formulaire   to fill out a form

    demande (*f.*)   application
    caractères (*m.*) **d'imprimerie**   print
    remettre   turn it in to
    nom (*m.*)   last name
    prénom (*m.*)   first name
    date de naissance (*f.*)   date of birth
    NPA   zip code
    lieu (*m.*)   place
    cotisation (*f.*)   fee
    conjoint (*m.*)   spouse
    mensuel   monthly
    se fera   will be done

Demande pour une carte EUROCARD

Veuillez remplir cette demande en caractères d'imprimerie et la remettre à votre banque.

M. ☐   Mme ☐   Mlle ☐

Interne EUROCARD

Nom_____ Nationalité_____

Langue (mettre une croix s.v.p.)

Prénom_____ Date de naissance_____

Adresse privée_____ Si étranger, statut_____

Deutsch ☐
Français ☐
Italiano ☐
English ☐

_____ En Suisse depuis l'année____

NPA/Lieu_____ _____

Interne EUROCARD

Lieu d'origine_____

Si vous êtes domicilié à cette adresse depuis moins de trois ans, adresse antérieure_____

Téléphone privé_____ Téléphone professionnel_____

Interne EUROCARD

Profession/position_____

Dans l'entreprise (Adresse)_____ depuis_____

Cotisation annuelle: fr. 100.- ; carte de conjoint gratuite; fr. 50.- pour tout autre membre de la famille.

Le paiement mensuel se fera par le débit de mon compte bancaire

Nom de la banque_____ No du compte_____

NPA/Lieu_____
J'autorise la banque mentionnée ci-dessus à payer mes factures presentées par EUROCARD

Autre mode de paiement

Signature du titulaire de la carte_____

Prononciation   The Mid Vowels / e / and / ɛ /

A. French has three pairs of mid vowels, so called because the mouth is neither fully open as with the / a / sound nor closed as with the / i / sound. With all the pairs, it is important to note whether a consonant sound follows the vowel sound.

B. The mid vowel sound / ɛ / is often followed by a consonant. It is pronounced with the mouth slightly open and the tongue forward.

    treize   faire   laisse   cette   faites   laide

C. The mid vowel sound / e / is extremely tense, so you must be careful not to move your tongue or jaw when pronouncing it.

Practice the following contrasts.

    English: say day bay   **French:** ses des B

D. In French, a consonant sound never follows the / e / sound at the end of a word. Usual spellings for the / e / sound are **é, ez,** and **er**. The consonants are silent.

    allé   vous arrivez   réserver

Exercices

A. Practice the following sounds in monosyllables.

/ e / :   les   B   mes   / ɛ / :   laisse   bête   mère

B. Now, practice the sounds in words of several syllables. Be sure to avoid diphthongizing the final / e /.

céder	acceptez	fermer
chercher	faire	préparer

C. Read the following sentences aloud, keeping all vowels very tense.

1. Daniel fait des crêpes pour la fête de sa mère.
2. Etienne, avez-vous fait la vaisselle?
3. Cet employé a déjà fermé la fenêtre.
4. Visitez le musée près du café.
5. Merci pour ce verre de lait frais.
6. Elle est née en janvier l'année dernière.
7. J'ai mangé des asperges chez Paulette.
8. Michel lui a donné cette bicyclette pour son anniversaire.
9. Vous avez étudié le passé composé en français.
10. Préférez-vous aller danser ou rester chez vous?

Grammaire

I.   Savoir and connaître

French has two verbs meaning *to know;* both are irregular.

A.   Forms

	savoir		connaître
Présent			
je **sais**	nous **savons**	je **connais**	nous **connaissons**
tu **sais**	vous **savez**	ju **connais**	vous **connaissez**
il, elle, on **sait**	elles **savent**	il, elle, on **connaît**	elles **connaissent**
Passé composé			
elle **a su**		il **a connu**	

B.   Uses
Savoir and **connaître** are rarely interchangeable.

1. **Savoir** means *to know a fact, to know very well,* or *to know how to do something.* Never use it to mean to know people.

Je ne **sais** pas son numéro de téléphone.
Elle ne **sait** pas pourquoi.
Mais vous **savez**, il faut régler la T.V.A. en Belgique.
Nous ne **savons** pas jouer au tennis.

Ce
qu'ils disent

In conversational French, in the negative form, the **ne** is dropped and the **je** and **sais** combine to become / ʃe pa /.

—Quelle heure est-il?
—J'sais pas.

2. **Connaître** means *to know, to be acquainted with* or *to be familiar with.* Always use it to mean *to know people,* but **never** place it before a subordinate clause.

Je ne **connais** pas le professeur, mais je **sais** qu'il est sévère.
Vous ne **connaissez** pas les habitudes des conducteurs européens.
Connais-tu Bruxelles?
Il **connaît** bien les poèmes de Victor Hugo.

Connaître	**Savoir** or **connaître**
la loi *law*	la règle *rule*
les gens (*m.*) *people*	le poème *poem*
quelqu'un *somebody*	l'adresse (*f.*)
le facteur *mailman*	
les étrangers (*m.*) *foreigners*	
le roman *novel*	

Another verb conjugated like **connaître** is **reconnaître** (*to recognize*).

Je l'ai vu mais il ne m'a pas **reconnu.**
Reconnaissez-vous cette photo?

3. In some cases, both verbs can be used in similar sentences, but the meaning will then be different.

Connaissez-vous cette chanson?   *Do you **know** that song?*
                                          (Are you familiar with . . .)

Savez-vous cette chanson?   *Do you **know** that song?*
                                          (Do you know the words . . .)

Attention   1. When implying knowledge rather than the absence of an impediment, use **savoir** — not **pouvoir** — the French equivalent of the verb *can* in English.

Elle **ne sait pas** chanter.   *She **can't** sing.   (That is, she has a poor voice.)*

Elle **ne peut pas** chanter.   *She **can't** sing.   (She has a sore throat.)*

Je **ne sais pas** jouer du piano.   *I **can't** play the piano.   (That is, I never learned.)*

Je **ne peux pas** jouer du piano.   *I **can't** play the piano.   (I know how, but I broke my finger.)*

2. The conjunction **que** introduces a fact; the verb **savoir** may precede it, but not **connaître**.

> Ils **savent** que vous êtes gendarme.
> Ont-ils **su** que tu n'as pas 21 ans?

PRATIQUONS

A. Substituez les sujets donnés dans les phrases suivantes.

1. Il ne connaît pas Paris.   (Tu, Nous, Je, On, Vous, Elles, Elle)
2. Elle ne sait pas l'adresse.   (Je, Vous, On, Nous, Tu, Ses amis, Elles)
3. Nous n'avons pas su son âge.   (Vous, Tu, Jean, Il, On, Elles, Ils)
4. Connaissez-vous son mari?   (Elles, Nous, On, Il, Tu, Elle)

B. Complétez les phrases suivantes avec la forme correcte du verbe **savoir** ou **connaître**, selon le cas.

1. _____ -vous son nom?
2. Elle ne _____ pas qu'il est parti.
3. Où est-ce qu'elle a _____ son mari?
4. Ils ne _____ pas parler italien.
5. Nous _____ nos voisins.
6. Est-ce que tu _____ les romans de Balzac?
7. Nos étudiants _____ chanter en français.
8. Je ne _____ pas où il est né.

C. Répondez aux questions suivantes en utilisant les mots entre parenthèses.

1. Quelle heure est-il?   (... ne... pas savoir)
2. Qui est cette fille?   (Je... ne... pas... reconnaître.)
3. Connaissez-vous ce monsieur?   (Oui, mais nous... pas son nom.)
4. Quand a-t-elle appris cela?   (... savoir... hier.)
5. Il connaît Jacqueline?   (Oui... connaître le trimestre dernier.)
6. Est-ce qu'elle sait que vous n'allez pas rester?   (Oui,...)

D. Récrivez les phrases suivantes en remplaçant les mots en italique par les mots donnés. Faites les changements nécessaires.

1. Ils ne *peuvent* pas chanter.   (... savoir...)
2. Connaissez-vous *sa maison*?   (... où il habite)
3. Je ne sais pas *son nom*.   (... sa sœur)
4. Tu ne peux pas parler *aujourd'hui*?   (... russe)
5. Est-ce que tu sais *bien* faire du vélo?   (... cet après-midi)
6. Elle a su *cela* hier.   (... mon amie...)

E. Traduisez les phrases suivantes.

1. I saw Robert, but I didn't recognize him.
2. Does he know how to speak Spanish?
3. Can he play the piano?
4. We know he was born in Belgium.
5. Can he go out tonight?
6. He knows a good Italian restaurant near here.

PARLONS

A. Qu'est-ce que vous savez faire de spécial? Qu'est-ce que vous ne savez pas faire que vous voulez apprendre? Voici quelques possibilités.

piloter un avion?   supporter les enfants?
parler espagnol?   programmer un ordinateur?
faire des robes?   imiter une personne célèbre?
faire la cuisine?   … ?
danser le tango?

B. Connaissez-vous… ?

MODELE: des villes?   *Oui, je connais Londres.*
          des gens célèbres?   *Oui, je connais un sénateur.*

1. des villes loin d'ici?   5. un très mauvais restaurant?
2. une autre culture?   6. de bons poèmes?
3. des gens célèbres?   7. des étrangers sympathiques?
4. de bons films?   8. des professeurs ennuyeux?

C. Qu'est-ce qu'il est nécessaire de savoir / connaître pour faire les choses suivantes?

MODELE: pour partir en vacances?
          Pour partir en vacances, il est nécessaire de connaître les routes et de savoir où sont les hôtels.

pour passer le bac?   pour travailler dans un restaurant?
pour habiter en France?   pour louer une voiture?
pour être étudiant?   pour être play-boy?

D. Interviewez un(e) camarade de classe en utilisant les questions suivantes. Ensuite, communiquez ses réponses aux autres.

Sais-tu   danser?
Connais-tu   parler une langue étrangère?
Peux-tu   faire la cuisine?
               des poèmes américains?
               des gens en France?
               une chanson récente?
               un numéro de téléphone important?
               dîner chez moi ce soir?
               jouer du piano ici?

Questions personnelles

1. Où avez-vous connu votre petit(e) ami(e)? votre camarade de chambre?
2. Connaissez-vous des poèmes français? Quels poèmes?
3. Savez-vous la date de votre examen final?
4. Savez-vous votre numéro de Sécurité Sociale (sans vérifier)?
5. Qui n'avez-vous pas reconnu récemment? Avez-vous été embarrassé(e)?
6. Qui connaissez-vous le mieux (*the best*)?

II.   Le passé composé (*Review*)

A. The **passé composé** with **avoir**

1. As you have learned, the **passé composé** refers to actions viewed as completed in the past. In most cases, you form it with the present tense of **avoir** and the past participle of the verb. The past participle is based on the infinitive.

infinitive	past participle
chanter	chanté
choisir	choisi
répondre	répondu

2. You have also learned several irregular past participles.

être	été
avoir	eu
faire	fait
pouvoir	pu
vouloir	voulu
suivre	suivi
voir	vu
pleuvoir	plu
prendre	pris (*also* appris, compris)
connaître	connu
savoir	su

3. Remember that in the **passé composé** with **avoir** construction, the past participle agrees with the direct object that *precedes* the verb.

J'ai chois**i** une **robe** rouge.
Elle a vend**u** sa **bicyclette.**

Quelle **robe** avez-vous chois**ie?**
La **voiture?** Nous l'avons réserv**ée** et nous l'avons pay**ée.**

— Dimanche à Muirfield
je me suis admirablement
bien sortie du bunker
du trou n° 17.

— Oh, moi à St-Nom
j'ai été exceptionnelle en
réussissant un put
de 19 mètres.

— Ah oui? Moi j'ai
eu la flèche de bronze
au challenge Robin des bois
en forêt d'Isy.

B. The **passé composé** with **être**

1. As you learned in Chapter 6, a small group of verbs forms the **passé composé** with the conjugated form of **être** and the past participle. The ones you have not yet learned are listed below. Most of these are verbs of motion.

Mots clés

Verbs conjugated with **être** in the **passé composé**

infinitive		*past participle*
*aller	to go	allé
*arriver	to arrive	arrivé
*descendre	to go down	descendu
entrer (dans)	to go in	entré
*monter	to climb, go up	monté
mourir	to die	mort
*naître	to be born	né
*partir	to leave	parti
*passer par	to pass (by)	passé
*rentrer	to return; to run into	rentré
*rester	to stay	resté
retourner	to return	retourné
*sortir	to leave	sorti
tomber	to fall	tombé
venir	to come	venu

*verbs you already know

2. Past participles of verbs conjugated with **être** agree in gender and number with their subjects.

> Ils **sont allés** au bureau de la compagnie.
> Quand elle **est entrée**, elle **est tombée**.

Attention

1. In spoken French, you hear past participle agreement with only one verb that takes **être** — mourir.

> Il est **mort** (/ i lε mɔʀ /) en 1967, et elle est **morte** (/ ε lε mɔʀt /) en 1970.

2. **Passer** can mean *to spend (time)*, *to take (an exam)*, or *to pass (something)*. When it takes a direct object, it forms the **passé composé** with **avoir**.

> J'ai **passé** trois jours à Paris.   I **spent** three days in Paris.
> Elle lui **a passé** le pain.   She **passed** him (her) the bread.

When the verb indicates motion, it cannot have a direct object, so it forms the **passé composé** with **être**.

> Des amis **sont passés** chez moi   Some friends **came by** my house last
> hier soir   night.
> Elle **est passée** par Marseille.   She **went by** Marseille.

3. Retourner indicates motion and is therefore conjugated with **être**.

   Elle **est retournée** à la résidence.   *She **returned** to the dorm.*

The French equivalent of *to return* (*an object*), **rendre**, is conjugated with **avoir**.

   Elles **ont rendu** le parapluie.   *They **returned** the umbrella.*

PRATIQUONS

A. Remplacez les mots en italique par les mots donnés.

   1. *Il* a trouvé le portefeuille.   (Nous, Je, Elles, Tu, On, Vous, Christine et Elisabeth)
   2. *Jeanne* est descendue très tard.   (Je, Vous, Elles, Nous, Tu, Il, On)

B. Remplacez les mots en italique par les verbes donnés.

   1. J'ai *apporté* ces photos.   (choisir, regarder, voir, faire, prendre, reconnaître, vendre)
   2. Nous *sommes sortis* à trois heures.   (arriver, partir, descendre, rentrer, entrer, monter)

C. Mettez les phrases suivantes au passé composé.

   1. Elle lui passe la demande.   6. Je n'ai pas de patience.
   2. Nous utilisons un ordinateur.   7. Tu sais cela?
   3. Ils vont rester jusqu'à deux heures.   8. Quand vont-ils retourner en France?
   4. Est-ce que tu la connais?   9. Je ne veux pas leur téléphoner.
   5. Paul et Marie passent par Paris.   10. Ils vont descendre de bonne heure.

D. Répondez aux questions suivantes en employant les mots entre parenthèses.

   1. Est-ce que Pierre est à la maison?   (Non,… sortir avec son frère)
   2. Ont-ils fait le ménage?   (Non,… aller à la plage)
   3. Pourquoi n'avez-vous pas de parapluie?   (… perdre hier)
   4. Pourquoi n'avez-vous pas parlé à Françoise?   (… ne … pas reconnaître)
   5. Lui as-tu téléphoné?   (Non… ne … pas savoir son numéro)
   6. Est-ce qu'ils ont vu leurs parents?   (Oui,… arriver hier soir)
   7. Ce poète est-il vieux?   (Oui,… naître en 1900)
   8. Tu es allé chez eux?   (Oui,… leur donner un gâteau)

E. Formez des phrases complètes en utilisant les mots donnés.

Je	travailler	tous les soirs
Nous	partir	le week-end dernier
Vous	sortir	avec des amis
Mes amis	attendre	à trois heures du matin
Mes parents	arriver	l'été dernier
Mon frère	rentrer	pendant deux heures
Ma sœur	chanter	sans ses parents
Tu	dormir	très tard

PARLONS

A. Quand sont-ils morts? Devinez (*guess*) la date.

1. Charlemagne		a.	1715
2. Jeanne d'Arc		b.	1923
3. Louis XIV		c.	1985
4. Marie-Antoinette		d.	814
5. Napoléon		e.	1970
6. Sarah Bernhardt		f.	1821
7. Charles de Gaulle		g.	1793
8. Simone Signoret		h.	1431

B. Séparez-vous en petits groupes et interviewez vos camarades. Utilisez les expressions suivantes.

> naître en quelle année? dans quelle ville?
> arriver quand à l'université?
> étudier le français pendant longtemps?
> aller au cinéma récemment?
> étudier ou sortir le week-end dernier?
> avoir des amis à dîner?
> rentrer avant minuit samedi?
> connaître votre petit(e) ami(e) où?
> … ?

C. Racontez votre journée (*Tell about your day*) d'hier.

> prendre le petit déjeuner à… heures?
> partir pour… ?
> prendre l'autobus? ma voiture?
> attendre mes amis à… ?
> aller à mon cours de… ?
> répondre à… questions (une, deux, trois,…)?
> manger avec… ?
> voir… (qui?)
> rentrer chez moi à… heures?
> regarder la télévision l'après-midi?
> faire des courses à… ?
> monter dans ma chambre à… ?
> téléphoner à… ?
> … ?

D. Racontez des vacances inoubliables (*unforgettable*).

> aller à… ?
> partir avec… ?
> rester à l'hôtel? avec des amis?
> passer une semaine? quinze jours? un mois?
> visiter… (Quoi?)
> aller voir… (Qui?)
> sortir tous les soirs?
> rentrer très tard?
> dormir jusqu'à… heures?
> manger des (du)… ?
> faire des promenades? la grasse matinée?
> rentrer content(e)? fatigué(e)? sans argent?

Questions personnelles

1. Etes-vous passé(e) chez un(e) ami(e) hier? Qu'est-ce que vous avez fait?
2. Avez-vous déjà (*ever*) fait du ski? Etes-vous tombé(e)? Combien de fois?
3. Etes-vous retourné(e) dans un magasin pour rendre quelque chose? Qu'est-ce que vous avez rendu?
4. Où êtes-vous allé(e) en vacances plusieurs fois?
5. Etes-vous resté(e) chez vous tout le week-end?
6. Etes-vous né(e) le même jour qu'une célébrité? Quelle célébrité?

III.   The Imperfect

A. Formation of the imperfect

1. In addition to the **passé composé**, French has another past tense—the imperfect (**l'imparfait**). Its forms are based on the first-person plural of the present tense: you drop the **-ons** and add the following endings:

parler parløns	finir finissøns	partir partøns	descendre descendøns
je parlais	je finissais	je partais	je descendais
tu parlais	tu finissais	tu partais	tu descendais
il, elle, on parlait	il, elle, on finissait	il, elle, on partait	il, elle, on descendait
nous parlions	nous finissions	nous partions	nous descendions
vous parliez	vous finissiez	vous partiez	vous descendiez
ils, elles parlaient	ils, elles finissaient	ils, elles partaient	ils, elles descendaient

2. The imperfect of **il pleut** is **il pleuvait**.

Attention   Because the imperfect is based on the first-person plural of the present tense you must keep the pronunciation of the stem. Be careful especially with **je faisais** (/ fø zɛ /) and **tu prenais** (/ pʀø nɛ /). The first vowel of each verb has the same sound as **je peux** (/ ʒø p¢ /).

L ' O R T H O G R A P H E

1. Because four imperfect endings begin with the letter **a**, remember the spelling changes in verbs ending in **-cer** and **-ger**. For infinitives ending in **-cer**, the **c** becomes **ç** before **a** or **o**:

   commen*cer* → commen**ç**ons   commen**ç**ais

   For verbs ending in **-ger**, the **g** becomes **ge** whenever the ending begins with an **a** or an **o**:

   man*ger* → mang**e**ons   mang**e**ais

2. Verbs with infinitives ending in **-ier** (**étudier**, **apprécier**) will have two is in the **nous** and **vous** forms.

   Nous étudi**i**ons la gestion.   Vous appréci**i**ez l'art moderne.

B. Imperfect of **être**

Etre is the only verb that does not take its imperfect stem from the **nous** form. Although its imperfect stem (**ét-**) is irregular, the endings are the regular imperfect tense endings.

j'**étais**	nous **étions**
tu **étais**	vous **étiez**
il, elle, on **était**	ils, elles **étaient**

C. Differences between the imperfect and the **passé composé**.
   The difference between these two tenses depends on your perception of the action:

1. **Imperfect:** What was going on or what were the conditions?

   Il **pleuvait** quand je suis sorti.
   En 1962, nous **habitions** en Belgique.
   Quand j'**étais** petit, j'**allais** à l'école en autobus.

2. **Passé composé:** What happened or what happened next?

   Quand j'**ai vu** l'enfant, j'**ai freiné**.
   Quand elle avait onze ans, elle **est allée** au Canada.
   Nous lui **avons téléphoné** parce que nous ne le voyions pas souvent.

3. The tenses can be used to draw a contrast; the imperfect to show the conditions, and the **passé composé** to indicate the events.

Condition	Event
Je **prenais** une douche	quand le téléphone **a sonné**.
Il **était** très tard	quand Christine **est rentrée**.
Il y **avait** trop de gens chez Yves	et je **suis parti**.

D. Because the difference between the imperfect and the **passé composé** does not exist in English, sometimes we have to use a different verb to establish the distinction.

Il **connaissait** la femme.	*He **knew** the woman.*
Il **a connu** la femme.	*He **met** the woman.*
Elle **savait** la réponse.	*She **knew** the answer.*
Elle **a su** la réponse.	*She **found out** the answer.*
Je **ne voulais pas** le faire.	*I **didn't want** to do it.*
Je n'**ai** pas **voulu** le faire.	*I **refused** to do it.*

PRATIQUONS

A. Remplacez les mots en italique par les mots donnés.

1. *Marie* vendait des cadeaux.   (Vous, Nous, Tu, On, Je, Elles, Robert)
2. *Elle* n'était pas contente.   (Je, Vous, Mes parents, On, Tu, Nous)
3. Faisiez-*vous* des courses en ville?   (elle, tu, il, on, ils, elles, Marc, Les Morin)

B. Mettez les phrases suivantes à l'imparfait.

1. Elle attend les gendarmes.
2. Nous avons froid.
3. Je perds tout le temps.
4. Tu connais ces gens?
5. Elles veulent aller en ville.
6. On part à trois heures.
7. Est-ce que vous savez la réponse?
8. Nous réservons une bonne table.

C. Mettez le paragraphe suivant à l'imparfait. Commencez avec «**Le dimanche…**»

Dimanche dernier, nous avons fait la grasse matinée. J'ai pris mon petit déjeuner à onze heures et je suis sorti. J'ai fait une promenade et je suis rentré à la maison. L'après-midi, j'ai regardé la télévision et j'ai écouté des disques. Ma femme a téléphoné à ses parents et elle les a invités chez nous.

D. Dans les phrases suivantes, mettez les verbes au passé composé ou à l'imparfait, selon le cas. Faites les changements nécessaires.

1. Lorsqu'elle (partir), il (être) triste.
2. Nous (avoir) froid quand nous (arriver) et nous (prendre) une boisson chaude.
3. Il (être) pauvre lorsqu'elle le (connaître).
4. Je (téléphoner) quand elle (entrer).
5. Quand ils (aller) en France tous les ans, ils (parler) bien le français.
6. Il (pouvoir) rentrer quand il (vouloir).

E. Mettez les verbes de ce paragraphe au passé composé ou à l'imparfait, selon le cas.

A la Gare

Samedi dernier, il _____ (pleuvoir) et il _____ (faire) du brouillard. Nous _____ (arriver) à la gare à sept heures. Nous _____ (être) en avance car le train pour Paris _____ (partir) à huit heures. Mes parents _____ (avoir) froid et ils _____ (vouloir pas) rester. Nous _____ (aller) au restaurant et nous _____ (prendre) un café bien chaud. A huit heures moins cinq, le train _____ (entrer) en gare et il y _____ (avoir) beaucoup de gens. Nous _____ (monter) et nous _____ (trouver) trois places ensemble. Le train _____ (partir). Nous _____ (être) contents de rentrer.

PARLONS

A. Quand vous étiez au lycée, que faisiez-vous? Employez les expressions suivantes, si vous voulez.

étudier beaucoup / peu être studieux(-se)
sortir avec… avoir de bonnes / mauvaises notes
rentrer à… heures réussir / ne … pas réussir aux examens
répondre aux questions du obéir / désobéir aux professeurs
   professeur … ?

B. Quand vous étiez petit(e), que faisiez-vous pour embêter *(annoy)* les gens?

manger du chewing-gum porter des vêtements bizarres
rentrer très tard chanter tout le temps
écouter la radio … ?
étudier peu

C. Où étiez-vous ou que faisiez-vous quand…?

1. vous avez eu seize ans?
2. «Challenger» a explosé?
3. vous avez connu votre petit(e) ami(e)?
4. vous avez pris un avion pour la première fois?
5. vous avez parlé une langue étrangère avec quelqu'un pour la première fois?
6. vous avez eu un accident?

D. Imaginez la vie *(life)* de l'homme préhistorique. Faites des questions et des réponses en utilisant les expressions données.

MODELE: habiter dans une maison
Est-ce que l'homme préhistorique habitait dans une maison?

porter des chaussures fumer des cigarettes
porter une cravate manger de la viande
regarder la télévision être artiste
parler français voyager beaucoup
dormir dans un lit travailler à la campagne
inventer le téléphone avoir beaucoup de vacances

Questions personnelles

1. Quel temps faisait-il quand vous êtes parti(e) ce matin?
2. Quelle heure était-il quand vous êtes arrivé(e) à l'université aujourd'hui?
3. A-t-il neigé l'hiver dernier? Neigeait-il le jour de Noël?
4. Quel âge aviez-vous quand vous êtes entré(e) à l'université?
5. Quand vous étiez petit(e), qu'est-ce que vous aimiez faire? Est-ce que vous étiez bon(ne) élève?
6. Quand vous alliez au lycée, où habitiez-vous?
7. Qu'est-ce que vous faisiez hier soir à neuf heures?
8. Qui voyiez-vous souvent l'année dernière que *(whom)* vous ne voyez pas maintenant?

IV. **Venir** and Verbs like **venir, venir de** + *Infinitive*

A. Venir

venir (*to come*)	
je **viens**	nous **venons**
tu **viens**	vous **venez**
il, elle, on **vient**	ils, elles, **viennent**
passé composé: il **est venu**	

Elle **vient** chez nous ce soir.
Ils vont **venir** demain.
Je **suis venu** à huit heures.

1. Note that **venir** is conjugated with **être** in the **passé composé.**

2. Verbs conjugated like **venir** that form the **passé composé** with **être:**

devenir	*to become*	Il **est devenu** méchant.
revenir	*to come back*	Elles **sont revenues** ensemble.

3. Verbs conjugated like **venir** that form the **passé composé** with **avoir:**

appartenir à	*to belong to*	Ce transistor ne lui **appartient** pas.
contenir	*to contain*	Mon *Guide Michelin* **contient** les renseignements nécessaires.
obtenir	*to obtain*	Elle **a obtenu** son bac en 1985.
retenir	*to hold back, to remember*	Je ne **retiens** pas les noms.
tenir	*to hold, to keep*	Il **tient** l'enfant par la main.
tenir à + *noun*	*to be fond of*	Ils **tiennent à** leur grand-mère.
tenir à + *verb*	*to be anxious to, to insist on*	Je **tiens à** partir tout de suite
tenir de	*to take after*	Elle **tient de** son père.

Attention

1. **Devenir** is often used in the expression **Qu'est-ce que tu deviens?**, meaning *What are you up to?* In the **passé composé, Qu'est-ce qu'il est devenu?** means *Whatever became of him?* Like **être, devenir** does not take an article with professions that are not modified by adjectives.

Il est devenu **professeur.**   *He became a teacher.*

2. The verb **tenir** is used in the expressions **Tenez!** and **Tiens!**, which mean *Say! Hey!*.

Tenez! Voilà les papiers à remplir.
Tiens! J'ai perdu mon passeport!

B. Venir + *infinitive*

1. The construction **venir de** + *infinitive* represents the **passé immédiat** and is used in two tenses: the present and the imperfect. In the present tense, a conjugated form of

venir de + *infinitive* indicates a recently completed action. It is equivalent to the English *have just* + *past participle.*

Present

Je **viens** d'avoir un accident.
Trois étudiants américains **viennent** d'arriver à l'aéroport.

2. In the imperfect tense, a conjugated form of **venir de** + *infinitive* indicates an action that was completed just before another past action, which is expressed in the **passé composé**. This is equivalent to the English *had just* + *past participle.*

Imperfect

Il **venait** d'arriver quand je suis rentré.
Nous **venions** d'ouvrir la porte quand le téléphone a sonné.

PRATIQUONS

A. Remplacez les mots en italique par les mots donnés.

1. *Il* vient chez moi le dimanche.   (Vous, Elles, Jacqueline, Ils, Tu, On)
2. *Mes amis* sont venus hier soir.   (Vous, Tu, Nous, Je, Elles, Marc, Mes étudiants)
3. *Il* tenait à son ami.   (Elles, Je, On, Pierre, Nous, Vous, Tu)

B. **Chez moi.**   Mettez les phrases suivantes au passé immédiat en employant **venir de** au présent ou à l'imparfait, selon le cas.

1. Mon père part.
2. Ma sœur est malade.
3. Robert finissait son dîner quand ma mère est arrivée.
4. Ma mère vend une maison.
5. Elle prend un café.
6. Je faisais la vaisselle quand le téléphone a sonné.

C. Faites des phrases complètes avec les mots suivants.

1. Ce / walkman / appartenir / mon / sœur.
2. Je / venir / téléphoner / quand / elle / descendre.
3. Elle / tenir / ce / walkman.
4. —Ton / voiture / contenir / combien / personnes?
5. —Six / si / on / ne … pas / tenir / beaucoup / place.
6. —Marc / venir / arriver / et nous / tenir / l'emprunter!

D. Refaites les phrases suivantes en employant les expressions données.

1. Demain, il va revenir du Canada.   (Hier…)
2. Ils adorent leur nouvelle maison.   (… tenir à…)
3. L'étudiant obtient de mauvaises notes.   (Les étudiants…)
4. Elles ont fini à minuit.   (… revenir…)
5. Je viens de faire mes valises.   (Nous…)
6. Tu veux ces vieux vêtements?   (… tenir à…)
7. Qu'est-ce que ton ami Gilles a fait?   (… devenir?)
8. Vous n'étudiez pas maintenant?   (… venir…)

E. Répondez aux question suivantes.

1. Vous voulez partir? (Non… venir… arriver!)
2. Est-ce que c'est ta clé? (Non… appartenir… Brigitte.)
3. Est-ce qu'elles vont venir ce soir? (Non… venir… hier matin.)
4. De qui tient-il? (… son père.)
5. Est-ce que Jacqueline a fait de l'informatique? (Oui,… devenir… programmeuse.)
6. Pourquoi est-elle heureuse? (… obtenir… bonnes notes.)

PARLONS

A. Choisissez des objets dans la classe et demandez **«A qui appartient ce…?»** ou **«Est-ce que… appartiennent à…?»**.

MODELE: A qui appartient ce sac?
Il appartient à Marie.

Est-ce que ces cahiers appartiennent à Jacques?
Oui, ils lui appartiennent.

B. **Un objet précieux.** A quoi tenez-vous? Quel objet aimez-vous beaucoup? Décrivez cet objet et expliquez pourquoi vous l'aimez beaucoup.

un vêtement, de vieilles chaussures, une belle photo de…, des livres anciens, un poème, une montre, un cadeau d'un (d'une) petit(e) ami(e)?

C. Qu'est-ce que ces gens retiennent pour exercer leur profession?

MODELE: Les avocats retiennent les lois.

Les programmeurs…	les adresses
Les historiens…	les verbes irréguliers
Les secrétaires…	les dates
Les gendarmes…	les numéros de téléphone
Les facteurs…	le code de la route
Les professeurs de langue…	les nombres

Et vous? Que retenez-vous?

D. Séparez-vous en petits groupes et répondez à la question «Qu'est-ce que vous avez fait récemment?» Employez **venir de.**

prendre le petit déjeuner, obtenir une bonne note en…, réussir à / échouer à un examen de…, rentrer de…, finir un Coca-Cola, parler avec un camarade, arriver sur le campus, quitter la maison, avoir un accident…

Questions personnelles

1. Que voulez-vous devenir?
2. Vous allez partir ce week-end? Quand revenez-vous?
3. Avez-vous obtenu une bonne note? Quand? Dans quelle matière?
4. Votre camarade de chambre vient de quelle ville?

5. Venez-vous toujours en classe?
6. Allez-vous revenir à l'université l'année prochaine?
7. A quelles organisations appartenez-vous?
8. De qui tenez-vous?

Communiquons

Le code de la route

In order to drive in France, you must be eighteen years old and take private lessons from an **auto-école.** The French driver's license is very difficult to obtain, but you never need to renew it. An American wishing to drive in France would do well to obtain an international driver's license before going, and to become familiar with French traffic regulations **(le code de la route).**

The basic driving rules in France are the same as in North America for the most part, but there are some differences. The right of way is always given to the vehicle on the right unless otherwise indicated. Because of increasing traffic-related deaths, the government has begun limiting speed more drastically on main highways and expressways. Many drivers, however, ignore these laws. Other efforts to reduce casualties include the mandatory use of seat belts **(les ceintures de sécurité)** and forbidding children under twelve from riding in the front seat.

When driving in France at night, you notice immediately that headlights **(les phares)** are yellow. The French feel that yellow is not as harsh on the eyes and is therefore safer for oncoming traffic. To reduce noise in cities, it is forbidden to honk. Drivers signal with high beams **(donner un coup de phares)** to warn others. Americans generally find French drivers very aggressive, so it's wise to be cautious when driving in France.

Here are some frequently used words related to driving a car.

Conduire une voiture

rouler à / faire du (+ kilomètres à l'heure)   *to go (+ m.p.h.)*
prendre le volant   *to get behind the wheel*
doubler   *to pass*
brûler un feu   *to go through a red light*
stationner   *to park*
tomber en panne   *to break down*
faire de l'auto-stop   *to hitchhike*

L'entretien   *(maintenance)*

prendre de l'essence / de l'huile   *to get some gas / oil*
faire le plein   *to fill it up*
vérifier les pneus / l'eau   *to check the tires / the water*
la station service
le garagiste / le mécanicien (-ienne)

Les gens

le chauffeur
le chauffard   *reckless driver*
les passagers (-ères) / les occupant(e)s

Une auto

le siège avant   *front seat*   le siège arrière   *back seat*

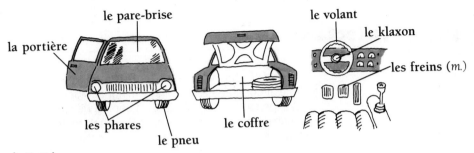

la portière   le pare-brise   le volant   le klaxon   les freins (*m.*)

les phares   le coffre   le pneu

Activités

A. Questions de discussion.

1. Avez-vous déjà fait de l'auto-stop? Pour aller où? Est-ce une bonne idée?
2. En général, roulez-vous vite? Du combien faites-vous sur l'autoroute? En ville?
3. Brûlez-vous souvent les feux? Pourquoi?
4. Où stationnez-vous à l'université? C'est près de votre salle de classe?
5. Aimez-vous mieux prendre le volant ou être passager(-ère)? Pourquoi?
6. Etes-vous tombé(e) en panne? Dans quelles circonstances?
7. Quelle station service fréquentez-vous? Pourquoi? Connaissez-vous un(e) bon(ne) mécanicien(ne)?
8. Etes-vous un chauffard? A quelles lois désobéissez-vous souvent?

B. Que faites-vous à votre voiture avant de partir en vacances? Faites une liste.

C. En France, on utilise **les panneaux routiers** (*road signs*) **internationaux.** Identifiez les panneaux correspondant aux définitions suivantes.

1. stop
2. stationnement interdit   *no parking*
3. chaussée glissante   *slippery when wet*
4. défense de tourner à droite   *no right turn*
5. sens interdit   *do not enter*
6. défense de doubler   *no passing*
7. vitesse limitée à cent (kilomètres)   *maximum speed sixty (miles)*
8. sens unique   *one way*

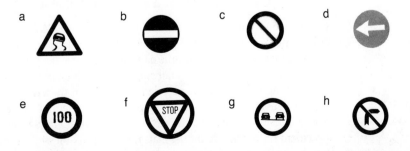

Lecture culturelle

Driving in France

Avant la lecture

The following story is adapted from an article in *l'Express,* a French magazine similar to *Time.* It concerns a seemingly minor accident, which turned out to be one of the most expensive ever recorded. In keeping with the French authorities' concern about drunken driving, the police gave a Breathalyzer test to the driver at fault. Because the test was negative, the driver was not responsible for the damages. When the final bills were in, they amounted to thirty million francs, which was roughly six million dollars at the time. Because of all this, the driver's insurance went up by five dollars.

Activités

A. Imagine how a car accident could cause several million dollars in damages without causing serious injuries. How could a train cause damages? What conditions increase the likelihood of an accident?

B. Here are some words related to an accident:

glissant(e) *slippery*   percuter *to run into*
virage *curve*   endommagé / dommages *damaged/damages*
déraper *skid*   détruit *destroyed*

Here are words related to trains:

un passage à niveau *railroad crossing*
une locomotive
les rails / dérailler *rails / derail*
un pont *bridge*
les marchandises *freight*
une grue *crane*

Circle these words while reading the text quickly.

Un accident très cher

Un accident banal a eu des conséquences gigantesques.

C'était le jour d'un match de football historique entre l'équipe de Saint-Etienne (France) et l'équipe de Kiev (URSS). Il pleuvait très fort° et la route était glissante. La Citroën est arrivée à un passage à niveau situé dans un virage et a dérapé. Le chauffeur et son passager sont descendus car la voiture était sur les rails et ils ne pouvaient pas la déplacer.° Ils sont allés téléphoner pour demander de l'aide, mais un train de marchandises est arrivé. Il a percuté° la voiture à 103 km/h, l'a pulvérisée, a déraillé sur cent mètres. Un pont est tombé dans un canal et a entraîné° la locomotive et vingt et un des trente huit wagons.° L'accident n'a pas fait de morts, mais il y a eu deux blessés° et des dommages considéra-

hard

move

crashed into
pulled / train cars
injured

5

A... Barring / running over /
  filming
clumsy / unfortunate

costly

French train company / new

each

destroyed

thousands / packets

losses

They had to

to clean / nothing

monthly

blood

bill

bles. A moins° d'écraser° Raquel Welch pendant le tournage° d'une super production cinématographique, un automobiliste maladroit° ou malheureux° n'a normalement aucune chance de causer un accident aussi coûteux.°

La SNCF,° la principale victime de l'accident, a perdu une locomotive neuve° de quatre millions de francs et vingt et un wagons de 150.000 à 200.000 francs chacun.° En 5
plus, cent mètres de rail sont endommagés et un pont est détruit.° Tous les wagons étaient pleins de marchandises et des milliers° de bouteilles de bière et de sachets° de soupe sont perdus. On estime les pertes° à 10 millions de francs. Plus grave, pendant neuf jours, les rails sont inutilisables et le train Paris-Strasbourg ne peut pas passer. Il faut° louer des autocars pour transporter les passagers entre les deux gares isolées par l'accident. 10

Il a aussi été nécessaire d'employer trente-quatre personnes pendant 110 heures pour nettoyer° le canal. Cela a coûté encore 30.000 francs, mais ça n'était rien° à côté des six énormes grues utilisées pour sortir les wagons de l'eau. Sur le canal, quarante bateaux ont attendu huit jours pour pouvoir passer; d'autres sont passés par un chemin plus long et ont voyagé deux jours supplémentaires. Enfin, cent kilos de poissons sont morts parce 15
qu'ils ont consommé trop de bière et de soupe.

Monsieur Gérard Gasson, le responsable de cet accident, est un modeste employé au lycée de Bar-le-Duc, avec un salaire mensuel° de 2.000 francs. Au moment de l'accident, on l'a accusé d'être un chauffard alcoolique mais, heureusement pour lui, une analyse de sang° a révélé le contraire. Ainsi, son assurance, *la Mutuelle assurance automobile des* 20
instituteurs, va régler la facture.° Monsieur Gasson paye 465 francs par an pour avoir une assurance tous risques et maintenant, son assurance va payer les trente millions de francs de dommages!

Adapté d'un article de *L'Express,* no. 1293.

 **la lecture**

Questions sur le texte

1. Quel temps faisait-il le jour de l'accident?
2. Où est-ce que l'accident est arrivé?

3. Pourquoi le chauffeur est-il descendu de la voiture?
4. Quelles sont les conséquences du passage du train de marchandises?
5. Qu'est-ce que la SNCF a perdu?
6. Pourquoi est-ce que les poissons sont morts?
7. Qui a payé les dommages?
8. Combien a-t-on payé de dommages?

Activités

A. Dessinez l'accident.

B. Sujets de discussion

1. Qui était responsable de cet accident?
2. Comment peut-on empêcher des accidents entre les autos et les trains?
3. Quels changements prévoyez-vous dans le code de la route?
4. Traversez-vous souvent des passages à niveau? Stationnez-vous sur le passage?
5. Avez-vous eu un accident? Qu'est-ce qui est arrivé? Qui avait tort?

Une interview avec Simone Trudeau

OBJECTIVES

Language:

Vocabulary for Social Problems
and Happiness
Vowel Sounds / o / and / ɔ /
Direct and Indirect Object
Pronouns (First and Second
Persons)
Subjunctive of Regular Verbs
Uses of the Subjunctive

Culture:

Preoccupations
Sources of Happiness
Attitudes of French People
Toward Happiness

Communication:

Social Problems
Sources of Happiness
Annoyances
Expressing Emotion, Volition,
Doubt, and Judgment
Expressions of Uncertainty

Commençons

Une interview° avec Simone Trudeau

interview

opinions (f.) opinions

problèmes (m.) problems /
  contemporary / is discussing
  cadre (m.) middle-level manager
grand... department store

le... the most / to me

quelque... something

nous... ask us / j'ai... I'm
  afraid that
is / ayons... are especially
  attracted to
Il... It seems
il... there might be / guerre...
  nuclear war
reduce / l'inflation (f.)
  inflation / rendions...
  make society more just
diminish
surprised
job opportunities
Yes / sondages (m.) d'opinion
  opinion polls / health /
  happiness
compte... bank account / job

Simone Trudeau est journaliste et elle prépare un reportage sur les opinions° des Français sur les grands problèmes° de la vie contemporaine.° Elle discute° avec Hélène, 25 ans, cadre° dans un grand magasin° parisien, et avec Marc, 20 ans, étudiant en sciences politiques.

SIMONE: Qu'est-ce qui vous préoccupe le plus?° Je veux que vous me° parliez de quelque chose° d'essentiel pour les gens de votre âge.

HÉLÈNE: Je suis contente que vous nous posiez° cette question, mais j'ai peur qu'°il ne soit° pas facile de répondre. Je ne pense pas que nous ayons surtout envie° de choses matérielles. Il semble° que la qualité de la vie soit plus importante.

MARC: Absolument! Les gens ont peur qu'il y ait° une guerre nucléaire° et qu'on ne réussisse pas à réduire° l'inflation.° Il faut aussi que nous rendions la société plus juste° si nous voulons diminuer° la violence.

SIMONE: Je suis surprise° que vous ne me parliez pas de l'importance de l'argent et du succès! Le problème des débouchés° ne vous préoccupe pas?

HÉLÈNE: Si,° mais tous les sondages d'opinion° montrent que la santé° et le bonheur° viennent avant le compte en banque° et la situation° pour un grand nombre de Français.

Faisons connaissance French people are avid readers of public opinion.
polls. These appear regularly in French newspapers and magazines, and vary in content
from the serious (national politics) to the frivolous (reactions to *Dallas* in *Paris Match*).
French people are so easily affected by them that it is forbidden to publish political polls
immediately before an election.

On French television, many programs are devoted to round tables **(des tables
rondes)** where journalists and personalities discuss the latest polls about contemporary
issues. During an election year, it is not unusual for all the channels to present such round
tables several times a week. Amazingly, the viewers rarely seem to object.

The fears expressed by Marc accurately reflect French opinion. In a recent poll,
people ranked the following problems as sources of worry:

Problèmes	% des réponses affirmatives
la violence, l'insécurité dans la rue	64
la paix (*peace*) et la situation internationale	55
l'inflation	53
les salaires	43
les impôts (*taxes*)	24

*D'après un sondage I.P.S.O.S.-« J.D.D. », 5 % seulement des personnes
interrogées accepteraient des « contributions à but politique »*

ARGENT
ET
POLITIQUE

*Les Français
refusent à
chaque fois
qu'ils votent
d'ajouter un
chèque dans
l'enveloppe !*

58 % DES FRANÇAIS REFUSENT
DE FINANCER LES PARTIS

Etudions le dialogue

1. Sur quoi est-ce que Simone Trudeau fait un reportage?
2. Qui sont Hélène et Marc?
3. Qu'est-ce qui préoccupe Hélène?
4. De quoi les gens ont-ils peur?
5. Que faut-il faire pour diminuer la violence?
6. Pourquoi est-ce qu'ils ne parlent pas d'argent?

Enrichissons notre vocabulaire

Pour être heureux...

—Qu'est-ce qu'**il te faut** pour être heureux?   you need
—Il me faut mes amis et ma famille.
—Il me faut de l'argent; je suis matérialiste!

—**De** quoi **avez**-vous **besoin** pour être   need
    heureux?
—J'ai besoin d'être en bonne **santé**.   health
—Nous avons besoin de **justice** et de **paix**.   justice (f.) / peace (f.)

—Qu'est-ce que le **bonheur** pour vous?   happiness
—L'**amour** de ma famille.   love (m.)
—La sécurité d'un **emploi**.   job
—L'**égalité** dans la société.   equality (f.)

Les grands problèmes sociaux

—Qu'est-ce qui vous préoccupe?
—Le **chômage** me **fait peur**.   unemployment / scares
—La criminalité.
—Le **traffic** des **drogues**.   trafficking / drugs (f.)

—La possibilité d'une **guerre nucléaire**.   nuclear war
—L'inflation (f.)
—Les **sans-logis**.   homeless (m.)
—La **faim** dans le **monde**.   hunger / world

—Le **Sida**.   AIDS
—La **pollution**.   pollution

Les petits *inconvénients!*   annoyances

—Qu'est-ce qui t'**embête** le plus?   annoys
—Mes voisins **font du bruit**.   make noise
—Ma voiture est toujours **en panne**.   broken down
—Mon prof n'est pas **sympa**.   nice
—Mon / ma camarade de chambre ne
    range pas ses affaires.   put in order
—La **circulation** dans cette ville est   traffic
    affreuse et il n'y a pas de **parkings**.   parking lots (m.)

Prononciation   The Vowel Sounds / o / and / ɔ /

A. The second pair of mid-vowels in French is pronounced with the tongue back and the lips very rounded. As with the sounds / e / and / ɛ /, the tongue is neither high nor low. Repeat the following words.

English	**French**
bow	beau
foe	faux
oh	eau

B. The / ɔ / sound is the same as the / o / sound, except that in the former, the mouth is held more open. You use the / o / sound when the word ends in a vowel sound, the / ɔ / sound when a pronounced consonant follows.

Repeat the following words.

/ o /	/ ɔ /
beau	bonne
faux	fort
nos	notre
tôt	tort

C. The spellings **au** and **ô** are almost always pronounced / o /, not / ɔ /.

Exercice

Read the following sentences aloud, paying particular attention to the open / ɔ / sound and the closed / o / sound.

1. Monique veut un beau cadeau.
2. Donne-moi le téléphone!
3. A l'automne, nous faisons de bonnes promenades.
4. Paulette propose des choses idiotes.
5. Les Morin ne consomment pas d'eau.
6. Et comme fromage? —Du Roquefort!
7. Votre stylo est formidable.
8. Nous sommes à côté du château de Chambord.
9. Il faut ajouter de l'eau.
10. Cet homme a des chaussettes jaunes.

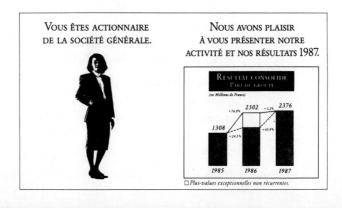

VOUS ÊTES ACTIONNAIRE DE LA SOCIÉTÉ GÉNÉRALE.

NOUS AVONS PLAISIR À VOUS PRÉSENTER NOTRE ACTIVITÉ ET NOS RÉSULTATS 1987.

RÉSULTAT CONSOLIDÉ
PART DU GROUPE

(en Millions de Francs)

+76,0%   2302   +3,2%   2376
1308
+24,5%   +45,9%

1985   1986   1987

□ *Plus-values exceptionnelles non récurrentes.*

Grammaire

I. Direct and Indirect Object Pronouns (First and Second Persons)

A. Review

1. Direct objects receive the action of the verb; they answer the question *Who?* or *What?* Direct object pronouns refer to direct object nouns already mentioned.

> —Tu aimes **le fromage?**
> —Oui, je **l'**aime.

> —Est-ce qu'elle va regarder **la télévision?**
> —Oui, elle va **la** regarder.

> —Avez-vous vu **mes photos?**
> —Non, je ne **les** ai pas vues.

2. Indirect objects indicate to whom the object is directed. They answer the question *To whom?* or *For whom?* Indirect object pronouns refer to indirect object nouns already mentioned.

> —Est-ce que Pierre a donné un cadeau **à sa mère?**
> —Oui, il **lui** a donné un cadeau.

> —Elles ont prêté la voiture **aux voisins?**
> —Oui, elles **leur** ont prêté la voiture.

B. In the above examples, all of the pronouns are third person. In the first and second persons, direct and indirect object pronouns have the same forms.

	sing.	*pl.*
1st person	**me**	**nous**
2nd person	**te**	**vous**

1. The following sentences contain pronouns used as direct and indirect objects.

   Pronouns as direct objects

   Tu **m'**as vu à la télévision?
   Est-ce que ces problèmes **te** préoccupent beaucoup?
   On **nous** consulte quand on fait un sondage d'opinion.
   Qu'est-ce qui **vous** embête le plus?

   Pronouns as indirect objects

   Vous **me** parlez de quelque chose d'essentiel.
   Le journaliste **t'**a posé des questions?
   Tu **nous** fais peur.
   Elle **vous** donne ses opinions?

2. Note that **me** and **te** become **m'** and **t'** before a vowel.

C. Placement of Pronouns

First- and second-person object pronouns are placed in the same position as third-person object pronouns:

1. directly before the conjugated verb in the present, imperfect, and **passé composé** tenses:

> Vous **me** posez cette question?
> Marc **me** parlait quand Sylvie **nous** a vus.

2. in front of the infinitive when there is a helping verb:

> Elle ne veut pas **vous** embêter mais est-ce qu'elle peut **vous**
>   parler maintenant?
> Cette réponse va **vous** rendre très heureux.

3. in front of the verb in the negative imperative:

> Ne **me** parlez pas de l'importance de l'argent!
> Ne **nous** fais pas peur!

but *after* the verb in the affirmative imperative:

> Posez-**nous** des questions!

The pronoun **me** becomes **moi** in the affirmative imperative, and is linked to the verb with a hyphen.

> Ne **me** donnez pas votre opinion! → Donnez-**moi** votre opinion!
> Ne **me** laissez pas seul. → Laissez-**moi** seul.

Attention The distinction between direct and indirect object pronouns with **me**, **te**, **nous**, and **vous** is important only when determining past participle agreement in the **passé composé**. Only preceding *direct* object pronouns agree.

> *Dir. obj.:*   Elle **nous** a **regardés**.
>   Je **vous** ai **vus** au cinéma.

> *Indir. obj.:*   On **vous** a **fait** peur?
>   Elle ne **nous** a pas **obéi**.

" La femme la plus extraordinaire que j'ai rencontrée " ...

PRATIQUONS

A. Ajoutez (*Add*) les pronoms donnés dans les phrases suivantes.

1. Il attend au café.   (me, nous, vous, te, la, les,)
2. Elle a téléphoné.   (nous, lui, leur, me, te)
3. Ne mentez pas!   (lui, me, nous, leur)

B. Mettez les phrases suivantes à l'impératif.

1. Tu me donnes une montre.
2. Vous ne nous répondez pas.
3. Tu nous prêtes ton magnétophone.
4. Vous m'écoutez.
5. Tu ne nous désobéis pas.
6. Vous ne m'embêtez pas.

C. Mettez les phrases suivantes au passé composé. Attention à l'accord (*agreement*) du participe passé.

1. Est-ce qu'elle te consulte souvent?
2. Nous ne vous reconnaissons pas.
3. Luc ne me répond pas.
4. Vous ne nous rendez pas visite?
5. Où allons-nous vous voir?
6. Est-ce qu'ils te mentent?
7. Le chien vous fait peur?
8. Qui est-ce qui ne nous comprend pas?

D. Répondez aux questions suivantes en employant les mots entre parenthèses.

1. Est-ce que vous m'aimez?   (Oui,...)
2. Est-ce qu'elle t'a donné son adresse?   (Non,...)
3. Vous nous avez vus à la bibliothèque?   (Oui, nous...)
4. Vous voulez un café ou un thé?   (Donnez...)
5. Est-ce que nous pouvons vous téléphoner?   (Oui,...)
6. Est-ce que tu m'as entendu ce matin?   (Non, je...)
7. Est-ce que je peux t'inviter?   (Non, ne...)
8. Est-ce que vous allez m'acheter une auto?   (Non,...)

E. Trouvez des questions pour les réponses suivantes.

MODELE: (*Réponse*) Oui, il m'aime.
                 (*Question*) *Est-ce qu'il vous aime?*

1. Oui, elle m'a parlé hier soir.
2. Oui, elles vont nous inviter.
3. Non, ils ne peuvent pas te comprendre.
4. Oui, je t'ai présenté mon frère.
5. Non, nous ne vous avons pas oublié.
6. Oui, montrez-moi vos photos.

PARLONS

A. Expliquez à la classe vos rapports (*relationships*) avec vos amis. Suivez le modèle.

MODELE: aimer bien?
          Oui, ils m'aiment bien.
          Je les aime bien aussi.

passer / voir?   inviter à dîner?
téléphoner souvent?   prêter de l'argent / une auto?
faire des bises?   comprendre bien?
consulter quand il y a des problèmes?   rendre... heureux? / malheureux?
ne ... pas mentir   ... ?
donner des cadeaux?

B. Expliquez vos rapports avec votre professeur.

1. Qu'est-ce que votre professeur fait pour vous?

   MODELE: apprendre beaucoup?
             Oui, il / elle m'apprend beaucoup.

   expliquer la leçon?
   donner de bonnes / mauvaises notes?
   comprendre quand vous avez des problèmes?
   chercher quand vous n'êtes pas en classe?
   punir souvent?

2. Qu'est-ce que vous allez faire pour le / la remercier (*to thank*)?

   donner des cadeaux?   inviter chez vous?   embrasser?
   apporter des gâteaux?   écouter en classe?   ... ?

C. Vous rencontrez un garçon / une fille charmant(e) dans une boîte de nuit. Imaginez la conversation.

   Est-ce que je vous ai déjà rencontré(e)?
   Comment vous appelez-vous?
   Je peux vous donner une cigarette?
   Je peux vous offrir une boisson?
   Tu peux me donner ton numéro de téléphone?
   Tu veux m'indiquer ton adresse?
   Tu vas me parler de ton avenir?
   Je peux passer te voir?
   Je peux t'embrasser?

D. Vous êtes condamné(e) (*condemned*) et vous allez mourir demain matin. Qu'est-ce que vous demandez à la dernière minute?

MODELE: donner du champagne   *Donnez-moi du champagne.*
          laisser seul   *Ne me laissez pas seul.*

servir un bon dîner   parler
donner des cigarettes   faire un gâteau
prêter une Bible   montrer un film de...
apporter du vin   oublier
laisser partir   faire mal
écouter: «Je suis innocent!» donner la clé

Questions personnelles

1. Qu'est-ce que vos parents vous servent pour votre anniversaire?
2. Qu'est-ce que le Père Noël vous a apporté l'année dernière?
3. Où est-ce que votre petit(e) ami(e) vous a rencontré(e)?
4. Qui vous téléphone souvent?
5. Qui est-ce qui ne peut pas vous supporter?
6. Qu'est-ce qui vous rend heureux(-se)?
7. Qui est-ce qui vous fait peur?
8. Qui vous rend souvent visite?

II. The Subjunctive of Regular Verbs

A. Introduction

1. Until now, you have been using the indicative mood (**le présent, l'imparfait,** and **le passé composé**) to express facts, and imperative mood to express commands and requests. In French, the subjunctive mood is used to express the feelings and opinions of the speaker, such as emotion, volition, doubt, and judgment. Even though the subjunctive is used more frequently in French, it also exists in English:

   I wish *that* he *were* home now.

2. As in English, the subjunctive in French is used mostly in subordinate clauses following a main clause. Both clauses are linked by **que** (*that*).

   Emotion: J'ai peur qu'il ne **soit** pas facile de répondre.

   Volition: Je veux que vous me **parliez** de cela.

   Doubt: Elle ne pense pas que nous **ayons** envie de choses matérielles.

   Judgment: Il semble que la qualité de la vie **soit** importante.

B. Forms of the present subjunctive

The subjunctive endings are the same for the four groups of regular verbs you know. They are added to the stem of the first-person plural of the present indicative.

nous **chantons**	chant-
-e	-ions
-es	-iez
-e	-ent

chanter	partir	finir	vendre
que je chante	que je parte	que je finisse	que je vende
que tu chantes	que tu partes	que tu finisses	que tu vendes
qu'il, elle, on chante	qu'il, elle, on parte	qu'il, elle, on finisse	qu'il, elle, on vende
que nous chantions	que nous partions	que nous finissions	que nous vendions
que vous chantiez	que vous partiez	que vous finissiez	que vous vendiez
qu'ils chantent	qu'ils partent	qu'elles finissent	qu'elles vendent

Attention   Adding a written **-e** to the stem of **-ir** and **-dre** verbs causes the final consonant to be pronounced:

partir	part-	que je **parte**
descendre	descend-	que tu **descendes**
dormir	dorm-	qu'il **dorme**

C. The subjunctive of **avoir** and **être**

The two most frequent irregular verbs in the subjunctive are **avoir** and **être**. You will learn some other irregular verbs in the subjunctive in Chapter 12.

avoir	être
que j'**aie**	que je **sois**
que tu **aies**	que tu **sois**
qu'il, elle, on **ait**	qu'il, elle, on **soit**
que nous **ayons**	que nous **soyons**
que vous **ayez**	que vous **soyez**
qu'ils, elles **aient**	qu'ils, elles **soient**

Il semble que la qualité de la vie **soit** très importante.
Les gens ont peur qu'il y **ait** une guerre.

Attention   The first- and second-person plural subjunctive of **avoir** is pronounced with the / e / sound: **nous ayons** / nu ze jɔ̃ /, **vous ayez** / vu ze je /.

PRATIQUONS

A. Remplacez les pronoms en italique par les sujets donnés dans les phrases suivantes.

    1. Il faut que *je* travaille. (vous, on, tu, nos amis, nous, la journaliste)
    2. Je voudrais qu'*ils* répondent. (tu, nous, on, vous, Jacques, les étudiants)
    3. Il est nécessaire qu'*ils* choisissent. (on, vous, je, il, tu, nous)
    4. Elle est contente que *tu* partes. (je, nous, elle, on, ils, vous)

B. Remplacez les verbes en italique par les verbes donnés dans les phrases suivantes.
    1. Je veux que vous *restiez*. (répondre, partir, réussir, parler, obéir, étudier)
    2. Il faut que nous *chantions* ici. (être, travailler, dormir, finir, attendre, descendre)
    3. Nous désirons que tu *finisses*. (avoir de la patience, écouter, être à l'heure, ne pas fumer, partir, finir)

C. **Le succès.**   Formez des phrases complètes avec les mots donnés.
    1. Vous / vouloir / que / nous / être / heureux?
    2. Elles / désirer / que / vous / trouver / travail.
    3. Mon père / ne … pas vouloir / que / je / avoir / trop / argent.
    4. Il faut / que / tu / réussir / dans / vie.
    5. Nous / aimer mieux / que / vous / étudier / université.
    6. Il / ne … pas vouloir / que / je / perdre / mon / temps.

D. **L'argent ne fait pas le bonheur.**   Dans les phrases suivantes, remplacez les mots en italique par les mots entre parenthèses.

    1. *Nous* aimons mieux que *vous* ne soyez pas riches. (Elle… tu…)
    2. *Nous* voulons que tu *invites* des amis. (Je… avoir…)
    3. *Il* n'est pas content que nous *restions* à la maison. (Vous… être…)
    4. *Ils* désirent que *tu* n'oublies pas les gens pauvres. (Nous… elles …)
    5. Ils veulent que j'*aie* un emploi intéressant. (… vous…)
    6. *Désirez*-vous que je vous *prête* de l'argent? (Vouloir… donner…?)

PARLONS

A. Pour être un(e) bon(ne) étudiant(e), qu'est-ce qu'il faut faire?

    MODELE: étudier beaucoup
               Il faut que nous étudiions beaucoup.

écouter le professeur	finir tous les devoirs
passer beaucoup de temps à la bibliothèque	réussir aux examens
être studieux(-euse)	ne … pas sortir le soir
choisir nos classes attentivement	répondre à toutes les questions
dormir peu	réfléchir beaucoup
	… ?

B. Vous allez faire une lettre au Président des Etats-Unis et vous lui donnez des conseils (*advice*).

MODELE: m'inviter à la Maison Blanche
Je voudrais que vous m'invitiez à la Maison Blanche.

ne … pas oublier les pauvres	encourager les gens sans travail
dépenser moins d'argent	répondre aux questions des
écouter les femmes	journalistes
voyager en autobus	servir du vin de Californie à
avoir moins de vacances	la Maison Blanche
parler avec les Russes	être plus patient avec les sénateurs

Questions personnelles

1. Est-ce qu'il faut que vous passiez un examen cette semaine? Dans quelle matière?
2. Est-ce qu'il vaut mieux (*Is it better*) que vous gagniez beaucoup d'argent ou que vous soyez heureux(-se)?
3. Est-ce qu'il est important qu'un professeur soit sévère? Pourquoi ou pourquoi pas?
4. Combien d'heures faut-il que vous dormiez?
5. Est-ce que votre petit(e) ami(e) veut que vous sortiez avec elle / lui tous les soirs?
6. Avez-vous peur qu'il y ait une guerre nucléaire?

III. Uses of the Subjunctive

The verb in the main clause of a sentence determines whether you will use the indicative or the subjunctive in the subordinate clause. The indicative is the most frequent mood; it follows verbs indicating certainty.

> Ils **savent que vous êtes** fidèle.
> Les sondages **montrent que le bonheur vient** avant l'argent.

The subjunctive occurs in subordinate clauses after verbs of emotion, volition, doubt, and uncertainty, and some impersonal expressions implying judgment.

A. Emotion

1. The subjunctive mood is used in subordinate clauses starting with **que** after verbs and expressions of emotion.

> Je **suis contente que vous nous posiez** cette question.
> J'**ai peur qu'il ne soit** pas facile de répondre.
> Je **suis surprise que vous ne me parliez** pas de l'argent.

2. Some verbs and expressions of emotion that call for the subjunctive in the subordinate clause are:

avoir peur	to be afraid	**être furieux(-euse)**	to be angry
être content(e)	to be happy	**être heureux(-euse)**	to be happy
être désolé(e)	to be sorry	**être surpris(e)**	to be surprised
être étonné(e)	to be surprised, astonished	**être triste**	to be sad
		regretter	to be sorry

Whiskas. Le plaisir des chats difficiles.

Alors nous sommes les seuls à leur offrir
11 recettes avec des morceaux. 11 recettes
savoureuses avec les morceaux qu'il leur faut,
les morceaux qu'ils aiment vraiment.

Attention   Note that, in order to use the subjunctive, there should be a different subject in the
subordinate clause. If the subjects in both clauses are the same, the infinitive is used. All
the expressions above take **de** before an infinitive.

> J'ai peur qu'**elle** ait froid cet hiver.   *I'm afraid (that)* **she**'*ll be cold this*
> *winter.*
>
> J'ai peur d'**avoir** froid cet hiver.   *I'm afraid that* **I**'*ll be cold this*
> *winter.*

B. Volition

1. The subjunctive is used in clauses starting with **que** after verbs and expressions of
   wishing, desire, preference, and other impositions of will.

   > Elle **veut que nous arrivions** de bonne heure.
   > Tu **aimes mieux que je choisisse** le restaurant?

2. Here are some verbs and expressions of will, wishing, and desire that take the
   subjunctive:

aimer mieux	to prefer	**souhaiter**	to wish
avoir envie[1]	would like	**vouloir**	to want
désirer	to want		

C. Doubt and uncertainty

1. The subjunctive is also used after verbs and expressions of doubt or uncertainty.

   > Je **ne pense pas que nous ayons** envie de choses matérielles.
   > Elle **n'est pas sûre qu'il soit** à l'heure.

2. The following verbs and expressions of doubt and uncertainty take the subjunctive:

   > **douter**   to doubt
   > **ne pas penser**   not to think
   > **ne pas être sûr**[2]   not to be sure, be unsure
   > **ne pas être certain**[2]   not to be sure, be unsure

---

[1]Takes **de** before an infinitive; the others take no preposition.
[2]Takes **de** before an infinitive

Attention
1. Because they imply certainty, **penser** and **être sûr** in the affirmative are followed by a verb in the indicative.

> Elle **pense** qu'il **est** beau.
> *but:*
> Elle **ne pense pas qu'**il **soit** intelligent.

2. The verb **savoir** always takes the indicative.

> Je **sais que vous êtes** italien.
> Je **ne savais pas que vous êtiez** cadre.

There are many other verbs of this type, including **apprendre, décider, espérer, expliquer, indiquer, montrer, oublier,** and **répondre,** which do not imply doubt.

D. Impersonal expressions of judgment

1. The subjunctive is used in the subordinate clause after expressions with no specific subjects, that is, without a reference to any particular person or thing, if they express a judgment or opinion on the speaker's part.

> Il **semble que la qualité de la vie soit** plus importante.
> Il **faut que nous rendions** la société plus juste.

2. Here are some impersonal expressions implying opinion or personal judgment that take the subjunctive:

> **Il est bon que**[1]   It is good that
> **Il est dommage que**[1]   It's too bad that
> **Il est important que**[1]   It is important that
> **Il est juste / injuste que**[1]   It is fair / unfair
> **Il est peu probable que**[2]   It is unlikely
> **Il est possible / impossible que**[1]   It is possible / impossible that
> **Il est préférable que**[1]   It is preferable
> **Il est rare que**[1]   It is rare that
> **Il est temps que**[1]   It is time that
> **Il faut que / il est nécessaire que**[1]   It is necessary that
> **Il semble que**   It seems that
> **Il se peut que**[2]   It may be that / Perhaps / It's possible that
> **Il vaut mieux que**   It is better that

---

[1]Takes **de** with an infinitive.
[2]Cannot be used without a change of subject.

Attention   Verbs and expressions that imply certainty in the speaker's mind do *not* take the subjunctive.

> **Il est certain** que vous n'obéissez pas.
> **Il est probable** que Marie est très fatiguée.

> **Il est certain / sûr**   It is certain / sure
> **Il est évident**   It is obvious
> **Il est probable**   It is probable
> **Il est vrai**   It is true

PRATIQUONS

A. Dans les phrases suivantes, remplacez les mots en italique par les expressions données. Utilisez l'indicatif ou le subjonctif selon le cas.

1. Je suis *surpris* qu'il soit absent.   (certain, étonné, désolé, sûr, furieux, content)
2. Il est *nécessaire* que vous ayez assez de temps.   (préférable, possible, sûr, peu probable, important, probable)

B. **Au lycée.**   Dans les phrases suivantes, mettez les verbes en italique à la forme négative. Faites les changements nécessaires.

1. Elle *pense* que tu es intelligent.
2. Nous *sommes* sûrs qu'il a beaucoup d'amis.
3. Je *suis* certain que le prof dort en classe.
4. Tu *sais* que nous apprenons le français?
5. Vous *pensez* qu'il finit ses cours avant cinq heures?
6. Nous *sommes* certains que Marc aime les mathématiques.

C. **En vacances.**   Formez des phrases complètes en employant les mots donnés.

1. Je / souhaiter / vous / passer / bon / vacances.
2. Elle / penser / nous / partir / demain.
3. Ils / avoir peur / chemins / être / mauvais.
4. Tu / aimer mieux / je / prendre / train?
5. Nous / être surpris / tu / avoir / quinze / jour / de vacances.
6. Il / être / certain / elles / sortir / des Etats-Unis.

D. Dans les phrases suivantes, remplacez les mots en italique par les mots entre parenthèses.

1. Ils n'*oublient* pas que je suis américain.   (… penser…)
2. Il est *dommage* que vous dormiez trop.   (… certain…)
3. *Elle* a peur que j'aie chaud.   (Nous… il…)
4. Ils *indiquent* que nous arrivons en avance.   (… vouloir…)
5. Je *doute* qu'elle perde son sac.   (… ne … pas douter…)
6. Il semble qu'*elle* n'ait pas peur.   (… vous…)

E. Répondez aux questions suivantes en employant les mots entre parenthèses.

    1. Faut-il que je parte maintenant? (Oui,…)
    2. Voulez-vous qu'elle sorte avec vous? (Non,…)
    3. Etes-vous désolés que je reste à la maison? (Non, nous… contents…)
    4. Aime-t-elle mieux que vous lui donniez un disque? (Non,… un walkman.)
    5. Vaut-il mieux qu'il soit timide? (Non,… ne … pas avoir peur.)
    6. Est-ce que je peux arriver en retard? (Non, j'aime mieux que…)

F. **Il faut suivre ses propres conseils** (*own advice*)! Changez les phrases suivantes: la première personne va penser à elle-même!

MODELE: Jacqueline veut qu'on parte maintenant.
              Jacqueline veut partir maintenant.

    1. Robert aime que nous passions chez ses amis.
    2. Marie a envie que tu sortes ce soir.
    3. Claire est contente que nous ayons de bonnes notes.
    4. Alain aime mieux que j'arrive en avance.
    5. Yves n'est pas sûr qu'ils partent tout de suite.
    6. Chantal veut que vous ayez de la patience.

PARLONS

A. Donnez votre opinion des situations suivantes en employant «Je pense que… » ou «Je ne pense pas que… »

MODELE: les Français: Ils sont grands.
              Je pense qu'ils sont grands.
              Je ne pense pas qu'ils soient grands.

    1. l'Amérique: Les Américains sont sympathiques.
                       Ils parlent beaucoup de langues.
                       Il y a trop de gens.
                       Nous aimons trop l'argent.
                       … ?

    2. les parents: Ils sont très sévères.
                       Ils ont beaucoup de patience.
                       Ils aiment mes amis.
                       … ?

    3. les grandes villes: Il y a trop de bruit.
                       La pollution est un problème.
                       Les habitants sont sympathiques.
                       On dort bien en ville.
                       … ?

    4. mes amis: Ils sont ennuyeux.
                       Ils ont du talent.
                       Vous les aimez.
                       Ils m'aident souvent.
                       … ?

B. Donnez vos réactions aux affirmations dans la colonne de gauche en formant des phrases complètes.

MODELE: Il est bon / je suis fidèle
          Il est bon que je sois fidèle.

Il est préférable	les professeurs sont patients
Il est possible	j'ai de bonnes notes ce trimestre / semestre
Il est impossible	on m'invite souvent à dîner
Il est certain	les Etats-Unis ont un nouveau président en 1996
Il semble	je suis très riche
Il est dommage	mes parents me donnent une auto
Il est probable	l'argent ne me préoccupe pas
Il est nécessaire	je sors avec un bel homme / une belle femme ce week-end
Il est temps	mes camarades de classe répondent à toutes les
Il est bon	questions
Il est évident	nous réussissons dans la vie
Il est injuste	… ?

C. Dans les situations suivantes, complétez les phrases avec une bonne solution.

1. Vous avez un examen demain matin. Il vaut mieux que vous…
   a. étudier ce soir
   b. écouter des disques
   c. sortir avec des amis
   d. … ?

2. Votre frère veut sortir avec une jolie fille. Il vaut mieux qu'il…
   a. lui téléphoner à trois heures du matin
   b. l'inviter chez lui
   c. lui parler en français
   d. … ?

3. Vos amis veulent aller en France cet été. Il vaut mieux qu'ils…
   a. travailler le week-end
   b. dépenser beaucoup d'argent
   c. partir maintenant
   d. … ?

4. Les restaurants sont fermés et vous avez faim. Il est probable que vous…
   a. demander un sandwich à vos voisins
   b. attendre le petit déjeuner
   c. préparer quelque chose à la maison
   d. … ?

5. Votre grand-mère veut venir vous voir mais une amie vous a déjà invité(e). Il vaut mieux que vous …
   a. attendre votre grand-mère chez vous
   b. partir tout de suite
   c. trouver une autre solution
   d. … ?

D. Dans les situations suivantes, êtes-vous content(e) ou désolé(e)?

MODELE: Le professeur est sévère.
          Je suis désolé(e) que le professeur soit sévère.

1. Ma classe a un examen cette semaine.
2. Nous étudions le subjonctif.
3. On a des vacances bientôt.
4. Le professeur me choisit pour répondre à la question.
5. Nous donnons de l'argent aux pays pauvres.
6. Mon français est (ne … pas) très bon.
7. Il y a du chômage.
8. J'ai de bons amis.

Questions personnelles

1. Avez-vous peur d'obtenir une mauvaise note dans ce cours? Dans un autre cours?
2. Pensez-vous aller au cinéma bientôt? Qu'est-ce que vous voulez voir?
3. Est-ce qu'il se peut que vous visitiez l'Europe cette année?
4. De quoi avez-vous envie?
5. Quand êtes-vous furieux(-se)?
6. Qu'est-ce que vous regrettez?
7. Etes-vous sûr(e) que vos études soient importantes?
8. Est-il vrai que vous parliez bien le français?

Communiquons

L'incertitude (Uncertainty)

French has expressions to use when you are not sure of facts or names.

■ Use **on** as the subject when you cannot name a specific person.

On nous a volé notre magnétoscope.
On a sonné à la porte.

■ Use **quelqu'un** (*someone*) to replace a person's name.

Quelqu'un m'a déjà posé cette question.
J'ai vu **quelqu'un** dans l'auto.

■ *Mr. So-and-So* and *Mrs. So-and-So* are **Monsieur Un Tel** and **Madame Une Telle**.

■ You use the name **Machin-Chouette** (*What's-his-name*) when you have forgotten a person's name or when you do not want to be bothered saying it.

Machin-Chouette m'a téléphoné.

■ Use **quelque chose** (*something*) to indicate a thing that cannot be specified. The word is always masculine.

Quelque chose a fait du bruit.
Je voudrais **quelque chose** pour le mal de dents.

Both **quelqu'un** and **quelque chose** take **de (d')** before an adjective.

> Vous me parlez de **quelque chose d'essentiel.**
> Il a rencontré **quelqu'un de célèbre.**
> Ils ont oublié **quelque chose d'important.**

- ■ Use **quelque part** (*somewhere*), **un coin** (*a spot*), or **un endroit** (*a place*) for an unnamed place.

> —Où est-ce qu'ils sont?
> —Ils sont allés **quelque part.**

> —Elles ont mon parapluie?
> —Non, elles l'ont laissé dans **un coin.**

> —Qu'est-ce que tu veux?
> —Je cherche **un endroit** tranquille.

- ■ Use **un truc** in familiar French to mean a *gadget, a thingamajig.*

> —Je cherche un **truc** pour ouvrir cette bouteille.
> —Il te faut un **truc** spécial.

Other words of this type are **un machin, un bidule,** and **un engin.**

> —Qu'est-ce que c'est que **ce machin / ce bidule / cet engin?**
> —Je ne sais pas, moi!

> —Qu'est-ce qu'un répondeur?
> —C'est un **engin / un bidule / un machin** pour prendre des messages au téléphone.

- ■ Use **une chose** (*a thing*) for abstract nouns or ideas.

> —Qu'est-ce que le bonheur pour vous?
> —C'est **une chose** essentielle.

> —Vous vouliez me parler?
> —Oui, je vais vous expliquer **une chose** importante.

> —Qui a fait **cette chose?**
> —Pas moi!

Madame, Monsieur,
Il est toujours 4 heures de l'après-midi quelque part.

Paris, Tokyo, Londres, New York, Hong-Kong :
notre champ d'action est à l'échelle du monde.
Présent dans plus de 50 pays, opérant sur tous les
marchés, multipliant les alliances, Paribas est
l'une des grandes institutions bancaires et finan-
cières internationales. Il y a toujours quelque part
une porte de Paribas grande ouverte sur le monde.

Paribas Actionnariat, 3 rue d'Antin 75002 Paris · Tél. : (1) 42 98 17 88 · Minitel : 36 15 Eco A2.

Activités

A. Dans les phrases suivantes, remplacez les mots en italique par des expressions d'incertitude.

   1. Je cherche *une cuillère* pour manger ma soupe. (*plusieurs possibilités*)
   2. Elle l'a oublié à la *bibliothèque.*
   3. Robert est un *garçon* intelligent.
   4. *Deux jeunes* ont pris ma valise. (*deux possibilités*)
   5. J'ai trouvé *une idée* extraordinaire.
   6. Elles vont acheter *un cadeau* pour ton anniversaire.

B. Refaites le paragraphe suivant en remplaçant les mots en italique par des expressions d'incertitude.

   Un *homme* m'a téléphoné hier soir. C'était *Robert Ducroc.* Il voulait emprunter *quelque chose* parce qu'il était en panne *en ville* et *les gens* ne voulaient pas l'aider à réparer sa voiture. *Une femme* lui a prêté de l'argent pour téléphoner *d'un café* près de l'hôtel. Je n'avais pas envie de sortir et je lui ai demandé d'aller voir *Mme Fantaisie* à l'hôtel.

C. Dans les phrases suivantes, remplacez les expressions d'incertitude en italique par des mots ou des noms précis (*precise nouns*).

   1. *Quelqu'un* a inventé le téléphone.
   2. Prêtez-moi *un truc* pour ouvrir la porte.
   3. Il m'a vendu *quelque chose* à lire.
   4. Elle m'a invitée à dîner *quelque part.*
   5. *On* a trouvé l'Amérique en 1492.
   6. Vous voulez *quelque chose* à manger?

Questions personnelles

   1. Avez-vous déjà rencontré quelqu'un de célèbre? Qui?
   2. Etes-vous allé(e) quelque part le week-end dernier?
   3. Avez-vous visité un joli coin?
   4. Avez-vous fait quelque chose d'intéressant récemment?
   5. Est-ce qu'on vous a invité(e) quelque part ce week-end?
   6. Est-ce que quelqu'un va passer vous voir ce soir? Qui?

Lecture culturelle

French people and happiness

Avant la lecture

A recent opinion poll showed that by a huge majority, French people are happy. This may come as a surprise to those who have the stereotypical impression of the French being dissatisfied with their lives. In this poll, French sensitivity to serious problems of unemployment, war, and hunger in other countries seems to make them appreciate the stability of their own lives. While unemployment is higher in France than in the United States, the French have a broader program of unemployment insurance.

An interesting facet of this poll is that men and women seem to be equally happy and that young people are more positive than retirees. Perhaps the most important finding is that few believe that these good times will last.

Activités

A. Think about what makes you happy and make a list.

B. Who do you think are happier, young Americans or older Americans? What would be the reasons for each group to be happier than the other?

C. Skim the reading passage for new words that belong to the same family as words that you already know and guess at their meanings.

New	Old	New	Old
difficulté	difficile	achat	acheter
étonnant	étonné	justifier	juste
temporaire	temps	revenu	revenir
pouvoir (*noun*)	pouvoir (*verb*)		

Une promenade en famille à Versailles.

Les Français et le bonheur°

happiness

In spite of / daily / believe

Malgré° les difficultés de la vie quotidienne,° les Français estiment° qu'ils sont heureux. Mais leur bonheur est aussi fragile. Ils sont contents d'être heureux aujourd'hui, mais ils ont peur de perdre leur bonheur demain.

Il est étonnant que les gens soient satisfaits de leur condition et qu'ils aient un moral° fantastique quand les journaux° et la télévision parlent constamment° de guerre, de crise 5 économique et de tensions internationales. Faut-il craindre° que les Français soient complètement insouciants?° Non, ils considèrent que leur bonheur est temporaire et ils sont inquiets° pour leur avenir à court terme° et pour celui° de leur famille. Le chômage, la guerre, la réduction du pouvoir d'achat, tous les problèmes des années 80 sont présents dans leurs esprits,° et parce que cette inquiétude° ne les quitte jamais, les Français 10 profitent de tous les instants de bonheur possibles.

morale
newspapers / constantly
to fear
carefree
worried / à... short-term / that of

minds / worry

really / A... Because of
worker

La crise existe, mais peu de Français l'ont vraiment° rencontrée. A cause du° chômage, un travailleur° sur dix est sans emploi. La réduction du pouvoir d'achat? Elle touche surtout les plus riches, mais elle est moins grave que dans les autres pays occidentaux.° Alors, il ne faut pas être surpris qu'un pour cent de plus ou de moins ne soit 15 pas très important. La guerre? Pour le moment, elle affecte les autres! Il faut donc° accepter l'évidence: la crise existe dans les journaux, dans les conversations dans les cafés, et... chez le voisin.

Western
therefore

to suffer

Les Français ont le sentiment qu'ils sont favorisés. Pour eux, le bonheur c'est de ne pas souffrir° des problèmes des autres. Mais les Français ne sont pas seulement heureux 20 parce qu'ils pensent que les autres sont malheureux. Quelques raisons objectives justifient ce bonheur de vivre.° Pour eux, la famille est une grande source de satisfaction; leur logement° est en général très apprécié, et avoir un travail quand beaucoup sont sans emploi est un privilège. Beaucoup de Français (60 pour cent) pensent qu'ils ont un revenu° suffisant pour vivre et l'environnement joue un rôle essentiel dans la satisfaction 25 des gens. Aujourd'hui, beaucoup de Français veulent concilier° les avantages de la ville avec ceux° de la campagne.

to live
lodging

income
to reconcile
those
In fact / seize
because / to last

En fait,° les Français adoptent la philosophie du *carpe diem*. Ils saisissent° le bonheur quand ils le peuvent car° ils ne savent pas si cela va durer.°

Sondage

Principales raisons pour le bonheur	Principaux obstacles au bonheur
la famille	la santé
les amis	le climat
la santé	le travail
le logement	l'absence de qualités naturelles de la région
les loisirs	l'environnement
l'environnement	
le travail	

decreasing

(Ces listes sont en ordre décroissant.°)

Adapté de *Francoscopie* / Larousse

 **la lecture**

Questions sur le texte

1. Est-ce que les Français pensent que leur bonheur va durer toujours?
2. Est-il étonnant que les Français soient heureux? Pourquoi?
3. Est-ce que les Français sont insouciants?
4. A quoi pensent-ils toujours?
5. Pourquoi est-ce que les Français ont l'impression d'être favorisés?
6. Qu'est-ce qui rend les Français heureux?
7. Qu'est-ce que la philosophie du *Carpe diem*?
8. Quelle est la raison principale du bonheur des Français? Quel est l'obstacle principal à leur bonheur?

Activités

A. Les Français sont heureux parce que les autres ne le sont pas. Où est-ce que les problèmes suivants existent dans le monde (*world*)?

   la guerre?   les maladies?   (*diseases*)
   la faim?   le chômage?

B. Connaissez-vous d'autres mots latins employés en anglais, comme *Carpe Diem*?

   A.M. / P.M.   B.C. / A.D.
   habeas corpus   quid pro quo
   ad hoc   ad hominem
   caveat emptor   de facto
   e.g.   i.e.

C. **Sujets de discussion.**   Formats possibles: travail en petits groupes, interviews, débats.

1. Qu'est-ce qui représente le bonheur pour les étudiants de votre université? Pour les Américains en général?
2. Quels sont les obstacles au bonheur? Est-ce que vous voulez changer la liste des Français (p. 293)?
3. Qu'est-ce qui vous fait peur? Regardez la liste p. 273; est-ce qu'elle vous semble exacte?
4. Est-ce que votre bonheur va durer? Qu'est-ce qui peut changer votre situation?
5. Etes-vous disciple de la philosophie du *Carpe Diem* ou est-ce que vous aimez mieux travailler maintenant pour obtenir le bonheur plus tard?

A la charcuterie

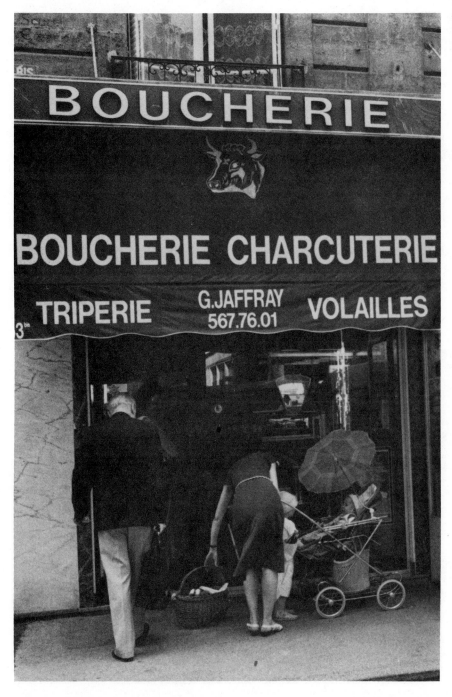

OBJECTIVES

Language:

Vocabulary for Food, Drinks,
  and Money
The Vowels / ø / and / œ /
Boire, recevoir, devoir
Irregular Verbs in the
  Subjunctive
Negatives

Culture:

Prepared Food
Money
Spending Habits of the French

Communication:

Buying Prepared Dishes
Ordering Drinks
Using the Post Office
Using Foreign Currency
Asking for Change

Commençons

A la charcuterie°

Pork butcher shop

Edouard et Annick Leclerc travaillent au centre ville;° Edouard est cadre et sa femme architecte. Les jours où ils vont rentrer tard, ils aiment acheter des plats cuisinés° dans une charcuterie et les emporter chez eux pour dîner.

au... downtown

plats cuisinés (*m.*) prepared dishes

LE CHARCUTIER:°   Bonjour messieurs-dames,° vous désirez?

pork butcher / Sir, Ma'am

ANNICK: Vous n'avez plus° de pâté de foie?°

any more / pâté de foie (*m.*) liver pâté

LE CHARCUTIER: Si, nous avons reçu° notre commande° hier. Voulez-vous que j'aille° le chercher?

received / (*f.*) order / go

EDOUARD: Je ne sais pas; il vaut peut-être° mieux que nous prenions° autre chose.°

perhaps / get / autre... something else

LE CHARCUTIER: J'ai de la très bonne choucroute garnie.° Vous devriez° l'essayer.°

choucroute... sauerkraut and assorted meat / ought / to try

ANNICK: Tiens! C'est une idée. Qu'est-ce que vous nous conseillez° de boire° avec cela?

advise / to drink

EDOUARD: Tu sais bien qu'avec la choucroute, il faut qu'on boive° du vin blanc sec° ou de la bière.

drink / dry

ANNICK: Très bien. Donnez-nous 500 grammes° de choucroute et une bouteille° de Riesling.

(*m.*) grams / bottle

LE CHARCUTIER: Voilà, Madame!

EDOUARD: Combien je vous dois?°

owe

LE CHARCUTIER: Soixante-dix-neuf francs.°

(*m.*) francs

Faisons connaissance   Although supermarkets are very popular in France, many people continue to buy food at specialty stores. The **charcuterie** depicted in this dialogue specializes in pork products, such as **le jambon** (*ham*), **les saucisses** (*sausage*), and **les côtelettes et rôtis de porc** (*pork chops and roasts*). The **charcutier (-ière)** also prepares various foods that are served ready-to-eat. These would include **hors-d'oeuvre,** such as **la salade niçoise, les champignons à la grecque** (*Greek-style mushrooms*), and **les oeufs en gelée** (*eggs in gelatin*). A **charcutier (-ière)** also prepares other dishes, which the shopper can warm up just before dinner. Some possibilities are **la choucroute, les cailles** (*quail*), **les poulets rôtis** (*roast chickens*), and **le couscous.**

Note that the butcher greeted his customers with the title **"messieurs-dames."** In a store, it is customary to greet and to say good-bye to people in this manner, and many customers greet each other in the same way even if they are not acquainted. The **Riesling** that Mme Leclerc asks for is a well known variety of dry white wine from the Alsace region, where **choucroute** is also a specialty.

Questions sur le texte

1. Est-ce que Edouard et Annick travaillent à la campagne?
2. Qu'est-ce qu'ils aiment faire quand ils ont beaucoup de travail?
3. Est-ce que le charcutier a du pâté de foie?
4. Qu'est-ce qu'il recommande aussi?
5. Quelle sorte de vin consomme-t-on avec la choucroute?
6. Qu'est-ce qu'il est possible de boire aussi?

Enrichissons notre vocabulaire

A la brasserie   bar-restaurant

—Qu'est-ce que vous avez **commandé?**   ordered

—J'ai commandé du **poisson.**   fish

—Et comme boisson?

—Une bouteille de vin blanc sec.

   Un **verre** de **vin doux.**   glass / sweet wine

   Un **Coca-Cola.**

   Un **jus de fruit.**   fruit juice

   Une **boisson gazeuse.**   soft drink

   Une **boisson diététique.**   diet soft drink

—Tu veux **prendre un verre?**   have a drink

—Non, je n'ai pas soif.

Au bureau de poste: Poste restante   General Delivery

—Madame?

—Je viens chercher mon **courrier.**   mail

—Vous avez reçu trois lettres et un

   paquet / colis.   package

—Oh, très bien! Une lettre des Etats-Unis.

   J'attendais des **nouvelles** de mon fils. news (f.)

   Je voudrais **expédier** un **mandat** et un   send / money order

   télégramme.

—Allez au **guichet** numéro 3.   window

Prononciation   The Vowel Sounds /ø/ and /œ/

    A. The third pair of mid-vowels in French is /ø/ and /œ/. The /ø/ sound is pronounced with the mouth mostly closed, the tongue forward, and the lips rounded. It is represented by the letters **eu**, and occurs in words such as **bleu** and **heureux**. The unaccented **e** in words such as **je**, **ne**, **ce**, and **que** approximates this sound.

    B. You will notice that the /ø/ sound occurs when it is the last sound in a syllable. If the syllable ends in a consonant, you must pronounce the /œ/ sound by opening your mouth slightly. The /œ/ sound is also written **eu**, but it occurs only before a pronounced consonant, in words such as **leur**, **veulent**, and **neuf**.

Repeat the following words after your teacher.

/ø/	/œ/
heureux	chauffeur
eux	heure
peu	peur
veut	veulent

    C. There is only one exception to the above rule: when the final consonant is the /z/ sound, usually written **se**, you keep the vowel sound /ø/. In the following lists, the adjectives in the left column have the same final vowel sound as those on the right.

/ø/	/øz/
ambitieux	ambitieuse
courageux	courageuse
délicieux	délicieuse

EXERCICE

Read the following sentences aloud, distinguishing between the closed /ø/ sound and open /œ/ sound.

1. Je veux aller chez eux.
2. Elle a peur que tu ne sois pas à l'heure.
3. Ils ne peuvent pas supporter cette odeur curieuse.
4. Le facteur veut deux francs.
5. Le docteur peut venir à deux heures vingt-deux.
6. Ma sœur est ambitieuse et studieuse.
7. Les jeunes professeurs aiment les idées neuves.
8. Il pleut, mais nous avons des pneus neufs.

"Ron Bloom ? Je peux vous dire que nous sommes très heureux"

Grammaire

I. Boire, recevoir, and devoir

A. Three irregular French verbs that have similar conjugations are **boire**, **recevoir**, and **devoir**.

boire (*to drink*)	recevoir (*to receive*)	devoir (*must, to have to, to be supposed to, to owe*)
présent		
je **bois**	je **reçois**	je **dois**
tu **bois**	tu **reçois**	tu **dois**
il, elle, on **boit**	il elle, on **reçoit**	il, elle, on **doit**
nous **buvons**	nous **recevons**	nous **devons**
vous **buvez**	vous **recevez**	vous **devez**
ils, elles **boivent**	ils, elles **reçoivent**	ils, elles **doivent**
passé composé		
j'ai **bu**	tu as **reçu**	il a **dû**
imparfait		
nous **buvions**	vous **receviez**	elles **devaient**

Qu'est-ce que vous nous conseillez de **boire**?
Nous **avons reçu** notre commande hier.
Il ne **reçoit** pas beaucoup de courrier.
Vous **devez** partir maintenant?

B. **Devoir**, followed by an infinitive, has several possible meanings in English.

Je **dois aller** chez le charcutier.	*I have to / am supposed to go to the pork butcher's.*
Elle **a dû aller** au bureau de poste.	*She had to go / must have gone to the post office.*
Nous **devions expédier** un mandat.	*We were supposed to send a money order.*

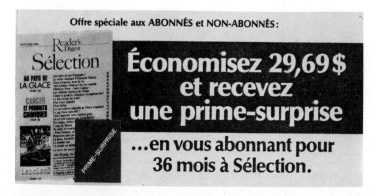

C. Devoir + a verb in the infinitive can replace the expressions **il faut que** + a verb in the subjunctive.

> **Il faut que** tu réussisses
>   à cet examen.

> Tu **dois** réussir à cet
>   examen.

D. Devoir followed by a noun means *to owe*.

> —C'est combien?
> —Vous me **devez** 95F.

Attention   **Devoir** is frequently used in the conditional mood to give advice, in which case it means *should* or *ought to*.

> Je **devrais** téléphoner à ma mère.
> Vous **devriez** l'essayer.

PRATIQUONS

A. Dans les phrases suivantes, remplacez les mots en italique par les sujets donnés.

1. *Elle* boit un jus de fruit.   (Nous, Tu, Je, On, Vous, Ils)
2. *Je* ne reçois pas de courrier.   (Vous, On, Tu, Nous, Elles, Mon ami)
3. *Nous* devons commander du vin.   (Elle, Je, On, Vous, Tu, Les touristes)

B. Mettez les phrases suivantes au temps (*tense*) indiqué entre parenthèses.

1. Elle boit du vin avec ses repas.   (*imparfait*)
2. Nous avons reçu un colis.   (*futur proche*)
3. Vous devez rester deux heures.   (*passé composé*)
4. Je lui dois de l'argent.   (*futur proche*)
5. Les enfants boivent beaucoup de jus.   (*passé composé*)
6. Elles reçoivent plusieurs amis.   (*imparfait*)

C. **Connaissez-vous Jacqueline?**   Formez des phrases complètes avec les mots donnés.

1. Quand / elle / être / petit / elle / ne ... jamais boire / lait.
2. Qu'est-ce que / elle / devoir / faire / quand / pleuvoir?
3. Le week-end dernier / sa sœur / et / elle / devoir / rester / maison.
4. Hier / Jacqueline / recevoir / colis.
5. Est-ce que / son / parents / recevoir / souvent / son / amis?
6. Chez elle / on / ne ... pas boire / souvent / alcool.

D. **Conseils personnels.**   Dans les phrases suivantes, remplacez **Il faut que** par la forme correcte du verbe **devoir.**

1. Il ne faut pas que je mente.
2. Il faut que vous finissiez votre travail.
3. Il faut que tu sois généreux.
4. Il faut que les gens connaissent leurs voisins.

5. Il faut que nous pensions aux sans-logis.
6. Il faut qu'on ait beaucoup de patience.

E. Qu'est-ce qu'on boit traditionnellement dans les pays suivants?

thé	vin	café
vodka (*f.*)	bière	Coca-Cola

1. En France, on…
2. En Amérique, nous…
3. En Angleterre, on…
4. En URSS, les Russes…
5. En Allemagne, ils…
6. Au Brésil, on…

PARLONS

A. Quel(s) cadeau(x) avez-vous reçu(s)…?

1. pour Noël?
2. pour votre anniversaire?
3. pour une autre fête?

Qu'est-ce que vos parents ont reçu de vous?

B. Qui est responsable de vos qualités?

MODELE: Je dois ma beauté à mes parents.

votre succès?	votre intelligence?
votre énergie?	votre sens de l'humour?
votre talent?	votre modestie?

C. Séparez-vous en petits groupes et posez les questions suivantes: **«Qu'est-ce que tu dois faire…?»**

ce soir?	avant d'aller à l'université demain?
avant le week-end?	avant d'inviter des amis à dîner?
l'été prochain?	… ? …
avant de partir en vacances?	

Choisissez un membre de chaque groupe pour informer la classe des résultats (*results*).

D. Qu'est-ce que vous devriez faire dans les situations suivantes?

MODELE: Vous avez un examen demain.
            Je devrais étudier les verbes.

1. Il pleut beaucoup.
2. Votre camarade de chambre est très malheureux(-se).
3. Vous devez beaucoup d'argent à un(e) ami(e).
4. Vous avez trop bu et votre mère est là quand vous rentrez.
5. Vous avez perdu vos clés.
6. Vous êtes fatigué(e).
7. Vous ne recevez jamais de lettres.
8. Les étudiants font trop de bruit à la résidence.

Questions personnelles

1. Qu'est-ce que vous aimez boire le matin? très tard?
2. Qu'est-ce que vous buvez quand vous avez très soif? Quand vous êtes fatigué(e)?
3. Avez-vous reçu une lettre cette semaine? Un colis?
4. Aimez-vous recevoir des amis chez vous ou aimez-vous mieux sortir?
5. A qui devez-vous de l'argent?
6. Avez-vous dû étudier hier soir?

II.   Irregular Verbs in the Subjunctive

A. Verbs with one subjunctive stem

1. In addition to **avoir** and **être**, several other French verbs are irregular in the subjunctive.

faire	fass-
que je **fasse**	que nous **fassions**
que tu **fasses**	que vous **fassiez**
qu'il, elle, on **fasse**	qu'ils, elles **fassent**

2. Here are the forms of other verbs that are irregular in the subjunctive.

connaître: que je **connaisse** / que nous **connaissions**
pouvoir: que je **puisse** / que nous **puissions**
savoir: que je **sache** / que nous **sachions**
suivre: que je **suive** / que nous **suivions**

Est-il vrai qu'il te **connaisse?**
Je suis étonné qu'ils **puissent** venir.
Il faut qu'on **sache** les réponses.
Tu as envie que je **suive** ce cours?

PREMIÈRE.
LE MAGAZINE QUI PARLE DES FILMS
AVANT QU'ILS NE FASSENT PARLER D'EUX.

*Tous les mois, Première porte un certain regard sur le cinéma. Celui du cœur.
Tous les mois, Première démontre que les films ont la vedette : on parle de l'Ours, du
Grand Bleu, de Camille Claudel (films dont Première a parlé bien avant tout le monde...)
au même titre qu'on parle de De Niro ou d'Adjani. Mais Première, c'est aussi un
regard en profondeur sur le cinéma. Des critiques, des portraits d'acteurs et de
réalisateurs, des repérages sur des petits films qui méritent souvent qu'on en parle
en grand, et bien sûr des exclusivités. Première, le magazine qui parle des films
comme personne n'en parle.*

B. Verbs with two subjunctive stems

1. Some verbs use both the first- and third-person plural forms of the present indicative to form two different subjunctive stems — one for the first- and second-person plural forms and one for the other forms.

nous **pren**ons   que nous **pren**ions   ils **prenn**ent   qu'ils **prenn**ent

boire	devoir	recevoir
stems: **boiv-, buv-**	*stems:* **doiv-, dev-**	*stems:* **reçoiv-, recev-**
que je **boive**	que je **doive**	que je **reçoive**
que tu **boives**	que tu **doives**	que tu **reçoives**
qu'il, elle, on **boive**	qu'il, elle, on **doive**	qu'il, elle, on **reçoive**
que nous **buvions**	que nous **devions**	que nous **recevions**
que vous **buviez**	que vous **deviez**	que vous **receviez**
qu'ils, elles **boivent**	qu'ils, elles **doivent**	qu'ils, elles **reçoivent**

prendre	venir*	voir
stems: **prenn-, pren-**	*stems:* **vienn-, ven-**	*stems:* **voi, voy-**
que je **prenne**	que je **vienne**	que je **voie**
que tu **prennes**	que tu **viennes**	que tu **voies**
qu'il, elle, on **prenne**	qu'il, elle, on **vienne**	qu'il, elle, on **voie**
que nous **prenions**	que nous **venions**	que nous **voyions**
que vous **preniez**	que vous **veniez**	que vous **voyiez**
qu'ils, elles **prennent**	qu'ils, elles **viennent**	qu'ils, elles **voient**

* **Tenir** is conjugated like **venir** (qu'il **tienne**, que nous **tenions**).

Il faut qu'on **boive** du vin sec.
Il est temps que nous **recevions** le courrier.

2. The verbs **aller** and **vouloir** take one subjunctive stem from the **nous** form of the present indicative. The other subjunctive stem is irregular.

aller	vouloir
stems: **aill-, all-**	*stems:* **veuill-, voul-**
que j'**aille**	que je **veuille**
que tu **ailles**	que tu **veuilles**
qu'il, elle, on **aille**	qu'il, elle, on **veuille**
que nous **allions**	que nous **voulions**
que vous **alliez**	que vous **vouliez**
qu'ils, elles **aillent**	qu'ils, elles **veuillent**

Voulez-vous que j'**aille** le chercher?
Il se peut qu'il **veuille** sortir ce soir.

C. Verbs without complete conjugations

1. The following verbal expressions are irregular in the subjunctive.

il faut	**qu'il faille**
il pleut	**qu'il pleuve**

Il est possible qu'il **faille** payer la T.V.A.
Je ne veux pas qu'il **pleuve** ce week-end.

2. In the indicative, **il faut** becomes **il a fallu** or **il fallait** in the past and **il va falloir** in the future.

Il **a fallu** que je prenne l'avion.
Il **fallait** que nous partions de bonne heure.
Il **va falloir** que tu fasses la vaisselle.

L'ORTHOGRAPHE

Note that the **endings** of **all** verbs in the subjunctive are the same.

je	**-e**	nous	**-ions**
tu	**-es**	vous	**-iez**
il, elle, on	**-e**	ils, elles	**-ent**

Attention

You can use **aller** only as a verb of motion in the subjunctive; the **futur proche** does not exist. In the example above, **Voulez-vous que j'aille le chercher?** means *go and get,* not *get* in the future. Use the present subjunctive for events in the future or put the main clause in the **futur proche.**

Il est possible que je **finisse** la semaine prochaine.
Il va falloir que nous **fassions** le ménage ce week-end.

PRATIQUONS

A. Remplacez les mots en italique par les sujets donnés.

1. Je doute qu'*elle* puisse venir.   (tu, le médecin, nous, on, les Morin, vous)
2. Il est possible que *nous* allions en France.   (je, vous, on, tu, ils, elle)
3. J'ai peur que *tu* ne saches pas pourquoi.   (vous, on, nous, elle, les gendarmes, elles)

B. Remplacez les mots en italique avec les expressions données.

1. Il a fallu que nous *travaillions* beaucoup.   (faire le ménage, aller à la charcuterie, boire de l'eau, voir ce film, retenir ces dates)
2. Elle a peur que vous *arriviez en retard.*   (vouloir rester longtemps, ne … pas prendre le dernier métro, suivre trop de cours, ne … pas pouvoir répondre, la voir)
3. Il va falloir qu'on *rentre.*   (aller à l'église, faire des courses, recevoir ces gens, prendre l'avion, obtenir de bonnes notes)

C. **On va faire un pique-nique.** Formez des phrases complètes en employant les mots donnés.

1. Notre / amis / vouloir / nous / aller / faire un pique-nique / demain.
2. Je / avoir peur / Yves / ne … pas vouloir / venir / avec nous.
3. Nous / être certain / vous / pouvoir / arriver / à l'heure.
4. Paul / douter / faire / froid / demain.
5. Nous / penser / il / pleuvoir.
6. Elles / être / désolé / leurs amies / ne … pas venir.
7. Marie / être sûre / nous / ne … pas boire / bière.
8. Il faut / vous / voir / ces plats!

D. **Faisons des courses ensemble.** Refaites les phrases suivantes en employant les mots entre parenthèses.

1. Elle doute qu'ils aillent au supermarché. (Elle est sûre…)
2. Je ne pense pas qu'il puisse sortir avec nous. (Nous… vouloir…)
3. Nous regrettons que vous ne veniez pas. (Jean… il…)
4. Il faut que tu fasses des courses. (Hier…)
5. Je voudrais que vous me receviez après. (Annick… tu…)
6. Il est peu probable que nous restions en ville. (… on… aller…)

E. Formez des phrases en utilisant des expressions dans les deux colonnes.

MODELE: Je doute qu'il fasse la grasse matinée.

Etes-vous désolé	suivre un cours de français
Je suis certain	tenir à des photos de famille
Il faut	vouloir aller au concert
Je pense	faire la cuisine
Il est probable	avoir mal aux dents
Nous ne pensons pas	prendre l'avion
Nous sommes sûrs	voir un film anglais
As-tu peur	devoir de l'argent à la banque
Il vaut mieux	recevoir des amis
Nous ne savions pas	boire du Coca-Cola
	aller au cinéma ce soir
	pleuvoir cet après-midi

PARLONS

A. Indiquez le degré de certitude des situations suivantes: certain? probable? possible? impossible?

MODELE: Il pleut ce soir.
      Il est possible qu'il pleuve ce soir.

1. Je réussis à mon examen de français.
2. Je vais en Europe cet été.
3. Je suis un cours d'anthropologie le trimestre prochain.
4. Nous connaissons un bon professeur de français.
5. Les étudiants sont contents à la fin de ce cours.

6. Je deviens professeur de lycée.
7. Je bois trop de bière.
8. Nous voulons aller en classe samedi.
9. Mes amis peuvent me prêter de l'argent.
10. Mon professeur fait souvent le ménage.

B. Qu'est-ce que vous regrettez dans la vie? Choisissez vos réponses dans la liste suivante, ou exprimez vos propres regrets (*express your own regrets*).

MODELE: Mes professeurs sont sévères.
Je regrette que mes professeurs soient sévères.

Mes notes sont mauvaises.
Le professeur donne beaucoup de travail.
Mon voisin reçoit trop d'amis.
Mon (Ma) camarade de chambre ne fait pas le ménage.
L'université n'a pas de films français.
On doit passer des examens.
Il pleut aujourd'hui / demain / ce week-end.
Notre classe ne va pas au laboratoire tous les jours.
Mon (Ma) camarade de chambre ne prend pas de bain.
La banque ne veut pas me prêter d'argent.

C. Qu'est-ce qu'il faut ou qu'est-ce qu'il ne faut pas que le professeur fasse?

MODELE: donner de bonnes notes
Il faut que vous donniez de bonnes notes.

faire peur
Il ne faut pas que vous nous fassiez peur.

être patient(e)
expliquer la leçon
pouvoir nous comprendre
faire de bons cours
avoir du tact
recevoir des étudiants chez vous
prendre des vacances
retenir le nom des étudiants
savoir les réponses aux questions
… ?

D. Que pensez-vous des affirmations suivantes? Doutez-vous / êtes-vous sûr(e) qu'elles soient vraies?

MODELE: Il fait froid à Buenos Aires en janvier.
Je doute qu'il fasse froid à Buenos Aires en janvier.

1. On doit abolir la peine capitale (*capital punishment*).
2. On peut aller de Paris à New York en trois heures et demie.
3. Il y a des hommes et des femmes sur d'autres planètes.
4. Nous allons connaître les causes du cancer au vingtième siècle (*century*).
5. Certaines personnes prévoient l'avenir.
6. Nous tenons à notre passé.

Questions personnelles

1. Est-il important qu'on suive des cours de langues étrangères?
2. Pensez-vous qu'on voie de bons films à la télévision? de bonnes émissions?
3. Est-il nécessaire que vous alliez en classe tous les jours?
4. Est-il possible que vous vouliez travailler pendant les vacances?
5. A quel âge pensez-vous qu'on doive pouvoir boire de l'alcool?
6. Est-ce qu'il vaut mieux que vos amis et vous, vous fassiez vos devoirs ou alliez en ville ce soir?

III.   Negatives

A. You already know the general negative expression in French, **ne… pas**, which always surrounds the conjugated verb.

> *Au présent:*   Elle **ne prend pas** de vin doux.
> *Au passé:*   Robert **n'a pas commandé** de poisson.
> *Au futur:*   Je **ne vais pas** boire de Coca-Cola.

B. French has other negatives.

Affirmative	**Negative**
Ils prennent **quelque chose.**	Ils **ne** prennent **rien.**
*They are having **something.***	*They are **not** having **anything.***
Elle a **encore** de la patience.	Elle **n'**a **plus** de patience.
*She **still** has patience.*	*She does **not** have **any more** patience.*
Ils reçoivent des **gens.**	Ils **ne** reçoivent **personne.**
*They receive **people.***	*They do **not** receive **anybody.***
J'ai **beaucoup** d'argent.	Je **n'**ai **que** deux dollars.
*I have a **lot of** money.*	*I have **only** two dollars.*
Il va **souvent / toujours** en classe.	Il **ne** va **jamais** en classe.
*He **often / always** goes to class.*	*He **never** goes to class.*

Mots clés

Negative expressions

ne … jamais	never, not ever
ne … plus	no longer, no more, not any longer, not any more
ne … rien	nothing, not anything
ne … personne	no one, nobody, not anyone
ne … que	only

C. Position of negatives

1. The negative **ne … personne** surrounds the helping verb and the past participle in the **passé composé.** It surrounds the conjugated verb and the infinitive with double verbs.

> Nous **n'**avons reconnu **personne.**
> Je **ne** veux oublier **personne.**

2. The **que** of **ne … que** immediately precedes the noun it modifies.

> Je **n'**ai **pas** de pâté; je **n'**ai **que** de la choucroute.
> Elles **n'**ont vu **qu'**un film français.

3. Two negatives can be the subject of a sentence. The **ne** follows it.

> **Rien n'**est arrivé.   *Nothing happened.*
> **Personne n'**est venu.   *No one came.*

4. Three negative expressions can be used alone.

> Vous allez à la charcuterie? —**Jamais!**
> Qui vous a invité? —**Personne!**
> Qu'est-ce qu'il a commandé? —**Rien.**

Attention

1. Remember that the nondefinite (indefinite and partitive) articles all become **de** in the negative. The only exception, **ne … que**, does not require the article to change because it does not express complete negation.

> Ils ont toujours **de l'**argent.
> Ils n'ont jamais **d'**argent.

> Vous n'avez plus **de** pâté?
> Si, j'ai encore **du** pâté.

> Je n'ai pas **de** dollars; je n'ai que **des** francs.

Si is used to contradict a negative question or statement.

2. While it is possible to use two or more negative expressions in the same sentence, **pas** is never used with **jamais, plus, personne,** or **rien.**

> Elle ne mange **plus rien** le matin.   *She no longer eats anything in the morning.*
> Je ne vois **jamais plus personne.**   *I never see anyone anymore.*

«Quand l'ordinaire ne suffit plus»

Ce
qu'ils disent

1. The **ne** often disappears from the negation in conversations.

   J'ai plus de patience.
   Ils ont vu personne.
   Ils ont jamais mangé dans une brasserie.
   Nous avons rien trouvé.

2. **Que** can also be used entirely by itself to mean *only*.

   Que de l'eau, s'il vous plaît!

PRATIQUONS

A. **Eric n'est pas comme son ami Luc.**   Remplacez *Luc* par *Eric* et mettez les phrases suivantes à la forme négative.

   MODELE: Luc fait beaucoup de choses.
              Eric ne fait rien.

   1. Luc va toujours à l'église le dimanche.
   2. Luc a encore du temps pour vous.
   3. Luc a perdu quelque chose.
   4. Luc a rencontré quelqu'un à la brasserie.
   5. Luc va acheter quelque chose pour l'anniversaire de sa mère.
   6. Luc aime toujours les réceptions.
   7. Luc invite quelqu'un le samedi soir.
   8. Luc veut encore du poisson.

B. Répondez aux questions suivantes à la forme affirmative.

   1. Tu ne manges jamais dans un parc?
   2. Personne ne te comprend?
   3. Tu n'es plus malheureux?
   4. Tes amis ne font rien?
   5. Il n'y a personne chez toi?
   6. Ton frère ne veut jamais m'inviter?
   7. Tu ne bois plus de vin?
   8. Tu ne peux rien faire?

C. **J'ai été difficile hier.**   Mettez les phrases suivantes au passé composé.

   1. Je ne veux rien boire.
   2. Je ne bois que de l'eau minérale française.
   3. Je ne fais jamais la vaisselle.
   4. Je ne reçois personne chez moi.
   5. Je ne suis jamais content.
   6. Tu n'as plus peur de moi?

D. Répondez négativement aux questions suivantes.

   1. Qui est venu te chercher?
   2. Qu'est-ce qu'ils ont fait hier?
   3. Quand buvez-vous du vin doux?
   4. Est-ce qu'ils ont encore du poisson?
   5. Qui est-ce que vous allez choisir?
   6. Qui est-ce qui est tombé?

E. Ajoutez (*Add*) **ne … que** aux phrases suivantes.

    1. Je mange des légumes.
    2. Il veut acheter une voiture.
    3. Ils ont fait des fautes.
    4. Nous aimons la musique classique.
    5. Elle parle avec son frère.
    6. Ils ont trouvé un mauvais restaurant.

PARLONS

A. Qu'est-ce que vous faites **souvent, assez souvent** ou de **temps en temps** (*from time to time*), et qu'est-ce que vous ne faites **jamais** ou **presque jamais**?

MODELES: aller à l'église   *Je vais souvent à l'église.*
              étudier le samedi soir   *Je n'étudie jamais le samedi soir.*
              manger du poisson   *Je mange du poisson de temps en temps.*

avoir faim l'après-midi	regarder la télévision
oublier un examen	écouter de la musique classique
boire de l'alcool	faire du sport
fumer des cigarettes	piloter un avion
sortir avec un footballeur	perdre mon temps

B. Expliquez comment la vie a changé pour vous, pour votre famille, pour vos amis et pour votre pays. Qu'est-ce qu'on ne fait plus?

MODELE: vous: regarder la télévision le samedi matin
              Je ne regarde plus la télévision le samedi matin.

1. vous

    dormir l'après-midi
    aimer…
    attendre le Père Noël
    vendre des journaux
    obéir / désobéir à mes parents
    … ?

3. vos amis de lycée

    me téléphoner
    venir me voir
    répondre à mes lettres
    vouloir aller danser
    habiter près de chez moi
    … ?

2. vos parents

    devoir aller à l'école
    aller au cinéma
    recevoir mes amis
    m'embrasser
    jouer avec moi
    … ?

4. les gens

    pouvoir supporter les autres
    trouver du calme
    avoir de la patience
    aimer travailler
    apprécier la nature
    … ?

C. Pour être snob, il ne faut faire ou utiliser que certaines choses. Qu'est-ce qu'on doit faire dans les situations suivantes?

MODELE: servir / vin…
          On ne sert que du vin français.

porter / jean…   fréquenter / restaurant…
porter / chaussures…   passer / vacances à…
porter / vêtements…   faire des courses à…
aimer les… (autos)
sortir avec…

Il ne faut jamais…

fréquenter…   inviter…
porter…   passer ses vacances…
écouter des disques de…   utiliser…

D. Qu'est-ce que vous refusez absolument de faire? Employez les idées suivantes ou inventez quelque chose.

MODELE: habiter avec quelqu'un?
          Non, je n'habite avec personne.

parler souvent italien?   attendre quelqu'un longtemps?
aller chez le dentiste?   détester quelqu'un?
inviter des gens au restaurant?   expliquer vos actions à quelqu'un?
étudier le week-end?   prêter quelque chose à quelqu'un?
donner quelque chose au professeur?

Questions personnelles

1. Est-ce que vous invitez quelqu'un à dîner ce soir?
2. Est-ce que vous servez toujours du lait?
3. Arrivez-vous souvent en classe en retard?
4. Quand est-ce que vous ne faites rien?
5. Quand est-ce que vous ne voulez voir personne?
6. Est-ce que quelque chose vous est arrivé aujourd'hui?
7. Qu'est-ce que vous n'avez jamais fait?
8. Est-ce que quelqu'un vous a téléphoné ce matin?

Communiquons

L'argent

The monetary system in France is based on the **franc. Francs** are available as bills **(billets de banque)** in twenty, fifty, one hundred, two hundred, and five hundred franc denominations and as coins **(pièces)** in one, two, five, and ten denominations. There are one hundred **centimes** in a **franc. Centimes** are available only as coins in five, ten, twenty, and fifty denominations. The exchange rate has fluctuated wildly in recent years between four and ten **francs** to the U.S. dollar. Belgian and Swiss

currency is also called **"franc,"** but their values are different from that of the French **franc:** A Belgian **franc** is worth about three cents, a Swiss franc, about seventy cents. In Switzerland and Belgium, people use **septante, octante,** and **nonante** for 70, 80, and 90. Thus 95F would be **nonante-cinq** francs.

There are several other differences in currency that you will encounter in Europe. Bills vary both in size and color according to the denomination. In addition to heads of state, the bills also depict famous artists. French banknotes have a white spot, which contains a watermark to prevent counterfeiting.

It is possible to obtain French currency in exchange for dollars at large banks in many American cities. French **francs** are also available in traveler's checks **(les chèques de voyage),** but some French stores will not accept them. The most advantageous way of changing money in France is at a bank. After hours, you can find currency exchanges **(les bureaux de change)** at airports and large train stations. Many hotels and restaurants will change money, but at lower rates.

In 1960, a U.S. dollar was worth about five hundred French **francs.** The French government devalued them so that one hundred **anciens francs** became one **nouveau franc.** Because many French people still remember the old system, large numbers are often given in **anciens francs,** but are called **centimes.** For example, in the French lottery, they may announce a prize of **trois millions de centimes,** which would be thirty thousand **francs.**

Another monetary term you hear in France is **sou.** The **Québécois** use **sou** to mean *one cent.* Although this unit of currency has not been commonly used in France for generations, it still exists in several expressions: **avoir de gros sous** (*to be rich*), **être près de ses sous** (*to be stingy*), **ne pas avoir le sou** (*to be broke*).

Here are some useful words for talking about money.

la monnaie	*change*
rendre la monnaie	*to give back change*
faire de la monnaie	*to make change*
garder la monnaie	*to keep the change*

Combien coûte(nt)…? ⎫
C'est combien? ⎬ *How much is…?*
Quel est le prix de…? ⎭

le taux de change   *the exchange rate*
l'argent de poche   *allowance*

coûter cher   *to be expensive*
être bon marché   *to be cheap*

dépenser   *to spend*
économiser   *to save*
gagner de l'argent   *to earn money*
gaspiller   *to waste*
marchander   *to bargain, haggle*

Langage familier *(Slang)*

le fric   *money*
dix balles   *ten francs*
être fauché, être à sec   *to be broke*

Quelques prix *(Some prices)*

0,75   soixante-quinze centimes
1F50 *or* 1,50   un franc cinquante
3F10 *or* 3,10   trois francs dix

Au bureau de tabac

LE BURALISTE:°   Voilà vos timbres,° vos cigarettes et des allumettes.°

  tobacco shop owner / stamps
  matches

LE CLIENT: Merci, je vous dois combien?

LE BURALISTE: Trente-sept francs cinquante, s'il vous plaît.

LE CLIENT: Je suis désolé, mais je n'ai qu'un billet de cinq cents francs.

LE BURALISTE: Cela ne fait rien.° Je vais vous rendre la monnaie… Trente-sept cinquante, trente-huit, quarante, cinquante, cent, trois cents, et cinq cents! Je vous remercie.°

  Cela… It does not matter.

  Je… Thank you.

A la gare

parking meter

UN VOYAGEUR: Excusez-moi, pouvez-vous me faire la monnaie de cinquante francs? J'ai besoin d'argent pour l'horodateur.°

UN MARCHAND: D'accord. Vous voulez cinq pièces de dix francs?

UN VOYAGEUR: Je préfère quatre pièces de dix et dix pièces d'un franc, si cela est possible.

UN MARCHAND: Je ne peux pas vous donner toute ma monnaie! Voilà deux pièces de cinq francs!

UN VOYAGEUR: Merci!

Activités

A. Certaines personnes aiment dépenser de l'argent et d'autres aiment économiser. Si vous aimez dépenser, trouvez quelqu'un qui (*who*) aime économiser (ou vice versa) et faites une liste des avantages et des désavantages des deux systèmes.

B. **Les taux de change**

1. Cherchez dans un journal la valeur du franc français, du franc belge et du franc suisse. Quel est le taux d'échange du dollar canadien?
2. Vous êtes sorti(e) hier soir à Paris et vous avez dépensé beaucoup d'argent. Calculez les prix suivants en dollars: taxi 47F, dîner 175F, théâtre 120F, boîte de nuit 250F, hôtel 320F.

C. Faites un budget pour une semaine typique. Combien dépensez-vous en francs français pour...

vos repas?	votre lessive (*washing*)	les boissons?
les journaux et les livres?	le cinéma?	la pizza?

Avez-vous assez d'argent pour payer tout cela?

D. **Questions personnelles**

1. Combien d'argent de poche recevez-vous chaque (*each*) mois?
2. Combien d'argent avez-vous sur vous en ce moment? Avez-vous la monnaie d'un dollar?
3. Avez-vous été fauché? Quand? Pourquoi? Qu'est-ce que vous avez fait pour changer la situation?
4. Qu'est-ce qui coûte trop cher? Qu'est-ce qui est bon marché?

E. **Présentation orale.**   Avez-vous économisé de l'argent? Pourquoi? Qu'est-ce que vous avez fait pour avoir cet argent?

F. **Jeu de rôles.**   Jouez les scènes suivantes avec des camarades de classe.

1. Vous voulez de la monnaie pour téléphoner de Paris à New York. Demandez à un passant (*passer-by*).
2. Vous voulez acheter un pantalon dans un marché aux puces (*flea market*), mais vous pensez qu'il coûte trop cher. Marchandez!
3. Dans un restaurant où vous venez de dîner, le garçon vous apporte l'addition. Vous trouvez une erreur. Expliquez-la au garçon.
4. Vous avez une interview pour un travail. Demandez combien on va vous payer **(dollars de l'heure)**. Est-ce que c'est assez?

Lecture culturelle

Les Français et l'argent

Avant la lecture

In the last twenty years, French attitudes toward spending money have changed radically. Because of inflation, changing habits, and the availability of new products, the French spend a much larger percentage of their income than before and they are much more likely to buy on credit.

Another change is a decrease in expenses for durable goods (furniture, television sets, etc.) and an increase in the purchase of services. While Americans have experienced the same changes, the similarity stops there. The French save 13 percent of their incomes; we save only 4-6 percent.

Another interesting development in the way French people handle their money was brought about by their greater use of credit cards and checks. Cash transactions are now limited to small purchases in neighborhood stores. For major purchases, or to pay a hotel or restaurant bill, people routinely write checks or use a credit card. In addition, the French are ahead of us in their use of electronic money. Using their **Minitel,** many French people can perform all kinds of financial transactions from their homes without going to their banks.

Activités

A. What would be the major purchases for a family under the following categories.

Biens (Goods) *durables*	Biens *non-durables*
1.	1.
2.	2.
3.	3.

B. Words may be used in more than one way or as more than one part of speech. There may be two forms of the same word (**revenu:** past participle and noun) or two different words spelled the same way (**part:** the verb and the noun *share*). Look for the following words and pick the other words that indicate their part of speech and, thus, their meaning.

bien	fait
plus	part
leur	dépenses
revenu	carte

C. Close or exact cognates, such as **l'impression** are easy to identify. See if you can guess the meanings of the words below, since they differ from English by several letters.

dépenses	en fait	diminuent
maintenir	éphémères	courant
typique	assurances	la somme

Les Français et l'argent

Comment les Français dépensent-ils leur argent? Que font-ils de leurs revenus quand ils ont payé leurs impôts?° Ils n'ont que deux solutions: dépenser ou épargner.° Pendant longtemps, la majorité des gens a choisi de faire des économies,° mais depuis les années 70, la crise a forcé les Français à dépenser plus pour maintenir ou améliorer° leur niveau de vie.° En 1978, ils ne dépensaient que 82,5 pour cent de leurs revenus, mais mainte- 5 nant, ce pourcentage est de 87 pour cent.

Quand on examine le budget d'une famille française typique, on a l'impression qu'ils mangent de moins en moins et qu'ils n'achètent plus de vêtements pour pouvoir consacrer plus d'argent à leur santé° et à leurs loisirs.° En fait, une analyse détaillée montre que les Français continuent à dépenser de plus en plus d'argent pour leur 10 nourriture.°

Dans un budget, l'examen de la part des biens durables (meubles,° équipement ménager,° voiture, etc.) et de celle° des dépenses plus éphémères (alimentation,° services) donne une idée de l'évolution du mode de vie° des Français.

Aujourd'hui, les biens durables représentent moins de 10 pour cent des dépenses 15 des familles. La quantité de biens durables vendus a beaucoup augmenté jusqu'en 1972 avec la généralisation des télévisions, machines à laver,° etc, et puis leurs ventes° ont baissé.° Il est probable que la nouvelle génération d'équipement comme le magné- toscope, l'ordinateur personnel, le lecteur de disques compacts et le four à micro-ondes,° provoque une nouvelle augmentation de la vente des biens durables. 20

On remarque aussi que les Français dépensent de plus en plus pour les achats de services. Une distinction entre les achats de produits manufacturés et ceux de services (assurances, réparations,° coiffeur°) montre que les premiers diminuent et les seconds augmentent.

more / thanks
widespread
could / otherwise

Comment les Français réussissent-ils à continuer d'améliorer leur niveau de vie et à acheter davantage?° Ils le font grâce° au crédit. Consommer avant de payer! Le principe est maintenant très courant° en France et il donne à des millions de Français la possibilité de posséder des biens qu'ils ne pourraient° jamais avoir autrement.° Personne ne veut attendre plusieurs années pour économiser la somme nécessaire pour acheter une 5 voiture. Le crédit permet aussi à la majorité des gens de devenir propriétaires d'un logement. Cependant,° le crédit ne comporte° pas que des avantages, et bien des° gens sont allés trop loin sur la route de l'endettement° et ne peuvent plus faire face à° leurs engagements.°

However / include / **bien**... many
debt / **faire**... to face up to
responsibilities

Après un début assez lent dans les années 70, les Français sont maintenant plus de 10 10 millions à posséder au moins une carte de crédit, et la carte n'est plus considérée comme un privilège réservé aux hommes d'affaires° et aux cadres supérieurs.° La plupart des° Français la considère aujourd'hui comme un instrument utile et souvent indispensable.

hommes... businessmen /
  cadres... upper management
la plupart... most

En 1984, les Français utilisaient le crédit pour acheter: 15

24,6% des TV couleur
32,7% des magnétoscopes
20,8% des lave-vaisselle°
20,5% des machines à laver
17,6% des congélateurs.° 20

dishwashers

freezers

Adapté de *Francoscopie* / Larousse

TAUX DE CRÉDIT FIXE DE 6,9%.
TERME DE 48 MOIS.
AUCUN MONTANT LIMITE.

JVC Créateur du VHS

Après la lecture

Questions sur le texte

1. Quand ils ont payé leurs impôts, que font les Français avec leur argent?
2. Avant 1970, qu'est-ce que la majorité des gens faisait?
3. Pourquoi est-ce que les Français dépensent plus depuis 1970?
4. Quel pourcentage de leurs revenus est-ce qu'ils économisaient en 1978? Et maintenant?
5. Est-ce que les Français dépensent de moins en moins d'argent pour leur nourriture?
6. Quel sorte d'équipement contribue à l'augmentation de la vente des biens durables?
7. Pourquoi est-ce qu'une carte de crédit peut être dangereuse?
8. Qu'est-ce que les gens achètent en utilisant le crédit?

Activités

A. Regardez la liste suivante des dépenses des Français. Ajoutez les pourcentages qui (*which*) correspondent à votre situation maintenant. Et si vous aviez une famille?

Les dépenses	Les Français	Moi	Avec une famille
Alimentation	21,3%	_____	_____
Habillement	6,2%	_____	_____
Logement	17,9%	_____	_____
Santé	13,5%	_____	_____
Transports	13,6%	_____	_____
Loisirs	6,4%	_____	_____

B. Avez-vous acheté des biens durables récemment (*recently*)? Quoi? Les avez-vous achetés à crédit?

C. Avez-vous des cartes de crédit? Combien? Est-ce un avantage ou un désavantage?

D. Jugez de la nécessité des biens suivants:

indispensable	des meubles
utile	une voiture
un privilège	une télévision
	un ordinateur personnel
	un magnétoscope
	une machine à laver
	un four à micro-ondes

CHAPITRES 10–12

Travail en classe   A. Répondez aux questions suivantes en employant les mots entre parenthèses.

Les amis

1. As-tu vu Françoise?   (Oui,… venir… hier)
2. Tu m'aimes?   (Oui,…)
3. Etes-vous étonné qu'il soit fatigué?   (Oui,…)
4. Est-ce que ton ami a su cela?   (Non,… rien…)
5. Est-ce que je peux te téléphoner ce soir?   (Non, téléphoner… demain)
6. Qui vient de recevoir cette lettre?   (Nos voisins…)
7. Qui a sonné à la porte?   (Personne…)

Les activités

8. Est-ce que vous allez nous inviter?   (Oui,…)
9. Avez-vous peur qu'il fasse mauvais demain?   (Oui, je… pleuvoir)
10. Est-ce que vous venez me voir?   (Oui,…)
11. Est-il possible que vous partiez demain?   (Non, il faut que… partir aujourd'hui)
12. Est-ce que je vous ai vus au concert?   (Oui,…)
13. Est-ce que tu dois aller à la bibliothèque?   (Non, il faut que… aller en classe)
14. Que faites-vous quand vous avez soif?   (… boire… bière)
15. Vous avez parlé avec Jacques?   (Non,… venir… arriver)

B. Refaites les phrases suivantes en utilisant les mots entre parenthèses.

Qu'est-ce qui est arrivé?

1. Elle part à neuf heures et elle va à la charcuterie.   (Hier,…)
2. Quelque chose est arrivé.   (*Mettez au négatif.*)
3. Je les vois quand ils sortent.   (*Mettez au passé.*)
4. Il a attendu trois minutes.   (… ne… que…)
5. Elles connaissent mes amis.   (La semaine dernière,…)

Des opinions

6. Je suis sûr qu'il ne veut pas venir.   (… furieux…)
7. Il ne faut pas qu'il boive d'alcool.   (… devoir…)
8. Je ne pense pas qu'ils soient compétents.   (*Mettez à l'affirmatif.*)
9. Tu ne penses pas que nous allions en France.   (Il… que je…)
10. Je dois partir quand elle arrive.   (*Mettez au passé.*)

Tous les jours…

11. Nous n'allons jamais au théâtre.   (*Mettez au passé.*)
12. Elle répond à la question.   (*Mettez au pluriel.*)
13. Je reçois des amis.   (Vous… bons…)
14. Il ne réussit jamais à ses examens.   (Nous avons peur…)
15. Sais-tu son adresse?   (… vous… ami?)

C. Faites des phrases complètes avec les mots donnés, en faisant les changements nécessaires.

Des activités

1. Jeanne / vendre / jamais / livres.
2. Hier / nous / descendre / en ville / avec / enfants.
3. Paul / boire / jamais / eau.
4. nuit dernière / je / entendre / rien.
5. Tu / répondre / plus / téléphone.
6. Hier / il / falloir / nous / venir / tôt.
7. Ils / partir / hier / et / revenir / demain.

La famille

8. Personne / devoir / rien / mes parents.
9. Il / être / peu probable / tu / voir / Jacques.
10. Quand / je / habiter / Québec / je / recevoir / souvent / amis.
11. Elles / tenir / faire / promenade.
12. Mes parents / ne ... pas penser / je / avoir / talent.
13. Il / avoir peur / arriver / en retard.
14. Elle / mourir / année / dernier.
15. Ils / connaître / mon / famille / mais / ne ... pas savoir / notre / prénoms.

D. Complétez le paragraphe suivant avec la forme correcte des verbes donnés.

Le week-end dernier, Chantal et ses sœurs _____ (décider) d'aller au bord de la mer. Elle _____ (inviter) son petit ami Charles; il ne _____ (pouvoir) pas aller avec elles, mais il _____ (recommander) une belle plage près d'Arcachon. Quand elles _____ (partir), il _____ (faire) du brouillard et il _____ (falloir) qu'elles _____ (faire) attention. Ce _____ (être) de bonne heure le matin, mais dans la voiture personne ne _____ (dormir). Après deux heures de route, elles _____ (traverser) une petite ville. Il _____ (être) six heures du matin et tout le monde _____ (vouloir) continuer pour être à la mer avant les touristes. Mais Chantal _____ (avoir) froid et elle _____ (vouloir) qu'elles _____ (prendre) une boisson chaude. Elles _____ (chercher) un café ou un restaurant ouvert, mais comme il _____ (être) peu probable qu'elles _____ (pouvoir) trouver quelque chose à six heures, elles _____ (décider) de continuer. Elles _____ (arriver) deux heures plus tard. Elles _____ (sortir) de la voiture et _____ (aller) sur la plage. Chantal _____ (comprendre) tout de suite pourquoi Charles aime cette plage: il n'y _____ (avoir) que des nudistes!

E. Complétez les phrases suivantes de manière logique.

1. Je ne pense pas que...
2. Il est probable que...
3. Mes parents veulent que...
4. A ma résidence, nous venons de...
5. Il ne faut pas que nous...
6. Je doute que mon professeur...
7. Hier, j'ai reçu...
8. Je suis sûr(e) que...
9. Les Américains pensent que...
10. Il se peut que...

F. **Nos nouveaux voisins.** Traduisez (*translate*) les phrases suivantes.

1. They received us in their new apartment.
2. I lent them my VCR.
3. They are going to telephone us tomorrow.
4. They did not know anybody.
5. No one has invited them.
6. You must go visit them.
7. They don't drink wine anymore.
8. You didn't see them in the store?
9. They may stay home.
10. They probably sleep late.

Travail en petits groupes

A. Interviewez un(e) camarade de classe et posez-lui les questions suivantes.

1. Que-veux-tu faire dans la vie?
2. Quelle sorte de travail as-tu déjà fait?
3. Où es-tu allé(e) le week-end passé?
4. Qu'est-ce que tu as fait?
5. Qu'est-ce que tu ne fais jamais?
6. Qui te donne ton argent?

B. Qu'est-ce que vos camarades savent faire? Quand est-ce qu'ils ne peuvent pas le faire? Demandez-leur.

C. Demandez à un(e) camarade: Que faisais-tu avant d'aller à l'école? Raconte-moi ton enfance (*childhood*). (Vous pouvez utiliser les suggestions suivantes.)

jouer beaucoup? manger beaucoup de glace? regarder... à la télévision? être méchant(e)? dormir l'après-midi?

D. **Etes-vous connaisseur?** Interviewez vos camarades pour connaître leurs réponses aux questions suivantes.

Qu'est-ce qu'on boit...

avec la cuisine mexicaine? avec la cuisine italienne? au petit déjeuner? pour un anniversaire? avec du poisson? avec de la choucroute?

E. Quelle est votre réaction aux situations suivantes?

J'ai peur que	il y a un conflit international
Je ne pense pas que	le Président va à Moscou
Je pense que	le Canada veut coloniser les Etats-Unis
	les jeunes peuvent influencer le gouvernement
	les athlètes russes ne sont pas compétitifs
	le Japon vend trop de voitures aux Etats-Unis

F. Demandez à un(e) camarade s'il (si elle) a eu une journée difficile.

1. A quelle heure es-tu parti(e)?
2. Combien de temps es-tu resté(e) à l'université? As-tu passé beaucoup de temps à étudier?
3. Qu'est-ce que tu as fait?
4. A quelle heure es-tu rentré(e)?

G. Composez un paragraphe avec un(e) camarade de classe: Qu'est-ce que je devrais faire?

étudier plus souvent? téléphoner à mes parents? dormir moins? faire une lettre à des amis? aller à l'église? … ?

H. **Jeu de rôles.**   Jouez les scènes suivantes avec un(e) camarade de classe.

1. Vous avez loué une voiture et vous la rendez à l'agence. Vous devez expliquer pourquoi vous êtes en retard.
2. Vous êtes journaliste. Interviewez trois personnes qui ont vu un accident de voiture.
3. Vous téléphonez au charcutier pour commander un dîner pour huit personnes. Quels plats voulez-vous servir?
4. Vous cherchez du travail. Un camarade de classe va prendre des renseignements sur votre identité (nom, prénom, adresse…) et va vous poser des questions sur vos compétences.
5. Vous travaillez pour Lou Harris à Québec. Interrogez des passants (*passers-by*) pour voir s'ils sont optimistes ou pessimistes pour le futur. Qu'est-ce qui les préoccupe?

Chez le médecin

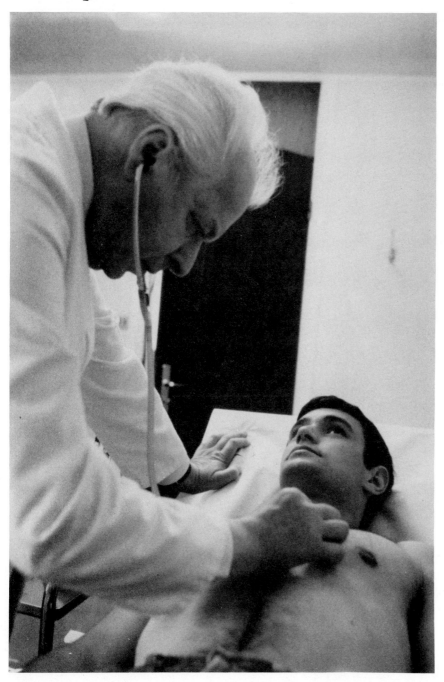

OBJECTIVES

Language:
Vocabulary for Relaxation,
  Parts of the Body
Initial and Final Consonants
Stem-Changing Verbs
Reflexive Verbs in the Present,
  Past, Future, and Imperative

Culture:
Medical Care in France
Médecins Sans Frontières

Communication:
Consulting a Doctor
Discussing Health

Commençons

Chez le médecin

Paul Prévot va consulter son médecin car il dort mal et il est très fatigué depuis deux semaines.

LE MÉDECIN: Bonjour, Paul. Qu'est-ce qui ne va pas?°

PAUL: Depuis quinze jours je suis très fatigué et le soir, je ne peux pas m'endormir.°

LE MÉDECIN: Est-ce que vous vous couchez° de bonne heure?° Est-ce que vous vous réveillez° tôt le matin?

PAUL: Je me couche généralement vers° onze heures et je ne me lève jamais° avant sept heures, mais je ne ferme pas l'œil° de la nuit.°

LE MÉDECIN: Déshabillez-vous.° Je vais vous examiner° mais je ne pense pas que cela soit sérieux.

L'examen terminé, le médecin appelle° Paul dans son bureau.

PAUL: Alors docteur, j'espère que ce n'est pas trop grave!

LE MÉDECIN: Je ne trouve rien. Il faut que vous vous détendiez° davantage.° Faites-vous de l'exercice° régulièrement?°

PAUL: Non, mais je me promène° tous les soirs après dîner.

LE MÉDECIN: Très bien. Ne vous inquiétez pas,° évitez de boire du café avant de vous coucher. Si cela ne va pas mieux, il va falloir qu'on vous fasse une prise de sang.°

Qu'est-ce…   What's wrong?

fall asleep

vous…   you go to bed /
  de…   early
vous…you wake up

about / **je…**   I never get up

ne…   can't sleep / **de…**   all
  night long
Déshabillez-vous   Get
  undressed / examine

calls

vous…   relax / more

Faites-vous…   Do you exercise /
  regularly
je…   I go for a walk

Ne…   don't worry

fasse…   run a blood test

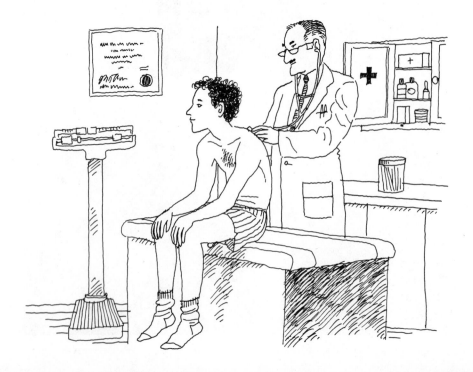

Faisons connaissance Medical students in France must go through rigorous training that begins the year after high school. Admission to medical school is increasingly difficult in France, and only a small number of first-year students pass exams and continue on to the second year. A general practitioner's training usually lasts about seven years. Like other divisions of French universities, medical schools are practically tuition-free.

The medical profession remains a popular choice for young people in France. However, a surplus of physicians, particularly in the major urban centers, is beginning to create problems. Many physicians now have to compete for patients; their average income is decreasing; and the profession as a whole has lost some of its social prestige.

Many family doctors in France still follow the tradition of making house calls. A family would never go to a hospital first for an emergency—it would call the doctor. Many doctors work in their own apartments and do not have secretarial help. French citizens and foreigners working in France are reimbursed by the social security system for 80 percent of their medical expenses.

In France, many people consult pharmacists rather than doctors for minor health problems. A pharmacist can offer advice and sell medicines over the counter that might not be available in this country without a prescription.

Etudions le dialogue

1. Pourquoi Paul Prévot va-t-il chez le médecin?
2. Combien d'heures est-ce qu'il dort?
3. Est-ce que le docteur pense que c'est grave?
4. Est-ce qu'il examine Paul?
5. Qu'est-ce que le docteur recommande?
6. Est-ce qu'il faut que Paul boive beaucoup de café?

Enrichissons notre vocabulaire

La détente	**Relaxation**
—Qu'est-ce que tu fais pour **te détendre?**	to relax
—Je promène mon **chien.**	dog
—Je joue avec mon **chat.**	cat
—Moi, je préfère aller à **la campagne**	country
ou à **la montagne.**	mountains
—J'ai un bon **conseil:** passez **la journée**	piece of advice / day
à la plage.	
—**D'accord.** Allons-y!	OK
—François est hypochondriaque.	
—**Qu'est-ce qui lui fait mal?**	*Where does he hurt?*
—Il a mal à la tête, au dos et aux pieds.	*His head, back, and feet hurt.*

1. les oreilles (f.)	6. la main	11. le dos
2. la tête	7. les doigts (m.)	12. le ventre
3. la bouche	8. les cheveux (m.)	13. la jambe
4. la gorge	9. les yeux / l'oeil (m.)	14. le genou
5. le bras	10. le nez	15. le pied

Prononciation

A. Initial consonant sounds

If you place your hand in front of your mouth and pronounce an English word starting with the / p /, / t /, or / k / sounds, you will feel a puff of air. This is **aspiration** and you must avoid it in French.

Listen carefully to your teacher and repeat the following pairs of words, trying to eliminate the aspiration in the French words.

English	French
Paul	Paul
Paris	Paris
two	tout
car	car

B. Final consonant sounds

Final consonant sounds are stronger in French than in English. In French, it is very important to pronounce clearly final consonant sounds. As you know, some grammatical distinctions depend on the presence or absence of a final consonant sound in the oral form.

Gender: étudiant / e ty djā /
étudiante / e ty djāt /

Number: il descend / il dɛ sā /
ils descendent / il dɛ sād /

Repeat after your teacher the following pairs of words, making the final consonant sound much stronger in French.

English	French
habit	habite
bees	bise
descend	descendent
port	porte
long	longue

Now practice these French words, making sure to pronounce clearly the final consonant sound.

verte	verbe	heureuse	sac
sorte	servent	tienne	rendent

Exercice

Read the following sentences aloud, avoiding the aspiration of initial consonant sounds and stressing final ones.

1. Le professeur pose une question intéressante.
2. Patrick passe l'été dans l'appartement de sa tante.
3. Au printemps, à Paris, les terrasses des cafés sont pleines.
4. Ces pays deviennent de plus en plus pauvres.

5. Un cours de psychologie demande beaucoup de travail.
6. Brigitte part faire des courses avec Monique.
7. Ton père n'a pas trouvé ton parapluie.
8. Madame Pinton est morte?
9. Bernard porte une cravate verte.
10. Les Prévot dorment avec leurs fenêtres ouvertes.

Grammaire

I.　Stem-Changing Verbs

A. Two groups of common **-er** verbs have stem changes in the **je, tu, il** and **ils** forms of the present indicative. These are verbs that have **é** / e / or **e** / ə / at the end of their stem, such as **préférer** and **acheter**.

préférer (*to prefer*)	acheter (*to buy*)
je préfère	j'achète
tu préfères	tu achètes
il, elle, on préfère	il, elle, on achète
nous préférons	nous achetons
vous préférez	vous achetez
ils, elles préfèrent	ils, elles achètent

Mots clés

Verbs conjugated like:

préférer / e /		**acheter** / ə /	
espérer	to hope	**enlever**	to take off / away
inquiéter	to worry	**lever**	to raise
posséder	to own	**promener**	to walk
répéter	to repeat		
sécher (un cours)	to cut class		

J'**espère** que ce n'est pas trop grave.
Je **préfère** la cuisine vietnamienne. Qu'est-ce que vous **préférez**?
Eux, ils n'**achètent** jamais rien, mais nous, nous **achetons** souvent des vêtements.

B. Note that the / e / and the / ə / sounds change to a more open / ɛ / sound, thus causing a change to an **accent grave (è)** before a pronounced final consonant.

préférer	je préfère	/ ʒə pʀe fɛʀ /
répéter	tu répètes	/ ty ʀe pɛt /
lever	il lève	/ il lɛv /

L'ORTHOGRAPHE

1. **Appeler** uses a double **l** instead of an **accent grave** to make the vowel sound /ɛ/ before a final consonant.

> j'app**e**lle   ils app**e**llent   *but*   nous app**e**lons
>
> Le médecin appelle Paul dans son bureau.

2. In the present indicative, only the **nous** and **vous** forms keep the same pronunciation and spelling as the infinitive because these forms end in a vowel sound and not in a consonant sound.

> espérer   nous espérons   / nu zɛ spe rɔ̃ /
>
> acheter   vous achetez   / vu za ʃte /

C. The present subjunctive has similar endings, and therefore the vowels change as in the indicative.

> Il faut que je sèche   que j'enlève
> que tu sèches   que tu enlèves
> qu'on sèche   qu'il, elle, on enlève
> que nous séchions   que nous enlevions
> que vous séchiez   que vous enleviez
> qu'ils sèchent   qu'ils, elles enlèvent

D. The past participle is pronounced like the infinitive; therefore, the vowels in the stem do not change.

> espérer   espéré   lever   levé
> posséder   possédé   appeler   appelé

E. Since the imperfect has a vowel ending in all the persons, the vowel in the stem does not change.

> Je poss**é**dais une voiture, mais je l'ai vendue.
> Nous app**e**lions Jacques quand il est arrivé.

PRATIQUONS

A. Substituez les sujets donnés dans les phrases suivantes.

1. *Elle* répète les phrases.   (Je, Vous, On, Les étudiants, Nous, Tu)
2. En 1986, *je* possédais une voiture.   (vous, Marie, nous, tu, mes sœurs, on)
3. Il faut que *tu* appelles un médecin.   (nous, je, vous, ils, le gendarme, on)

B. **En classe.**   Dans les phrases suivantes, mettez les verbes au singulier au pluriel et les verbes au pluriel au singulier.

1. Répétez le dialogue!
2. N'enlève pas tes chaussures en classe.

3. Nous possédons une bonne calculatrice.
4. J'espère qu'il va réussir.
5. Ils ont promené leurs enfants après l'école.
6. Vous appelez son professeur?
7. Elle va sécher son cours d'espagnol.
8. Achète-lui un dictionnaire.

C. Substituez les expressions données dans les phrases suivantes.

1. Tu sèches tes cours? (préférer l'eau minérale, espérer gagner, enlever ton manteau, promener tes amis, inquiéter ta famille)
2. Elle appelait sa sœur. (posséder une bicyclette, lever la main, espérer être heureuse, préférer aller au cinéma, répéter la question)
3. Je ne pense pas qu'elle achète une voiture. (posséder un magnétoscope, préférer le chocolat, enlever son imperméable, appeler le docteur, répéter cette histoire)

D. Complétez les phrases suivantes avec la forme correcte d'un verbe à changement de radical (*stem-changing verb*).

1. Cet artiste ne _____ pas de talent.
2. Mes parents viennent d(e) _____ une nouvelle voiture.
3. Mon camarade de chambre est paresseux; il _____ souvent ses cours.
4. _____ ce dessert. Je ne peux pas le finir.
5. Est-ce qu'il faut que nous _____ toutes les réponses?
6. Nous _____ le chien, mais il n'est pas revenu.
7. Veux-tu sortir ou _____-tu rester ici?
8. Il faut que nous rentrions avant minuit; je ne veux pas _____ mes parents.

E. **Exprimons des opinions.** (*Let's express some opinions.*) Refaites les phrases suivantes en employant les mots donnés.

1. Je préférais le chocolat. (Vous…)
2. Levez la main si vous voulez parler. (…tu…)
3. Il ne pense pas que nous achetions une maison. (…est sûr…)
4. Je pense qu'elles sèchent beaucoup de classes. (…elles…hier)
5. Il espère qu'il fait beau. (Nous…)
6. Il a envie que sa grand-mère promène les enfants. (…ses parents…)

PARLONS

A. Qui est-ce qu'on appelle dans les situations suivantes?

MODELE: Notre mère voit un accident.
Elle appelle les gendarmes.

1. Vous avez mal aux dents.
2. Vos camarades et vous, vous entendez vos voisins à trois heures du matin.
3. Votre père est fatigué et il ne dort pas bien.
4. Vous étudiez, mais vous ne comprenez pas la leçon.
5. Votre petit(e) ami(e) veut aller dîner en ville.
6. Quelqu'un mange au restaurant et son café est froid.

B. Etes-vous différent(e) de votre camarade de chambre?

MODELE: le jazz / la musique classique
          Je préfère la musique classique.
          Il (Elle) préfère le jazz.

1. cinéma / théâtre / télévision
2. lait / thé / bière / vin
3. étudier / faire une promenade / aller danser / sécher les cours
4. la plage / la montagne / la campagne / les grandes villes
5. avoir une profession bien payée / intéressante
6. parler de grands problèmes / parler de ses amis

C. Votre famille a une semaine de vacances; qu'est-ce que vous espérez?

Nous	espérer	il va faire beau
Moi, je		il va neiger
Ma sœur / Mon frère		il va y avoir des cinémas
Mes parents		il va y avoir beaucoup de gens
		il ne va y avoir personne
		tous nos amis vont venir
		on va rester à la maison
		on va faire un voyage
		mon petit ami / ma petite amie va venir avec nous
		on ne va pas dépenser trop d'argent
		il va y avoir de beaux garçons / de jolies filles

D. Trouvez quelqu'un dans la classe qui possède les choses suivantes.

MODELE: un vélo   *Je possède un vélo.*
          un chien   *Marc possède un chien.*

une auto jaune   un magnétoscope
une alliance   un pantalon vert
des disques des Beatles   une photo de famille
un ordinateur personnel   un billet de deux dollars
une carte du monde   des chaussures rouges

Questions personnelles

1. Est-ce que l'avenir vous inquiète?
2. Aimez-vous lever la main en classe ou préférez-vous écouter?
3. Qu'est-ce que vous avez acheté pour la fête de votre mère?
4. Séchez-vous souvent les cours? Quels cours préférez-vous sécher? Quelles excuses donnez-vous au prof?
5. Combien d'enfants espérez-vous avoir? Préférez-vous des garçons ou des filles?
6. Préférez-vous les beaux hommes / belles femmes ou les hommes / femmes intelligent(e)s?

II. Reflexive Verbs: **Présent** and **Futur Proche**

A. Reflexive verbs in French describe an action that the subject performs upon itself.

Je me lave.   *I get washed. / I wash myself.*

These verbs are conjugated with a reflexive pronoun, which represents the same person as the subject. Reflexive pronouns have the same position as the other object pronouns you have learned.

se coucher (*to go to bed*)	**s'amuser** (*to have a good time*)
je **me** couche	je **m**'amuse
tu **te** couches	tu **t**'amuses
il, elle, on **se** couche	il, elle, on **s**'amuse
nous **nous** couchons	nous **nous** amusons
vous **vous** couchez	vous **vous** amusez
ils, elles **se** couchent	ils, elles **s**'amusent

Mots clés

Reflexive verbs

s'amuser   to have a good time
s'appeler   to be called / named
se coucher   to go to bed
se dépêcher   to hurry
se déshabiller   to get undressed
se détendre   to relax
s'endormir   to fall asleep
s'habiller   to get dressed / to dress up
s'inquiéter   to worry
se laver   to wash oneself
se lever   to get up
se promener   to go for a walk
se rappeler   to remember
se reposer   to rest
se réveiller   to wake up
se trouver   to be located

Est-ce que **vous vous couchez** de bonne heure?
Il **s'appelle** Paul Prévot.
Il faut que **vous vous reposiez**.

B. In the negative, the reflexive pronoun still precedes the conjugated verb.

Je **ne me lève jamais** avant sept heures.

C. In a *verb + infinitive* construction, the reflexive pronoun precedes the infinitive.

Evitez le café avant de **vous coucher**.

D. With inversion, the reflexive pronoun precedes the conjugated verb.

> **Vous endormez-vous** tôt?
> Jacques **se rappelle-t-il** ton nom?

Attention   Reflexive pronouns must represent the same person as the subject, even if the verbs are not conjugated.

> **Je** ne peux pas **m'endormir.**
> Pour **m'amuser,** j'aime passer la journée à la plage.

PRATIQUONS

A. Substituez les verbes donnés dans les phrases suivantes.

1. Il *se couche* à onze heures.   (se lever, s'endormir, se réveiller, se laver, s'habiller)
2. Nous ne *nous détendons* jamais.   (se promener, s'amuser, se dépêcher, s'inquiéter, se reposer, se laver)
3. Vous allez *vous reposer* maintenant?   (se dépêcher, se promener, s'habiller, se lever, se coucher)

B. Substituez les sujets donnés dans les phrases suivantes.

1. *Marie* se lève tôt.   (Je, Nous, Ils, Tu, On, Vous, Il)
2. *Je* ne me rappelle pas l'adresse.   (Tu, Nous, Ils, On, Vous, Elle, Il)
3. *Ils* ne peuvent pas se détendre.   (Nous, Je, Tu, On, Elle, Vous, Ils)

C. **Un week-end à la campagne.**   Mettez les phrases suivantes au futur proche.

1. Nous nous dépêchons pour partir.
2. Yves se rappelle l'adresse de l'hôtel.
3. Yvette se promène sur les petits chemins.
4. Je ne me lève pas tôt.
5. Vous ne vous inquiétez pas s'il pleut?
6. Nous nous reposons avant le dîner.
7. Vous endormez-vous de bonne heure?
8. Nous nous amusons à la campagne.

D. **Une journée typique de Monique.**   Mettez les phrases suivantes à la forme interrogative en utilisant l'inversion.

1. Mon amie s'appelle Monique.
2. Elle se réveille tôt.
3. Elle se déshabille dans sa chambre.
4. Elle se lave après son petit déjeuner.
5. Son bureau se trouve en ville.
6. Nous allons nous amuser au restaurant ce soir.

E. **Nos projets** (*Our plans.*).   Répondez aux questions suivantes en utilisant les mots entre parenthèses.

1. Tu veux aller te promener demain?   (Oui,…)
2. A quelle heure te lèves-tu?   (…à huit heures.)

3. Quand est-ce que je peux me reposer?   (…cet après-midi.)
4. Tu te couches tard ce soir?   (Oui,…minuit.)
5. Est-ce que nous allons arriver en retard?   (Non,… se dépêcher.)
6. Pourquoi allez-vous vous reposer maintenant?   (Je…pour…se détendre.)

PARLONS

A. Comment s'appellent les personnes suivantes? Si vous n'êtes pas sûr(e), répondez «Je ne me rappelle pas.» Est-ce que vous pouvez inventer d'autres questions?

1. l'auteur de *Macbeth*
2. l'auteur de *David Copperfield*
3. le héros du film *Casablanca*
4. le Président de la République Française
5. la petite amie de Superman
6. le Premier Ministre du Canada
7. Le Vice-Président des Etats-Unis
8. le prénom des *Marx brothers*

B. Racontez une journée typique dans votre vie. Ensuite (*next*), racontez une journée idéale. Si vous le voulez, utilisez les mots de la liste suivante et un adverbe: **à… heure(s), tôt, tard, de bonne heure.**

se réveiller	rentrer
se lever	se reposer
se laver	se déshabiller
s'habiller	se coucher
se dépêcher	s'endormir
partir pour les cours	

C. Que faites-vous pour vous amuser? vous reposer? vous endormir? vous détendre? vous réveiller?

MODELE: Pour me réveiller, je bois du café.

D. Quand est-ce que les gens s'inquiètent?

Je	s'inquiéter quand	rentrer tard
Mes parents		ne pas téléphoner
Mon petit ami		oublier un anniversaire
Ma petite amie		dépenser trop d'argent
Mon professeur		sécher les cours
… ?		avoir trop de travail
		ne pas répondre aux lettres
		ne pas manger / dormir assez
		… ?

Questions personnelles

1. Qu'est-ce que vous vous rappelez de votre enfance (*childhood*)?
2. Vous inquiétez-vous souvent? De quoi?

3. Préférez-vous vous coucher tôt ou tard?
4. Où aimez-vous vous promener?
5. Quand est-ce qu'il faut que vous vous dépêchiez?
6. Où se trouve votre lieu préféré?

III.   Reflexive Verbs (**Passé composé** and Imperative)

A. All reflexive verbs are conjugated with **être** in the **passé composé**.

> Je **me suis levé** à sept heures.
> Il **s'est inquiété**.
> Tu ne **t'es** pas **couché** hier soir?
> Vous **êtes**-vous déjà **lavé**?

L ' O R T H O G R A P H E

Unlike other verbs conjugated with **être** in the **passé composé**, the past participle agrees with the reflexive pronoun, which is usually a direct object and which is the same as the subject.

> Les enfants **se** sont bien **amusés**.
> Nous **nous** sommes **habillés**.
> Elle ne **s'est** pas **dépêchée**.

B. In the imperative, the reflexive pronoun follows the verb in the affirmative and precedes the verb in the negative.

> **Déshabillez-vous!**
> **Dépêchons-nous!**
> **Ne te** couche **pas** trop tard!
> **Ne** vous **inquiétez pas** trop!

Attention   The pronoun **te** becomes **toi** when it *follows* the verb.

> Ne **te** dépêche pas!   Dépêche-**toi**!
> Ne **t'**habille pas maintenant!   Habille-**toi** maintenant!

PRATIQUONS

A. Substituez les sujets donnés dans les phrases suivantes.

1. *Nous* nous sommes bien amusés hier soir.   (Je, Vous, Claire, Nos voisins, Tu, On)
2. *Je* ne me suis pas promené cet après-midi.   (Nous, Isabelle, Tu, Vous, Les Marchais, On)

B. Donnez des ordres à vos camarades à la résidence. Substituez les verbes donnés dans les phrases suivantes.

Réveillez-vous!   (se lever, se laver, se coucher, se reposer, s'habiller, se dépêcher)

C. Donnez des conseils à un / une camarade de classe. Substituez les verbes donnés dans les phrases suivantes.

Ne *t'inquiète* pas!   (se dépêcher, s'endormir, se coucher, se déshabiller, se lever, se réveiller)

D. **Notre journée d'hier.**   Mettez les phrases suivantes au passé composé.

1. Nous nous levons tôt.
2. Vous vous réveillez avant tout le monde?
3. Nous ne nous promenons pas avant le déjeuner.
4. Ils s'amusent après notre promenade.
5. Elle se repose avant le dîner.
6. Jean se dépêche pour dîner avec nous.
7. Tu ne t'endors pas de bonne heure?
8. Je me couche tard.

E. **Des conseils.**   Mettez les phrases suivantes à l'impératif pour donner des conseils à vos amis.

1. Tu ne te lèves pas trop tard.
2. Vous vous dépêchez pour aller en classe.
3. Nous ne nous levons pas quand le professeur arrive.
4. Tu te reposes cet après-midi.
5. Nous nous amusons ce soir.
6. Nous nous lavons avant de sortir.
7. Tu ne t'endors pas au concert.
8. Vous vous déshabillez avant de vous coucher.

F. **La semaine dernière.**   Refaites les phrases suivantes en employant les mots entre parenthèses.

1. Je me suis amusée vendredi.   (Nous…)
2. Elle va se promener dans le parc.   (Samedi dernier…)
3. Lève-toi de bonne heure!   (…dimanche dernier)
4. Marc s'est endormi en classe.   (Jacqueline et Monique…)
5. Luc a travaillé au café.   (…se reposer…)
6. Tu ne te réveilles pas avant dix heures.   (La semaine dernière…)

PARLONS

A. Quels conseils donnent les personnes suivantes?

MODELE: le gendarme: *Rappelez-vous les lois!*

ne pas s'inquiéter	ne pas s'endormir
se détendre	se coucher tôt
se déshabiller	se dépêcher
se réveiller	s'amuser

1. le médecin?	5. le chauffeur d'autobus?
2. le dentiste?	6. votre camarade de chambre?
3. le professeur?	7. le psychiatre?
4. votre mère?	8. votre père?

B. Trouvez des excuses ou des raisons pour les situations suivantes.

MODELE: Vous êtes très fatigué(e).
           Je n'ai pas pu m'endormir.

1. Vous arrivez en classe en retard.   (se lever tard? ne pas se dépêcher? auto-bus / être en retard?)
2. Un(e) camarade de classe n'a pas fait ses devoirs.   (s'amuser hier soir? s'endormir sur ses livres? se reposer après dîner?…?)
3. Votre ami(e) semble malheureux(-se).   (s'inquiéter trop? ne pas se détendre assez? ne pas se reposer ce week-end?…?)
4. Vos amis n'ont pas voulu vous recevoir.   (ne pas se laver? ne pas s'habiller? vouloir se promener en ville?…?)

C. Quels conseils donnez-vous à quelqu'un pour les problèmes suivants? Si vous voulez, utilisez les verbes de la liste et des adverbes: **moins, plus souvent, plus tôt, plus tard.**

MODELE: Un ami ne veut pas aller en classe.
           Promenons-nous!

se lever	se détendre	se réveiller
se coucher	s'amuser	s'endormir
se reposer	se promener	s'inquiéter

1. Vos amis n'ont pas d'énergie.
2. Un(e) ami(e) est trop sérieux(-se).
3. Vos ami(e)s veulent sortir avec vous.
4. Votre camarade de chambre ne finit jamais son travail.
5. Un(e) camarade de classe n'écoute pas le professeur.
6. Vos ami(e)s ont peur de ne pas réussir aux examens.
7. Vos parents n'ont pas le temps de prendre le petit déjeuner.
8. Votre camarade de chambre dort trop.

D. Interrogez un(e) camarade de classe et ensuite racontez sa journée d'hier aux autres. Utilisez les mots de la liste et des adverbes: **heure(s), tôt, de bonne heure, tard.**

se lever	rentrer
s'habiller	se reposer
prendre le petit déjeuner	dîner avec…
partir pour l'université	se coucher
étudier à la bibliothèque	

Questions personnelles

1. Est-ce que vous vous êtes réveillé(e) tôt le week-end passé? A quelle heure?
2. A quelle heure vous êtes-vous levé(e) hier?
3. Vous êtes-vous détendu(e) hier? Comment?
4. Comment est-ce que vous vous êtes habillé(e) dimanche dernier?
5. Vos ami(e)s se sont-ils / elles bien amusé(e)s chez vous récemment? Qu'est-ce que vous avez fait ensemble?
6. Vous êtes-vous déjà endormi(e) en classe? Pendant quel cours?

Communiquons

La santé (Health)

- The main expressions concerning health are:

—Comment allez-vous?	*How are you?*
—Je vais bien.	*I'm fine.*
—Je ne vais pas bien.	*I'm not well.*
—Comme ci, comme ça.	*So-so*

être en bonne / mauvaise santé   *to be in good / poor health*
être malade   *to be sick*

- The verb **se sentir** (*to feel*) is conjugated like **partir**.

—Vous sentez-vous bien?	*Do you feel well?*
—Non, je ne me sens pas bien.	*No, I feel bad.*
—Non, je me sens un peu fatigué.	*No, I feel a little tired.*
—Non, je me sens mal à l'aise.	*No, I feel uncomfortable.*

- An American who gets sick in Paris can visit the **Hôpital Américain**, where English is spoken, or call **SOS Médecin** and ask for an English-speaking doctor. In a serious emergency or in case of an accident, one would call the **SAMU** (*Service d'aide médicale d'urgence*). Outside Paris, you can call **Prompts-Secours**. If you go to the doctor's office, you ask for **une consultation**; a house call is **une visite**. It is best to call a **généraliste** (*general practitioner*).

  In large cities in France, every neighborhood has a pharmacy that stays open all night, called a **pharmacie de garde** or **de nuit**. Closed pharmacies have signs on the door giving the location of the **pharmacie de nuit**, or you can ask a police officer.

IL Y A
DE L'URGO DANS
L'AIR

LABORATOIRES URGO
TOUTE UNE GAMME DE PRODUITS DE SOINS DE PREMIÈRE URGENCE
URGO

ÇA TOMBE BIEN,
IL Y A SURGIFIX
CHEZ URGO

URGO SURGIFIX
MAINTIENT LES PANSEMENTS SANS CONTRAINTE

■ For more specific ailments, you can use one of the following expressions with the name of a part of the body.

> avoir mal à / au / aux…   *to have an ache / a sore . . .*
> se faire mal à / au / aux…   *to hurt one's . . .*
> se casser le / la / les…   *to break one's . . .*

> J'ai mal aux dents.
> Elle a mal à la gorge.
> Ils ont mal aux pieds.

■ Note that possessive adjectives are generally not used with parts of the body in French—ownership is understood!

> Il s'est fait mal au genou.   *He hurt his knee.*
> Attention! Tu vas te faire mal au dos!   *Watch out! You're going to*
>   *hurt your back!*

L ' O R T H O G R A P H E

Note that subjects and past participles of reflexive verbs do *not* agree when parts of the body are given.

> Elle s'est cassé la jambe.   *She broke her leg.*
> Nous nous sommes lavé les dents.   *We brushed our teeth.*

Activités

A. **Questions personnelles**

1. Comment allez-vous aujourd'hui?
2. En général, êtes-vous en bonne ou en mauvaise santé?
3. Avez-vous été malade récemment? Avez-vous consulté un médecin?
4. Comment vous sentez-vous maintenant?
5. Avez-vous souvent mal? Où?
6. Est-ce que vous vous êtes déjà cassé quelque chose? Que faisiez-vous?

B. Les personnages historiques et les parties du corps (*body*). Où est-ce que les personnes suivantes ont eu mal?

MODELE: Marie Antoinette?
          Elle a eu mal à la gorge.

1. Van Gogh   5. Isaac Newton
2. Le Cyclope   6. Toulouse-Lautrec
3. Jesse James   7. Le Capitaine Crochet (*Hook*)
4. Socrate   8. Quasimodo

C. **Jeu de rôles.**   Choisissez un(e) camarade de classe et jouez les scènes suivantes.

1. Téléphonez au SAMU et expliquez-leur votre problème.

2. Vous êtes chez le médecin. Parlez-lui de vos problèmes de santé.
3. Vous avez séché votre classe de français hier. Inventez une excuse médicale.
4. Votre famille va faire du camping ce week-end. Expliquez les dangers de cette activité.

Lecture culturelle

Médecins Sans Frontières

 **la lecture**

The largest private philanthropic organization dedicated to providing medical services is called **Médecins Sans Frontières** (*Doctors without Borders*) and is headquartered in France. It was founded in 1971 as a response to medical emergencies in various parts of the world.

Medical personnel are asked to volunteer for up to six months at a time. Those staying on site for at least three months receive a salary. The organization goes to areas that have been hit by a disaster, either natural (floods, earthquakes) or man-made (war). The name of the organization comes from the fact that aid is provided to everyone who needs it, regardless of politics, religion, or race.

Activités

A. Once you know what a story is about, you can guess the meaning of some words just by knowing other words in the sentence. Try to guess the meaning of the words in italics.

> inondations causées… par un *raz-de-marée*
> Quand un conflit *éclate*
> les équipes… composées de chirurgiens, d'anesthésistes, d'*infirmières*
> apporter les premiers *soins* aux blessés
> des millions de personnes ont *fui* leur pays, victimes de l'oppression et de la violence
> prévoir et *enrayer* les épidémies favorisées par les mauvaises conditions

B. In an earlier pre-reading activity you learned that to know a word in the same family may help you guess the meaning of a new word. Look for words in the text that are related to these words that you know and guess their meanings:

intéressant	(auto)mobile
aider	faim
médecin (*4 words*)	laboratoire
mille	avant
santé (*2 words*)	donner

C. It is often said that people who study foreign languages increase their vocabulary in their native language. What English words do you know that have the same origin as these that appear in the reading passage?

secours   se poursuivent
belligérance   dons
terre   réclament
exode

D. **Skimming.**   Read the passage without looking up any words. Then make two lists:

1. types of disasters that cause medical problems
2. activities of **Médecins Sans Frontières** in the field

Médecins Sans Frontières

«Les Médecins Sans Frontières apportent leur secours à toutes les victimes de catastrophes naturelles, d'accidents collectifs et de situation de belligérance, sans aucune°
discrimination de race, de politique, de religion ou de philosophie.»

(Extrait de la Charte de "Médecins Sans Frontières")

L'association *Médecins Sans Frontières* a été créée le 20 décembre 1971 par deux groupes
de médecins: les uns revenus de mission au Biafra avec la Croix-Rouge Internationale, les   5
autres rentrés du Bangladesh après les inondations° causées en 1970 par un raz-de-
marée. Dès° le début, l'éthique de l'organisation est affirmée dans sa charte: «soigner° de
manière désintéressée et sans discrimination…»

Aujourd'hui les Médecins Sans Frontières sont présents dans vingt-huit pays du
monde. En se développant, l'association a augmenté son aide médicale et a diversifié son   10
rôle: interventions dans des situations diverses comme les conflits armés, les camps de
réfugiés, les catastrophes naturelles et les régions sous-médicalisées.

Quand un conflit éclate dans un point du globe, les équipes de Médecins Sans
Frontières, composées de chirurgiens,° d'anesthésistes, d'infirmières, interviennent très
rapidement pour apporter les premiers soins aux blessés,° distinguer les cas critiques et   15
assurer le traitement médico-chirurgical souvent avec des moyens° rudimentaires. Il faut
par exemple installer une salle d'opération dans une école, un parking ou sous une tente.

Pendant les années 70, on a commencé à voir apparaître de nombreux camps de
réfugiés partout dans le monde: en Afrique, en Amérique centrale et en Asie du Sud-Est.
Aujourd'hui, plus de dix millions de personnes ont fui leur pays, victimes de l'oppression   20
et de la violence.

Médecins Sans Frontières a répondu à ce terrible problème humain. L'arrivée
massive de milliers de personnes, souvent en mauvaise santé, dans des régimes parfois
hostiles, pose des problèmes spécifiques: il faut développer rapidement des soins curatifs,
prévoir l'hygiène et l'assainissement du camp, prévoir et enrayer les épidémies favorisées   25
par les mauvaises conditions sanitaires, éduquer la population et former des auxiliaires
médicaux parmi les réfugiés.

L'intervention de Médecins Sans Frontières est aussi cruciale dans le cas de catastrophes naturelles. Tremblement de terre° à Mexico, raz-de-marée au Bangladesh, inonda-
tions en Bolivie, éruption volcanique en Colombie…, sont des événements difficiles à   30

any

floods
From / to treat

surgeons
injured people
means

Tremblement… Earthquake

prévoir. Ils demandent la mobilisation immédiate de chirurgiens et spécialistes en
médecine d'urgence.

En quelques heures, un programme d'intervention est établi: médecins, anesthésistes et infirmières sont prêts à partir avec le matériel adapté à la situation. Pour réussir,
les équipes doivent faire vite, tout en° s'adaptant à l'évolution rapide des événements sur   5
le terrain.

tout... while

Enfin, les pays en développement sont caractérisés par une grande fragilité: difficultés climatiques, situation économique précaire et structures médicales insuffisantes.

Les missions de Médecins Sans Frontières commencent souvent dans un contexte
d'urgence (famine, exode) et se poursuivent à long terme. Selon les cas, il s'agit de   10
reconstruire des hôpitaux ruraux, de les équiper de structures chirurgicales, d'installer
de petits dispensaires dans la brousse,° de développer un programme de vaccinations,
d'organiser des centres de nutrition, et surtout aussi, de répondre aux besoins des
médecins locaux.

bush

Qui sont les Médecins Sans Frontières? Médecins, infirmières, laborantins, anesthé-   15
sistes, sage-femmes,° chirurgiens…, sont aux avant-postes des conflits et des cataclysmes.
Désintéressés,° ils sont chaque année sept cents à mettre leur professionnalisme au
service d'autres hommes en détresse. Les compétences requises° varient selon les postes,
mais les diplômes, l'expérience professionnelle sur le terrain, la bonne connaissance de
langues étrangères sont les principaux critères de recrutement.   20

sage-femmes midwives
Unselfish
required

Le financement de Médecins Sans Frontières est assuré à 75 pour cent par des dons individuels. Cette autonomie financière est la garantie de l'indépendance morale de l'organisation. Les autres 25 pour cent proviennent° des financements des programmes médicaux spécifiques par des organisations internationales comme le Haut Commissariat aux Réfugiés des Nations Unies, par exemple.

come from

5

Comme l'indique la charte de l'association, les Médecins Sans Frontières sont «anonymes et bénévoles. Ils n'attendent de l'exercice de leur activité aucune satisfaction personnelle ou collective. Ils mesurent les risques et les périls des missions qu'ils accomplissent et ne réclameront…aucune compensation autre que celle que l'association sera en mesure de leur fournir.°»

provide

10

Adapté d'une annonce de presse de *Médecins Sans Frontières*

 **la lecture**

Questions sur le texte

1. Pourquoi l'organisation s'appelle-t-elle **Médecins Sans Frontières?**
2. Dans quelles situations est-ce que les **MSF** interviennent?
3. Comment sont composées les équipes de **MSF?**
4. Quels problèmes existent dans les camps de réfugiés?
5. Quelles catastrophes naturelles demandent l'aide des **MSF?**
6. Quel genre de personnes sont les **MSF?**
7. Qui paye les missions des **MSF?**
8. Est-ce que les **MSF** sont bien payés? Pourquoi font-ils cela?

Activités

A. Où est-ce qu'on a eu les désastres suivants?

1. tremblement de terre	a. Ethiopie
2. raz-de-marée	b. Johnstown, PA
3. inondation	c. Irlande
4. éruption volcanique	d. San Francisco
5. famine	e. Pompéi
6. exode	f. Krakatoa

B. A quelle organisation américaine ou internationale est-ce que **MSF** ressemblent? Quelles sont les différences entre les deux?

C. Avez-vous envie d'appartenir à une organisation comme **MSF?** A quelles activités des **MSF** pouvez-vous participer? Avez-vous déjà aidé une société bénévole? A quelle organisation donnez-vous de l'argent?

D. Quels désastres récents ont nécessité une intervention médicale importante?

E. Est-ce que le gouvernement des Etats-Unis aide les autres pays «sans aucune discrimination» politique? Etes-vous pour ou contre cette idée?

Chez Ernest à l'heure du Journal Télévisé

Chapitre 14

OBJECTIVES

Language:

Vocabulary and Expressions
  for Sports and Reading
The Sounds / s / and / z /
-ire Verbs
Demonstrative Pronouns
Possessive Pronouns

Culture:

The **Tour de France**
Sports

Communication:

Toasts
Expressing Ownership
Pointing out Something
Expressing Measurement in
  the Metric System

Commençons

 Chez Ernest à l'heure du Journal Télévisé

informations (f.) the news	*Robert et Jean prennent l'apéritif dans leur café préféré à l'heure des informations° à la*
report / proprietor	*télévision. Ils attendent le reportage° sur le Tour de France. Ernest, le patron,° vient de servir un*
licorice-flavored alcoholic drink	*pastis° et lève son verre à leur santé.*

A… Here's to you!

ERNEST: A la vôtre,° Messieurs!

A… Here's to you! / diminutive
for *Ernest*

ROBERT ET JEAN: A la tienne,° Nénesse!°

étape (f.) stage

JEAN: Oh, regarde, ils vont montrer le film de l'étape° d'aujourd'hui.

That / jersey

ROBERT: Celle° d'hier était formidable! Le maillot° jaune avait encore deux secondes

ahead / **mètres** (m.) meters /
arrivée (f.) finish line

d'avance° à cent mètres° de l'arrivée,° mais il a perdu sa première place.

read / **contrôle**… drug test

JEAN: J'ai lu° dans *L'Equipe* que son contrôle anti-doping° était négatif, et tout le monde

says

dit° qu'il va gagner aujourd'hui.

empty

ERNEST: Est-ce que je vous sers un autre pastis? Vos verres sont vides.°

that / **le**… mine

ROBERT: Celui° de Jean, oui, mais moi, je n'ai pas encore terminé le mien.°

JEAN: Non, merci. J'ai soixante kilomètres à faire ce soir et il faut que je me dépêche

to drive

parce que je n'aime pas conduire° la nuit.

Une étape du Tour de France près de Reims.

Faisons connaissance   The **Tour de France,** one of the world's major bicycle races, preoccupies many French people each year during July. The race is a succession of day-long stages called **étapes.** Some are quite long and are run over a flat terrain; others are much shorter and take place across steep, mountainous countryside. The leader in the race, who wears a yellow jersey **(un maillot jaune)** for identification, is established by the lowest total amount of time of all the competitors.

L'Equipe is a daily newspaper devoted entirely to sports. True devotees of the **Tour** rely on it for information during the race. In recent years, considerable emphasis has been placed on checking for drugs. As with all major sporting events, any drugs designed to enhance performance are illegal.

French television gives extensive coverage to the race. There are live broadcasts of each day's finish and filmed highlights on the evening news. Many French people go to cafés to watch the coverage with their friends. **Pastis** is a very popular drink, especially in southern France. It has a strong licorice flavor and is high in alcohol content.

Etudions le dialogue

1. Où sont Robert et Jean?
2. Que font-ils?
3. Qu'est-ce que Nénesse leur dit?
4. Qu'est-ce qu'on va montrer à la télévision?
5. Qu'est-ce qui est arrivé au maillot jaune?
6. Que boivent Robert et Jean?
7. Est-ce que Robert veut encore un pastis? Pourquoi pas?
8. Pourquoi est-ce que Jean ne veut plus de pastis?

Enrichissons notre vocabulaire

Les sports

—A quoi joues-tu?
—Je joue au **tennis**.
—Moi, je joue au **football américain** et au **base-ball**.
—Je joue au **basket-ball**.

—Quels sports faites-vous?
—Nous faisons de la **natation**, de la planche et de l'**équitation**.   horseback riding
—Je vais à la **pêche** et à la **chasse**.   fishing / hunting
—Nous adorons le **ski** et le **ski nautique**.   skiing / water skiing
—Je voudrais faire de la **planche à voile** et de la **plongée sous-marine**, mais je ne sais pas **nager**.   to swim
—Je fais de la **gymnastique**.

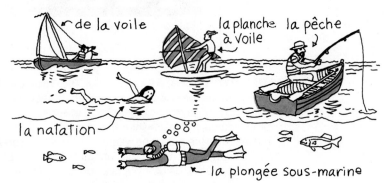

de la voile   la planche à voile   la pêche
la natation
la plongée sous-marine

—Quels sports **pratiquez-vous?**
—Je joue à la **pétanque**.   lawn bowling
—Je fais du **rugby**.
—Nous pratiquons l'**escrime**.   fencing
—Je fais du **golf**.

Ils ne sont pas **sportifs**;
ils jouent seulement aux **cartes**!

—Quels sports détestez-vous?
—Le **hockey** et les **courses de voitures**, parce que c'est trop violent.   car races
—Le **catch**, parce que c'est **truqué**.   wrestling / fake
—Le **deltaplane** parce que c'est dangereux.   hang gliding

Prononciation   The Sounds / s /, / z /, / sj / and / zj /

A. The / s / and / z / sounds

The distinction between the sounds / s / and / z / is very clear in French. A single letter **s** between two vowels is always pronounced / z /, while a double **s** represents / s /. This permits contrasts between words such as **le désert** and **le dessert**. Repeat after your teacher the following words, which have the same meanings in English and French, but vary between the sounds / s / and / z /.

English	French
philosophy	la philosophie
dessert	le dessert
curiosity	la curiosité
disagreeable	désagréable
disobey	désobéir

Now repeat after your teacher the following French words, which contain the sound / s /, the sound / z /, or both.

ils choisissent	vous finissez	qu'il désobéisse	Nénesse
nous réussissons	la bise	tu laisses	la phrase
la boisson	la chasse	ennuyeuse	mes amis

B. The / sj / and / zj / sounds

In French, the sounds / s / and / z / may be followed by the / j / sound, which is very similar to the initial sound in *yes*. The equivalent words in English usually have a / ʃ / sound, the sound often represented by *sh*. In French, it is important to make two distinct sounds, / s / or / z /, then the / j / sound.

Repeat after your teacher the following words, which contrast the sounds / s / + / j / and / z / + / j /.

nous passions	traditionnel
nous faisions	vous lisiez
la télévision	tes yeux
l'expression	l'occasion
parisien	une description
une pression	une allusion

Now pronounce after your teacher the following words, which contrast the / ʃ / sound in English with the / sj / sound in French.

English	French
patience	la patience
pollution	la pollution
exceptional	exceptionnel
essential	essentiel
national	national
action	action

Exercice

Read aloud the following sentences, paying attention to the difference between the / s / and / z /, and pronouncing the sound / sj / instead of / ʃ /.

1. Ma cousine a refusé son dessert.
2. Nous allons visiter une église suisse.
3. Les Parisiens préfèrent la conversation à la télévision.
4. Les Tunisiens ont réussi à supporter l'invasion romaine.
5. Il est essentiel que vous annonciez les résultats du match de base-ball.
6. Nous excusons son hypocrisie et sa curiosité excessives.
7. Mon voisin ressemble à mon professeur de physique.
8. Attention, Monsieur, je ne possède pas beaucoup de patience.
9. Les paresseux choisissent des solutions traditionnelles.
10. Il est possible que l'édition française du dictionnaire vous fasse bonne impression.

Grammaire

I. -ire Verbs

A. Several verbs in French have infinitives that end in **-ire** and have similar conjugations.

conduire (*to drive*)	écrire (*to write*)
je conduis	j'écris
tu conduis	tu écris
il, elle, on conduit	il, elle, on écrit
nous conduisons	nous écrivons
vous conduisez	vous écrivez
ils, elles conduisent	ils, elles écrivent

B. To conjugate these verbs, you must learn which pronounced consonant appears in the plural forms. You then add the same endings as with **-ir** verbs, such as **partir**.

Nous ne conduisons pas la nuit.   Ils écrivent des poèmes.

Mots clés

-ire Verbs

se conduire	to behave	nous nous conduisons
décrire	to describe	nous décrivons
dire	to say, tell	nous disons
lire	to read	nous lisons
produire	to produce	nous produisons
traduire	to translate	nous traduisons

Tout le monde **dit** qu'il va gagner.
Décrivez-moi l'étape d'aujourd'hui.
Ils **lisent** *L'Equipe* tous les jours.

Attention
1. **Dire** has the irregular form **vous dites**.

2. **Dire** and **écrire** take indirect objects.

> J'ai dit cela **à mes amis.**
> Elle va écrire une lettre **au Président.**

3. If a clause follows **dire, écrire** or **lire,** you must use the conjunction **que (qu')** plus the indicative.

> Elle a dit **qu'**elle allait faire de la gymnastique.

C. In the imperfect and subjunctive, these verbs follow the normal rules.

> Je **conduisais** déjà quand j'avais quinze ans.
> Elle veut que nous **lisions** ce livre.

D. The past participles of these verbs vary somewhat.

(se) conduire	**conduit**	lire	**lu**
décrire	**décrit**	produire	**produit**
dire	**dit**	traduire	**traduit**
écrire	**écrit**		

E. Here are some useful words you can use with these words.

On écrit et on traduit…
une chanson
un conte   (*tale*)
une phrase   (*sentence*)
une pièce   (*play*)
un poème, de la poésie
un roman   (*novel*)
un texte

On lit…
un journal / des journaux   (*newspapers*)
un livre
un magazine
une revue   (*magazine*)

On dit…
la vérité   (*truth*)
un mensonge   (*lie*)
une / des bêtise(s)   (*dumb thing[s]*)

PRATIQUONS

A. Remplacez les mots en italique par les sujets donnés.

1. *Nous* écrivons à nos parents.   (Vous, Je, Elles, Robert, Tu, Mes frères)
2. *Tu* dis toujours des bêtises.   (Nous, Vous, On, Les enfants, Je)
3. Il faut que *tu* te conduises bien!   (nous, on, vous, je, Jean, elles)

B. **Un voyage à la Martinique.** Mettez les verbes au temps indiqué entre parenthèses.

1. On produit du sucre ici. (*passé composé*)
2. Ils lisent un bon roman sur la plage. (*imparfait*)
3. Elles écrivent une carte postale. (*futur proche*)
4. Elles vont traduire un conte. (*présent*)
5. A l'hôtel nous avons écrit trois lettres. (*présent*)
6. J'ai lu le journal de Fort-de-France. (*imparfait*)
7. Vous me décrivez votre voyage. (*impératif*)
8. Vous avez dit que vous alliez retourner à la Martinique? (*présent*)

C. **De la poésie.** Faites des phrases avec les mots donnés, en faisant tous les changements nécessaires.

1. Jacques et Marie / écrire / poèmes.
2. Luc / les / lire / hier.
3. Je / les / traduire / français.
4. Louise / dire / ils / être / bon.
5. Il / être / possible / ils / écrire / pièce / aussi.
6. Vouloir / vous / écrire / poésie?

D. Complétez les phrases suivantes avec la forme correcte d'un verbe conjugué en **-ire.**

1. Pourquoi lui _____-vous _____ cette lettre?
2. Ils savent _____ du russe en anglais.
3. Il ne veut pas _____ cette voiture.
4. Tu _____ déjà _____ le journal aujourd'hui?
5. Marc _____ comme un enfant.
6. Je ne connais pas cette pièce; _____-la.

E. **Je ne me suis pas bien conduit.** Traduisez les phrases suivantes.

1. Tomorrow, my mother is going to drive me to school.
2. The teacher wrote her a letter.
3. Yesterday I read the newspaper in my French class.
4. I did not translate the six sentences on the board.
5. My mother said that I must tell her the truth.
6. I did not want to describe the problem.

PARLONS

A. Qu'est-ce qu'ils produisent?

MODELE: Hollywood?
A Hollywood on produit des films.

1. Le Brésil?   a. de l'alcool
2. La France?   b. des cigares
3. Cuba?   c. des montres
4. Les Russes?   d. du café
5. Les Japonais?   e. du vin
6. Les Suisses?   f. des voitures

B. Qui a écrit…?

1. *Macbeth?*
2. *Les Pirates de Penzance?*
3. *Les Misérables?*
4. *Le Deuxième Sexe?*
5. *Le Tour du monde en quatre-vingts jours?*
6. *Frankenstein?*
7. *La Case de l'Oncle Tom?*
8. *Le Soleil se lève aussi?*

C. Demandez à un(e) étudiant(e) de vous décrire les choses suivantes.

MODELE: ta maison   Décris ta maison.
                         Ma maison est grande.

ta chambre   tes dernières vacances
ton (ta) petit(e) ami(e)   tes voisins
ta voiture   ton film préféré
ton professeur   ta pièce préférée

D. Que lisez-vous? Qu'est-ce que vous avez lu récemment? Donnez des titres (*titles*). Qu'est-ce que les autres personnes lisent?

des journaux   des magazines
des romans   un livre de français
des poèmes   des contes de…

1. Moi, je   4. Mes ami(e)s
2. Mon (ma) camarade de chambre   5. Mes parents
3. En classe, nous   6. Mes professeurs

E. Que dites-vous dans les situations suivantes?

MODELE: Quelqu'un vous sert l'apéritif.
          Quand quelqu'un me sert l'apéritif, je dis «A la tienne.»

«Au revoir.»   «Bonjour.»
«Entrez!»   «Ne t'inquiète pas!»
«Bonne nuit.»   «Merci.»
«Allô.»   «Dépêche-toi!»

1. Quelqu'un arrive chez vous.   5. Quelqu'un sonne à la porte.
2. Quelqu'un vous donne de l'argent. 6. Quelqu'un téléphone.
3. Quelqu'un part.   7. Quelqu'un est en retard.
4. Quelqu'un va se coucher.   8. Quelqu'un a peur.

ENQUETE

pour tous
ou pour quelques-uns ? ■

Questions personnelles

1. Quelle sorte de voiture voudriez-vous conduire?
2. Qui vous écrit souvent?
3. Qu'est-ce que votre état produit?
4. Quel âge aviez-vous quand vous avez lu votre premier livre? Qu'est-ce que vous lisez maintenant?
5. Jusqu'à quel âge avez-vous écrit au Père Noël? Qu'est-ce que vous avez envie de demander cette année?
6. Comment vous conduisiez-vous quand vous étiez petit(e)? Qu'est-ce que vous faisiez de méchant? Quelles bêtises disiez-vous?

II. Demonstrative Pronouns

A. Demonstrative pronouns are similar to demonstrative adjectives (**ce, cet, cette, ces**) in that they point out something, but demonstrative pronouns *replace* nouns. They have the same number and gender as the nouns they replace.

	sing	*pl.*
Demonstrative pronouns		
masc.	**celui**	**ceux**
fem.	**celle**	**celles**

B. Demonstrative pronouns have several equivalents in English, depending on how they are used (*this one, that one, these, those, the one[s]*). These pronouns are usually followed by two structures:

1. the suffixes **-ci** or **-là** to indicate closeness

Ce livre-**ci** est bon, mais **celui-là** est ennuyeux.
J'aime **cette** chanson-**ci**, mais je préfère **celle-là**.
Donnez-moi **celle-ci** et **celle-là**.

2. the preposition **de**, which can show possession

«Vos verres sont vides?» —**Celui** de Jean, oui.
Ils vont montrer l'étape d'aujourd'hui. **Celle** d'hier était formidable.
Préférez-vous la photo de droite ou **celle** de gauche?

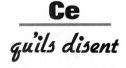

Demonstrative pronouns refer to people or things. They can have a somewhat derogatory meaning when used to refer to people.

Oh, **ceux-là**, je ne les aime pas.	***Those guys!*** *I don't like them.*
Celui-là, il n'est jamais à l'heure.	***That character*** *is never on time.*

PRATIQUONS ═══

A. **A la bibliothèque.**   Dans les phrases suivantes, remplacez les mots en italique avec un pronom démonstratif.

MODELE: Donnez-moi **ce livre**-là.
*Donnez-moi **celui-là**.*

1. Aimez-vous *cette pièce*-ci?
2. Je préfère *ces poèmes*-là.
3. Nous allons traduire *ces phrases*-ci.
4. Avez-vous lu *ce roman*-ci?
5. Voltaire n'a pas écrit *ces lettres*-là.
6. Voulez-vous voir *ces journaux*-ci?
7. Où produit-on *ces films*-là?
8. Elles n'écoutent jamais *ces cassettes*-ci.

B. **Où sont nos affaires?**   Dans les phrases suivantes, remplacez les mots en italique avec un pronom démonstratif pour indiquer la possession.

MODELE: Tu as perdu **le stylo** du professeur?
*Tu as perdu **celui** du professeur?*

1. *La bicyclette* de Luc est là.
2. J'ai oublié *le courrier* de Marie.
3. *La voiture* de ma famille n'est pas dans la rue.
4. *Le maillot* de Robert n'est pas dans sa valise.
5. Tu as trouvé *les papiers* des touristes.
6. Passez-moi *la clé* de Jacqueline.
7. J'ai laissé *les devoirs* de mon copain chez moi.
8. *Le portefeuille* de Marie est dans son sac.

C. **A vous de choisir.**   Répondez aux questions suivantes en employant des pronoms démonstratifs.

1. Préfère-t-on les robes de Dior ou les robes de St-Laurent?
2. Est-ce que l'équipe de New York ou l'équipe de Los Angeles va gagner cette année?
3. Les Américains lisent les livres de Proust ou les livres de Faulkner?
4. Est-ce que les étudiants s'intéressent plus aux magazines de base-ball ou aux magazines de football américain?
5. Votre équipe de tennis a gagné les matchs de cette année ou les matchs de l'année dernière?
6. On écoute les chansons de Brel ou les chansons de Brassens?

Si vous pensez que tous les sièges d'avion se ressemblent, essayez celui-ci pendant 10.000 km.

D. **De bons conseils.** Refaites les phrases suivantes en remplaçant les noms par des pronoms démonstratifs.

1. Ce sport-là n'est pas très difficile.
2. Attention aux voitures des Parisiens!
3. Ce roman-ci ne me semble pas très intéressant.
4. On peut boire l'eau de Paris.
5. Les vêtements des années quarante sont très appréciés maintenant.
6. Ce magazine de catch-ci est plein de bêtises.
7. Les cigarettes de mon père contiennent beaucoup de nicotine.
8. Le français des Québécois est différent du français des Marseillais.

PARLONS

A. **Vos préférences.** Indiquez votre choix en employant des pronoms démonstratifs.

MODELE: les romans de Norman Mailer ou les romans de Barbara Cartland?
          Je préfère ceux de Mailer.

1. les films de Spielberg ou les films de Lucas?
2. les vins de Californie ou les vins de France?
3. les pièces de Molière ou les pièces de Shakespeare?
4. la politique des Kennedy ou la politique de Jack Kemp?
5. les vêtements de Lady Diana ou les vêtements de Brooke Shields?
6. les autos du Japon ou les autos d'Allemagne?
7. la cuisine de votre mère ou la cuisine de votre résidence universitaire?
8. l'équipe de football américain de votre université ou l'équipe d'une autre université?

B. **Conversation interrompue.** Au moment où vous interrompez (*interrupt*) une conversation, vous entendez les phrases suivantes. Qu'est-ce que le pronom démonstratif peut représenter?

MODELE: «J'ai trouvé ceux de Marc dans ma voiture.»
          Il a trouvé les livres / les disques de Marc.

1. Vous avez essayé ceux-ci? Ils sont délicieux!
2. Ceux du professeur sont sur son bureau.
3. Celle-là n'est pas très économique.
4. Moi, je préfère celui-ci.
5. Celle-là n'est pas assez jolie pour aller dîner.
6. Ils ont traduit celles-là en français.

C. Qu'est-ce que vous achetez? Vous pouvez commencer la réponse avec «Moi, j'achète…»

1. les chemises de Van Heusen ou les chemises d'Hawaï
2. les disques des U-2 ou les disques de Loretta Lynn?
3. les jeans de Calvin Klein ou les jeans de Levi Strauss?
4. les chaînes stéréo du Japon ou les chaînes stéréo d'Allemagne?
5. les fromages de France ou les fromages du Wisconsin?

6. les robes de Coco Chanel ou les robes de Sears?
7. les ordinateurs d'Apple ou les ordinateurs d'IBM?
8. les frites de McDonald ou les frites de Burger King?

D. Choisissez entre l'image de gauche et l'image de droite.

1. Quelle église préférez-vous?

2. Quel monument avez-vous visité?

3. Quelle route voulez-vous prendre?

4. Dans quelle maison voulez-vous habiter?

5. Quelle sorte de vêtements portez-vous?

6. Dans quelle sorte de restaurant dînez-vous souvent?

Questions personnelles

Expliquez vos réponses!

1. Préférez-vous les cours du matin ou les cours de l'après-midi?
2. Regardez-vous les reportages sportifs d'ABC, de CBS, de NBC, ou d' ESPN?
3. Aimez-vous mieux la musique des années quatre-vingt-dix ou la musique des années cinquante?
4. Vous voudriez avoir les cheveux de Tina Turner ou les cheveux de Don King?
5. Avez-vous envie d'aller aux concerts de Pavarotti ou aux concerts de Bon Jovi.
6. Aimez-vous mieux visiter les états de l'est ou les états de l'ouest des Etats-Unis?
7. Préférez-vous passer les examens de français ou les examens d'une autre matière?
8. Vous aimez recevoir les lettres de votre petit(e) ami(e) ou les lettres d'Ed McMahon?

III. Possessive Pronouns

A. Possessive pronouns replace possessive adjectives and the items possessed:

—**Vos verres** sont vides?
—Non, je n'ai pas encore terminé **le mien.**

	m. sing.	f. sing.	m. pl.	f. pl.	English
1st sing.	le mien	la mienne	les miens	les miennes	mine
2nd sing.	le tien	la tienne	les tiens	les tiennes	yours
3rd sing.	le sien	la sienne	les siens	les siennes	his, hers, its
1st plur.	le nôtre	la nôtre	les nôtres		ours
2nd plur.	le vôtre	la vôtre	les vôtres		yours
3rd plur.	le leur	la leur	les leurs		theirs

Mon sport préféré est l'escrime; **le sien** c'est l'équitation.
Elle n'aime pas cette planche à voile. Elle préfère **la sienne.**
Tu as vu tes notes? **Les miennes** sont très bonnes.
Ils ont présenté **les leurs** hier.
Mes parents habitent à Paris. Et **les vôtres?**

B. You will remember that possessive adjectives agree in gender and number with the thing possessed, not with the possessor as in English.

son verre = his glass *or* her glass

The same is true of possessive pronouns:

le sien = his *or* hers

Attention

1. Note that with all possessive pronouns, *It's* . . . and *They are* . . . translate as **C'est…** and **Ce sont…** **Ils** and **Elles** are not used, except with the expression of ownership in the **être à** + *noun or pronoun* and **appartenir à** constructions.

   —**C'est** celui de Pierre?
   —Oui, **c'est** le sien.

   —Est-ce que **ce sont** vos livres ou les leurs?
   —**Ce sont** les miens.

   —A qui est cette montre?
   —**Elle** est à moi. / **Elle** m'appartient.

2. Don't forget that **le** and **les** combine with any preceding **à** or **de** in the ways you studied in Chapter 4.

   As-tu téléphoné **à** tes parents? Moi, je vais téléphoner **aux** miens.
   Vous voulez que je parle de mon passé, mais vous ne parlez pas **du** vôtre.
   Leur vélo est à côté **des** nôtres.

PRATIQUONS

A. Remplacez les mots suivants par des pronoms possessifs.

1. sa chemise   2. nos magazines   3. mon école   4. votre deltaplane
5. notre université   6. ton maillot   7. vos cartes   8. sa revue   9. ma
femme   10. leur poésie   11. tes disques   12. leur patron   13. mes amis
14. tes mains   15. son père   16. son apéritif   17. celui de Marie   18. celle
de Paul   19. ceux des Boileau

B. **Nos possessions.**   Dans les phrases suivantes, remplacez les mots en italique par
des pronoms possessifs.

1. Je n'aime pas *tes vêtements.*
2. Veux-tu regarder *mes photos?*
3. *Leur restaurant* est très sympathique.
4. *Ses chaussures* sont grandes.
5. *Mes diskettes* sont tombées dans l'eau.
6. Le facteur a oublié *celui de Jacques.*
7. Elle a retrouvé *son collier.*
8. *Vos gâteaux* sont excellents.
9. J'ai perdu *leur parapluie.*
10. *Notre chien* est méchant.

C. **Pas de chance!**   Complétez les phrases suivantes avec un pronom possessif.

1. J'ai fait mes devoirs; tu n'as pas fait _____!
2. Il n'a pas de voiture; il veut que je lui prête _____.
3. Ils viennent de recevoir leur courrier, mais nous n'avons pas encore reçu _____.
4. C'est son verre; donnez-moi _____.
5. Les Baillard ont vendu leur maison, mais M. Ducharme n'a pas pu vendre _____.
6. Garçon! Ce n'est pas ma boisson. C'est _____.

PARLONS

A. Le professeur montre des objets; identifiez-les avec des pronoms possessifs.

MODELE: *Professeur:*   Est-ce que c'est le sac de Marie?
          Etudiant: *Oui, c'est le sien.*

          Professeur: Est-ce que ce sont les cahiers de Luc et de Robert?
          Etudiant: *Non, ce sont les miens.*

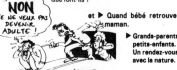

B. Employez des pronoms possessifs pour décrire les choses suivantes.

MODELE: tes week-ends
Les miens ne sont pas assez longs.

votre équipe de football
La nôtre perd ses matchs.

1. votre famille	5. vos cours	9. votre résidence
2. votre (vos) frère(s)	6. vos vacances	10. vos sports préférés
3. votre (vos) sœur(s)	7. votre université	11. votre président
4. votre appartement	8. votre ville	12. votre professeur

C. Avez-vous un(e) rival(e) (un frère, une sœur, un voisin, un ami…)?
Faites une comparaison (*comparison*) entre vous et lui ou elle.

MODELE: notes
Mes notes sont bonnes; les siennes sont mauvaises.

voiture
Ma voiture est vieille; la sienne est neuve.

Quelques possibilités

cours	facile	difficile
petit(e) ami(e)	beau	laid
appartement	petit	grand
amis	fascinant	ennuyeux
idées	sensationnel	stupide
opinions	intéressant	ridicule
français	excellent	médiocre
vêtements	neuf	vieux

D. Séparez-vous en groupes de deux et comparez les villes où vous êtes né(e)s.

MODELES: avoir beaucoup / peu d'habitants
—*Ma ville a beaucoup d'habitants.*
—*La mienne a peu d'habitants.*
être calme / avoir du bruit
—*Ma ville est très calme.*
—*Il y a beaucoup de bruit dans la mienne.*

être petite / grande
être loin / près des montagnes
avoir peu / beaucoup de cinémas
avoir beaucoup / peu de parcs
avoir de bons / mauvais restaurants
avoir beaucoup / peu de pollution
être loin / près de la plage

Questions personnelles

1. Comment s'appelle votre parfum préféré? Et celui de votre petit(e) ami(e)?
2. Il y a souvent du bruit dans les résidences, et dans la vôtre?

3. Est-ce que votre université est trop grande ou trop petite?

4. Comment est votre chambre? Petite ou grande? Toujours en désordre?

5. Est-ce que vos week-ends sont très occupés?

6. Est-ce que vos parents sont sympathiques? Qu'est-ce qu'ils n'aiment pas?

Communiquons

Le système métrique

To function in most French-speaking countries, you must be familiar with the metric system. The following comparisons will help you do conversions from the U.S. system to the metric system, and vice versa.

■ Le poids (*weight*)

1 ounce = 28 grammes
1 pound = 454 grammes
une livre = 500 grammes
100 g = 4 ounces (environ [*about*])
1 kilogramme = 2.2 pounds

3 ounces = ? grammes
Multipliez 3 par 28. Cela fait 84 grammes.
50 kilogrammes = ? pounds
Multipliez 50 par 2,2. Cela fait 110 pounds.

■ La longueur (*Length*)

1 inch = 2,54 centimètres (cm.)
1 foot = 30 centimètres (environ)
1 yard = 0,94 mètre (environ)
1 mile = 1,6 kilomètres (environ)
1 cm = .4 inches (environ)
1 mètre = 39.4 inches (environ)
1 km = 0.62 miles

5 feet 8 inches = ? mètres
5 feet 8 inches = 68 inches. Multipliez 68 par 2,54. Cela fait 1.7272. mètres ou un mètre soixante-treize.
525 kilomètres = ? miles
Multipliez 525 par 0,62. Cela fait 325,50 ou 325 miles et demi.

■ Le volume

1 quart = 0,95 litre
1 gallon = 3,8 litres
1 litre = 1.06 quarts

■ La température

> degrés Celsius = 5/9 (F −32)
> degrés Fahrenheit = 9/5 C + 32
>
> 40°C = ? F
> Multipliez 40 par 9 et divisez par 5.
> Cela fait 72. Ajoutez (*Add*) 32.
>   Cela fait 104°F.
> 68° F = ? C
> 68° moins 32 font 36. Multipliez 36
>   par 5 et divisez par 9. Cela fait 20°C.

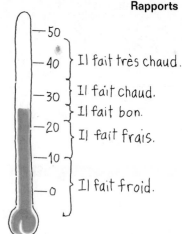

Here are some useful words relating to measurement.

peser (je pèse) *to weigh*	Je **pèse** quatre-vingts kilos.
mesurer *to be . . . tall*	Elle **mesure** un mètre soixante.
faire *to be . . . tall; to be . . . degrees (weather)*	Jacques **fait** presque deux mètres. Il **fait** trente degrés aujourd'hui.
faire du… aux 100 *to get . . . liters per 100 km.*	Ma nouvelle voiture **fait du 8 aux 100**.
avoir *to have a temperature of . . .*	Ma fille **a** trente-neuf.
coûter… francs le kilo *to cost . . . a kilo*	Ça coûte vingt francs **le kilo**.
rouler à… à l'heure *to go . . . an hour*	Elle roulait à cent **à l'heure**.
être à… kilomètres de… *to be . . . km. away*	Paris **est à** 5.000 km **d'ici**. Ils habitent **à 50 km de** chez nous.

Questions

1. Combien pesez-vous en kilos? Combien mesurez-vous?

2. A combien de kilomètres habitez-vous de la maison de vos parents? de l'université?

3. En Amérique, on mesure l'économie d'une voiture en *miles per gallon*. En France, c'est en litres aux 100 kilomètres. Combien est-ce que votre voiture consomme? (*Elle fait du…*)

4. A quelle vitesse (*speed*) aimez-vous rouler?

5. Quelle est la température normale du corps humain en degrés Celsius? Combien de température avez-vous eu quand vous étiez malade?

6. Est-ce qu'il fait beau aujourd'hui? Combien fait-il en degrés Celsius?

7. Quelle température très basse (*low*) avez-vous connue? très élevée (*high*) Où?

Lecture culturelle

Le Tour de France

Avant la lecture

The **Tour de France** is not just the world's major bicycle race and a French passion. It requires feats of incredible endurance and considerable strategy. All participants are members of a team, which has a corporate sponsor, such as **La Vie Claire,** a chain of health food stores. In a team, only one member has a chance of winning; the others provide support, such as forming a windbreak or slowing down the pack **(le peloton).** But no one has help when it comes to **l'étape contre la montre**—a sprint when the shortest time wins.

Activités

A. It is much easier to understand a reading passage when you understand the most important vocabulary. Review or learn these words connected with bicycle racing:

une course	un coureur (*a racer*)	un itinéraire
étapes	remporter (*to win*)	l'endurance
l'arrivée	une épreuve (*a test*)	le maillot jaune
le départ	un parcours (*a run*)	le vainqueur (*the winner*)

B. *Scanning* is the reading of a passage very quickly to find specific information. It will help you to learn to read faster and with more accuracy. Scan the reading passage for place names. Locate each city in France on the map in the front of the book. In the text, what does **l'Hexagone** refer to?

C. Scan the reading passage in order to fill out this brief chronology of the **Tour** by saying what happened.

1. 1903 _____

2. 1926 _____

3. 1930 _____

4. 1951 _____

5. 1954 _____

6. 1969 _____

7. 1986 _____

8. 1992 _____

Le Tour de France

Avec les Vingt-Quatre Heures du Mans, le Grand Prix de Monaco, les Internationaux de
Tennis de Rolland Garros et la Coupe de France de Football, le Tour de France est un des
événements° sportifs français les plus importants. Chaque année, pendant les trois
premières semaines de juillet, cette course cycliste par étapes retient l'attention de
l'opinion publique et des médias. Tous les après-midi, vers° seize heures, la vie du pays   5
semble ralentir° et une grande partie de la population regarde ou écoute la retransmission de l'arrivée de l'étape en direct° à la télévision ou à la radio. Le soir, les journaux
télévisés des diverses chaînes consacrent une assez longue partie de leur émission à
l'étape du jour.

Le Tour de France va bientôt être centenaire. Le 1er juillet 1903, il a pris le départ   10
pour la première fois. En 1930, on a créé les équipes nationales et la caravane pub-
licitaire° a fait ses débuts. L'année 1955 est aussi une date importante, car pour la
première fois, un même coureur, Louison Bobet, remporte une troisième victoire con-
sécutive. Trois coureurs ont gagné le Tour cinq fois: Jacques Anquetil, Eddy Merckx, un
Belge, et Bernard Hinault. Les équipes nationales ont été abandonnées en 1969, et on a   15
formé des équipes de marques publicitaires. Enfin, en 1986, Greg LeMond a été le
premier Américain à remporter le Tour; il l'a remporté aussi en 1989. Depuis 1984, on
organise chaque année un Tour de France féminin.

Depuis la fin de la Seconde Guerre mondiale, les organisateurs ne s'efforcent° plus de
passer par les six points de l'Hexagone. Aujourd'hui, le Tour de France n'a plus que   20
l'apparence d'un tour, au sens où l'on va faire un tour, une promenade. Mais quelle
promenade, quand on parle d'environ 3000 kilomètres à bicyclette!

Si le Tour n'est plus maintenant qu'une course à travers la France, à l'origine, la
question ne se posait même pas. Une épreuve ainsi appelée suivait un parcours périphérique. Immédiatement après le premier Tour où les seules villes reliées° n'étaient que Paris,   25
Lyon, Marseille, Toulouse et Bordeaux, et où la moyenne° des étapes était de 400
kilomètres, le Tour a suivi scrupuleusement les côtes et les frontières afin de° pouvoir
justifier son nom. En 1926, les coureurs sont même partis d'Evian et y sont revenus trois
semaines plus tard pour compléter la boucle° avant de repartir enfin pour Paris. Cette
année-là, l'itinéraire du Tour a établi le record de la distance: 5.745 kilomètres!   30

Il a fallu attendre 1951 pour voir le Tour passer dans les montagnes du Massif
Central par exemple, mais à partir de ce moment-là, les organisateurs ont commencé la
recherche d'itinéraires nouveaux et variés afin de pénétrer la France profonde.

Peu à peu, le Tour de France a commencé aussi à sortir des limites de l'Hexagone. Le
premier départ de l'étranger a eu lieu à Amsterdam en 1954. On a ensuite répété cette   35
expérience avec des villes comme Bruxelles, Cologne, Francfort, Bâle et Berlin. Mais les
organisateurs ont décidé de faire mieux, et ils ont choisi Montréal pour faire partir le Tour
de France en 1992, en l'honneur du cinq-centième anniversaire de la découverte de
l'Amérique.

L'étalement° de la course sur trois semaines, la foule° des participants et le nombre   40
de kilomètres parcourus° à travers la France, quand ce n'est pas dans d'autres pays, font du
Tour de France une grande épreuve sportive. C'est aussi une gigantesque entreprise
commerciale et une manifestation culturelle importante qui exigent° une organisation
phénoménale et des mois de préparation intensive.

---

events

around
slow down
en... live

caravane... accompanying sponsors' cars and trucks

attempt

linked
average
afin... in order to

circular itinerary

spreading / crowd
covered

require

Greg LeMond a gagné le Tour en 1989.

put
coveted
winner

brag about / **auprès**... to

stars
underwent

     L'épreuve sportive est sans aucun doute la raison d'être du Tour de France. L'endurance des coureurs est mise° à l'épreuve tous les jours, et à part arriver premier le soir à l'étape, rien n'est plus convoité° que le maillot jaune, car celui qui le porte encore à l'arrivée de la dernière étape sur les Champs-Elysées est déclaré vainqueur.°

     D'autre part, il ne faut pas minimiser l'aspect commercial de l'événement. La   5 caravane publicitaire qui accompagne le Tour fournit aux grandes marques françaises et internationales une occasion de vanter° leurs produits auprès du° public. Et le soir, quand les coureurs se reposent, le Tour offre aux populations locales des spectacles de variétés animés par des vedettes° de la chanson et du music hall.

     Pendant près d'un siècle, Le Tour de France a subi° beaucoup de changements.   10 Cependant il reste un événement économique capital, il n'a jamais perdu de sa popularité auprès des Français, et il continue même à les passionner.

Après la lecture

Questions sur le texte

1. Quels sont les grands événements sportifs en France?
2. Comment sait-on que les Français trouvent le Tour de France fantastique?
3. Est-ce que tous les coureurs du Tour sont français?
4. Est-ce que le Tour reste en France?
5. Pourquoi est-ce qu'on a choisi Montréal pour faire partir le Tour en 1992?
6. Est-ce que le Tour de France est seulement une épreuve sportive?
7. Comment reconnaît-on le vainqueur du Tour?
8. Quels avantages économiques est-ce que le Tour offre?

Activités

A. Quels événements sportifs aux Etats-Unis retiennent l'attention des Américains comme le Tour en France? Fait-on trop attention aux sports aux USA?

B. Faites le plan d'un **Tour des Etats-Unis** imaginaire. Quelles sont les étapes de campagne, de montagne? Expliquez votre itinéraire.

C. Aimez-vous l'idée d'une course cycliste pour les femmes? Quels autres sports ont des compétitions féminines? Quels sports est-ce que les hommes et les femmes pratiquent ensemble?

D. Est-ce que les événements sportifs sont trop commercialisés? Quels sports en particulier? Quels sont les avantages et les désavantages de cet aspect des sports?

E. Quel rôle est-ce que les sports organisés jouent dans notre vie? Expliquez.

Le français en péril?

OBJECTIVES

Language:

Vocabulary for the Arts
Intonation
Verbs Followed by Infinitives
Verbs Followed by Nouns
The Pronouns **y** and **en**

Culture:

The Status of the French
    Language
Minority Languages in France

Communication:

How to Write Letters

Commençons

Le français en péril?

devoted

criticized

A few / published

lecteurs (*m.*) readers / of them / **extraits** (*m.*) excerpts

evil / education / insufficient

fautes (*f.*) mistakes / **lourdeurs** (*f.*) awkward structures
suffer / **atteintes** (*f.*) affronts

La revue française *L'Express* a consacré° un reportage à la question suivante: «Sait-on encore parler le français?» Dans plusieurs articles, des journalistes ont critiqué° l'état du français parlé et écrit. Quelques° semaines après, la revue a publié° quelques lettres de lecteurs.° En° voici trois extraits:°

[…] Il est probable que le mal° vient surtout d'un enseignement° insuffisant.° Je dois dire que les fautes° de français et les lourdeurs° entendues à la radio et à la télévision me font souffrir,° comme des atteintes° à la beauté et à la rigueur de notre langue. […]

Marie-Antoinette Schweisguth,
Levallois

A… In my opinion / **il**… it's a question of / decision / **milieux** (*m.*) circles
Therefore

[…] A mon sens,° il s'agit° d'une volonté° délibérée de certains milieux° de contribuer à la destruction d'une société par celle de son langage. Parler un français correct est «bourgeois». Donc,°…

Jean Meyer,
Caluire (Rhône)

remains / lively / available

Notre langue demeure° en bonne santé, elle est vivace,° généreuse, disponible° pour toutes sortes d'usages et de créations. […]

Michel Pougeoise,
Professeur de lettres modernes

numéros (*m.*) issues

Extraits du *Débat des lecteurs, L'Express,* numéros° 1735 et 1736.

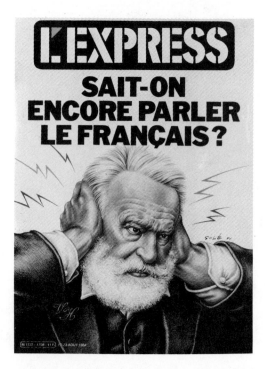

Des leaders High Tech équipent l'ESIEE à Marne-la-Vallée.

Un CERVEAU DE L'AN 3000 POUR LES TETES DE L'AN 2000.

Quand le look est en jeu, peu importe le prix. Exemple : les cyclos laissent rapidement la place aux scooters.

Faisons connaissance   The French language is a constant preoccupation for the people who speak it daily. In France, many feel that the language has deteriorated: there is too much slang; people do not follow grammar rules; and too many words have been borrowed from English. Others think that languages are in a constant state of change and that it is useless to try to stop the process. The majority of the readers responding to that issue of *L'Express* agreed that the situation is deplorable.

The French language is an issue in other countries. The country of Belgium is administratively divided into areas where one of the two languages is official—French or Flemish. The city of Brussels is the only bilingual area. A conflict exists between French and Flemish speakers. The disagreement is intense and has even led to riots in the past.

The Province of Quebec in Canada has undergone profound changes. While the country is bilingual, the province has established French as the official language. For example, non-English-speaking immigrants must send their children to schools where classes are taught in French.

In Louisiana, several active groups have been working for years to re-establish the value of using French. The body of poetry, prose, music, and journalism in French is quite significant.

Etudions les lettres

1. De quoi est-ce qu'on parle dans ce numéro de *L'Express*?
2. D'où vient le problème selon le premier lecteur?
3. Est-ce que la radio et la télévision contribuent au problème?
4. Selon le deuxième lecteur, on a tort ou on a raison d'être «bourgeois»?
5. Finissez la phrase «Donc,…».
6. Est-ce que le troisième lecteur est d'accord avec les deux autres?
7. Que pense-t-il de la langue française?
8. Que veut dire: «Notre langue […] est […] disponible pour toutes sortes d'usages»?

Enrichissons notre vocabulaire

—De quel instrument jouez-vous?
—Je joue du trombone.

un orchestre / les instruments (*m.*)

un violon
une guitare
une flûte
un violoncelle
un piano
une trompette
le chef d'orchestre

Quels sont les **métiers artistiques**?	(*m.*) careers in the arts
Les **écrivains** produisent des **œuvres littéraires**. Les **auteurs dramatiques** écrivent des **drames**, des **comédies**, des **tragédies**, et des **comédies musicales**.	(*m.*) writers (*f.*) literary works (*m.*) playwrights (*m.*) dramas / (*f.*) comedies (*f.*) tragedies / musical comedies
Molière a écrit des pièces; Madame de Sévigné a écrit des **lettres**.	(*f.*) letters
Les **danseurs** et les **danseuses** font de la **danse classique** (le **ballet**). L'**étude** de la danse moderne me **passionne**.	dancers / female dancers classical dance ballet / (*f.*) study fascinates
Les **peintres** font des **tableaux**: des **peintures à l'huile** et des **aquarelles**.	painters / paintings (*f.*) oil paintings (*f.*) watercolors
Les **sculpteurs** font des **sculptures** en **pierre** et en **bronze**.	sculptors (*f.*) sculptures / stone bronze
Les acteurs et les actrices font du **cinéma** et du **théâtre**.	

Prononciation   Intonation

    A. Intonation is the change in the pitch of the voice. It enables a speaker to distinguish
    between sentences such as *She's going to the movies.* and *She's going to the movies?*

    B. French intonation is not radically different from that of English. The two basic kinds
    are rising intonation and falling intonation.

    1. Rising intonation

        The pitch of the voice rises in the following types of sentences:

YES-OR-NO QUESTIONS:	Aimez-vous ce tableau?
	Est-ce qu'il est parti?
	Vous avez un violon?
PAUSES (when you do not complete a sentence, but pause for a breath at a comma)	Elle n'est pas venue parce qu'elle est occupée.
	J'ai acheté un parapluie, mais je l'ai perdu.
	Nous sommes allés au cinéma et nous avons dîné après.

    2. Falling intonation

        The pitch of the voice drops in the following types of sentences:

DECLARATIVE:	Il va faire beau.
	Marie n'est pas là.
	Nous sommes très fatigués.
IMPERATIVE:	Dépêche-toi.
	Venez avec nous.
	Allons au théâtre.
INFORMATION QUESTIONS (those that start with an interrogative adverb or pronoun):	Qu'est-ce que vous allez faire?
	Comment allez-vous?
	Pourquoi fait-il cela?

○━○ Exercice

Read the following sentences aloud, paying particular attention to rising and falling intonation patterns.

1. Voulez-vous danser?
2. Passez-moi le sucre.
3. Qui n'a pas pris de dessert?
4. Monique fait de la danse moderne.
5. J'ai lu un livre et j'ai téléphoné à un ami.
6. Couchez-vous plus tôt!
7. Combien coûte un tableau de Picasso?
8. Ce film est très mauvais.
9. Le professeur n'était pas content quand il a vu les examens.
10. Si vous avez mal aux dents, allez chez le dentiste.

Grammaire

I. Verbs Followed by Infinitives

A. Verbs followed directly by an infinitive

You have learned that it is possible to use two consecutive verbs in a sentence in French. Some verbs you already know that take an infinitive directly after the conjugated verb are:

adorer	devoir	pouvoir
aimer	espérer	préférer
aimer mieux	il faut	savoir
aller	il vaut mieux	sembler
désirer	laisser	souhaiter
détester	penser	vouloir

Je **ne peux pas répondre**.
Il vaut mieux téléphoner avant minuit.
Je **dois dire** que les fautes me font souffrir.
Sait-on encore **parler** le français?

B. Verbs followed by à and an infinitive

Some verbs that take the preposition **à** before an infinitive are:

s'amuser à	continuer à
apprendre à	hésiter à
avoir du mal à	inviter à
chercher à (*to try*)	réussir à
commencer à	tenir à

Elle **a appris à jouer** du piano à l'âge de deux ans.
Nous **avons du mal à nous lever** tôt.
Il **ne réussit pas à comprendre** la danse moderne.
Avez-vous **commencé à lire** cette comédie?

C. Verbs followed by **de** and an infinitive

Some verbs that take the preposition **de** before an infinitive are:

accepter de	choisir de	finir de
avoir besoin de	décider de	oublier de
avoir envie de	se dépêcher de	refuser de
avoir peur de	essayer de	regretter de
avoir raison / tort de	être + *adjective* + de	rêver de (*to dream*)
cesser de (*to stop*)	éviter de	venir de

As-tu **envie d'aller** au théâtre?
Alors, **dépêche-toi de t'habiller!**
J'ai **décidé de faire** la vaisselle.
Nous **avons besoin de traduire** cette pièce.

Attention   **1.** If you use object pronouns with two verbs, remember that the pronoun precedes the verb of which it is an object.

| J'ai invité **mes amis** à écouter cet **orchestre**. | → | Je **les** ai invités à **l'**écouter. |

In the sentences above, **amis** is the object of **invité**, and **orchestre** is the object of **écouter**.

Il déteste faire **ses valises**.	→	Il déteste **les** faire.
Je vais essayer de téléphoner **aux lecteurs**.	→	Je vais essayer de **leur** téléphoner.
Il apprend à lire **la musique**.	→	Il apprend à **la** lire.

2. Note that the prepositions **à** and **de** *do not* combine with the direct object pronouns **le** and **les**.

| Il regrette de vendre **ce tableau**. | → | Il regrette **de le** vendre. |
| Je n'ai pas encore commencé à faire **le ménage**. | → | Je n'ai pas encore commencé à **le** faire. |

PRATIQUONS

A. **Les Marchais font un voyage.** Dans les phrases suivantes, remplacez les verbes en italique par les verbes donnés.

1. Les Marchais *vont* partir.   (venir, vouloir, espérer, hésiter, décider, choisir)
2. Madeleine *va* faire ses valises.   (commencer, préférer, refuser, avoir besoin, penser)
3. Nous ne *pouvons* pas les voir.   (vouloir, hésiter, souhaiter, avoir envie, se dépêcher, réussir)

B. Complétez les phrases suivantes avec une préposition, s'il y a lieu (*if necessary*).

1. Détestez-vous _____ étudier?
2. Elle regrette _____ arriver en retard.
3. Nous continuons _____ regarder la télévision.
4. Je viens _____ terminer le roman.
5. Mes copains s'amusent _____ jouer au golf.
6. Mon père tient _____ prendre des photos.
7. Notre professeur ne nous laisse jamais _____ partir tôt.
8. Il vaut mieux _____ attendre.
9. Elle n'a pas accepté _____ nous parler.
10. Ils vont _____ essayer _____ nous téléphoner ce soir.

C. **En famille.** Formez des phrases avec les mots donnés.

1. Mon mari / cesser / travailler / année / dernier.
2. Notre fils / adorer / aller à la pêche avec lui.
3. En semaine / nous / finir / dîner / huit heures.
4. Après, ma fille / apprendre / conduire / notre voiture.
5. Nous / aimer mieux / se coucher / tôt.
6. On / aller / visiter / Paris / printemps.
7. Je / avoir du mal / décrire / nos vacances.
8. Mon / sœur / décider / aller voir / nos parents / Canada.

D. **Au téléphone.** Traduisez les phrases suivantes.

1. It is better to call me early.
2. We need to talk about this problem.
3. My mother succeeded in selling the house.
4. I hope to see her soon.
5. They love to visit this city.
6. Do you really insist on inviting their friends?
7. I prefer to listen to your wife.
8. Your brother can't avoid saying stupid things.

E. **Deux amis de Marc parlent de lui.**   Remplacez *Marc* par un pronom.

1. Vas-tu essayer de téléphoner *à Marc?*
2. Nous devons parler *à Marc.*
3. Il est important d'expliquer tes idées *à Marc.*

4. Moi, je n'ai pas cherché à donner des conseils *à Marc*.
5. On ne peut pas demander *à Marc* de partir.
6. Tu as raison de dire cela *à Marc*.

PARLONS

A. Qu'est-ce que vous préférez faire?

J'aime…	J'accepte…	Je déteste…	Je refuse…

me lever tôt   écrire des lettres
préparer le petit déjeuner   lire
sortir quand il pleut   sécher mon cours de…
faire le ménage   conduire vite
aller en classe en autobus   regarder… à la télévision
suivre des cours le matin / l'après-midi jouer à…
parler français avec mes amis   jouer de…
étudier le week-end   … ?

B. Interrogez (*Question*) un(e) camarade de classe sur ses projets pour l'avenir. Faites un résumé de ses réponses.

aller   habiter en Europe?
tenir   suivre des cours pendant dix ans?
choisir   gagner peu / beaucoup d'argent?
préférer   avoir peu / beaucoup de responsabilités?
décider   travailler en ville / à la campagne?
rêver   devenir célèbre?
hésiter   faire du cinéma / du théâtre?
espérer   avoir un / deux / trois / … / enfants?
vouloir   faire de la politique?
avoir envie devenir professeur / médecin?
devoir   voyager beaucoup?
             faire du deltaplane?
             écrire de la poésie?
             … ?

C. Vous allez consulter un psychiatre. Quelles sortes de problèmes pouvez-vous imaginer?

Je...

commence	sortir de ma chambre
ne veux pas	dormir bien
ai peur	répondre au téléphone
viens	parler avec des filles / des garçons
ne réussis pas	sortir seul
ne peux pas	me promener sans vêtements
continue	embrasser des gens dans la rue
ai envie	voir des fantômes
ai du mal	m'amuser à faire du catch
évite	me prendre pour Napoléon
déteste	... ?
refuse	

D. Prenez (*Make*) des résolutions!

Je vais cesser...   Je vais commencer...   Je vais essayer...   J'espère...

fumer (moins)
écrire à mes parents (plus souvent)
étudier le soir
gaspiller (*waste*) mon argent
être plus patient(e)
économiser de l'argent
manger moins / mieux
sécher des cours
boire de la bière / du vin
échouer aux examens
faire de l'exercice
apprendre le piano
... ?

Questions personnelles

1. Préférez-vous aller au cinéma ou au théâtre?
2. Qu'est-ce que vous avez appris à faire récemment?
3. Qu'est-ce que vous avez du mal à faire?
4. Qu'est-ce que vous avez envie de faire ce week-end?
5. Aimez-vous mieux habiter dans une résidence universitaire ou dans un appartement?
6. Pourquoi avez-vous choisi de venir à cette université?
7. A-t-on raison ou tort de parler plusieurs langues dans un pays?
8. Où pensez-vous aller pour vos vacances?

II. Verbs Followed by Nouns

A. Verbs are either transitive or intransitive. A transitive verb takes a direct object.

> Les peintres font **des tableaux.**
> Des journalistes ont critiqué **le Président.**

An intransitive verb has no direct object, or it requires a preposition.

> Elle est rentrée tôt.   Nous allons **chez** le dentiste.

B. There are a number of verbs that are transitive in French, but intransitive in English. Some transitive French verbs that you know are:

attendre	demander	fréquenter	regarder
chercher	écouter	payer	

> Voulez-vous regarder **mes photos?**   *Do you want to look **at** my photos?*
> Elle fréquente **un Italien.**   *She's going out **with** an Italian man.*
> Les enfants demandent **du gâteau.**   *The children are asking **for** some cake.*

C. There are also verbs that take **à** before a noun in French, but are transitive in English.

désobéir à	obéir à	ressembler à
échouer à *(to fail)*	penser à	réussir à
entrer à / dans	rendre visite à	téléphoner à
faire peur à	répondre à	tenir à
jouer à (+ *sport*)		

> Ne désobéissez pas **à** vos parents!   *Don't disobey your parents.*
> Tenez-vous **à** ce vieux violon?   *Are you fond of this old violin?*
> Entrez **au** café pour téléphoner.   *Go into the café to phone.*

D. Several verbs in French must take the preposition **à** before a noun and **de** before an infinitive.

conseiller **à** quelqu'un **de** faire quelque chose	*to advise someone to do something*
demander **à** quelqu'un **de** faire quelque chose	*to ask someone to do something*
dire **à** quelqu'un **de** faire quelque chose	*to tell someone to do something*
écrire **à** quelqu'un **de** faire quelque chose	*to write someone to do something*
rappeler **à** quelqu'un **de** faire quelque chose	*to remind someone to do something*
recommander **à** quelqu'un **de** faire quelque chose	*to recommend to someone to do something*

> J'ai recommandé **aux** étudiants **de** parler français chez eux.
> Conseillez **aux** étudiants **d'**apprendre à taper.
> J'ai demandé **à** Mme Leblanc **de** jouer de la guitare.

E. Some verbs take the preposition **de** before a noun or a pronoun.

> avoir besoin de   jouer de (+ *musical instrument*)
> avoir peur de   s'occuper de   (*to take care of*)
> il s'agit de

> Il **s'occupe du** courrier des lecteurs.
> Il **s'agit d'une** volonté délibérée de certains milieux.

Attention

1. **Penser** takes the preposition **à** when it means *to have something in mind*.

> Je n'aime pas **penser aux** examens.

When **penser** means *to have an opinion*, it takes **de** and is almost always used in a question.

> Que **pensez**-vous **de** l'art moderne?

2. The verbs that take the preposition **de** do not take an article if the noun is used in a general sense.

> Il **change** souvent **de** vêtements!
> Ils **ont besoin d'argent**.
> Elle **s'occupe d'étudiants** étrangers.

3. **Il s'agit de** cannot take a noun subject. Use a prepositional phrase with **dans** instead.

> **Dans** ce numéro, il **s'agit de** la   *This issue* is about the French
> langue française.   *language.*

Ce
qu'ils disent

Se rappeler takes a direct object but many people add **de**.

> Je ne me rappelle pas cela. → Je ne me rappelle pas **de** cela.

PRATIQUONS

A. **Etienne.**   Dans les phrases suivantes, remplacez les mots en italique par les verbes donnés.

1. Etienne *écoute* sa mère.   (ressembler, attendre, obéir, répondre, s'occuper, écrire)
2. Il *travaille* dans un café.   (fréquenter, chercher, entrer, téléphoner, parler, revenir)
3. Il *aime* sa petite amie.   (tenir, parler, désobéir, regarder, demander, penser)

B. **Faisons attention au professeur.**   Complétez les phrases suivantes avec une préposition ou un article, ou avec les deux s'il y a lieu.

1. Pour être professeur, on a besoin _____ patience.
2. Mon professeur a demandé _____ étudiants _____ bien préparer la leçon.
3. Il a conseillé _____ ses étudiants _____ étudier le latin aussi.
4. Mes amis aiment mieux jouer _____ football.
5. Ils ont échoué _____ examen.
6. Moi, je vais réussir _____ examens de l'année prochaine.
7. J'ai besoin _____ bonnes notes.
8. J'écoute toujours _____ ses conseils.

C. Un agent de police donne des conseils aux touristes. Formez des phrases complètes avec les mots donnés.

1. Dire / votre / amis / entrer / musée / par la porte de gauche.
2. Je / rappeler / chauffeurs / obéir / code de la route.
3. Entrer / bureau de poste / pour / téléphoner / votre / famille.
4. Je / dire / étudiants / adresse / du Louvre.
5. Recommander / touristes / regarder / ce / beau / église.
6. Je / conseiller / Américains / visiter / musée d'Orsay.

D. **On fait les valises.**   Traduisez les phrases suivantes.

1. Did you ask for the flight number?
2. You have to change shirts.
3. This suitcase looks like mine.
4. That does not belong to me.
5. I need a key to enter the house.
6. Are you going to play tennis during your vacation?
7. Who is going to take care of the dog?
8. Write your parents a postcard.

E. **Conversation avec votre camarade de chambre.**   Répondez aux questions suivantes en utilisant les mots donnés.

1. Est-ce que c'est ton imper?   (Non,... appartenir... Marie.)
2. Tu pars pour l'université?   (Non,... revenir... supermarché.)
3. Est-ce que tu as froid?   (Oui,... demander... Robert... fermer... fenêtre.)
4. Tu veux écouter de la musique?   (Non,... préférer... regarder... film.)
5. Alors, tu veux aller au cinéma?   (Oui,... chercher... journal.)
6. Qu'est-ce qu'on va faire après?   (... s'occuper... ménage.)

PARLONS

A. Racontez vos activités pendant une journée typique. Utilisez les verbes suivants.

téléphoner	chercher	revenir
écrire	penser	jouer
regarder	s'occuper	fréquenter
écouter	parler	changer

B. Identifiez les personnes suivantes selon leur profession.

Nancy Lopez	jouer à	le piano
Steffi Graf	*ou*	le base-ball
Itzak Perlman		la guitare
Roy Rogers and Dale Evans	jouer de	la flûte
Wade Boggs		le golf
Herschel Walker		le violon
Elton John		le tennis
Woody Allen		le football américain

C. Quels conseils donnez-vous aux gens quand ils ont les problèmes suivants? Employez les verbes **dire, conseiller, recommander, rappeler.**

MODELE: Votre ami échoue aux examens.
              Je lui dis d'étudier tous les jours.
              Je lui recommande de parler au professeur.

1. Un ami est toujours fatigué.
2. Des amis veulent apprendre à jouer d'un instrument de musique.
3. Une amie n'aime pas un article dans le dernier numéro de sa revue préférée.
4. Des gens viennent d'un pays étranger et ils veulent écouter de la musique.
5. Des touristes dans votre ville ont très faim.
6. Votre camarade de chambre n'a pas parlé à ses parents depuis longtemps.
7. Quelqu'un vient de voler l'auto de votre frère.
8. Votre petit(e) ami(e) veut devenir peintre.

D. Séparez-vous en petits groupes et complétez les phrases suivantes. Ensuite expliquez à la classe les similarités et les différences entre vos réponses.

J'ai besoin _____ pour être heureux.   Avec mes amis, je parle _____.
Je cherche _____ dans la vie.   Je tiens beaucoup _____.
Je pense souvent _____.   Pour l'avenir, je ne demande
                                                que _____.

Questions personnelles

1. A qui ressemblez vous? A quel animal?
2. A qui téléphonez-vous souvent? A qui écrivez-vous?
3. A quoi pensez-vous en ce moment?
4. Quelle sorte de musique aimez-vous écouter?
5. Désobéissez-vous souvent? A qui?
6. A quoi tenez-vous beaucoup?
7. Quels sports pratiquez-vous?
8. De quel instrument jouez-vous?

III. The Pronouns **y** and **en**

A. The pronoun **y**

1. The pronoun **y** replaces prepositional phrases indicating a place. It means *there*.

> —Il habite **à Paris?**
> —Oui, il **y** habite.

> —Ils vont travailler **à la bibliothèque?**
> —Oui, ils vont **y** travailler.

> —Etes-vous allées **en France?**
> —Oui, nous **y** sommes allées.

2. **Y** is also used with verbs taking the preposition **à** whenever the object is *not* a person.

> —Avez-vous répondu **à sa lettre?**
> —Oui, nous **y** avons répondu.

> —Je pense souvent **à mes vacances.**
> —Moi, **j'y** pense souvent aussi.

> —Ils ne s'intéressent pas **à la sculpture?**
> —Si, ils **s'y** intéressent.

3. **Y** has the same position as the object pronouns you have already learned.

Attention

1. If the object of the preposition **à** is a person, you cannot use **y**; you must use the indirect object **lui** or **leur.**

> J'ai répondu **à la lettre.** → J'y ai répondu.
> J'ai répondu **au professeur.** → Je **lui** ai répondu.

2. **Y** is used to indicate location. If a place name is a direct object, you must use a direct object pronoun.

> Ils ont visité **la France.** → Ils l'ont visitée.
> J'adore **le Québec.** → Je l'adore.

B. The pronoun **en**

1. The pronoun **en** replaces any direct object modified by a nondefinite article. It is the equivalent of the English *some,* or in negative sentences *any.*

Tu as pris **des photos?**	Oui, j'**en** ai pris.
Elle va écrire **des lettres?**	Non, elle **en** a déjà fait.
Tu ne bois jamais **de vin?**	Non, je n'**en** bois jamais.

2. **En** can replace a noun modified by a number or an adverb of quantity. The number or adverb remains after the verb in the sentence.

Est-ce qu'elle connaît **des écrivains?**	Oui, elle **en** connaît **beaucoup.**
Ne donnez pas trop **de devoirs!**	Je n'**en** donne jamais **trop.**
Les Ducharme ont deux **voitures?**	Non, ils **en** ont **trois.**

3. **En** is also used when the object is preceded by the preposition **de.**

Tu pars **en vacances?**	Non, mais j'**en** ai **besoin.**
Il est toujours **au ballet?**	Non, il **en** est déjà **revenu.**
Je peux lui poser une question sur **son travail?**	Non, elle n'aime pas **en parler.**

Ce
qu'ils disent

If the object of the preposition **de** is a person, you do not use **en**; you must use **de** + a tonic pronoun (**lui, elle, eux,** and so on.)

Il s'occupe **de ses affaires.** → Il s'**en** occupe.
Il s'occupe **des enfants.**   → Il s'occupe d'**eux.**

However, in casual conversation, **en** is often used for people.

Ta copine? Je ne m'**en** souviens pas.

Attention

1. There is no agreement between **y** or **en** and a past participle.

Ils ont habité **en Angleterre.** → Ils **y** ont habit**é.**
Il a acheté **des chaussures.** → Il **en** a achet**é.**

2. **Liaison** is always obligatory between pronouns and **y** and **en.**

Ils y sont allés l'année dernière.
Allons-y.
Elles en ont trouvé au supermarché.

3. When **y** and **en** are used with a reflexive verb, they follow the reflexive pronoun.

Elle s'intéresse **à la musique classique.** → Elle s'**y** intéresse.
Il s'occupe **de la vaisselle.** → Il s'**en** occupe.

When **en** is used with **il y a,** it follows **y.**

Il y a des stylos dans le bureau. → **Il y en** a dans le bureau.
Il n'y a plus de café. → **Il n'y en** a plus.
Y a-t-il des montagnes au Maroc? → **Y en a-t-il** au Maroc?

PRATIQUONS

A. Remplacez les mots en italique par les pronoms **le, la, l', les** ou **en,** selon le cas (*accordingly*).

1. Elle cherche *son sac / du sucre / sa place / des fautes / une sculpture / un métier?*

2. Il va acheter *cette trompette / mes revues / des disques / leur piano / du pastis / un tableau.*

3. Tu as trouvé *de l'argent? / ta guitare / des clés / ton maillot / une belle aquarelle / tes amis?*

B. Remplacez les mots en italique par les pronoms **y**, **lui** ou **leur**, selon le cas.

1. Ils répondent *au téléphone* / *à Jacqueline* / *aux questions* / *aux enfants* / *au courrier* / *à la lettre.*
2. J'ai téléphoné *à mon frère* / *au café* / *à l'hôtel* / *à mes amis* / *au restaurant* / *à Luc.*
3. Tu t'intéresses *au jazz?* / *au ballet* / *aux peintres russes* / *aux sculpteurs grecs* / *à la sculpture moderne?*

C. **Un voyage.**   Dans les phrases suivantes, remplacez les mots en italique par un pronom.

1. Nous sommes allés *en France.*
2. Nous avons visité *Notre Dame.*
3. Je m'intéresse *à l'architecture.*
4. On a bu trop *de vin.*
5. Jacqueline a perdu *de l'argent.*
6. Elle n'a pas voulu parler *à l'agent de police.*
7. On a joué *au tennis* dans un parc.
8. Tu veux parler *de tes vacances?*

D. Deux touristes ont visité la Gaspésie au Québec. Mettez les phrases suivantes au passé composé et faites l'accord (*make the agreement*), s'il y a lieu.

1. Vous la visitez?   4. Je l'aime beaucoup.
2. Nous en revenons.   5. Les guides? Ma femme s'en occupe.
3. Nous y arrivons lundi.   6. Nous y retournons en juin.

E. Votre camarade de chambre revient après un week-end chez ses parents et il / elle vous pose des questions. Répondez aux questions suivantes en utilisant les mots entre parenthèses et en remplaçant les noms par des pronoms.

1. As-tu répondu à la lettre de ta mère?   (Oui,…)
2. As-tu mangé une pizza?   (Non,…)
3. Tout le monde a obéi aux règles de la résidence?   (Non,… pas du tout…)
4. Tes amis ont joué du piano?   (Oui,…)
5. As-tu rencontré d'autres jeunes?   (Oui,… trois…)
6. On a pensé à moi?   (Non, personne…)

Drôle de lieu de vacances: les sourires y sont naturels, pas saisonniers.

En Bretagne, les sourires ne naissent pas à Pâques pour s'éteindre en octobre, une fois achevée la saison touristique. En Bretagne, quand on vous gratifie d'un mot aimable, on ne s'y sent jamais forcé. Et quand on commerce avec vous, les raisons en sont rarement commerciales. Vous objecterez que les Bretons ne sourient pas toujours? Réjouissez-vous-en : c'est parce que, chez eux, la spontanéité n'est pas affaire de saisonnalité. Renseignez-vous à la Maison de la Bretagne tél. : (1) 45.38.78.42

BRETAGNE NOUVELLE VAGUE

PARLONS

A. Parlez de vos voyages! Est-ce que vous êtes déjà allé(e) dans les endroits (*places*) suivants? Sinon (*if not*), est-ce que vous voudriez y aller?

MODELE: à Washington?   *J'y suis allé.*
            à Tahiti?   *Non, je n'y suis jamais allé, et je ne veux*
                        pas y aller / mais je voudrais y aller.

1. au Québec? 3. à San Francisco? 5. en Angleterre? 7. au Japon?
2. à Paris? 4. à Moscou? 6. en Italie? 8. à Pékin?

B. Que faites-vous très souvent? de temps en temps? rarement? jamais?

MODELE: dîner au restaurant?   *J'y dîne souvent.*
                            Je n'y dîne jamais.

1. boire du champagne? 6. jouer du violoncelle?
2. manger du caviar? 7. écrire des poèmes?
3. aller au cinéma? 8. échouer aux examens?
4. recevoir du courrier? 9. penser aux vacances?
5. aller à la chasse? 10. faire des sculptures?

C. Interrogez vos camarades pour trouver qui a le plus grand nombre de...

MODELE: frères et sœurs?   *Marc en a six.*

1. camarades de chambre? 5. examens cette semaine?
2. bagues? 6. disques?
3. dollars dans son portefeuille? 7. tableaux?
4. robes / pantalons? 8. petit(e)s ami(e)s?

D. Pourquoi va-t-on à ces endroits?

MODELE: au théâtre?   *On y voit des pièces.*

1. à la bibliothèque? 5. au concert?
2. à la librairie? 6. à la cuisine?
3. au cinéma? 7. au laboratoire de langues?
4. au restaurant? 8. en classe?

Questions personnelles

1. Vous intéressez-vous à la littérature? aux écrivains français?
2. Tenez-vous à vos photos d'enfant?
3. Téléphonez-vous souvent à vos parents?
4. Avez-vous besoin d'argent? Maintenant? Pourquoi?
5. Allez-vous au restaurant universitaire? Qu'est-ce que vous en pensez?
6. Quand prenez-vous du café?
7. Buvez-vous beaucoup de bière?
8. Qu'est-ce que vous servez à vos amis?
9. Qui s'occupe de la vaisselle chez vous?
10. Est-ce que vous réfléchissez souvent à votre avenir? Etes-vous optimiste ou pessimiste?

Communiquons

Ecrire des lettres

The French observe a certain style when writing letters. The two basic types of letters, business and personal, are described below.

Les lettres d'affaires

■ To begin a business letter, you write or type your own name and address in the upper left corner. In the upper right, you put your city and the date. Below that, you write the title and address of the person to whom you are writing. (Note that we do the opposite in English.)

```
Jean-Michel Boirond          Paris, le 3 septembre 1990
22 rue du Bac
75007 Paris                  Monsieur Henri Paulin
                             56 avenue Wagram
                             75017 Paris


Monsieur,
```

■ To begin the letter, use the title of the person:

```
Monsieur le Directeur.
Madame la Directrice.
Monsieur le Maire (Mayor).
Madame la Présidente.
```
or simply: `Monsieur, Mademoiselle` *or* `Madame`

■ The first sentence is often a form of politeness:

Informing

J'ai l'honneur de vous...	*It's my privilege ...*
J'ai le plaisir de vous...	*I have the pleasure of ...*

Requesting

Je vous serais reconnaissant(e) de...	*I would be grateful if ...*
Je vous prie de...	*I beg you to ...*

Thanking

Je vous remercie pour / de...	*I thank you for ... (+ noun)*
Je vous suis reconnaissant(e) de...	*I thank you for ... (+ noun)*

■ The closing sentence of the French letter is usually a set expression in a very formal style. It combines three phrases:

[1]   **[2]**

`Veuillez agréer, + Monsieur, (Madame, Mademoiselle),`

[3]

`+ l'expression de mes sentiments distingués (mes`
`sentiments les meilleurs, mes salutations`
`distinguées).`

■ The person to whom you are writing must be addressed the same way in both the heading and the closure.

Les lettres personnelles

■ The heading will vary according to how well you know the person, and his or her age.

Not well known

Monsieur,	Cher Monsieur,
Madame,	Chère Madame,
Mademoiselle,	Cher Monsieur, Chère Madame,

Well-known

Cher Jacques,	Chère amie,
Chère Maman,	Chers tous, *(a group)*
Chers tous deux,	*(two friends or relatives)*

■ To conclude a letter, you can use a number of possible expressions.

For acquaintances

Amitiés,   Amicalement,   Cordialement,

For family and friends

Je t'embrasse,   Affectueux baisers
Je vous embrasse,   Grosses bises

Here are the names of the parts of a letter.

1. l'enveloppe (*f.*)
2. le papier à lettres
3. le timbre
4. le destinataire
5. l'expéditeur, -trice
6. l'adresse
7. par avion

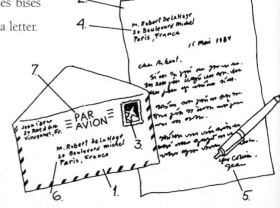

Activité

Ecrivez une des lettres suivantes:

destinataire	**sujet**
1. secrétaire général de la faculté	cours pour les étrangers
2. une organisation charitable	pourquoi vous admirez leur travail
3. une revue	pourquoi vous n'êtes pas d'accord avec eux
4. votre journal préféré	leur usage de l'anglais
5. votre petit(e) ami(e)	vos activités du week-end dernier
6. vos parents	pourquoi vous avez besoin d'argent

Lecture culturelle

Le Breton à l'école

Avant la lecture

We generally associate one or two languages with any given country: English with the United States, English and French with Canada, and French with France. Such is rarely the case, however. Many different languages—both indigenous and imported—are spoken in North America. In France, at least seven languages, which are completely different from French, are spoken. One of them is **breton,** a language of Celtic origin spoken in the western province of **Bretagne** (*Brittany*). The language is related to Welsh and Gaelic.

As with many languages not used in official business, **breton** is dying out. Most of the people who use it are adults who live in rural areas. In recent years, younger people in **Bretagne** have developed a keen interest in preserving their language and culture. The French government has begun to support these efforts. The following reading tells about one such effort.

This type of situation is not unknown in North America. Canada has taken steps to preserve native American languages, and numerous projects are underway in Louisiana to encourage the development of the French language among its 270,000 native speakers.

Activités

A. Anticipating the subject matter of a reading passage will help you read more effectively. Which of the following do you think will be true statements about preserving a minority language?

V F 1. Beaucoup de Français parlent breton.
V F 2. Les professeurs ont toujours encouragé l'emploi du breton en classe.
V F 3. Le gouvernement a résisté aux efforts des Bretons.
V F 4. Dans les écoles bretonnes on parle breton.
V F 5. Il vaut mieux commencer à apprendre le breton au lycée.
V F 6. Tous les Bretons trouvent l'idée d'une instruction en breton excellente.

B. Vocabulary

■ You have learned that reflexive verbs often denote an action that the subject performs on him/herself: **Il se lave à sept heures.**

Often, we have to use *to get* or *to become* as an English equivalent: **se laver** = *to get washed.* Study the following verbs and try to guess what they mean in the reflexive form in which they appear in this text. For example, **rappeler** means *to remind; To remind oneself* is *to remember.*

débarrasser   *to unencumber*
grouper
faire
appeler (in this text **s'appeler** does not mean *to be named!*)
adresser
inspirer

■ The suffix **-aine** added to a number means *approximately.* Find the two numbers in the text that have this meaning.

■ Some French words resemble a little-used English word that will help you identify its more familiar equivalent. Complete the following chart of words used in this text.

French	Similar English word	Common equivalent
l'époque	epoch	time
enfant	infant	
employait		
camarade	comrade	
fantômes		
tâche	task	
début		
minuscule		
communale		
local		facility

C. Syntax

■ The word **que** (**qu'** + *a vowel*) has several uses in French. You already know it as an *interrogative pronoun.*

Que veut-elle faire?

■ It is also an *adverb* of quantity:

Je n'en ai **qu'**un.

or of comparison:

Elle a le même travail **que** toi.

■ It is also a *conjunction* joining two clauses:

Je pense **que** vous avez raison.

■ In the next chapter, you will learn to use it as a *relative pronoun* to relate a noun in the first clause as an object in the second.

Le breton est **la langue que** vous parlez.

■ Knowing whether **que** is a conjunction joining two clauses or a relative pronoun used to avoid a repetition will help you read more accurately. Find the eight occurrences of **que (qu')** in the text and identify each usage.

Le breton à l'école

prenait... caught

hung / **sabot**... wooden shoe / **autour**... around / neck

slip

who

tombée... dusk / places / thought

out of

fait... blew up / T.V. relay tower

En Bretagne, les gens d'une cinquantaine d'années se rappellent encore l'époque où on punissait les enfants qu'on prenait à° parler breton à l'école. Quand un élève employait quelques mots de breton en classe, on lui accrochait° un sabot en bois° autour du° cou.° Pour s'en débarrasser il fallait attendre qu'un camarade ait lui aussi l'imprudence de laisser échapper° quelques mots de breton, et le dénoncer. A la fin de la journée, l'élève   5
qui° avait le sabot autour du cou devait rester à l'école une heure de plus et rentrer à la maison après la tombée de la nuit° en passant par des endroits° que les gens croyaient° peuplés d'esprits et de fantômes.

En 1947, un ministre de l'éducation nationale disait que les professeurs de français en Bretagne avaient la même tâche que leurs collègues en Algérie: «assimiler la popula-   10
tion à tout prix.» Des estimations récentes indiquent que sur° les 2,7 millions d'habitants de la Bretagne, seulement 400.000 à 600.000 parlent breton, mais un certain nombre de Bretons se sont groupés et ont décidé de sauver leur langue. Au début, Paris a résisté et l'action des militants a été violente. Ils ont, par exemple, fait sauter° un émetteur° régional

Une école en Bretagne.

se... do without

panneaux... road signs

Then / il... about ten years ago

seed / écoles... kindergartens

prevent

gifts

teaching

school teacher

bet

et tous les Bretons ont dû se passer de° télévision pendant plusieurs mois. Mais petit à petit, le gouvernement a cédé: il a d'abord autorisé l'usage de panneaux routiers° bilingues dans les municipalités qui le désiraient. Puis,° il y a une dizaine d'années,° les défenseurs de la langue bretonne ont fondé le mouvement «Diwan», en français «le germe°», une association d'écoles maternelles° et d'écoles élémentaires indépendantes où 5 tout l'enseignement se fait en breton.

Il existe maintenant dix-huit écoles, surtout dans la Bretagne de l'Ouest, mais elles ne comptent qu'un total de 430 élèves. Sur ces écoles minuscules repose un projet énorme: empêcher° la langue bretonne de mourir car cette langue va devenir une langue morte si on ne fait rien.   10

L'école de Tréglonou est une de ces écoles communales où les enfants n'apprennent pas dans la langue de Molière, mais dans celle de leurs ancêtres celtes. A cette école, le breton est obligatoire. En entrant dans la classe, si on dit «Bonjour» à Maud, Gaïdig et Glenn, trois petits blonds de six ans, ils vous regardent, mais ne répondent pas. Ils refusent de parler français. Un instant après, ils parlent, s'appellent et s'adressent à leur 15 maîtresse en breton.

Dans la région, la population a beaucoup de sympathie pour ces écoles et les gens financent leur fonctionnement avec des dons.° Sur le plan administratif, c'est simple: si quelqu'un a le baccalauréat, une bonne moralité et un local satisfaisant, il peut ouvrir une école privée. Sur le plan pédagogique, l'enseignement° d'une langue régionale est difficile: 20 l'institutrice° de Tréglonou s'inspire des écoles basques en France et en Espagne qui existent déjà et qui servent de modèle. Tous les enfants de l'école «Diwan» apprennent à parler breton, mais ils parlent français aussi, et ils l'écrivent correctement. Les vieux de Tréglonou considèrent l'école «Diwan» avec un certain scepticisme. Même le maire est un peu critique. Il a peur que le breton des petits Diwan soit artificiel et ne soit pas le vrai 25 breton du pays.

Cependant, l'école de Tréglonou est un laboratoire où on est en train d'essayer de sauver une culture condamnée à mort. C'est un pari° à mille contre un, mais ce n'est pas un pari stupide.

Adapté d'un article de *L'Express*, no.1531, et d'un article du *New York Times*, vol. CXXXVII, number 47309

Après la lecture

Questions sur le texte

1. Dans le passé, que faisait-on quand les enfants parlaient breton à l'école?
2. Pourquoi personne ne voulait avoir «le sabot autour du cou» à la fin de la journée?
3. Combien de gens parlent encore breton?
4. Qu'est-ce que «Diwan»?
5. Qui sont Maud, Gaïdig et Glenn? Pourquoi sont-ils différents des autres enfants français?
6. Comment finance-t-on le projet?
7. Qu'est-ce qui sert de modèle à l'école Diwan?
8. Est-ce que tout le monde pense que ce projet est une bonne idée?

Activités

A. Formez deux groupes et organisez un débat sur les avantages de connaître une ou plusieurs langues étrangères.

B. Aux Etats-Unis, l'espagnol est-il une langue seconde ou une langue étrangère?

C. Etes-vous pour ou contre une multitude de langues dans un pays?

D. Aux Etats-Unis, même si on ne parle que l'anglais, on utilise des mots et des expressions empruntés à des langues étrangères. Préparez une liste de mots et d'expressions et indiquez leur langue d'origine.

E. Faites une liste de toutes les langues parlées en Amérique du Nord et indiquez sur une carte les régions où on les parle.

CHAPITRES 13—15

Travail en classe   A. **Faisons connaissance**.   Répondez aux questions suivantes en employant les mots entre parenthèses.

1. Comment vous appelez-vous?   (. . . Eric et Christine.)
2. Etes-vous déjà allés *en France?*   (. . . 1988. *Employez un pronom.*)
3. Est-ce que vous avez dû vous occuper *de vos billets d'avion?*   (Oui,... *Employez un pronom.*)
4. Christine, t'es-tu promenée *dans Paris?*   (Oui,... déjà... *Employez un pronom.*)
5. Eric, tes parents étaient contents quand tu as voyagé?   (Non,... s'inquiéter beaucoup.)
6. Le soir, qu'est-ce que vous avez envie de faire?   (... se détendre.)
7. Avez-vous fait *de la planche à voile?*   (Oui,... en Normandie. *Employez un pronom.*)
8. Quand il a plu, qu'est-ce que vous avez fait?   (... lire un livre et... écrire... lettres.)
9. Quand vous êtes en voyage, vous achetez beaucoup de choses?   (Oui,... s'acheter des vêtements.)
10. Etes-vous allés à *l'Opéra?*   (Oui,... aller trois fois. *Employez un pronom.*)
11. Préférez-vous les ballets ou les concerts?   (Nous... préférer... danse.)
12. Est-ce que les gens étaient bien habillés?   (Oui, en France... s'habiller pour sortir.)
13. Avez-vous acheté des vins français?   (... pas de vins blancs,... donner mal à la tête.)
14. Christine, as-tu trouvé *des tableaux?*   (Oui,... deux. *Employez un pronom.*)
15. Vous avez passé de bonnes vacances alors!   (Oui,... s'amuser beaucoup.)

B. **Une longue journée.**   Refaites les phrases suivantes en utilisant les mots entre parenthèses.

Le matin

1. Nous nous sommes endormis *devant la télévision* hier soir.   (*Employez l'imparfait... employez un pronom.*)
2. On se lève tard ce matin.   (*Mettez au passé composé. Nous...*)
3. Elle s'habille dans sa chambre.   (*Mettez au passé composé.*)
4. Tu te dépêches.   (*Employez l'impératif.*)
5. Ils lisent un *roman.*   (Je... *Employez un pronom.*)

Une promenade l'après-midi

6. J'ai trouvé *les clés des Ducharme.*   (... pouvoir... *Employez un pronom.*)
7. Je conduis *l'auto des Ducharme.*   (Vous... *Employez un pronom.*)
8. *La voiture* de gauche est ta *voiture.*   (*Employez des pronoms.*)
9. Nous voulons jouer au tennis.   (... avoir envie... trompette.)
10. On va rentrer *à la maison.*   (... avoir besoin... *Employez un pronom.*)

Le soir on étudie

11. Elle se lave les mains et elle travaille.   (… commencer… travailler. *Mettez au passé composé.*)
12. Tu écris *des bêtises* dans tes devoirs.   (Vous… *Employez un pronom.*)
13. Il a répondu à ma *carte postale.*   (… lire… *Employez un pronom.*)
14. Aiment-ils mieux *nos poèmes* ou *les poèmes* de Lise?   (… préférer… *Employez des pronoms.*)
15. Tu te réveilles et tu vas *à la bibliothèque.*   (*Mettez à l'impératif et employez un pronom.*)

C. Faites des phrases avec les mots donnés.

La détente

1. Je / avoir / besoin / se détendre.
2. Entrer / maison / et / se reposer!   (*Employez l'impératif.*)
3. Marc, / obéir / ton / mère; / cesser / jouer / basket-ball!   (*Employez l'impératif.*)
4. Elles / se dépêcher / parce que / elles / tenir / arriver / à l'heure.
5. Nous / venir / se reposer.

Au travail!

6. Nous / choisir / faire / métier / artistique.
7. Nous / commencer / traduire / poème / hier.
8. Elles / écrire / romans / et / contes.
9. Je / venir / lire / dernier / numéro / ce / revue.
10. Je / dire / enfants / continuer / étudier / piano.

Qu'est-ce qu'on va faire maintenant?

11. Vous / hésiter / se promener / en ville?
12. Monique / chercher / stylo / pour écrire / Jacqueline.
13. Je / conseiller / mes amis / apprendre / jouer / instrument de musique.
14. Quand / elle / ne … pas / jouer / violon, / elle / jouer / tennis.
15. L'année / dernier / elle / traduire / pièce / italien.

D. **Nos amis écrivains.**   Remplacez les mots en italique avec des pronoms.

1. J'ai traduit son *poème* et *les poèmes* de sa femme.
2. Lui, il parle *de la mer;* elle, elle parle de *ses enfants.*
3. Avez-vous lu *leurs livres?*
4. Ils passent tout l'été *sur la Côte d'Azur.*
5. Je ne pense pas qu'ils aient beaucoup *d'argent.*
6. Ils s'intéressent à la *musique classique* aussi.
7. Ils invitent souvent *leurs amis* à écouter *des disques* avec eux.
8. *Leur appartement* de Paris est petit, mais *leur maison* de Nice est grande.
9. A Noël, j'ai acheté *le dernier livre* de Victor, et Suzanne m'a offert *un autre livre* pour mon anniversaire.
10. Voulez-vous que je vous montre *les poèmes* de Suzanne?
11. Cette année, Victor veut écrire *un roman.*

12. Il va se passer *en Afrique.*
13. Victor et Suzanne ont habité *là* dans les années soixante.
14. Ils ont préféré *les pays* où on parle français aux *pays* où on parle anglais.
15. Voulez-vous rencontrer *nos amis écrivains?*

E. **La matinée.** Complétez le paragraphe suivant avec la forme correcte des verbes donnés et des prépositions, s'il y a lieu.

Hier, Anne-Marie _____ (se réveiller) à sept heures et _____ (se lever) quelques minutes après. Elle _____ (se laver) et _____ (aller chercher) le journal. Elle le _____ (lire) rapidement et _____ (se dépêcher) _____ (s'habiller). Elle _____ (appeler) un taxi et l'_____ (attendre) pendant vingt minutes. Elle _____ (dire) au chauffeur _____ (la conduire) au bureau. Dans le taxi elle _____ (écrire) des lettres à ses employés. Quand elle _____ (arriver) au bureau, elle _____ (appeler) son secrétaire; elle _____ (vouloir) qu'il _____ (commencer) taper ses lettres. Elle _____ (demander) son amie Andrée de déjeuner avec elle. Elles _____ (finir) travailler à 11h45 et _____ (partir) pour le restaurant.

F. **Réactions personnelles.** Complétez les phrases suivantes de manière logique.

1. J'aime lire…
2. Mes parents conduisent…
3. J'espère être…
4. Pour le week-end, nous avons besoin…
5. Mon ami(e) a du mal…
6. Mon / ma camarade de chambre se dépêche quand…
7. Le professeur a dit que…
8. T'inquiètes-tu quand…?
9. Pour me détendre…
10. …de me lever tôt.

G. Identifiez des objets dans la classe. Utilisez les trois formes suivantes: **appartenir à**, des pronoms démonstratifs, et des pronoms possessifs.

MODELE: Ce stylo appartient à Jacques.
C'est celle de Robert.
Ce sont les miens.

Travail en petits groupes

A. Décrivez une journée typique, ou votre journée d'hier.

se réveiller	lire le journal	rentrer
se lever	commencer	acheter
se laver	s'amuser	essayer
prendre le petit déjeuner	décider	changer de vêtements
s'habiller	jouer à / de	écrire
partir	se détendre	se coucher
	s'endormir	

B. Quels sont vos projets pour demain? pour ce trimestre? pour l'avenir? Qu'est-ce que vous n'allez pas faire?

MODELE: Je tiens à apprendre le français.
          J'espère recevoir de bonnes notes.
          J'ai décidé de devenir pharmacien.

souhaiter	aller	éviter
rêver	commencer	refuser
chercher	avoir envie	choisir
tenir à	avoir peur	s'amuser
il faut que	devoir	vouloir

C. Qu'est-ce que vous avez dit récemment aux personnes suivantes?

MODELE: votre frère?   *Je lui ai dit de me prêter sa voiture.*

1. vos parents   3. vos amis   5. votre professeur
2. vos voisins   4. votre petit(e) ami(e)   6. les autres

D. Vous vous trouvez sur une île (*island*) déserte. Qu'est-ce qu'il faut que vous ayez pour être heureux(-euse)? Employez l'expression *avoir besoin de*.

MODELE: J'ai besoin d'un frigidaire.
          J'ai besoin de trouver de l'eau.

E. Donnez le nom d'un(e) athlète ou d'un(e) musicien(-ienne) à votre camarade de classe. Ensuite, demandez-lui quel sport il / elle pratique ou de quel instrument il / elle joue.

MODELE: Martina Navratilova joue au tennis.
          Arthur Rubinstein a joué du piano.
          André le Géant fait du catch.

F. **Questions personnelles**

1. Que pensez-vous…

MODELE: des westerns?
          Je pense qu'ils sont ennuyeux.

des Beatles?   de la télévision?
du Président des Etats-Unis?   de votre cours de français?
des Français?   … ?

2. Quand vous vous trouvez dans les situations suivantes, à quoi ou à qui pensez-vous?

MODELE: vous êtes en classe
          Quand je suis en classe, je pense à mes vacances.

vous téléphonez à votre petit(e) ami(e)   vous passez un examen
vous vous reposez   vous recevez un télégramme
vous regardez un film d'épouvante   vous partez en vacances
vous êtes en classe   … ?
vous êtes seul(e)

G. **Jeu de rôles.** Jouez les scènes suivantes avec un(e) camarade de classe.

1. Vous êtes chez le médecin. Expliquez-lui vos problèmes. Le médecin vous donne des conseils.

2. Un journaliste français va vous interviewer. Il veut savoir comment est la journée typique d'un étudiant américain. Décrivez-lui la vôtre. (*Je me lève à… etc.*)

3. Vous vendez des assurances vie. Posez des questions à un(e) client(e) pour savoir s'il / si elle représente un risque acceptable. (*Fumez-vous? Faites-vous du deltaplane?…*)

4. Vous jouez le rôle de votre athlète préféré. Un(e) autre étudiant(e) va vous interviewer après une compétition importante.

5. Vous allez participer à l'émission *Apostrophes* (p. 212). Un(e) camarade va vous interviewer. Parlez de vos créations littéraires.

6. Vous êtes speaker / speakerine à la télévision. Faites de la publicité pour une marque qui a une équipe dans le *Tour de France*.

7. Vous faites partie d'un débat sur la langue française. Avec un(e) camarade, choisissez une des deux positions suivantes:

   ■ le français est en déclin
   ■ le français va bien

8. Vous êtes guide dans un musée. Décrivez vos œuvres d'art (*works of art*) préférées. (*Les tableaux de Renoir, les sculptures de Rodin,* etc.) Un(e) camarade est touriste et va vous poser des questions.

Réponse à une petite annonce

OBJECTIVES

Language:

Vocabulary for Lodging,
  Furniture, and Newspapers
The Mute **e** Sound
Relative Pronouns: **qui**, **que**,
  and **où**
The Conditional Mood
Expressing Time with **depuis**,
  il y a, and **pendant**

Culture:

Lodging in France
The French Press
The French Language in the
  United States

Communication:

Finding a Place to Live
Expressing Hypothetical
  Statements
Expressing Continuous and
  Completed Actions

Commençons

Réponse à une petite annonce ▭

who / for

petites… classified ads / rent / that

propriétaires (*m.*), (*f.*) owners / morning / finally

that

would like

Bien… Of course! / furnished / **qui**… which overlooks

il…ago

price / rent

charges… utilities included / **Voudriez-vous** Would you like

Pourriez-vous Could you

right / en… across

floor / concierge

tout… immediately / call back / evening

Un étudiant américain qui° s'appelle Daniel est à Lyon depuis° une semaine. Il lit les petites annonces° dans Le Progrès. Il a trouvé des chambres à louer° qui° l'intéressent et il a téléphoné aux propriétaires° pendant toute la matinée.° Quelqu'un répond enfin.°

DANIEL: Allô, bonjour, Madame. J'ai lu la petite annonce que° vous avez placée dans le journal et j'aimerais° avoir des renseignements sur la chambre que vous voulez louer.

MME LUCAS: Bien sûr!° C'est une grande chambre meublée° qui donne sur° le Parc de la Tête d'Or et que je loue tous les ans à des étudiants étrangers. J'ai trouvé quelqu'un il y a° un mois, mais il a dû rentrer chez lui.

DANIEL.   Quel est le prix° du loyer?°

MME LUCAS: Quinze cents francs par mois charges comprises.° Voudriez-vous° aller voir la chambre maintenant?

DANIEL: Oui, mais je ne sais pas où elle se trouve. Pourriez-vous° m'indiquer le chemin?

MME LUCAS: Connaissez-vous le musée Guimet? C'est juste° en face,° au numéro vingt et un. C'est au sixième étage,° la troisième porte à gauche. Demandez la clé à la concierge.°

DANIEL: Très bien, je vais y aller tout de suite° et je vais vous rappeler° dans la soirée.°

IMMOBILIER

46   CHAMBRES A LOUER

A CHOMEDEY: T.V., toutes commodités, 687-9288.

AHUNTSIC, propre, tranquille, tout compris, $200., 384-7565.

AHUNTSIC: 1½ semi sous-sol, $275. tout fournis, 381-5786.

A LOUER pour jeune personne sérieuse, 251-2813.

A MTL-NORD, lavabo, réfrigérateur, accès cuisine, 322-3105.

À ROSEMONT, $200./mois, propre, tranquille, travailleur sérieux seulement, références, 727-2267.

ATWATER métro 2105 Tupper, chambre avec cuisinette, propre, tranquille, 933-2046.

AU Métro Laurier, 305 est boul. St-Joseph, chambre avec cuisinette, propre, tranquille, 845-7532.

A Vimont Laval, entrée privée, cuisinette, tranquille, 667-7518.

A 4518 Est Ste Catherine, neuf, meublé, $186./mois, 679-1888.

A 522-2295, homme 50 ans plus, 2½, 1½, sobre, références.

A 575 Jeanne d'Arc, tranquille, propre, 524-9428, 323-7108.

BOUL St-Laurent 7569, face au Parc Jarry.

CENTRE-ville 1½, semaine, à partir $80. 9h à 21h. 844-4268.

CHAMBRE accès cuisine, salle de bain, entrée privée, personne âgée seulement, 681-2882.

CHAMBRE à louer dans un bas pour personne âgée, étudiant ou travaillant, 521-4401.

CHAMBRE pour fille ou femme, privilège de cuisine, terasse, Nathalie: 525-8922.

CHAMBRE pour personne tranquille rue St-Clément 254-1538.

CHAMBRE propre, pour dame tranquille, 271-6949.

GRANDE chambre a louer, chambre et pension, 3ieme, âge, un bas, 523-9316.

JEUNE homme demandé, japonais ou chinois, parle français, travaillant, de 18h. à 23h. 270-9155 demandez Philippe Boyer.

151   CHAMBRES, PENSIONS

CARTIERVILLE, chambre meublee, entrée privée. 332-0828.

CENTRE NORD, belle chambre propre, commodités, tv. 495-8077.

CENTRE-VILLE, grande, tranquille, moderne, $300. tout compris, etudiantou jeune travailleur, matin 849-3320, soir 933-5567 Gilles.

CHAMBRE meublée, pour fille ou femme de préférence, privilège cuisine, terrasse, électricité et chauffage payés. Inf. Jocelyne ou Nathalie 525-8922

MOTEL 489-4258 Montréal-ouest, chambres poêle, refrigérateur, tv. semaine.

MTL-NORD, maison privée, personnes agees, 60 ans +. 325-6261

POUR PERSONNES âgées en perte d'autonomie, 270-4759.

PRES OLYMPIQUE poêle-frigo, lavabo, telephone. Homme. 220$. 256-0238

Faisons connaissance   Many French families rent rooms to students in their own homes or apartments or in property they own, for purely financial reasons. This is particularly true of widows and older couples whose children have left home. They use the rent money to pay taxes and to supplement their incomes. This is a fortunate situation for students because few universities have enough student housing.

A **concierge,** such as the one mentioned in the dialogue, is usually a woman responsible for the distribution of mail, helping visitors, and keeping the building clean. **Concierges** are rapidly disappearing, as building owners install automatic locks and individual mailboxes.

French people have a different way of counting floors. The first floor is **le rez-de-chaussée,** the second floor, **le premier étage,** and so on. To an American, the room in the dialogue **au sixième étage** would be on the seventh floor. On the top floor of many apartment buildings (**un immeuble**) there are maids' rooms (**chambres de bonne**), which are often rented to students.

Etudions le dialogue

1. Qu'est-ce que Daniel lit? Pourquoi?
2. A qui téléphone-t-il?
3. Décrivez la chambre.
4. Quel est le prix du loyer?
5. Où se trouve la chambre?
6. Est-ce que Daniel la prend tout de suite?

Enrichissons notre vocabulaire

Mon appartement

—Dis-moi où tu habites.

—J'habite 23 rue du Parc. C'est dans le sixième. Mon appartement est au quatrième étage.

—Tu y es depuis longtemps?

—Non. Je l'ai loué il y a deux mois.

—Comment est-il?

—C'est un deux pièces.

Tell me where you live.

I live at 23 rue du Parc. It's in the Sixth District. My apartment is on the fifth floor.

Have you been there a long time?

No, I rented it two months ago.

What's it like?

It's a two-room apartment.

Les meubles

le salon

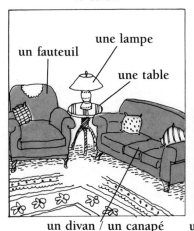

un fauteuil · une lampe · une table · un divan / un canapé

la cuisine

un évier · un four · un lave-vaisselle · une cuisinière

la chambre

une armoire · une étagère · une table de nuit · un lit · un lavabo

Prononciation   Mute e

A. Mute **e** is a sound represented by the symbol / ə /, which may or may not be pronounced, according to its position in the sentence. When it is pronounced, it is virtually identical to the / ø / of **peu.**

B. Mute **e** is identified in written form by the letter **e** with no accent mark, and it is never followed by double consonants.

> d**e**voirs and b**e**soin: both contain mute **e**
> d**e**rrière has the / ɛ / sound, as indicated by the double **r.**

C. In casual conversation, most French speakers drop as many mute **e**s as possible, short of creating a string of unpronounceable consonants. Three important rules:

1. Never pronounce a mute **e** before a vowel.

quatr**e** heures	votr**e** appartement	un autr**e** étudiant
notr**e** ami	une tabl**e** immense	un pauvr**e** homme

2. In general, drop a mute **e** if it is preceded by only one pronounced consonant. For example, **trop de gens** is pronounced / tʀo dʒã /. The / ə / is preceded by **d,** but **p** is not pronounced.

beaucoup d**e** livres	sans c**e** livre
un kilo d**e** beurre	dans l**e** bureau
assez d**e** travail	vous l**e** savez
pas d**e** place	tu n**e** bois pas

3. If a mute **e** follows two pronounced consonants, it is better to keep the sound.

Il n**e** sait pas.	Regarde l**e** garçon.
avec l**e** couteau	Elles m**e** connaissent.
Jeanne t**e** voit.	une pauvr**e** femme
le gouvern**e**ment	quatr**e** semaines d**e** vacances

Exercice

Read the following sentences aloud, dropping as many mute **e**s as possible.

1. Je ne sais pas si je veux cette table de nuit.
2. Beaucoup de gens se reposent le matin.
3. Elle me donne trop de travail.
4. A quatre heures nous décidons de préparer le dîner.
5. Qu'est-ce que vous allez me montrer?
6. Mon appartement se trouve au rez-de-chaussée près de la cuisine.
7. Avec ce professeur, vous ne pouvez pas échouer.
8. Votre frère veut connaître notre amie.
9. Il m'a demandé de me lever.
10. Nous nous promenons dans le parc à côté de l'église.

Grammaire

I. **Relative Pronouns: qui, que, and où**

Relative pronouns relate one part of a sentence to another. They allow a speaker to connect two shorter sentences or clauses.

> Here is the book. I read the book.
> Did you see the man? The man
>   drove a red car.

> Here is the book *that* I read.
> Did you see the man
>   *who* drove a red car?

A. The relative pronoun **qui**

1. The relative pronoun to use for the *subject* of the verb in the second sentence is **qui**.

> C'est **une grande chambre**. La
>   **chambre** donne sur un parc.

> C'est une grande chambre **qui**
>   donne sur un parc.

La chambre is the subject of the verb **donner**, so the correct relative pronoun is **qui**.

> Nous avons demandé à **Paul. Paul**
>   connaît bien la ville.

> Nous avons demandé à Paul **qui**
>   connaît bien la ville.

Paul is the subject of the verb **connaître**, so the correct relative pronoun is **qui**.

2. Because **qui** is the subject of the following verb, the verb must be conjugated according to the subject in the first clause.

> C'est **moi** qui **suis** arrivé à l'heure.
> C'est **elle** qui **est** montée.
> Un **étudiant** qui **s'appelle** Daniel m'a téléphoné.

B. The relative pronoun **que**

In French, the relative pronoun to use for the *direct object* of a verb in the second sentence is **que**.

> Je cherche la chambre. Vous louez
>   **la chambre.**

> Je cherche la chambre **que** vous
>   louez.

Because **la chambre** is the direct object of the verb **louer**, you must use the relative pronoun **que**.

> Elle n'aime pas l'émission. Ils
>   regardent **l'émission.**

> Elle n'aime pas l'émission **qu'**ils
>   regardent.

L'émission is the direct object of the verb **regarder**; you must join the sentences with **que**.

L'ORTHOGRAPHE

The pronoun **que** is a direct object. If it represents a feminine or plural noun or both, the past participle agrees with the noun.

> Elle s'intéresse à **la robe** que tu lui as montrée.
> Nous n'avons pas **les journaux** qu'ils ont achetés.
> J'ai lu **les petites annonces** que vous avez placées dans le journal.

C. The relative pronoun **où**

1. When the second clause indicates place, the relative pronoun to use is **où**.

> Je ne sais pas **où** elle se trouve.
> Il n'a pas dit **où** il allait.
> Voilà la chambre **où** ils dorment.

2. If the noun is a place, but is the *direct object* of the verb in the second clause, use **que**.

> L'Espagne est un pays **que** nous n'avons jamais visité.
> Le Parc de la Tête d'Or est un parc **que** les Lyonnais fréquentent beaucoup.

D. In Chapter 15, you learned that demonstrative pronouns (**celui, celle, ceux, celles**) must be followed by **-ci, -là**, or the preposition **de**. They can also be followed by relative pronouns.

> Elle n'aime pas ceux **que** j'ai achetés.
> Prenez celui **qui** est sur la table.
> Regardez cette maison. C'est celle **où** je suis né.

Ce qu'ils disent

1. French intonation and rhythm do not allow a speaker to emphasize a word in a sentence simply by saying it louder, as we do in English. You must put the word just before a break in syntax. Relative pronouns are frequently used in this construction, which you hear very often in casual conversation. In the examples below, the boldface word in the first sentence is emphasized in the second.

Jean cherche un appartement.	C'est Jean qui cherche un appartement.
Je n'aime pas **tes meubles**.	Ce sont tes meubles que je n'aime pas.
Madeleine travaille **là**.	C'est là où Madeleine travaille.
Tu achètes un lave-vaisselle?	C'est toi qui achètes un lave-vaisselle?

2. Note that tonic pronouns replace subject pronouns and that the verb in the second clause agrees with its subject in the first.

Ce n'est pas lui qui va conduire!

PRATIQUONS

A. Combinez les phrases données avec un pronom relatif.

1. Il cherche un appartement (est petit, on veut louer, il peut faire des sculptures, ne coûte pas cher, on ne fait pas trop de bruit, son ami va aimer).
2. J'ai besoin d'une table (va bien avec ce canapé, je peux laisser mes affaires, on peut placer ici, n'est pas trop grande, les enfants peuvent manger).

B. **Samedi après-midi à la résidence.** Formez une phrase en combinant les deux phrases données.

1. Il a eu la chambre. Il voulait la chambre.
2. J'aime la chaîne stéréo. Il a emprunté la chaîne stéréo.
3. Il va aller danser avec une fille. Cette fille habite dans la résidence.
4. Il a perdu la clé. Je lui ai prêté la clé.
5. Nous avons visité l'université. Sa sœur est étudiante dans cette université.
6. Ils regardent un film. Le film est amusant.
7. Donnez-moi le stylo. Le stylo est sur la table de nuit.
8. Voilà le canapé. Daniel a dormi sur le canapé.

C. **Dans notre appartement.** Complétez les phrases suivantes avec un pronom relatif.

1. Il regarde une émission _____ n'est pas très bonne.
2. Apportez-moi le verre _____ j'ai laissé dans la cuisine.
3. Il va quitter le fauteuil _____ il a occupé pendant trois heures.
4. La maison _____ il habite est derrière cet immeuble.
5. Est-ce qu'il y a un magasin près d'ici _____ on vend de la bière?
6. Je préfère les salons _____ n'ont pas trop de meubles.
7. Nous n'apprécions pas les voisins _____ font du bruit.
8. Le lit _____ ils veulent me prêter est trop petit.

D. **Une promenade en ville.**   Complétez les phrases suivantes.

1. Nous avons acheté des disques que…
2. Il sèche les cours qui…
3. Je vous recommande un film qui…
4. J'ai visité une ville où…
5. Le restaurant sert des repas que…
6. Allez-vous acheter les vêtements que…?
7. Ils passent leur temps dans un magasin où…
8. Elle conduit une voiture qui…

E. **Préparatifs.**   Dans les phrases suivantes, remplacez les noms avec un pronom démonstratif.

MODELE: Ce sont les amis que j'attends.
            Ce sont ceux que j'attends.

1. Ce n'est pas le plat que je vais servir.
2. Voilà les chaussures qui sont trop grandes.
3. As-tu perdu la cravate que Véronique vient de te donner?
4. J'aime la robe que tu as choisie.
5. Voilà la voiture de nos amis.
6. J'entends les amis qui viennent dîner.

PARLONS

A. Trouvez les noms des villes où se trouvent les monuments suivants.

MODELE: la Tour Eiffel?
            Paris, c'est la ville où se trouve la Tour Eiffel.

1. Le Palais de Buckingham?
2. la Maison Blanche?
3. la Statue de la Liberté?
4. le Forum?
5. les Plaines d'Abraham?
6. l'Arc de Triomphe?
7. la Place Rouge?
8. l'Acropole?

B. Donnez une définition des termes suivants.

MODELE: un dentiste?
            C'est celui qui s'occupe des dents.

1. un facteur?
2. un agent de police?
3. un professeur?
4. une pharmacienne?
5. un chauffeur?
6. une concierge?
7. un charcutier?
8. une programmeuse?

C. **Mes préférences.** Formez des phrases logiques avec les éléments donnés.

J'admire les gens	qui	être intéressant
Je ne peux pas supporter les gens	que	parler trop
J'aime visiter des pays	où	ne pouvoir rien faire
Je déteste les villes		être trop difficile
Je voudrais avoir un métier		donner mal à la tête
Je n'écoute jamais les gens		ne rien apprendre
Les étudiants s'intéressent aux cours		travailler beaucoup
On n'aime pas s'occuper de problèmes		faire très chaud / froid
… ?		être sincère
		… ?

D. **Mes préférences** (*suite*). Complétez les phrases suivantes logiquement.

1. J'aime les filles / les garçons qui..
2. Je préfère les films qui…
3. J'adore la cuisine que…
4. Je m'intéresse à la musique qui…
5. J'apprécie les étudiants qui…
6. Je tiens aux amis que…

Questions personnelles

1. Dans quelle sorte de ville habitez-vous?
2. Suivez-vous des cours qui sont trop difficiles? Quels cours?
3. Parlez des vacances que vous avez passées récemment.
4. Portez-vous des vêtements que vous n'aimez pas? Quand?
5. Espérez-vous avoir un métier où vous allez gagner beaucoup d'argent ou qui est très intéressant, ou les deux?
6. Est-ce qu'il y a des mensonges qui sont nécessaires? Donnez des exemples.
7. Quelle sorte de maison voulez-vous habiter?
8. Vous aimez quelles sortes de personnes?

II. The Conditional Mood

A. Formation of the conditional: Regular verbs

aimer	descendre	choisir	écrire
j'aimer**ais**	je descendr**ais**	je choisir**ais**	j'écrir**ais**
tu aimer**ais**	tu descendr**ais**	tu choisir**ais**	tu écrir**ais**
il, elle, on aimer**ait**	il, elle, on descendr**ait**	il, elle, on choisir**ait**	il, elle, on écrir**ait**
nous aimer**ions**	nous descendr**ions**	nous choisir**ions**	nous écrir**ions**
vous aimer**iez**	vous descendr**iez**	vous choisir**iez**	vous écrir**iez**
ils, elles aimer**aient**	ils, elles descendr**aient**	ils, elles choisir**aient**	ils, elles écrir**aient**

1. In French, you form the conditional mood by adding the endings of the imperfect tense to the infinitive.

2. If the infinitive ends in **-r**, you pronounce the **r**:

aimer → j'aimerais.

L ' O R T H O G R A P H E

If the infinitive ends in **-re**, you drop the **e** before adding the ending: **écrire** → elle **écrir**ait.

B. Formation of the conditional: Irregular verbs

1. Several verbs that you already know have irregular conditional stems:

aller	j'**ir**ais	recevoir	vous **recevr**iez
avoir	tu **aur**ais	savoir	elle **saur**ait
devoir	il **devr**ait	tenir	nous **tiendr**ions
être	nous **ser**ions	venir	il **viendr**ait
faire	vous **fer**iez	voir	tu **verr**ais
pouvoir	elles **pourr**aient	vouloir	je **voudr**ais

2. Stem-changing verbs use the **accent grave** or double consonant in the last syllable of the stem to keep the / ɛ / sound. The verbs with an **accent aigu** in the last syllable of the stem keep the / e / sound.

acheter	elle ach**è**terait
se lever	nous nous l**è**verions
appeler	vous appe**ll**eriez

but:

préférer	je préf**é**rerais
répéter	tu rép**é**terais

C. Uses of the conditional

1. The conditional mood expresses a possible occurrence that would exist under certain conditions.

Nous **aimerions** habiter dans le 16ème arrondissement.
Elle a dit qu'elle **lirait** les petites annonces.
On nous a dit que cela **serait** trop cher.

2. Several expressions are frequently used with the conditional mood to show a condition that does not exist.

A ta / votre place
Sans / avec cela
Si j'étais / si vous étiez

A ta place, je **choisirais** un autre lave-vaisselle.
Sans cela, nous ne **finirions** jamais.
Si vous étiez riche, vous ne **feriez** pas le ménage.

3. The conditional mood also softens a request or a statement.

J'aimerais avoir des renseignements.
Pourriez-vous m'indiquer le chemin?
Vous **devriez** consulter une carte.

PRATIQUONS

A. **Si on était riche!** Dans les phrases suivantes, remplacez les mots en italique par les sujets donnés.

1. Avec cela, *il* aurait de l'argent.   (nous, elle, vous, tu, ils, je, on)
2. Elle pensait que *nous* l'achèterions.   (je, vous, nos voisines, tu, il, on, mes parents)
3. *Ils* voudraient aller en Chine.   (Nous, Elle, On, Tu, Vous, Je)

B. **Si on pouvait partir!**   Substituez les verbes donnés dans les phrases suivantes.

1. Nous aimerions voyager.   (vouloir, devoir, pouvoir, préférer, adorer)
2. Avec vous, je partirais tout de suite.   (aller, revenir, comprendre, sortir, savoir)
3. Avec moi, tu n'achèterais pas cela.   (faire, regarder, avoir besoin de, vendre, voir)

C. **A la bibliothèque.**   Mettez les phrases suivantes au conditionnel.

1. Qu'est-ce que cela indique?
2. Est-ce que je peux avoir un renseignement?
3. Elle veut un journal.
4. Où est-ce qu'on trouve les revues?
5. Je suis heureux de pouvoir utiliser un ordinateur.
6. Est-ce qu'on vend des stylos?
7. Tu vas au troisième étage?
8. Non, c'est au quatrième étage.

D. **Sans argent.**   Formez des phrases avec les mots donnés. Mettez les verbes au conditionnel.

1. Sans argent / vous / pouvoir / pas / acheter / fauteuil.
2. Je / entrer / pas / ce / magasin.
3. Il / avoir peur / louer / voiture.
4. Lui, il / refuser / faire / cela.
5. Ce / enfants / pouvoir / pas / aller / cinéma.
6. Eux, ils / savoir / pas / jouer / piano.
7. Nous / appeler / pas / médecin.
8. Moi, / je / aller / pas / ce / restaurant.

E. **On invite nos voisins.**   Répondez aux questions en employant les mots entre parenthèses.

1. Vous voulez quelque chose?   (… vouloir un pastis)
2. Que feriez-vous à ma place?   (… acheter un nouveau canapé)
3. Est-ce que je peux ouvrir la fenêtre?   (Non,… avoir froid)
4. Est-ce que votre amie aimerait partir?   (Oui, mais… revenir tout de suite)
5. Est-elle toujours en retard?   (Oui,… devoir se dépêcher)
6. Aimeriez-vous rester dîner?   (Non,… préférer rentrer)

PARLONS

A. Qu'est-ce qu'on devrait faire dans les situations suivantes?

MODELE: Vous avez mal aux dents.
          Je devrais aller chez le dentiste.

1. Vous avez un examen demain.
2. Votre ami n'a jamais d'argent.
3. Vous avez soif / faim.
4. Vos camarades sèchent tous leurs cours.
5. Vous êtes fatigué(e).
6. Votre camarade de chambre échoue à ses examens.
7. Un ami veut louer un appartement.
8. Les étudiants de votre université ont trois jours de vacances.
9. Vous avez besoin de meubles.
10. Vos parents veulent visiter l'Europe.

B. Que feriez-vous à la place de ces gens?

MODELE: Votre camarade de chambre veut étudier une langue étrangère.
          A sa place, j'étudierais le français.

1. Un touriste dans votre ville veut aller à l'église.
2. Un ami veut lire un journal.
3. Des amis veulent voir un bon film.
4. Votre sœur veut faire votre dessert préféré.
5. Vos voisins veulent acheter un beau divan.
6. Votre petit frère veut pratiquer un sport qui n'est pas dangereux.
7. Votre père veut boire du bon vin.
8. Vos amis veulent regarder quelque chose à la télévision.

C. Avec les petits changements suivants dans votre vie, que feriez-vous? Finissez les phrases.

1. Avec beaucoup d'argent,…
2. Si j'étais diplomate,…
3. Avec une voiture de sport,…
4. Avec beaucoup de longues vacances,…
5. Sans ma famille,…
6. Sans cette classe,…

D. Si vous pouviez refaire votre vie, que feriez-vous de différent?

MODELE: J'étudierais beaucoup plus.
          J'habiterais en Europe.

suivre plus / moins de cours de français	économiser de l'argent
aller à l'université de…	être plus / moins sympathique
faire attention à…	apprendre à jouer du / de la…
changer de nom	apprendre à jouer au / à la…
louer un appartement	tenir à faire du / de la…
acheter une voiture	… ?

Questions personnelles

1. Qu'est-ce que vous aimeriez faire dimanche?
2. Qu'est-ce que le Président devrait faire pour les sans-logis?
3. Sans baccalauréat, que feriez-vous?
4. Quand est-ce que vous devriez travailler? vous reposer?
5. Qu'est-ce que vous n'accepteriez jamais de faire?
6. Avec un tapis volant (*magic carpet*), où iriez-vous?

III.   Expressing Time with **depuis, il y a,** and **pendant**

A. To express the amount of time an action or a condition lasted in the past, use **pendant** or no preposition at all. The English equivalent is *for.*

J'ai téléphoné toute la matinée.	*or*	J'ai téléphoné pendant toute la matinée.
Les élèves ont attendu l'autobus une heure.	*or*	Les élèves ont attendu l'autobus pendant une heure.

B. To describe the duration of an action that started in the past, but is still going on, use the *present* tense of the verb and **depuis.** The English equivalent is *has / have been* or *has / have been doing.*

Daniel est à Lyon **depuis** une semaine.
Tu es là **depuis** longtemps?

In these examples, **depuis** is used with an amount of time. It can also be used with a specific time.

Mitterrand est Président **depuis** 1981.
Elle attend une lettre **depuis** lundi.

C. Two similar structures are **Il y a … que** and **Voilà … que.** However, they are used only with amounts of time.

Il y a trois jours **qu'**on n'a pas d'eau.
Voilà une heure **que** nous téléphonons au propriétaire.

These two structures may show more impatience on the part of the speaker than **depuis** and must precede the subject and verb.

D. To describe the amount of time that has passed since an action took place, use **il y a** and a verb in a past tense. It may precede or follow the verb. The English equivalent is *ago.*

J'ai trouvé quelqu'un **il y a** un mois.
Il y a trois jours, elle était encore en Europe.

Attention   There are two differences between **il y a** meaning *for* and meaning *ago.* When it means *ago,* a past tense is used and there is no **que.**

Il y a trois minutes, il était là.	*He was here three minutes ago.*
Il y a trois minutes qu'il est là.	*He's been here for three minutes.*

E. D'autres expressions utiles

1. **Dès, A partir de** (*from . . . on, as of . . . , beginning with . . .*) They can be used at the beginning or at the end of the sentence.

> **Dès** maintenant, il faut que vous utilisiez un ordinateur.
> Les Français ont eu des congés payés **à partir des** années 30.

2. **Pour** is used with time only for a projection into the future.

> Il est parti **pour** trois mois en Afrique.
> Elle va sortir **pour** une heure.

3. **Dans** describes the amount of time before you do something; **en** the amount of time to do it.

> Je vais faire la vaisselle **dans** une heure.
> Il peut taper une page **en** trois minutes.

PRATIQUONS

A. **Dans ma classe de français.**   Traduisez les phrases suivantes en anglais.

1. Albert fait du français depuis trois ans.
2. Voilà quinze minutes qu'on attend le professeur.
3. Jacqueline a fait ses devoirs en une demi-heure.
4. Il y a trois jours, tout le monde a passé un examen.
5. Il y a trois jours que nous étudions les verbes.
6. Le professeur a parlé pendant une heure.

B. **A la gare.**   Refaites les phrases suivantes avec une autre expression de temps, s'il y en a une, mais ne changez pas le sens (*meaning*) de la phrase.

1. Il y a une heure et quart que nous attendons le train de Paris.
2. Nous sommes en vacances depuis quinze jours.
3. Jacqueline est partie il y a quelques minutes.
4. Voilà une heure que Paul est dans l'agence de voyages.
5. Le train est là depuis une demi-heure.
6. Il va partir dans quelques minutes.

C. **Les petites annonces.**   Complétez les phrases suivantes en traduisant le(s) mot(s) entre parenthèses.

1. Robert achète le journal ici _____ deux ans.   (*for*)
2. Il lit les petites annonces _____ quelques minutes.   (*in*)
3. _____ trois semaines _____ il cherche une voiture.   (*for*)
4. _____ une semaine, il pensait en avoir trouvé une.   (*ago*)
5. Il a téléphoné au propriétaire _____ plusieurs jours.   (*for*)
6. Sa femme lui a dit qu'il venait de partir _____ une semaine en Angleterre.   (*for*)
7. Robert peut retéléphoner _____ mardi prochain.   (*from Tuesday on*)
8. Il décide de chercher une autre voiture _____ demain.   (*as of*)

D. **En première année à l'université.**   Traduisez les phrases suivantes.

1. I have been here since September.
2. Classes started four weeks ago.
3. Every day, I stay in the lab for one hour.
4. From three o'clock on, I am in the library.
5. I have known my roommate for five years.
6. I am going to have my first exam in three weeks.
7. We are going to have to translate ten sentences in fifteen minutes.
8. I have been doing this exercise for an hour!

PARLONS

A. **Fin du siècle.**   C'est le vendredi 31 décembre 1999 à midi, et vous préparez les festivités pour le Nouvel An. Depuis quand ou depuis combien de temps faites-vous les choses suivantes? Ou bien, vous les avez faites il y a combien de temps?

1. attendre ce jour / des années
2. téléphoner / amis / mardi dernier
3. préparer / plats / huit heures du matin
4. réserver / salle / trois mois
5. louer / orchestre / août
6. choisir / musique / mois
7. acheter le champagne / semaine dernière
8. répéter «Ce n'est qu'un Au revoir» / toute la matinée

B. Complétez les phrases suivantes.

1. J'étudie le français depuis…
2. J'ai eu ma première voiture il y a…
3. Il y a … que je suis étudiant(e) à cette université.
4. Je vais rentrer dans…
5. Je vais commencer à chercher du travail dans…
6. J'ai préparé cette leçon pendant…

C. Combien de temps vous faut-il pour faire les choses suivantes?

MODELE: écrire une lettre?
            Je peux écrire une lettre en une demi-heure.

1. venir en classe
2. faire mes devoirs de français
3. rentrer chez mes parents
4. aller de 0 à 100 avec ma voiture
5. lire une page
6. faire un cent mètres

jeune afrique

IL Y A 20 ANS
1969   N° 448
SEMAINE DU 4 AOÛT

Questions personnelles

1. Pendant combien de temps est-ce que votre famille a habité la maison?
2. Combien de temps avez-vous passé à chercher votre appartement / votre chambre?
3. Dans combien de temps allez-vous avoir des vacances?
4. Pour combien de temps aimeriez-vous aller en Europe?
5. Depuis quand connaissez-vous votre petit(e) ami(e)?
6. Combien de temps y a-t-il que vous conduisez?

Communiquons

La presse française

Les Quotidiens (*daily papers*)

In France, most newspapers and news magazines can be associated with major political movements. For example, in Paris *Le Figaro* is rather conservative, but *Libération* is to the Left. One of the most respected French newspapers is *Le Monde,* which has a liberal point of view. On the other hand, some newspapers, such as *France-Soir,* concentrate on minor daily events of popular interest, rather than politics.

Although the major Parisian dailies are available throughout France, each region has its own paper. For example, Lyon has *Le Progrès,* Toulouse, *La Dépêche du Midi,* and Rennes, *Ouest-France.*

Les Hebdomadaires (*weeklies*) et les mensuels (*monthly magazines*)

France has several types of weekly magazines. The ones for world news are *L'Express, Le Point,* and *Le Nouvel Observateur. Paris-Match* and *Jours de France* provide general information and emphasize photographs and gossip about popular figures. *Elle* is a magazine for women.

Monthly magazines **(les mensuels)** include those for fashion **(les revues de mode)**, such as *Marie-Claire* and *Marie-France. F Magazine* is a publication representing the feminist point of view.

La Presse spécialisée

There are numerous publications for specific interests. As you learned earlier, *L'Equipe* is a daily newspaper for sports fans; *Le Canard Enchaîné* is a weekly newspaper specializing in political satire. The latter uses many puns, innuendos, and allusions that only people who follow the daily political scene understand.

French people consult *Télé 7 Jours, Télé-Poche,* or other television magazines to find out what is on television. Many newspapers now have a weekly television supplement. In Paris, magazines such as *Pariscope* and *l'Officiel des Spectacles* give a complete listing of the current movies, plays, and night club acts. And, of course, most French hobbyists and sports lovers have publications for their individual interests. There is even a periodical for users of the **Minitel.**

Here are words associated with newspapers.

les rubriques (f.)   *the sections (of a paper or magazine)*
les bandes dessinées   *comic strips*
le courrier du cœur   *advice column*
l'économie (f.)   *business section*
l'éditorial (m.)   *editorial*
les faits divers (m.)   *human interest stories*
l'horoscope (m.)   *horoscope*
les mots croisés   *crossword puzzle*
les petites annonces   *classified ads*
les spectacles (m.)   *movies, concerts, night clubs, theater*
les sports (m.)   *sports page*

un(e) abonné(e)   *subscriber*
un abonnement   *subscription*
s'abonner à   *to subscribe to*
à la une   *on the front page*
les gros titres (m.)   *headlines*
le vendeur de journaux   *newspaper vendor*

Un kiosque à journaux.

Activités

A. Questions sur le texte

1. Quel journal ou quelle revue faut-il acheter dans les situations suivantes en France?

   Vous voulez aller au cinéma.
   Vous voulez savoir qui a gagné le match de football.
   Vous voulez connaître la nouvelle mode.
   Vous voulez des renseignements sur les événements (*events*)
      internationaux de la semaine.
   Vous voulez regarder la télévision.

2. Quelle rubrique faut-il consulter dans les situations suivantes en France?

   Vous cherchez un appartement.
   Vous voulez connaître votre avenir.
   Vous voulez savoir quelles sortes de problèmes personnels ont les
      Français.
   Vous voulez vous détendre.
   Vous voulez savoir qui a gagné l'étape du Tour de France.
   Vous avez envie de sortir.

B. Questions personnelles

   1. Quel journal lisez-vous? Quelles revues? Depuis quand?
   2. Où se trouve votre vendeur de journaux préféré?
   3. A quelles revues vous êtes-vous abonné(e)? Pour combien de temps?
   4. Aimez-vous faire les mots croisés? Dans quel journal y a-t-il des mots croisés très difficiles? très faciles?
   5. Lisez-vous votre horoscope? Souvent? Qu'est-ce que vous en pensez?
   6. Avez-vous écrit une lettre au courrier du cœur? Pourquoi?
   7. Consultez-vous les petites annonces? Que cherchez-vous?
   8. Quelle bande dessinée préférez-vous? Pourquoi? Quel journal a de bonnes bandes dessinées?

C. Activités écrites

   1. Décrivez un des appartements suivants ·annoncés dans *Le Figaro*.

      tt = tout

      cft = confort

      M° = Métro

   2. Ecrivez une lettre au courrier du cœur. Inventez un problème personnel et décrivez-le en détail. Ensuite, échangez votre lettre avec un(e) camarade de classe et répondez à la sienne.

Lecture culturelle

Le français aux Etats-Unis

Avant la lecture

The fact that French is not really a "foreign" language in the United States, but a second language, is becoming widely known. For example, the cultural renaissance in Louisiana has produced, most noticeably, a popular style of cooking, as exemplified by Paul Prudhomme, and lively music, such as **zydeco.** American poets and novelists of French expression produce a diverse body of literature in their native French language. In the past, however, the French language was not viewed favorably. Earlier in the century, children were punished for speaking French in school in much the same way that the Breton children were. More recently, Hollywood has been guilty of much exaggerated stereotyping and inaccurate portrayals in such films as *Southern Comfort* and *Angel Heart.*

Most Americans of French origin owe their heritage not directly to France, but to Canada. Many French speakers were forced to leave Canada after France lost the Seven Years' Wars (French and Indian Wars) in 1763. Again in the nineteenth century, economic conditions in Quebec forced many people to emigrate to the United States in search of work. There are still towns in New England where nearly everyone speaks French. Close ties have always existed between Canada and the United States, leading to the statement that we have the longest undefended border in the world.

Activités

A. Look at a map of Louisiana. Look for Lafayette, the francophone capital of Louisiana. What other names with a French origin can you see?

B. What are the reasons for which large groups of population emigrate?

C. When the British drove the French away from Canada after 1763, why did the latter choose to go to Louisiana? What about nineteenth-century Quebec? Why did the people choose New England?

D. Have you ever read *Evangeline* by Longfellow? What is it about?

E. When rich people move to a large city and poor people to the country, what cultural differences can develop?

THE BOOGALOO SWAMIS

SIDE A: BOSCO STOMP • SUGAR BEE • PORT ARTHUR WALTZ • MAZURKA • JALAPENA LENA • EL RANCHO GRANDE • DIGGY DIGGY LO • CARRIBE
SIDE B: OPELOUSAS 2 STEP • JONGLE A MOI • HOUND DOG BABY • HOT TAMALE BABY • 'TIT YEUX NOIRS • LES FLAMMES D'ENFER • HOW LONG • THAT'S ENOUGH OF THAT STUFF • 'TIT FILLÉ

CAJUN, (kā-jun), n.
In Louisiana, a descendent of the French Acadians from Nova Scotia. Their high spirited dance music includes two steps and waltzes.
ZYDECO, (zi-d-ko), n.
The fast syncopated dance music of the Creoles of southwestern Louisiana.
THE BOOGALOO SWAMIS, n.
A red hot Cajun-Zydeco band.

Joe Pete: guitar, vocals
Mickey Bones: drums, frottoir, vocals
Ryan "Captain Fiddle" Thomson: fiddle, vocals
Jivin' Jeanne Boyer: bass, vocals
Rockin' Ralph: accordion, vocals
Recorded at Fort Apache, Boston, Massachusetts
Engineered by Jim Fitting
Produced by The Boogaloo Swamis
Front cover art by Patricia Redman Wetherbee
Design by Joanna Bodenweber
Swamptone logo by Nancy Jean Anderson
Special thanks to all our family and friends and to all of the Cajun and Zydeco artists who have inspired us with their music.

Le français aux Etats-Unis

waves
contribution

Des vagues° successives d'immigration pendant plus de trois cents ans ont contribué à former la population américaine. Parmi celles-ci, l'apport° français et canadien-français est prédominant par son ancienneté et son importance. Deux étapes principales en marquent l'histoire: l'installation des Français en Louisiane et l'émigration québécoise de 1840 à 1930.

5

La Louisiane

Ce grand territoire du sud des Etats-Unis a appartenu à la France de 1699 à 1763, puis de 1800 à 1803. Pendant cette période, trois mouvements d'immigration y ont constitué une population francophone importante. D'abord, il y a eu les Créoles, comme on appelait les colons français qui sont arrivés aux dix-septième et dix-huitième siècles.° Puis, les Cajuns (prononciation locale du mot *Acadien*) expulsés d'Acadie en 1755 par les Britanniques ont trouvé refuge sur les bords° du Golfe du Mexique. Enfin, les Créoles noirs, amenés° comme esclaves° d'Afrique et des Antilles, ont constitué également° une importante population francophone.

centuries

banks
brought / slaves / also

10

De leur héritage français, les Créoles ont conservé leur religion catholique et ils ont converti une grande partie de la population anglophone, presque toujours à l'occasion d'intermariages. Ils ont dévelopé une riche tradition musicale et théâtrale et, en 1808, ont fondé la première troupe d'opéra aux Etats-Unis. Les Créoles ont donné naissance à une cuisine qui est aujourd'hui une adaptation de la cuisine française continentale tradition-nelle où on a ajouté des épices et des ingrédients de la région. Cette culture a aussi produit une littérature francophone importante qui s'est épanouie° surtout au dix-neuvième siècle.

15

blossomed

20

Les Cajuns, eux, sont devenus une minorité francophone rurale. Jusque vers le milieu° des années 60, de plus en plus de jeunes Cajuns refusaient même de continuer à parler français car ils voulaient s'assimiler au plus vite à la majorité anglo-saxonne. Puis soudain,° les choses ont changé. Comme beaucoup d'autres minorités, les Acadiens ont commencé à proclamer leur héritage, et ils sont maintenant très fiers° de parler français et d'être cajuns.

middle

suddenly
proud

25

Après la Guerre de Sécession, les noirs francophones de la Nouvelle-Orléans ont formé une société stratifiée avec à sa tête une élite riche et cultivée. La vie sociale de cette élite ressemblait en tous points à celle de l'élite créole blanche. Ils voyageaient beaucoup et envoyaient fréquemment leurs enfants à l'école en France. Ils parlaient le même français que celui des blancs de La Nouvelle-Orléans, comme le font encore leurs quelques descendants qui parlent encore français.

30

Aujourd'hui, il n'est pas facile d'estimer l'importance de la population francophone de la Louisiane: en 1980, environ 947.000 personnes déclaraient être d'origine ethnique française, et on estime qu'à peu près 270.000 personnes parlent encore le français. Ces statistiques sont incertaines, mais il est sûr que le français est devenu la principale langue seconde des Louisianais, même anglophones. Ainsi,° chaque jour, des stations de télévi-sion et de radio offrent plusieurs heures d'émissions en français.

35

Thus

40

Bec Doux et ses amis,

by Ken Meaux and Earl Comeaux

© *1980*

Un million d'expatriés

growth

lands / winter

thirds

researchers

present

are thought to stay

De 1840 à 1930, près d'un million de Québécois se sont expatriés aux Etats-Unis pour y trouver un emploi. Dans une société surtout agricole, avec une croissance° démographique explosive, les jeunes ne trouvaient plus de terres° à cultiver et le chômage hivernal° affectait cruellement les travailleurs agricoles. Deux tiers° de ces immigrants se sont 5 installés en Nouvelle-Angleterre, surtout dans le Massachussetts et dans le Connecticut, et un tiers dans le centre des Etats-Unis, surtout au Michigan. Des chercheurs° ont estimé l'actuelle° population d'origine française du Québec sans cet exode historique: ils pensent que dix millions de personnes habiteraient maintenant le Québec et qu'il y aurait quatre millions de Franco-Québécois de plus. 10

Dans l'ensemble, on estime que treize millions d'Américains sont d'origine française et qu'environ un million et demi d'entre eux parlent français à la maison. En plus de la Louisiane et de la Nouvelle-Angleterre, on trouve deux autres concentrations importantes de francophones aux Etats-Unis: l'une en Californie, l'autre en Floride, où plus de 100.000 habitants permanents seraient des immigrés francophones récents. Dans le cas 15 de la Floride, pendant la période hivernale, plus de 400.000 Québécois y séjourneraient° à la recherche du soleil!

Après la lecture

Questions sur le texte

1. Quelles sont les deux étapes principales de l'immigration francophone aux Etats-Unis?
2. En quoi consiste la population francophone de Louisiane?
3. Quelles ont été les contributions des Créoles?
4. Où habitent principalement les Cajuns?
5. Quel français parlaient les Créoles noirs?
6. Pourquoi beaucoup de Québécois ont-ils émigré au dix-neuvième siècle? Où se sont-ils installés?
7. Quel pourcentage d'Américains d'origine française parlent encore le français à la maison?
8. Quelles sont les autres régions où on trouve beaucoup de francophones aux Etats-Unis?

Activités

A. Quels aspects de la culture louisianaise francophone connaissez-vous personnellement? Avez-vous essayé un plat créole ou cajun? Avez-vous regardé une émission télévisée sur la cuisine ou sur la musique de cette région? Quels sont les chanteurs connus de la Louisiane francophone?

B. Quel contact avez-vous eu avec des francophones aux Etats-Unis? Si vous n'avez pas rencontré de gens qui parlent français, peut-être avez-vous eu une expérience de culture francophone?

C. Quel est votre héritage? D'où sont venus vos ancêtres? Avez-vous remonté votre arbre (*tree*) généalogique? Jusqu'où? Savez-vous pourquoi vos ancêtres sont venus aux Etats-Unis?

D. Est-ce que vous quitteriez les Etats-Unis pour aller dans un autre pays? Dans quelles conditions?

E. Est-ce qu'on devrait continuer à permettre l'immigration aux Etats-Unis? Est-ce qu'on devrait la limiter? Expliquez-vous.

Mon pays

OBJECTIVES

Language:

Liaisons
The Future Tense
Si Clauses
Verbs Conjugated like **mettre**

Culture:

The Quebec-American Poet
   Rosaire Dion-Lévesque
The French Language in
   Quebec

Communication:

Predicting the Future
Expressing Hypothetical
   Situations
Expressing Emotions

Commençons

Mon pays

will say / **ce**... what / face	Qui dira° ce qui° fait ce visage° plus cher,
	Que cet œil soit plus beau et plus tendre et plus clair;
push back	Et qui dira pourquoi la main qui nous repousse°
elects	Est celle qu'on élit° et la main la plus douce!
	Pourquoi cette oasis a choisi ce désert,
fearful	Et l'albatros craintif° les dangers de la mer;
slope / maple tree / grows	Pourquoi, sur ce côteau,° seul, cet érable° pousse°
brook / moss	Et pourquoi ce ruisseau° ne veut quitter sa mousse.°
could not	Ainsi je ne saurais,° ô mon brutal pays,
défis... (*m.*) challenges	Mon pays si cruel et si plein de défis°
among / **terres** (*f.*) lands	Dire pourquoi je t'aime entre° toutes les terres.°
	Pourquoi mon cœur, français comme une fleur-de-lys
	Vagabond comme un vent du printemps, a choisi
live / **cieux** (*m.*) heavens / bold	De vivre° et de mourir sous tes cieux° téméraires!°

Oasis de Rosaire Dion-Lévesque

Québec, Montréal, même pays

A Québec, cité-refuge des valeurs francophones, et surtout à Montréal, on est en « presque Amérique ». Mais tout est dans ce « presque ».

Terre des Hommes à Montrèal.

Faisons connaissance   Rosaire Dion-Lévesque whose real name was Léo-Albert Lévesque was born in Nashua, New Hampshire, in 1900. Although of Quebec ancestry, he spent a good part of his life in New England and published several books of poems that talk about his native as well as his adopted country. "Mon pays" is included in a book entitled *Oasis,* which the poet published in 1930. Today, Rosaire Dion-Lévesque is known particularly for his French translation of Walt Whitman's *Leaves of Grass.*

The people of Quebec have always been very proud of their origins, their language, and their customs. Their profound attachment for their land is in evidence throughout their literature. For generations Québécois poets have sung the beauty of the countryside and of the Quebec soul.

Today, Quebec and the rest of Canada are not just looking backward at their past; they are also oriented toward the future. Two examples of Canadian insight are as follows: Hydro-Québec has one of the largest hydro-electric networks in the world, and Canadian scientists developed the arm (**le bras spatial**) used outside our space shuttle.

Etudions le poème

1. A quoi est-ce que le poète compare son pays?
2. Pourquoi appelle-t-il son pays une «oasis»?
3. Est-ce que Dion-Lévesque peut expliquer son amour pour son pays?
4. Est-ce que le pays du poète est doux? Décrivez son pays.
5. Pourquoi le poète pense-t-il qu'il est comme un «vent du printemps»?
6. Quel est le pays que Rosaire Dion-Lévesque décrit?

Enrichissons notre vocabulaire

*La vie au **vingt et unième siècle***	Twenty-first century
Est-ce que la vie **sera** plus agréable?	will be
Si on est optimiste, on peut penser qu(e)…	
la médecine guérira toutes les **maladies**; on ne tombera jamais **malade** et on ne prendra plus de **médicaments**.	medicine / will cure illnesses sick medicines
on ne **mettra** que quelques minutes pour aller de Montréal à Vancouver.	will take
la navette spatiale nous **emmènera** à une **station spatiale**.	space shuttle will take / space station
nous travaillerons sans **effort**.	(*m.*) effort
tout le monde utilisera **l'énergie** (*f.*) **solaire**.	
il n'y aura plus de faim **ni** de chômage.	nor
Si on est pessimiste, il faut **conclure** qu(e)…	conclude
la pollution **rendra** la vie insupportable. La pluie **acide tuera** tous les **arbres**.	will make acid will kill / (*m.*) trees
dès qu(e) / **aussitôt qu'**on ne trouvera plus de **pétrole**, on ne **conduira** plus.	as soon as oil will drive
la population **augmentera énormément**, mais les **espaces habitables diminueront**.	will increase enormously / (*m.*) space livable / will decrease
la **biotechnologie amènera** de nouvelles maladies.	biotechnology / will bring

Prononciation   Liaisons

As you learned in Chapter 4, **liaisons** occur when a normally silent, final written consonant is pronounced because a word starting with a vowel follows. Often, a certain amount of flexibility is allowed when deciding whether or not to pronounce the consonant.

A. Liaisons obligatoires

You must make the liaisons that fall into the following categories:

1. article + noun or adjective + noun

mes amis	un petit homme	des efforts
mon ordinateur	un grand appartement	d'autres exemples
un habitant	de vieilles églises	dix étudiants

2. pronoun + verb, verb + pronoun, or pronoun + pronoun

ils habitent	on en a	il va les inviter
nous y allons	elles les ont	vont-ils les acheter
donnez-en	nous en voudrions	vous en avez vu

But do not pronounce the **liaison** between subject pronouns and verbs with inversion:

sont-ils / allés   voulez-vous / en acheter   peuvent-elles / ouvrir

3. many one-syllable prepositions and adverbs

chez eux	sous un arbre	très utile
dans un restaurant	trop aimable	bien aimé

B. Liaisons facultatives

Some liaisons are optional. Generally, you should make more of them when speaking in a formal style. Some categories are:

1. negation

pas avec moi *or* pas / avec moi
jamais au théâtre *or* jamais / au théâtre
plus à Paris *or* plus / à Paris

2. verbs + verbs, prepositions, or articles

je dois aller *or* je dois / aller
il faut appeler *or* il faut / appeler
vous allez au musée *or* vous allez / au musée
devant un café *or* devant / un café

But with **est** and **-ont** verbs, liaison is very frequent:

il est allé   ils font une erreur   elles ont un appartement

3. two-syllable prepositions and adverbs

devant une église *or* devant / une église
beaucoup aimé *or* beaucoup / aimé
souvent excellent *or* souvent / excellent

Exercice

Read the following sentences aloud, making all **liaisons obligatoires.**

1. Ils en ont un.
2. Montrez-en aux enfants.
3. Elles y sont allées sans eux.
4. Je les ai emmenés avec leurs amis.
5. Etes-vous allés en Irlande cet été?
6. Les bons étudiants adorent étudier sous les arbres.
7. Nous avons beaucoup aimé le premier appartement.
8. As-tu bien entendu son annonce?
9. Les médecins sont-ils arrivés avant une heure?
10. Il est très important de rendre les espaces habitables plus agréables.

Grammaire

I. The Future Tense

A. Forms

1. You already know the forms and uses of the **futur proche**, the most frequent way of expressing a future action in conversation.

2. In French, there is also a future tense that uses only one verb form. To conjugate a verb in the future tense, you add the endings to the stems you learned for the conditional mood.

parler	finir	répondre
je parler**ai**	je finir**ai**	je répondr**ai**
tu parler**as**	tu finir**as**	tu répondr**as**
il, elle, on parler**a**	il, elle, on finir**a**	il, elle, on répondr**a**
nous parler**ons**	nous finir**ons**	nous répondr**ons**
vous parler**ez**	vous finir**ez**	vous répondr**ez**
ils, elles parler**ont**	ils, elles finir**ont**	ils, elles répondr**ont**

Nous **travaillerons** sans effort.
Tout le monde **utilisera** l'énergie solaire.
La médecine **guérira** toutes les maladies.

PARENTS, COLLÉGIENS, LYCÉENS, ÉTUDIANTS,
L'avenir, c'est aujourd'hui que
vous le construisez.
Demain, il sera peut-être trop tard !

L'ORTHOGRAPHE

1. Note that you drop the **e** from infinitives ending in **-re** before you add the future endings: **répondre** → **ils répondront**.

> La pollution **rendra** la vie insupportable.
> Qui **dira** pourquoi?

2. All verbs that have irregular stems in the conditional mood also have the same irregular stems in the future tense. For these irregular stems, refer to the section on the formation of the conditional in Chapter 16.

3. Additional irregular stems are:

> falloir → il faut → il **faudr**a
>
> valoir → il vaut (mieux) → il **vaudr**a (mieux)
>
> pleuvoir → il pleut → il **pleuvr**a

B. Use

In conversation, the **futur proche** is used much more frequently than the **futur**. There is, however, a slight difference in meaning: the **futur proche** expresses actions that are more certain than those in the **futur**.

> Elle va avoir un enfant. (*She's pregnant.*)
> Elle aura un enfant. (*She hopes to have a child.*)

> Tout le monde va parler deux langues. (*Let's get started!*)
> Tout le monde parlera deux langues. (*If we make an effort to learn them.*)

> Je vais écrire un poème. (*Now!*)
> J'écrirai un poème. (*When I get time.*)

Attention

1. When you use **quand** and **lorsque** (*when*) or **dès que** and **aussitôt que** (*as soon as*) in a sentence with future actions, you must use the **futur** in both clauses, even though you would use the present tense in English.

> Je lui demanderai **quand il arrivera**.　　*I will ask him **when he comes**.*
>
> **Dès qu'elle partira**, nous nous　　*As soon as she leaves, we shall*
> coucherons.　　　　　　　　　　　　　*go to bed.*

2. An imperative implies a future action:

> Téléphonez quand vous **aurez** le temps!

PRATIQUONS

A. **En classe.**　Substituez les sujets donnés dans les phrases suivantes.

1. Vous viendrez en classe?　(Tu, Elle, Nous, Ils, On)
2. Nous parlerons de l'examen.　(Vous, Je, Elles, Tu, On, Il)
3. Je ne pourrai pas expliquer cela.　(Mes amies, Le professeur, Je, Vous, Nous, Le poète)

B. **Une promenade à la campagne.** Dans les phrases suivantes, mettez les verbes au futur.

1. Allez-vous faire un voyage?
2. Oui, nous allons partir la semaine prochaine.
3. Je vais aller à la campagne.
4. Mais, il va pleuvoir!
5. Il va falloir que vous reveniez.
6. Non, nos amis vont nous emmener en auto.
7. Nous allons voir de vieilles maisons.
8. Tu vas choisir un hôtel?

C. **Soyons plus sûrs.** Changez les verbes du conditionnel au futur dans les phrases suivantes.

1. Vous voudriez déjeuner?
2. Non, il faudrait que je parte.
3. Nous appellerions des amis.
4. Je n'aurais pas le temps.
5. Tu prendrais l'autobus?
6. Non, je conduirais ma voiture.

D. **La visite d'une vieille amie.** Dans les phrases suivantes, changez les verbes du passé au futur.

1. Aussitôt que nous avons reçu sa lettre, nous avons su qu'elle revenait.
2. Quand elle a téléphoné de la gare, j'ai commencé à faire le ménage.
3. Dès qu'elle est arrivée, elle a sonné à la porte.
4. Dès que je l'ai vue, je l'ai embrassée.
5. Quand on a fini de parler, elle est allée se reposer.
6. J'ai été malheureux quand elle a dû partir.

E. **Notre avenir.** Formez des phrases complètes avec les mots donnés.

1. Nous / ne ... pas / devenir / vieux.
2. On / pouvoir / aller / dans la lune.
3. médecins / savoir / guérir le cancer.
4. Président / recevoir / lettre / d'une autre planète.
5. Il / falloir / vous / utiliser / énergie / solaire.
6. Etats-Unis / et / URSS / être / amis.

BONS BAISERS DE L'ESPACE   AU JOURNAL, ON L'APPELLE L'HOMME.

AUX SEMELLES DE VENT. IL A FAIT LE TOUR DU MONDE. DU PÔLE NORD À L'ÉQUATEUR

Moi, Tintin, je marcherai sur la Lune. J'ai mon billet

Le 1ᴱᴿ Salon Français de l'Education se passera a Rennes

PARLONS

A. Quels sont vos projets pour l'année prochaine?

MODELE: Je suivrai des cours de mathématiques.
Je n'habiterai pas la résidence.

aller en Europe avec…
faire de la / du…
jouer à…
étudier le, la, les…
acheter un, du,…
lire les…
habiter à… avec…
finir mes études
commencer à…
être plus sérieux(-euse), patient(e), studieux(-euse)
faire un effort pour…
… ?

B. Vous allez passer un été idéal. Que ferez-vous?

MODELE: J'irai aux Caraïbes.

acheter une nouvelle voiture
regarder la télévision huit heures par jour
passer mon temps au téléphone
boire / manger beaucoup de…
ne … rien faire
écrire des poèmes / des contes / un roman / des lettres…
faire la grasse matinée tous les jours
aller danser tous les soirs
écouter mes disques / la radio,…

C. Que ferez-vous…

1. quand vous serez en vacances?
2. lorsque vous aurez une auto?
3. lorsque vous pourrez avoir un appartement?
4. lorsque vous serez vieux / vieille?
5. dès que vous aurez un diplôme?
6. dès que cette classe finira?
7. aussitôt que le week-end arrivera?
8. aussitôt que vous aurez beaucoup d'argent?

D. Imaginez la vie au vingt et unième siècle.

MODELE: On passera le week-end sur la lune.
            Nous ne travaillerons plus.
            Les gens resteront jeunes.

n'aller plus chez le dentiste (n'avoir plus de dents!)
avoir des robots pour…
n'être jamais fatigué(e)
ne faire plus la vaisselle (ne manger plus)
il faut parler plusieurs langues
pouvoir travailler deux jours par semaine
faire du trois cents à l'heure
n'avoir plus besoin de médecins
valoir mieux connaître l'informatique
voir les gens au téléphone
vouloir retourner en 1990 (le bon vieux temps!)

Questions personnelles

1. Où irez-vous cet été?
2. Quand aurez-vous trente ans? Que ferez-vous pour cet anniversaire?
3. Quand commencerez-vous à travailler?
4. Quand est-ce que vous passerez votre examen de français? Y réussirez-vous ou y échouerez-vous?
5. A quelle heure vous lèverez-vous dimanche?
6. Sécherez-vous des cours la semaine prochaine? Pourquoi ou pourquoi pas?

II.   Si clauses

A. Both French and English have sentences in which one action depends on a certain condition.

B. In French, there is a sequence of verb tenses used in sentences that state a condition with **si**. At this point, you can construct three types.

1. **si** / present tense: present tense
Use this sequence with general rules or typical conditions.

S'il **fait beau**, j'**emmène** mes enfants au parc.
Si j'**ai** faim, je **mange** un sandwich.
Il **fait** ses devoirs s'il n'y **a** rien à la télé.

2. **si** / present tense: futur
Use this sequence for a specific event.

Les élèves s'**endormiront** si le prof **est** ennuyeux.
Si tu **vas** chez le médecin, il **saura** te guérir.
Si on l'**invite**, elle **amènera** son copain.

3. si / imperfect: conditional

Use this sequence for hypothetical situations.

> S'il **faisait** plus d'efforts, il **aurait** plus d'amis.
> Si vous **achetiez** ce médicament, cela vous **ferait** du bien.
> Si nous ne **trouvions** plus de pétrole, on ne **pourrait** plus conduire.

PRATIQUONS

A. **On peut toujours espérer.** Remplacez les mots en italique par les expressions verbales données.

1. Si j'étais riche, *j'achèterais une voiture.* (aller à Montréal, faire souvent des voyages, prendre l'avion, être content(e), avoir de nouveaux vêtements, louer un bel appartement)
2. Nous *jouerons aux cartes,* si tu veux. (faire de la planche à voile, louer des bicyclettes, retourner en ville, faire la cuisine, appeler des copains, aller à la piscine)

B. **Ce soir…** Dans les phrases suivantes, ajoutez l'expression **ce soir** et mettez le verbe en italique au futur.

MODELE: Si tu pars, je **viens** avec toi.
         *Si tu pars ce soir, je **viendrai** avec toi.*

1. S'il pleut, on *reste* à la maison.
2. Si nos amis veulent entrer, ils *peuvent* sonner.
3. Si on est fatigué, on *se couche* de bonne heure.
4. Si quelqu'un appelle, nous ne *répondons* pas.
5. Si tu ne travailles pas vite, *peux*-tu finir à l'heure?
6. Je ne *reviens* pas, s'il n'y a pas d'autobus.

C. **Mais, ce n'est pas le cas!** Faites des phrases hypothètiques en mettant (*by putting*) les verbes à l'imparfait et au conditionnel, selon le cas.

MODELE: Si Marie est malade, nous irons sans elle.
         Si Marie était malade, nous irions sans elle.

1. S'il fait beau, ils iront à la montagne.
2. S'il neige, il vaudra mieux prendre le train.
3. Nous ne prendrons pas la voiture s'il fait du brouillard.
4. Tu auras mal à la tête si tu bois trop.
5. Si vous aimez la musique classique, nous irons au concert.
6. Nous ne verrons personne si nous prenons ces places.

D. **Des projets pour ce soir.** Faites deux phrases différentes avec chaque groupe de mots.

1. Si / je / recevoir / son / lettre, / je / lui / écrire.
2. Si / elle / nous / poser / question, / nous / ne … pas savoir / réponse.
3. Si / je / inviter / Jacques, / les autres / ne … pas vouloir / venir.
4. Même si / tout le monde / être en retard, / il / falloir / commencer.
5. Si / elle / ne … pas / se dépêcher, / elle / ne … jamais / être / à l'heure.
6. Si / il / ne … pas / arriver à l'heure, / il / valoir mieux / partir / sans lui.

E. **Les Morin viendront chez nous.**   Refaites les phrases suivantes en employant les mots entre parenthèses.

1. S'ils ne viennent pas, je les appelle.   (… demain.)
2. Quand ils verront cette maison, ils la reconnaîtront.   (Si…)
3. Aussitôt qu'ils arriveront, nous prendrons l'apéritif.   (… jouer aux cartes.)
4. Ils seront surpris, quand ils verront notre maison.   (… si…)
5. Nous pourrons aller à la plage s'ils en ont envie.   (… aussitôt que…)
6. S'ils s'amusent bien, ils reviennent.   (… l'année prochaine.)

PARLONS

A. Formez des phrases avec **si** pour décrire (*describe*) ce que vous faites en général.

MODELE: Si j'ai faim, je mange.

Si… avoir froid…, je…

avoir chaud…	le professeur est absent…	pleuvoir…
avoir soif…	faire beau…	échouer à un examen…
être fatigué(e)…	avoir trop de travail…	avoir de l'argent…

B. Vous vous réveillez un jour et vous êtes une autre personne. Que feriez-vous si vous étiez…

1. Pee Wee Herman
2. Joan Collins
3. Oprah Winfrey
4. Clint Eastwood
5. Willard Scott
6. J. Danford Quayle
7. Geraldo Rivera
8. Morton Downey, Jr.

C. **La vie au vingt et unième siècle.**   Qu'est-ce que vous ferez si…

1. s'il n'y a plus d'eau?
2. s'il ne fait jamais de soleil?
3. si l'argent n'existe plus?
4. si on n'a plus de télévision?
5. si personne ne sait lire?
6. si on n'a plus de voitures?
7. si les gens ne portent pas de vêtements?
8. si vous n'avez pas besoin de travailler?
9. si on habite dans des stations spatiales?
10. si les hommes ont les bébés?

D. Comment votre vie serait-elle différente si…

1. vous n'alliez pas à l'université?
2. vous n'aviez pas besoin d'apprendre le français?
3. vous n'aviez pas de camarade de chambre?
4. vous aviez une auto? / n'aviez pas d'auto?
5. vous aviez des cours faciles?
6. vous ne saviez pas lire?
7. vous étiez très paresseux (-se)?
8. vous étiez de l'autre sexe?

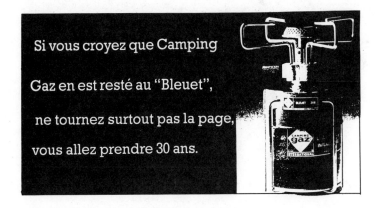

Si vous croyez que Camping

Gaz en est resté au "Bleuet",

ne tournez surtout pas la page,

vous allez prendre 30 ans.

Questions personnelles

1. Où habiteriez-vous si vous pouviez choisir?
2. Si vous receviez beaucoup d'argent, qu'est-ce que vous achèteriez?
3. Que faites-vous le matin si vous n'avez pas de classes?
4. Si vous alliez prendre votre dernier repas, qu'est-ce que vous préféreriez manger?
5. Si vous pouviez voyager sans payer, où iriez-vous?
6. Si vous pouviez prédire un événement futur, qu'est-ce que cela serait?

III. Mettre

The irregular verb **mettre** means *to put, to put on* (clothing), *to set the table*, or *to take* (*an amount of time to do something*).

Present

je **mets**	nous **mettons**
tu **mets**	vous **mettez**
il, elle, on **met**	ils, elles **mettent**

Futur et conditionnel

je **mettrai**	nous **mettrions**

Passé composé

il **a mis**	elles **ont mis**

Subjonctif

que je **mette**	que nous **mettions**

Impératif

mets, mettons, mettez

Où est-ce que je peux **mettre** mon parapluie?
Elle **a mis** sa robe neuve.
On ne **met** que trois heures et demie pour aller à Paris en *Concorde*.

Mots clés

Verbs conjugated like **mettre:**

permettre   to permit, to allow
promettre   to promise
remettre   to postpone, to hand in, to hand back, to put back
se mettre à   to begin

Une navette nous **permettra** d'aller à une station spatiale.
Il **s'est mis** à pleuvoir.

Attention   **Permettre** and **promettre** take **à** before a person and **de** before an infinitive.

Elle ne **permet** pas **aux** enfants **de** jouer dans la rue.
Je **lui** ai **promis** d'acheter son médicament.

PRATIQUONS

A. **Conversation au petit déjeuner.**   Substituez les sujets donnés dans les phrases suivantes.

1. Je mets du sucre dans le café.   (On, Nous, Tu, Vous, Ils, Marie)
2. Il vaudrait mieux que tu mettes un imper.   (je, vous, elles, on, les enfants, nous)
3. Il promet de rentrer tôt.   (Elle, Vous, Tu, Je, Elles, Ils)

B. **Conversation au déjeuner.**   Complétez les phrases suivantes avec **mettre** ou un verbe conjugué comme **mettre.**

1. _____ tes affaires sous la table.
2. Où est-ce que tu _____ la carte?
3. Le garçon _____ de revenir.
4. Mon patron est furieux parce que je n'ai pas _____ mon travail.
5. Je ne veux pas parler de travail; _____ cela à plus tard.
6. Le garçon m(e) _____ de commander seulement une boisson.
7. Si tu _____ à commander un dessert, je te _____ de faire la même chose!
8. Tu _____ de me téléphoner la semaine prochaine?

C. **Faisons la cuisine.**   Formez des phrases complètes avec les mots donnés.

1. Je / ne ... pas / mettre / lait / dans / gâteau.
2. Tu / remettre / viande / dans le frigidaire / ce matin?
3. Ils / promettre / ne pas mettre / sel.
4. Ne ... pas / permettre / enfants / utiliser / cuisinière.
5. Elle / se mettre / préparer / dessert.
6. Nous / mettre / table / sept heures.

D. **Habillons-nous.**   Refaites les phrases suivantes en employant les mots entre parenthèses.

1. Cet automne nous mettrons des vêtements chauds.   (L'hiver dernier...)
2. J'ai invité mes amis à faire des courses.   (... promettre ...)

3. Tous les magasins vous recommandent d'essayer les vêtements.   (… permettre…)
4. Si tu mets ton imperméable, il ne pleuvra pas.   (… pleuvrait…)
5. Les enfants n'ont pas porté de chaussettes.   (… mettre…)
6. Remets cette jupe; je veux la comparer à celle-ci.   (… ce pantalon…)

E. **En rentrant de travailler.**   Remplacez les mots en italique par des pronoms.

1. Elle a mis *les clés* sur la table.
2. Ils se sont mis à préparer *leur dîner.*
3. Ils ne vont pas permettre *aux enfants* de sortir ce soir.
4. Son camarade de chambre a remis *ses notes* à ses parents.
5. Ils refusent de promettre à *Jacques* de l'emmener au parc.
6. Leur fils n'a pas remis *la vaisselle* dans la cuisine.

PARLONS

A. Qu'est-ce que ces gens célèbres ont promis de faire?

1. John Kennedy	a. mettre fin à l'inflation
2. Douglas MacArthur	b. décoloniser l'Afrique francophone
3. Jimmy Carter	c. rendre le Québec indépendant
4. Ronald Reagan	d. toujours aimer sa femme
5. François Mitterrand	e. mettre un homme sur la lune
6. Charles De Gaulle	f. nationaliser les banques
7. Mickey Rooney	g. ne jamais mentir
8. René Lévesque	h. retourner aux Phillipines

B. **Tenez-vous vos promesses?**   Qu'est-ce que vous avez promis de faire que vous avez fait, et que vous n'avez pas fait?

MODELE: J'ai promis à mon petit ami de lui téléphoner plus souvent.
(Je le fais.)

J'ai promis au professeur de venir en classe tous les jours.
(Je ne le fais pas.)

à	de
parents	faire moins de bruit
professeur	étudier plus souvent
ami(e)s	rentrer le week-end
petit(e) ami(e)	écrire toutes les semaines
camarade(s) de chambre	l' / les inviter au restaurant
voisin(e)(s)	conduire plus lentement
agents de police	être plus patient(e)
frère / sœur	parler moins
fille / garçon	manger comme il faut
… ?	m'habiller bien
	… ?

C. **Parlons chiffons** (*clothes*).   Quels vêtements mettez-vous…

1. quand il pleut?
2. quand il fait très froid?
3. quand vous allez à l'église?
4. quand vous sortez avec un garçon / une fille?
5. pour dormir?
6. pour aller en classe?
7. pour vous amuser?
8. pour prendre un bain?

D. Quand vous aurez des enfants, qu'est-ce que vous leur permettrez de faire et qu'est-ce que vous ne leur permettrez pas de faire?

MODELE: Je leur permettrai de faire du vélo.
            Je ne leur permettrai pas de jouer à table.

manger du gâteau	avoir un chat ou un chien
jouer au football	avoir un(e) petit(e) ami(e)
sortir le soir	avoir une voiture
se promener sans vêtements	apprendre le français
fumer	boire du / de la…
partir le week-end	prendre des médicaments
mettre les pieds sur la table	… ?
regarder la télévision	

Questions personnelles

1. Quels disques mettez-vous le plus souvent?
2. Permettez-vous aux gens près de vous de fumer?
3. Quand est-ce que vous vous êtes mis à étudier le français?
4. Quels devoirs avez-vous remis en retard? Est-ce que le professeur était content?
5. Qu'est-ce que vous avez promis de faire cette année?
6. Où mettrez-vous votre argent quand vous serez riche?

Mettez vos (vraies) lunettes de soleil...

Communiquons

Les émotions

In a conversation, it is often necessary to express an emotional reaction to a statement or event. The following groups of words will help you express yourself in an authentic manner in French. Of course, most of the **«exclamations»** are appropriate only in informal situations.

- ■ L'étonnement   (*surprise*)

  Tiens!   *Hey!*
  Ça alors!   *I'll be darned!*
  C'est pas vrai!   *No?!*
  Comment?   *What?*
  Quoi?   *What?*

  Expressions + indicatif

  Tu ne savais pas que…
  Nous avons du mal à croire (*believe*) que…

  Expressions + subjonctif

  Je suis étonné(e) que…
  Elle est surprise que…
  Il s'étonne que…

- ■ La déception   (*disappointment*)

  Tant pis!   *Too bad!*
  (Quel) dommage!   *That's too bad!; What a shame!*
  Zut alors!   *Darn!*
  Merde alors!   *Damn!*

  Expressions + subjonctif

  Je regrette que…   Il est désolé que…
  Je suis navré(e) (*sorry*) que…   Nous sommes déçu(e)s (*disappointed*) que…

- ■ La satisfaction

  Tant mieux!   *Good!*
  Parfait!   *Perfect!*
  Bon!   *Good!*
  Chouette alors!   *Great!*
  Formidable!   *Great!*
  Fantastique!   *Fantastic!*
  Terrible!   *Super!*

  Expressions + subjonctif

  Vous êtes heureux (-euses) que…   Elles sont satisfaites que…
  Ils sont contents que…   Je suis ravi(e) (*delighted*) que…

■ La colère *(anger)*

Ça suffit!   *Enough!*
Arrête!   *Stop!*
Laisse-moi!   *Leave me alone!*
Fiche-moi la paix!   *Leave me alone!*
J'en ai marre! / J'en ai ras le bol!   *I've had it up to here!*
J'en ai assez!   *I've had it!*
Ça va pas, non?   *Are you crazy?*
Tu me casses les pieds!   *You really annoy me!*

Expressions + subjonctif

Il est fâché que…
Elle est furieuse que…

■ L'Indifférence

Comme ci, comme ça.   *So-so.*
Ça m'est égal.   *I don't care.*
Je m'en fiche.   *I don't care.*
Ça ne fait rien.   *It doesn't matter.*
Ce n'est pas grave.   *It's not serious.*
Ce n'est pas grand-chose.   *It's no big deal.*
Et après?   *So what?*

Expressions + indicatif

Ça m'est égal si…
Peu m'importe si…

Ce
qu'ils disent

A frequent exclamation of indifference is **Bof!** It entered the French language through its appearance in comic strips and is difficult to translate. It is often said with a shrug of the shoulders.

Activités

A. Quelqu'un va proposer quelque chose. Indiquez si la deuxième personne veut le faire ou non.

1. Marie: On va aller au cinéma!
   Robert: Chouette!

2. Pierre: J'ai acheté deux billets pour le concert de *Plastic Bertrand*.
   Yvonne: Ils sont terribles!

3. Marie-Anne: Tu veux étudier à la bibliothèque?
   Chantal: Ça m'est égal!

4. Jean-Paul: Tu veux écouter encore un disque?
   Claude: Non, j'en ai marre!

5. Mme Morin: Il reste encore un petit gâteau.
   Sabine: Tant mieux!

6. M. Gilbert: Nous avons loué un appartement à la plage et il y a un
                  lit pour toi.
   Eric: Formidable!

B. Que pourriez-vous dire dans les situations suivantes?

1. Votre camarade de chambre met la radio très fort.
2. Vos ami(e)s veulent aller voir un western.
3. Vous venez d'échouer à un examen.
4. Vous trouvez cent dollars dans la rue.
5. Le chauffeur dans la voiture derrière vous klaxonne.
6. Vous perdez votre montre.
7. Vous avez un «A» en français.
8. Vous rencontrez un(e) ami(e) que vous n'avez pas vu(e) depuis trois ans.
9. Vos voisins parlent des problèmes de la pluie acide.
10. Quelqu'un veut que vous parliez de l'énergie solaire.
11. Vous n'avez plus d'argent à la banque.
12. Un ami vous invite à passer le week-end à la plage.

Lecture culturelle

Le débat linguistique au Québec

 **la lecture**

Studies have shown that French speakers in Canada, and even in the Province of Quebec, have often been treated as a minority. Their income is much lower than that of English speakers, and they have not had the same opportunities for advancement in business. This situation was most fervently described by Pierre Vallières in his book, *Nègres blancs d'Amérique.*

In the 1960s and early 1970s, many French speakers began to develop a new pride in their heritage, as did many ethnic groups. Charles de Gaulle sent political shock waves through the world in 1967 with his «Vive le Québec libre» speech. The **Parti québécois** promoted separation from the confederation as the best way to improve the economic and social situation. While the Québécois voted against independence in 1980, the government of Quebec is still working to obtain a larger share of the economy and cultural autonomy for French speakers.

Activités

A. By recognizing what family a word belongs to, you may be able to guess its meaning. In the chart below, the words on the left are found in the reading passage that follows. Fill in the chart.

mot	mot de la même famille	sens	autre mot de la même famille
pensable	penser	*thinkable*	pensée (*thought*)
banquier			bancaire
survie			survivre (*to survive*)
montée			
nationalisme			
natalité			natalistes
grossissaient			grossesse (*pregnancy*)
renouveler			
obligation			

B. The ending **-ment** often indicates an adverb (the *-ly* ending in English). Scan the passage to find the six adverbs that have this ending. Also find the four words ending in **-ment** that are not adverbs. What is the first thing that tells you that each of the last four is not an adverb?

C. Scan the text to find an essential element: what language may children of the following groups use in schools because of the *Charte de la langue française?*

Groupe	le français	l'anglais
Québécois francophones		
Québécois anglophones		
Immigrants canadiens anglophones		
Immigrants étrangers anglophones		
Autres immigrants étrangers		

D. Find two other required uses of French in Quebec.

Le débat linguistique au Québec

Pendant longtemps, les Québécois francophones ont connu une situation linguistique paradoxale. Ils considéraient naturellement que leur langue était le français, mais ils acceptaient le fait° que cette langue ne se parlait qu'à la maison et en famille. Au travail, dans la vie économique, il n'était pas pensable d'utiliser une langue autre que l'anglais, du moins si on espérait «faire de l'argent». Paul-André Comeau, rédacteur en chef° du *Devoir,* 5
le prestigieux quotidien° de langue française de Montréal, racontait un jour dans une causerie° que son père qui était banquier dans une petite ville à 95 pour cent francophone ne pouvait pas imaginer qu'on puisse effectuer une transaction bancaire dans une langue autre que l'anglais jusqu'au jour où, quand il était déjà à la retraite,° son fils lui a fait connaître des banquiers français, et où il a découvert à sa grande surprise, que tous 10
les termes de la banque et de la finance avaient des équivalents français.

  Cette attitude a eu des conséquences sérieuses pour la survie des Québécois francophones car la grande majorité des immigrants qui arrivaient au Québec voulaient inscrire leurs enfants dans des écoles anglophones et déclaraient appartenir à la minorité anglophone, même quand ils n'étaient pas capables de parler plus de quatre ou cinq mots 15
d'anglais.

  La montée du nationalisme québécois dans les années 70 et l'arrivée au pouvoir° du Parti Québécois ont eu des conséquences immédiates sur le statut de la langue française. Le danger était très grand car, après avoir été un des pays où la natalité était une des plus fortes du monde, le Québec était tout d'un coup,° avec l'Allemagne de l'Ouest, le pays du 20
monde où le taux° de natalité était le plus faible.° De ce fait, en même temps que les nouveaux immigrants grossissaient les rangs° des anglophones, la très forte dénatalité° réduisait° ceux des francophones.

  Sur le plan légal, c'est la promulgation de la *Charte de la langue française,* votée par le Parlement québécois en 1977, qui a eu l'impact le plus fort. Sommairement, cette loi 25
faisait du français la seule langue officielle du Québec, et cette mesure s'appliquait à la vie

fact

rédacteur... editor-in-chief
daily
talk

retirement

power

tout... all of a sudden
rate / lowest
ranks / decline in birthrate
reduced

except

join

rights

raise

ready / deal

posting

sale / promote

épidermiques... profoundly
personal
blackmail

smile

road signs

culturelle, économique et sociale. En pratique, cela veut dire que les immigrants devront obligatoirement mettre leurs enfants dans des écoles francophones, sauf° s'ils arrivent d'une des autres provinces canadiennes où leur éducation avait toujours été en anglais. S'ils viennent des Etats-Unis, de Grande-Bretagne, ou d'un autre pays anglophone au monde, ils doivent nécessairement étudier le français et rallier° la majorité francophone. 5 Cela ne signifie pas du tout que les droits° de la minorité québécoise anglophone ne sont pas préservés puisque ceux-ci conservent leurs écoles et la possibilité d'éduquer° leurs enfants en anglais. Dans la vie économique, cela veut dire que si on veut travailler au Québec, on doit être prêt° à parler, à négocier et à traiter° en français. Toutes les entreprises qui emploient cinquante employés ou plus doivent utiliser exclusivement le 10 français. D'autre part, pour bien prouver que le gouvernement québécois prend ces mesures au sérieux, toute la publicité et tout l'affichage° public se fait à partir de ce moment-là en français, les seules exceptions étant faites pour les produits dits «culturels». Par exemple, dans le quartier chinois de Montréal, les magasins spécialisés dans la vente° d'articles artisanaux chinois peuvent continuer à promouvoir° leurs 15 produits en chinois.

De toutes les mesures prises à la suite de la promulgation de la *Charte de la langue française,* celle concernant l'affichage public est celle qui cause encore le plus de controverse, car c'est celle qui est la plus symbolique et qui provoque les réactions épidermiques les plus sensibles.° La minorité anglophone a même fait une sorte de 20 chantage° en affirmant que les touristes américains ne viendraient plus au Québec si subitement le français remplaçait l'anglais dans les rues. Cet argument fait sourire° des Québécois comme Paul-André Comeau qui en parlait un jour à un groupe de professeurs de français américains et qui leur demandait s'ils pensaient qu'un seul touriste américain pourrait un jour décider de ne pas faire un voyage en Allemagne parce que toute la 25 signalisation° sur les autoroutes allemandes est en allemand!

require
however

translations
printing
Quoi... Nevertheless, / threatened

finds out

d'autant... all the more

se... wonder

Que peut-on prévoir pour l'avenir? Au mois de décembre 1988, la Cour Suprême du Canada a déclaré que ces mesures étaient anticonstitutionnelles; elle a affirmé que le Québec pouvait exiger° que l'affichage soit en français, mais qu'il ne pouvait pas s'opposer à l'affichage en d'autres langues. Les Québécois conservent cependant° la possibilité d'utiliser des compromis: affichage en français à l'extérieur et affichage multilingue à l'intérieur ou traductions° en langues autres que le français, mais en plus petits caractères.° 5

Quoi qu'il en soit,° les Québécois francophones se sentent menacés.° Ils ne font plus assez d'enfants pour renouveler leur population. Et c'est pourquoi le gouvernement vient juste de prendre de nouvelles mesures natalistes en offrant des avantages financiers 10 importants aux familles qui ont un troisième enfant. L'obligation où se trouvent les immigrants d'envoyer leurs enfants dans des écoles francophones n'est pas une solution au problème, car on s'aperçoit° de plus en plus que lorsque ces enfants se retrouvent dans la cour de récréation, ils parlent anglais entre eux, et que c'est aussi la langue qu'ils parlent à la maison. Ceci est d'autant plus° ironique quand il s'agit de groupes d'origine 15 francophone, comme les Haïtiens, par exemple. Si rien ne se passe, on peut se demander° s'il y aura encore des francophones au Québec en l'an 2060.

Adapté d'une conférence faite par Paul-André Comeau devant un groupe de professeurs de français américains

Après **la lecture**

Questions sur le texte

1. Quelle a été pendant longtemps la situation linguistique des Québécois?
2. Pourquoi la situation est-elle devenue dangereuse dans les années 70?
3. Quelle est la conséquence la plus importante de l'adoption de la *Charte de la langue française*?
4. Est-ce que la minorité anglophone a perdu ses droits?
5. Quelle est la mesure qui a causé le plus de controverse?
6. De quoi ont peur les anglophones si tout est écrit en français?
7. Pourquoi les Québécois francophones se sentent-ils menacés?
8. A votre avis, est-ce qu'on va continuer à parler français au Québec?

Activités

A. Au Québec, beaucoup de gens parlent une langue à la maison et une autre langue au travail. Même si vous ne parlez pas deux langues, êtes-vous conscient(e) de parler de deux façons différentes à la maison et à l'université? Donnez des exemples.

B. Avez-vous connu une situation où vous aviez envie de savoir parler une autre langue? Racontez-la.

C. Voulez-vous que vos enfants apprennent une langue étrangère? A partir de quel âge? Quelle langue?

D. Parlez des avantages et des désavantages du nationalisme.

La prière du Chacal

Chapitre 18

Objectives

Language:

The Verb **plaire**
Words That are Difficult to
 Pronounce
Adverbs
The French Equivalents of *good*
 and *well*, *bad* and *badly*
Comparatives and Superlatives

Culture:

A Fable from North Africa
Immigrants in France

Communication:

Expressing Likes and Dislikes
Comparing and Contrasting
 People and Things
Colloquial French

Commençons

La prière° du Chacal°

prayer / Jackal

Voici un conte populaire du Maghreb:

Un matin, le Chacal voit le Coq° qui
chante sur une branche. Il s'approche° et
lui dit: «Que° tu chantes bien! Quand je
t'ai entendu, j'ai eu envie de devenir bon et
de prier° Dieu.° Je suis venu tout de suite.
Descends! Viens faire la prière avec moi.

—Oncle Chacal, répond le Coq, tu vois
    bien que j'appelle les gens à la prière!

—Oui, je vois, mais maintenant que tu as
    fini d'appeler, descends faire la prière
    avec moi!

—D'accord, dit le Coq. Mais j'attends
    l'imam.°

—Qui est votre imam ici? demande le Chacal.

—Tu ne le connais pas? C'est le Chien de chasse.

—Au revoir! Au revoir! dit le Chacal. J'ai oublié de me laver avant la prière. J'y cours.°»

Rooster
gets closer
How

pray / God

prayer leader

am running

From Jean-Paul Tauvel, *Contes et histoires du Maghreb* (Paris: Hachette)

Faisons connaissance **Maghreb** is an Arabic word meaning *sunset;* it is the
name used to refer to the northern part of Africa, the area now occupied by Morocco,
Algeria, and Tunisia. In France, these countries are also known as **l'Afrique du Nord,**
and because they were once French colonies, French is still used, together with Arabic, as
an administrative and literary language.

The *Prière du Chacal* is set in a Muslim context, where public prayer is conducted five times a day. The one who calls the faithful to assemble to pray is called the **muezzin,** but the **imam** is the one who leads the prayer.

This popular tale is reminiscent of the La Fontaine animal fables. Like the fables, its intent is to teach a lesson using animals as protagonists, a device used in literature since Antiquity with **Aesop** (Ancient Greece), the **Roman de Renard,** popular in the Middle Ages, and more recently, in this country, by Joel Chandler Harris.

Questions sur le conte

1. A quel genre de personne est-ce qu'on pense quand on parle d'un Chacal?
2. Comment le Chacal essaye-t-il de devenir ami avec le Coq?
3. Pourquoi est-ce que le Chacal veut que le Coq descende? Pour prier?
4. Est-ce que le Chacal a vraiment envie de se laver? Pourquoi décide-t-il de partir?
5. Quelle excuse donne-t-il?
6. Des deux animaux, quel est celui qui est le plus intelligent? Pourquoi?

Enrichissons notre vocabulaire

Les choses qu'on aime

—Comment trouves-tu ce cadeau?
—C'est **formidable!**
    extraordinaire
    fantastique
    fascinant
    génial(e) (nice)
    magnifique
    merveilleux
    sensationnel
    superbe

—Tu aimes bien Chantal?
—Oui, elle me **plaît** beaucoup, mais moi, je ne lui **plais** pas.

Do you really like Chantal?
*Yes, I **like** her very much, but she doesn't **like** me.*

—Tu aimes les gens studieux?
—Oui, ils me **plaisent.**

Do you like people who study?
*Yes, I **like** them.*

—Qu'est-ce que tu as pensé du film?
—Il m'a beaucoup **plû.**

What did you think of the film?
*I **liked** it very much.*

—Tu vas suivre un cours avec le professeur Grenelle? Il **enseigne** bien; il va te **plaire.**

*You're going to take a course with Professor Grenelle? He **teaches** well; you're going to **like** him.*

Les choses qu'on déteste

—Que penses-tu de ton prof?
—Il est affreux!

dégoûtant	disgusting
écœurant	nauseating
ennuyeux	
épouvantable	awful
horrible	
insupportable	
minable	pitiful
moche	ugly

Prononciation   Les bêtes noires

At this point, you have learned all the main features of French pronunciation. There always remain a few individual words that are difficult to pronounce, however. We call these words **les bêtes noires**, or things that people dread. One problem for people learning French is that they rely on spelling too much when they try to determine the correct pronunciation of a word. French spelling, as does English, represents the pronunciation of French hundreds of years ago. For example, many consonants are no longer pronounced. Listen carefully to the correct pronunciation of the following words and expressions.

A. Les verbes

il peut, ils peuvent	je fais, nous faisons
tu achètes, vous achetez	je verrai, je ferai, je serai
que j'aille, que nous allions	qu'il veuille
soyons	choisissez, réussissez
ayez, aie	gagner
elle prend, elles prennent	j'aime

B. Les adjectifs

un, une	ancien, ancienne	affreux
bon, bonne	utile, inutile	ambitieux
magnifique	écœurant	ennuyeux

C. Les noms

les gens	un œil, des yeux	une famille tranquille
ma sœur	deux heures	l'Allemagne
le pays	un an, une année	la psychologie, l'anthropologie
juin, juillet, août,	un franc	l'hiver, l'automne
monsieur, messieurs	un examen	la campagne, la montagne
la faim, la femme	la peur	Jean, Jeanne
la gare, la guerre	mille, ville, fille	Les Etats-Unis
l'école	un cours, un corps	un bureau de tabac

Exercice

Read the following sentences aloud, pronouncing each word correctly.

1. M. Martin utilise de l'huile et du beurre et sa cuisine est merveilleuse.
2. Je ne pense pas que Jean veuille gagner le match.
3. Nos familles prennent des vacances magnifiques en juin et en juillet.
4. Il est inutile de chercher un pays où les gens ne sont pas ambitieux.
5. Nous faisons une promenade ennuyeuse entre la gare et l'école.
6. En automne et en hiver ils peuvent suivre un cours de psychologie ou d'anthropologie.
7. Jeanne verra cette femme et ce monsieur.
8. N'ayez pas peur d'une guerre entre les Etats-Unis et l'Allemagne.
9. Je serai là à deux heures et je ferai un bon repas.
10. Il ne faut pas que mes sœurs aillent au bureau de tabac.

Grammaire

I. Adverbs

A. Introduction

1. Adverbs are words that modify verbs, adjectives, or other adverbs. They usually indicate manner or degree, and answer the questions *How?, How much?, When?, and Where?*

> Le Coq chante **bien**. (Comment?)
> Je l'aime **beaucoup**. (Combien?)
> **Demain** il va annoncer la prière. (Quand?)
> Il chante **là-bas**, sur une branche. (Où?)

2. You have already learned the following adverbs:

assez	ensemble	souvent
beaucoup	mal	surtout
bien	mieux	très
déjà	peu	trop
encore	presque	vite

3. The following indications of time and place are also adverbs:

ailleurs (*elsewhere*)	là-bas	tôt
aujourd'hui	longtemps	toujours
bientôt	maintenant	tout de suite
demain	partout	
hier	quelquefois (*sometimes*)	
ici	tard	
là		

B. Adverbs created from adjectives

Other adverbs may be created from adjectives by adding the ending **-ment** (/ mã /). The form of the adjective that takes this ending can vary.

1. Adjectives ending in a written vowel take **-ment** directly.

rare → **rarement**   facile → **facilement**
simple → **simplement**   grave → **gravement**
sincère → **sincèrement**   nécessaire → **nécessairement**
tranquille → **tranquillement**   probable → **probablement**
vrai → **vraiment**   rapide → **rapidement**

2. Most adjectives that end in a written consonant add **-ment** to the feminine form.

affectueux, affectueuse → **affectueusement**
certain, certaine → **certainement**
chaud, chaude → **chaudement**
complet, complète → **complètement**
curieux, curieuse → **curieusement**
facile, facile → **facilement**
général, générale → **généralement**
heureux, heureuse → **heureusement**   (*fortunately*)
lent, lente → **lentement**
long, longue → **longuement**
malheureux, malheureuse → **malheureusement**   (*unfortunately*)
merveilleux, merveilleuse → **merveilleusement**
parfait, parfaite → **parfaitement**
premier, première → **premièrement**
sec, sèche → **sèchement**
sérieux, sérieuse → **sérieusement**
seul, seule → **seulement**
sûr, sûre → **sûrement**
tel, telle → **tellement**   (*so*)
traditionnel, traditionnelle → **traditionnellement**

3. Most adjectives ending in **-ent** or **-ant** (/ ã /) change those letters to **en** or **am**, respectively, then add **-ment**. In both cases, / ã / becomes / amã /.

-ant

insuffisant → **insuffisamment**
méchant → **méchamment**
suffisant → **suffisamment**

-ent

évident → **évidemment**
fréquent → **fréquemment**
innocent → **innocemment**
intelligent → **intelligemment**
prudent → **prudemment**
récent → **récemment**
violent → **violemment**

C. Position of adverbs

As a general rule, short, frequently-used adverbs precede past participles and infinitives, while longer ones follow.

> Il est **déjà** parti.
> Je vais **vite** sortir.
> Elle a conduit **lentement.**
> Je suis venu **tout de suite.**

While there are many exceptions to the above rule, two other rules always hold true.

1. In French, a subject and conjugated verb are *never* separated by an adverb, as in English.

> **Je rentre souvent** tard.   *I **often** get home late.*
> (s.)   (v.)   (adv.)   (s.) (adv.)   (v.)

2. In French, adverbs of time and place always precede or follow the subject-verb group, but they *never* occur between those elements.

> Nous allons commencer **demain.**
> (s.-v. group)   (adv.)

> **Ici,**   il n'y a pas de cafés.
> (adv.)   (s.-v.)

PRATIQUONS

A. Trouvez l'adjectif correspondant aux adverbes suivants. (Vous les avez déjà étudiés.)

1. généralement
2. évidemment
3. fraîchement
4. personnellement
5. affectueusement
6. intelligemment
7. gravement
8. sèchement
9. récemment

B. Donnez l'adverbe qui correspond aux adjectifs suivants.

1. poli
2. grave
3. certain
4. traditionnel
5. méchant
6. curieux
7. prudent
8. simple
9. prochain
10. généreux
11. merveilleux
12. général
13. innocent
14. violent
15. chaud

C. Des promesses. Substituez les adverbes donnés dans les phrases suivantes.

1. Il conduit *prudemment.* (vite, bien, parfaitement, lentement, doucement)
2. Ils ne l'ont pas fait *hier.* (bien, tout de suite, vite, récemment, encore, ailleurs)
3. Nous allons *bien* travailler. (ensemble, fréquemment, peu, intelligemment, beaucoup, demain)

D. Nos impressions. Changez les adjectifs entre parenthèses en adverbes, et ajoutez-les aux phrases données.

1. Elle a chanté. (merveilleux)
2. J'ai essayé de manger ton coq au vin. (récent)
3. Il n'était pas bon. (tel)

4. Il me téléphone trop.   (fréquent)
5. Ne me parlez pas!   (méchant)
6. Leurs réponses m'ont plû.   (beaucoup)
7. Vous n'avez pas terminé.   (complet)
8. Tu n'as pas froid?   (trop)
9. Ils travaillent.   (lent)
10. Tu vas être malade.   (sûr)

E. **A la résidence.**   Mettez les phrases suivantes au passé composé et faites attention à la place des adverbes.

1. Mon camarade de chambre parle beaucoup.
2. Nous finissons les cours aujourd'hui.
3. Elle s'habille rapidement.
4. Il étudie peu.
5. Mes copains viennent me voir souvent.
6. Ils arrivent déjà.
7. Je connais personnellement le professeur de Martine.
8. Elles écoutent sérieusement.

PARLONS

A. Avec quelle fréquence faites-vous ces choses? souvent? quelquefois? rarement? jamais? Et quand vous alliez au lycée?

MODELE: aller au cinéma
          Je vais quelquefois au cinéma.
          Au lycée, j'allais souvent au cinéma.

sécher mes cours	inviter des amis
manger au restaurant	avoir de bonnes notes
aller à l'église	être malade
faire une promenade	me lever tôt
faire la cuisine	parler français
faire la grasse matinée	téléphoner à des amis
aller à la piscine	me coucher tard
lire des romans	enlever mes chaussures en classe

B. Comment faites-vous les activités suivantes?

MODELE: étudier   (bien, longuement, rarement, vite)
          J'étudie vite.

1. parler français   (bien, mal, lentement, rarement)
2. faire le ménage   (souvent, rapidement, mal, fréquemment, demain)
3. répondre en classe   (rarement, difficilement, intelligemment, parfaitement)
4. faire vos devoirs   (sérieusement, tranquillement, attentivement, vite, bientôt)
5. chanter   (trop, beaucoup, peu, bien, souvent)
6. dormir   (peu, beaucoup, bien, longtemps)
7. parler   (méchamment, longuement, prudemment, simplement)
8. s'habiller   (simplement, curieusement, traditionnellement, bien)

Et l'année prochaine?

9. travailler   (bien, beaucoup, probablement, ici)
10. voyager   (souvent, partout, sûrement, longuement)
11. chercher un appartement   (partout, peut-être, certainement, sérieusement, prudemment)
12. faire du sport   (souvent, rarement, sûrement, régulièrement)

C. Hier, avez-vous fait ces choses vite ou lentement?

MODELE: se réveiller
Je me suis réveillée lentement.

1. se lever
2. manger
3. faire vos devoirs
4. conduire votre auto

5. s'habiller
6. lire le journal
7. travailler
8. s'endormir

D. Que faites-vous de cette manière?

MODELE: prudemment   *Je conduis prudemment.*

1. longuement
2. rarement
3. rapidement
4. facilement

5. attentivement
6. régulièrement
7. intelligemment
8. merveilleusement

Questions personnelles

1. Où allez-vous régulièrement?
2. A qui avez-vous écrit récemment?
3. Qu'est-ce que vous faites particulièrement bien? mal?
4. Allez-vous préparer l'examen final suffisamment?
5. Qu'est-ce qui est typiquement français? anglais?
6. Quelle note allez-vous probablement avoir dans ce cours?

II. The French Equivalents of *good* and *well,* *bad* and *badly*

A. When expressing the equivalents of *good* and *well* and *bad* and *badly* in French, it is important to distinguish between adjectives and adverbs.

1. The adjectives **bon** and **mauvais** modify only nouns.

C'est un **bon** vin.
Cette bière est **mauvaise**.

2. To modify a verb or an adjective, you must use the adverbs **bien** and **mal**.

Ce professeur enseigne **bien**.
Mais il s'habille **mal**.

B. To make a comparison, English uses *better* for both the adjective *good* and the adverb *well*. In French, you must keep the distinction between the adjective and the adverb. The comparative of the adjective **bon(ne)(s)** is **meilleur(e)(s)**. The comparative of the adverb **bien** is **mieux**.

> C'est un **bon** vin. → C'est un **meilleur** vin.
> Il enseigne **bien**. → Il enseigne **mieux**.

C. To complete a comparison, use **que** (*than*).

> M. Lebrun est un **très bon** professeur.
> M. Ducharme est un **bon** professeur.
> M. Lebrun est un **meilleur** professeur que M. Ducharme.

> Les vins français sont **très** bons.
> Les vins de Californie sont **bons**.
> Les vins français sont **meilleurs** que les vins de Californie.

> J'aime **bien** la viande.
> J'aime **aussi** le poisson.
> J'aime **mieux** la viande que le poisson.

> Louise chante **très bien**.
> Marc chante **bien**.
> Louise chante **mieux** que Marc.

D. The same distinction is made between *bad* (adjective) and *badly* (adverb). The adjective is **mauvais**, the adverb **mal**. To complete the comparison, use **plus**.

> Robert a de **très mauvaises** notes.
> Jacqueline a de **mauvaises** notes.
> Robert a de **plus mauvaises** notes que Jacqueline.

> Je lis **très mal**.
> Mon camarade de chambre lit **mal**.
> Je lis **plus mal** que lui.

Ce qu'ils disent

Conversationally, you can use **bien** as an adjective to describe a person ("a fine person") or a thing ("good").

> Ton copain est **bien**.
> Je connais un restaurant très **bien**.

PRATIQUONS

A. Ma journée d'aujourd'hui. Mettez les phrases suivantes au passé composé. Faites attention à la place de l'adverbe.

1. Je dors mal.
2. Je mange bien.
3. Tu comprends mal mes questions.
4. Je travaille mieux que toi.

Mettez les noms dans les phrases suivantes au pluriel. Faites attention aux articles et aux liaisons.

1. J'ai fait un bon effort pour finir.
2. J'ai rencontré un bon ami.
3. Nous avons étudié un mauvais écrivain.
4. Après, on a mangé une mauvaise omelette.

B. **Au théâtre.** Ajoutez le mot entre parenthèses aux phrases suivantes. Faites attention à l'accord des adjectifs.

1. Michel est un acteur. (bon)
2. Il a joué hier. (bien)
3. Il est dans une pièce anglaise. (mauvais)
4. J'ai entendu les acteurs. (mal)
5. Tu n'as pas pu avoir une place? (meilleur)
6. Moi, j'aime aller au cinéma. (mieux)
7. J'adore voir des films étrangers. (bon)
8. Je ne peux pas supporter les acteurs. (mauvais)

C. **Nos devoirs d'anglais.** Complétez les phrases suivantes avec la forme correcte de **bon, bien, mauvais, mal, meilleur** ou **mieux**, selon le cas.

1. Je viens de lire un _____ roman.
2. Mes camarades ont _____ fait leurs devoirs.
3. Ils parlent français _____ que moi.
4. Tu ne trouveras pas de _____ cours que celui-ci.
5. Elle écrit plus _____ que vous.
6. Est-ce que vous comprenez _____?
7. Vous avez une _____ note ce trimestre?
8. Nous allons _____ faire la prochaine fois.

D. **Dînons ensemble.** Formez des phrases complètes avec les mots donnés.

1. Nous / s'amuser / bien / hier.
2. Je / trouver / bon / restaurant / en ville.
3. On / prendre / mon / voiture, je / conduire / bien / toi.
4. Ce / restaurant-là / être / bon / celui-ci.
5. On / manger / bien / ici / là-bas.
6. Vous / connaître / bien / restaurants / de ce / ville.

E. **Les professions.** Changez les adjectifs suivants en adverbes, et vice versa.

MODELE: Jacques est un bon danseur.
→ *Il danse bien.*

1. Marc est un bon chanteur.
2. Sartre était un bon écrivain.
3. Anne et Marie étudient bien.
4. Robert joue bien dans son dernier film.
5. Jean est un bon joueur de football.
6. Mon père guérit bien les gens.

PARLONS

A. Etes-vous sexiste? Pensez-vous qu'il y ait des choses que les hommes font mieux que les femmes, ou vice versa?

MODELE: Les femmes jouent au tennis mieux que les hommes.
          Les hommes font mieux les courses.

conduire   comprendre les mathématiques
faire la cuisine   apprendre les langues
faire le ménage   retenir les dates
jouer au football   chanter
réussir aux examens   enseigner
travailler   … ?
nager

B. Est-ce que ces choses sont bonnes ou mauvaises pour la santé?

MODELE: l'alcool
          L'alcool est mauvais pour la santé.

les cigarettes   les œufs   (*eggs*)
le vin   le café
le sport   le poisson
les médicaments   l'eau de votre ville
le sel   l'air
le sucre   les médecins
les cigares

C. **A votre avis.**   Comparez les choses suivantes.

MODELE: Les Fords / les Chevrolets
          Les Chevrolets sont meilleures que les Fords.

1. le vin américain / le vin français.
2. les voitures américaines / les voitures japonaises.
3. la bière allemande / la bière canadienne.
4. la cuisine chinoise / la cuisine mexicaine.
5. les films d'Eddie Murphy / les films de Woody Allen.
6. les westerns / les films policiers.
7. les cours de français / les cours de…
8. Dan Rather / Tom Brokaw / Peter Jennings / journaliste.

D. Que faites-vous bien? mal?

jouer de…   tenir des promesses
jouer à…   supporter les enfants
parler…   utiliser vos talents
comprendre les hommes,   voyager en avion,
   les femmes   en bateau
travailler   lire
répondre en classe   écrire

Questions personnelles

1. Quel moment de votre enfance vous rappelez-vous bien?
2. Que pensez-vous de cette université? Elle est bonne ou mauvaise?
3. Connaissez-vous un meilleur professeur que le vôtre?
4. Aimez-vous mieux sortir le soir ou rester chez vous?
5. Quand dormez-vous mal?
6. Combien de très bons amis / bonnes amies avez-vous?

III.   The Comparative and Superlative

A. Comparative of adjectives and adverbs

1. With the exception of **bon** and **bien**, French adjectives and adverbs form the comparative with the expression **plus...que...**

> Cette cuisine est **plus** dégoûtante **que** la mienne!
> Ils sortent **plus** souvent **que** nous.

2. Two other possibilities are **aussi...que** (*as . . . as*) and **moins...que** (*less . . . than*).

> Il est **aussi** moche **que** sa sœur.
> Elle tape **aussi** mal **que** nous.
> Je comprends **moins** bien **que** toi.

B. Comparative of nouns

1. To compare nouns, you use the following expressions: **plus de...que,** (*more . . . than*), **autant de...que** (*as much / many...as*) and **moins de...que** (*less / fewer . . . than*).

> Elle a **plus de** patience **que** lui.
> J'ai **autant de** talent **que** Marc.
> Nous avons **moins d'**argent **qu'**eux.

2. To intensify a comparative with **plus**, use **beaucoup** or **bien**. With **meilleur** or **mieux**, use only **bien**.

> Mon cours est **beaucoup plus** intéressant que le tien.
> Je joue **bien mieux** que lui.

C. The superlative

1. In the superlative, you use the *definite article* before **plus** or **moins**, and **de** with the group identified.

> Anne-Marie est **la plus géniale de** sa classe.
> Pierre est **le moins insupportable de** la famille.
> C'est en Amérique du Sud qu'il pleut **le plus souvent.**

2. If you use an adjective that normally follows a noun, then you must use the definite article twice, with the same number and gender.

> J'habite **la** ville **la** plus intéressante de l'état.
> Ce sont **les** étudiants **les** plus actifs de l'université.

Attention   1. Note that you use **de**, not **que**, with numbers.

> Nous avons moins **d**'une heure pour finir.
> Il faut plus **de** deux cent mille dollars pour acheter cette maison.

2. The superlative of adverbs always takes **le**, because adverbs have no number or gender.

> Monique répond **le** moins souvent de toute la classe.
> Nous habitons **le** plus loin de l'université de tous nos amis.

PRATIQUONS

A. **Comparons nos amis.**   Substituez les sujets donnés dans les phrases suivantes.

   1. *Marc* est plus sympa que moi.   (Marie, Ses frères, Les filles, Vous)
   2. *Paul* est l'étudiant le plus ambitieux de la classe.   (Chantal, Jean et Luc, Vous, Michel, Marie et Sylvie)
   3. C'est *Alain* qui a le plus de talent.   (Brigitte, Les étudiants, Gilles, Je, Catherine et Christine)

B. **Les impressions des touristes.**   Formez des phrases complètes avec les mots donnés. Les symboles +, − et = représentent **plus, moins** et **aussi**, respectivement.

   1. Les voitures / français / être / + petit / nôtre.
   2. théâtre / être / + cher / cinéma.
   3. hôtels / être / − bien / aux Etats-Unis.
   4. agents de police / être / = génial / nôtre.
   5. Ce / église / être / + vieux / de la ville.
   6. pain / français / être / + bon / pain / américain.
   7. Le Louvre / être musée / + célèbre / monde.
   8. La France / avoir / − plages / Etats-Unis.

C. **Des traits personnels.**   Refaites les phrases suivantes en employant les mots entre parenthèses.

   1. Il fait la cuisine mieux que son père.   (… aussi…)
   2. Son français est meilleur que le mien.   (… moins…)
   3. Elle est plus patiente que vous.   (… avoir… patience…)
   4. Jeanne est la plus sérieuse de sa famille.   (Jean… université.)
   5. J'ai beaucoup de copains.   (Pierre… plus… moi.)
   6. Michel a moins de sincérité que Véronique.   (… sincère…)

D. **Deux façons de dire la même chose.**   Changez l'ordre des comparaisons sans changer la signification (*meaning*) de la phrase.

   MODELE: Je suis plus riche que Paul.
   > → *Paul est moins riche que moi.*

   1. Il parle plus vite qu'eux.
   2. Tu as plus de problèmes que les autres.
   3. Son français est moins bon que le tien.
   4. Robert est aussi ennuyeux que Monique.

5. Jean traduit mieux que ses camarades.
6. Son fils est plus moche que le mien.

E. **Je suis un vantard** (*braggart*)!   Traduisez les phrases suivantes.

1. I am the handsomest child in my family.
2. I have the best car in town.
3. She has fewer friends than I.
4. Your clothes cost less than mine.
5. I have much more talent than she.
6. Our apartment is the biggest in the building.

PARLONS

A. Connaissez-vous…

1. la plus haute montagne d'Afrique?
2. la ville américaine avec la plus grande population francophone?
3. la plus grande province du Canada?
4. l'aéroport le plus actif des Etats-Unis?
5. le plus grand groupe d'étrangers en France?
6. la langue la plus utilisée du monde?
7. la meilleure équipe de base-ball cette année?
8. le jour le plus long de l'année?
9. les montres les plus chères?
10. le plus mauvais restaurant de votre ville?

B. Séparez-vous en groupes de deux. Comparez-vous en employant les expressions suivantes.

MODELE: Es-tu aussi grande que moi?
Je suis plus grande que toi.

avoir des sœurs, frères	parler français
habiter loin de l'université	lire des romans
se coucher tard	aller au cinéma souvent
travailler	être sérieux
bien	dépenser de l'argent
conduire vite	

C. Quel(le) est / Qui est, à votre avis,…

le plus grand écrivain?
le film le plus amusant?
le plus mauvais chanteur?
la langue la plus difficile?
la voiture la plus rapide?
la ville la plus agréable de votre pays?
l'homme politique le moins honnête?
le cours le plus intéressant de votre université?
la profession la plus difficile?
la meilleure pizza de votre ville?

D. Dans votre classe, qui a autant d(e)

frères et de sœurs…
dollars dans son portefeuille…
livres en classe…
camarades de chambre…
cours aujourd'hui…
examens finals…
disques compacts…
petit(e)s ami(e)s…

} … que vous?

Questions personnelles

1. Vous conduisez-vous bien mieux que vos amis?
2. Quel a été le jour le plus merveilleux de votre vie?
3. Quel professeur admirez-vous le plus? Qui admirez-vous presque autant que lui (qu'elle)?
4. Buviez-vous de l'alcool quand vous aviez moins de vingt et un ans?
5. Aimeriez-vous avoir autant d'argent que les Trump?
6. Voudriez-vous être aussi beau (belle) / riche / célèbre que Vanna White? Tom Cruise?

Communiquons

Le français familier [Colloquial French]

The French you have been studying in this book is the standard variety used in more formal speech. If you go to a French-speaking country, you are more likely to hear the colloquial (**familier**) form in casual conversation. Just as English-speakers replace *I am going to* with *I'm gonna* when speaking informally, French-speakers have several ways of simplifying their language. Because they frequently omit sounds, this level of speech is often harder for a foreigner to understand. In the **Ce qu'ils disent** sections, you have learned many ways in which spoken French differs from the formal language described in textbooks. The following description will review some features and describe others that characterize rapid, casual speech.

■ **Remplisseurs de pause**   (*Fillers*)
French people use fillers in pauses just as we say "well," "like," or "ya know." The following words appear often in French conversation.

euh   / ø /
ben   / bɛ̃ /
m'enfin   (*mais enfin*)
m'alors   (*mais alors*)
eh bien / eh ben

■ **Elision**

This is the dropping of a sound or a syllable. The following sounds may disappear:

1. more mute **e**'s than usual

> Je̸ te verrai demain. / ʃtø /
> Ce̸la ne̸ se̸ fait pas. (*That isn't done.*)

2. the **u** of **tu**

> T'es vraiment stupide.
> T'as fini.

3. the **l** of **il** and **ils**

> Il̸s sont partis.
> Il̸ ne̸ sait pas.

4. the **ne** of negations

> Je̸ peux pas venir.
> C'est pas vrai!
> Je̸ veux pas me̸ coucher.

5. the consonant group **-re** at the end of words before a word beginning with a consonant

> l'autr̸e̸ stylo
> quatr̸e̸ femmes
> le pauvr̸e̸ garçon

■ **Vocabulaire familier**

Most languages have a variety of slang. Some of the more useful words in French slang are:

Les choses

une bagnole = une auto
les godasses (*f.*) = les chaussures
le boulot = le travail; l'emploi
le fric = l'argent
la flotte = l'eau
le pinard = le vin

Les gens

un type, un mec = un homme
une nana = une jeune femme
les gosses = les enfants
un flic = un agent de police
un pote = un ami

Les actions

bouffer = manger
Ta gueule! = Tais-toi!
  Shut up! (*vulgar*)

Descriptions

dingue = fou   (*crazy*)
dégueulasse = dégoûtant (*vulgar*)

Exercices

A. Mettez les phrases suivantes en français standard.

1. I'veut pas m'donner d'fric.
2. Le pauv'mec peut pas acheter d'bagnole.

3. T'as vu l'aut'nana?
4. Tu vas pas porter ces godasses au boulot?
5. T'es dingue? J'aime pas la flotte!
6. T'as pas encore fini d'bouffer?
7. I'veulent pas m'le montrer.
8. C'type a bu quat'bouteilles de pinard!

B. Dans les phrases suivantes, remplacez autant de mots que possible avec du vocabulaire familier.

1. Les Américains sont fous. Ils mangent dans leur voiture!
2. Mon ami n'a jamais d'argent parce qu'il n'a pas de travail.
3. Qui a mis de l'eau dans mon vin? C'est dégoûtant!
4. Voilà un homme et une femme qui jouent avec leurs enfants.
5. Tais-toi! Tes chaussures sont beaucoup plus laides que les miennes.
6. Les agents de police ont trouvé la voiture de mon ami en ville.

Lecture culturelle

Touche pas à mon pote!

 **la lecture**

Racial tension has been a problem in France for a long time, just as it has been in most other countries. Many French people are concerned at the growing number of foreigners living and working in France. In the 1988 legislative and presidential elections, a far-right candidate, Jean-Marie Le Pen, and his supporters won just over 10 percent of the national vote on a primarily racist platform. Since then, his popularity has all but disappeared, and many are now saying that he represented a protest vote, much as did George Wallace in 1968.

The efforts to combat racial tension are numerous, and one of the most effective groups doing this work is **S.O.S. Racisme,** which was organized by children of immigrants and other French people. One group that has traditionally born the brunt of racism in France is the group of Arabs from the Maghreb. The young now call themselves **Beurs** (a reversal of the syllables in **Arabes**) and have developed a new pride in their heritage.

The following passage not only describes the origin of the group **S.O.S. Racisme,** but it illustrates another tradition of the youth: **l'engagement,** or making a commitment.

Activités

A. You know that many English words look exactly or almost exactly like French words (e.g., **toucher**   *to touch*). This resemblance is due to the Norman invasion of England in the eleventh century; much of the vocabulary common to both languages also comes from Latin. Very recently, however, the French have been borrowing a great deal of vocabulary directly from English. Many people object to this, and there is even a law that forbids businesses from using English terms in their posted announcements.

Try to find the three examples of "**franglais**" used in this text.

B. The following passage is about **xénophobie**. What other phobias do you know? The words would be the same in French, because they come from ancient Greek. What would **francophobie** mean? What is the opposite?

C. You have learned that one should always use complete sentences (subjects, verbs, and perhaps an object) when writing. Occasionally, a writer will break this rule to achieve a specific effect. Putting nouns together with no verbs attracts the readers' attention. Scan the passage, and find four sentences that are not complete.

D. One of the primary goals of the following passage is to show how the **engagement** of youths in France has changed. Scan the text to find what the change is.

Touche pas à mon pote!

Toucher est un mot important dans la langue française. Surtout parce que c'est un des premiers mots que les petits Français entendent. A travers° des expressions comme «Touche pas», «Il ne faut pas toucher», c'est tout un monde d'interdictions° qui se dresse° devant eux. On ne sera donc° pas surpris qu'un slogan comme «Touche pas à mon pote» ait obtenu une notoriété immédiate.   5

Tout remonte° au mois de novembre 1984: Diego, un jeune Sénégalais de la banlieue° parisienne se trouve dans le métro. Tout à coup,° une jeune femme affolée° se met à crier qu'on lui a volé° son portefeuille. Aussitôt, sans qu'un mot soit prononcé, tous les regards° accusateurs se portent° sur Diego. C'est le seul noir du wagon!° La tension monte. Il n'y a pas de doute, Diego est coupable.° Puis, miracle! Deux stations plus loin, la   10
jeune femme retrouve le portefeuille «volé» au fond° de son sac. Même silence, mais cette fois, c'est un silence gêné.°

Il s'agissait d'une scène de racisme ordinaire, mais ce jour-là, *S.O.S. Racisme* est né. Après l'incident, Diego est allé retrouver ses copains et copines de Fac, Fatima, Thaima, Jean-Pierre, Hervé et Harlem Désir. Immigrés, jeunes de la deuxième génération, Français   15
ou métis° comme Harlem Désir. De père antillais° et de mère alsacienne, étudiant avant de devenir animateur° de centres de loisirs,° Harlem est devenu naturellement le président de l'association qui venait de naître à cause de Diego: *S.O.S. Racisme*.

Une association de plus° contre le racisme? Justement pas. Copains de Fac, fréquentant les mêmes cités° tristes de la banlieue nord, Harlem, Fatima, Thaima, Jean-Pierre et   20
Hervé ont déjà participé à la lutte° contre la xénophobie à l'occasion de la marche° des Beurs pour l'égalité. Pour eux, la société multiculturelle, ce n'est pas une découverte.° Quand on écoute Michael Jackson et Sade, la symbiose des cultures, ce n'est pas un problème. Conclusion de Harlem, de Fatima et de leurs copains: les jeunes sont mieux équipés que les adultes pour résister à la vague° raciste. *S.O.S. Racisme* donc. Mais il faut   25
aussi trouver un slogan. Fatima dit que si Diego n'avait pas été seul dans le métro, les choses ne se seraient pas passées comme cela. C'est une idée! Le slogan naît: «Touche pas à mon pote». Fini les slogans comme «Le racisme ne passera pas» ou les discours° sur l'égalité des hommes, mais plutôt° une réaction toute simple: touche pas à mes copains, qu'ils soient noirs, beurs ou portugais.   30

A... Through
forbidden things / **se**... rises
thus

goes back
suburb / **Tout**... Suddenly
    / frantic
stolen
glances / **se**... converge / car
guilty
au... at the bottom
embarrassed

mixed race / from the Antilles
organizer / **centres**... community
    centers
de... another
housing projects
fight / protest march
discovery

wave

speeches
rather

preamble

South

palm (*of the hand*)

adds / **prend**... speaks

sans... without a future

Autrement... In other words,

ont... went on strike

formules... crude slogans / react against

to pick up / abandoned

thing / gentle

to ape

with

pilote... test pilot

«Touche pas à mon pote», c'est évidemment un préalable.° Mais ensuite, s'il faut parler, on parle. Fatima, une Algérienne de la deuxième génération, pourrait passer pour une Française du Midi° de la France. Pourtant, elle porte le badge, une main ouverte avec le slogan inscrit dans la paume.° «Je n'ai pas peur de parler aux racistes. Je connais les mots pour leur répondre, dit-elle. Et Fatima ajoute° qu'elle prend la parole,° en pensant à ses parents algériens qui, «eux, n'ont pas les mots pour se défendre». «Touche pas à mes parents.» 5

Avait-elle une chance, Fatima? Y avait-il une possibilité pour que cette campagne «Touche pas à mon pote» soit un peu plus qu'un gadget antiraciste sans lendemain?° Autrement dit,° la montée de Le Pen n'était-elle pas irrésistible dans les lycées comme ailleurs? Pas sûr... Dans de nombreux lycées, des élèves ont fait grève° pour indiquer leur opposition à «un racisme rampant». 10

Paradoxe: y aurait-il un bon usage de Le Pen? Dans un océan d'indifférence, Le Pen par ses formules grossières° et brutales a été le seul homme politique à faire réagir,° contre° lui, les jeunes. Annick Percheron, auteur de nombreuses études sociologiques sur la politique et les jeunes observe: «Pour s'affirmer, ils n'ont pas trente-six solutions. La plus immédiate: s'emparer° des thèmes délaissés° par les partis politiques. La faim dans le monde, c'est leur truc.° L'altruisme et la générosité sont une manière douce° d'entrer en politique sans singer° les adultes.» Le succès d'organisations comme *Médecins Sans Frontières* auprès° des jeunes est significatif. Quand on a quinze ans, on ne dit plus: «Je voudrais être guerillero ou pilote d'essai°», mais plus souvent, «J'ai envie d'être médecin-sans-frontières». 15 20

therein
remise… reexamination / oneself
Ce… What

requires / **prise**… responsibility
effectiveness

Ce… What / witnesses /
    élan… emotional commitment
overwhelmed / gifts

L'aventure, certainement, mais l'aventure utile. Et la politique là-dedans?° Le militantisme d'hier impliquait une remise en question° de soi° et de sa culture. Aujourd'hui, ce n'est plus l'idéologie qui passe en premier. Ce qui° a fait le prestige d'*Amnesty International*, c'est sa grande impartialité qui lui a fait éviter les passions idéologiques. C'est aussi le fait qu'elle exige° de chacun de ses membres la prise en charge° individuelle d'un   5 prisonnier politique. «Touche pas à mon prisonnier.» Responsabilité, efficacité.°

Ce à quoi° on assiste,° c'est un élan du cœur.° Les organisations charitables sont débordées° par les dons° et les offres de service des jeunes. «Touche pas à mon pote», c'est avant tout un grand mouvement de solidarité de la jeunesse qui a compris qu'elle seule possède la clé aux problèmes que pose une société de plus en plus multiculturelle.   10

Adapté d'un article de *L'Express*, no. 1058

la lecture

Questions sur le texte

1. Pourquoi le slogan «Touche pas à mon pote» a-t-il eu un succès immédiat?
2. Quel incident a eu lieu dans le métro? A la fin, pourquoi les gens sont-ils gênés?
3. Qui sont les jeunes qui ont fondé *S.O.S. Racisme*? D'où viennent-ils?
4. Pourquoi ces jeunes gens sont-ils particulièrement bien préparés pour diriger une association comme *S.O.S. Racisme*?
5. Quel est, avec le slogan, l'autre symbole de l'association?
6. Selon Annick Percheron, que font les jeunes pour s'affirmer?
7. Comment traduisent-ils leur désir d'aventure?
8. Par quoi les jeunes ont-ils remplacé les idéologies?

Activités

A. Est-ce qu'on vous a volé quelque chose? Avez-vous accusé quelqu'un? Est-ce que cette personne était coupable? Racontez l'aventure.

B. Avez-vous observé un événement raciste? Décrivez-le. Vous a-t-on accusé de quelque chose à cause de votre âge ou de votre sexe? Expliquez.

C. On dit que les tensions raciales augmentent sur les campus des Etats-Unis. Etes-vous d'accord? Quelles solutions à ce problème pourriez-vous proposer?

D. L'idée d'engagement est typiquement française. Est-ce que vous, vous êtes engagé(e)? Pour quelle cause?

E. Y a-t-il d'autres problèmes sociaux dans le monde que les jeunes pourraient aider à résoudre (*resolve*)?

CHAPITRES 16—18

Travail en classe   A. Répondez aux questions suivantes en employant les mots entre parenthèses.

Conversation avec mes parents quand je rentre tard

1. A ta place, est-ce que nous rentrerions si tard?   (Non,… ne… pas faire cela.)
2. Comment tes amis se sont-ils conduits hier soir?   (… bien…)
3. Qu'est-ce que vous avez fait ensemble?   (Nous… danser… depuis sept heures.)
4. Qu'est-ce que tu as promis?   (… revenir avant minuit.)
5. Vous êtes rentrés lentement?   (Non,… vite…)
6. Quand nous téléphoneras-tu la prochaine fois?   (… dès que… je… savoir que… je… arriver tard.)
7. Qu'est-ce que tu feras quand tu seras à l'université?   (… voir mes amis… dans… résidence.)

Un vieil ami

8. L'avez-vous bien connu?   (Oui,… personnellement.)
9. Depuis quand êtes-vous amis?   (… 1987.)
10. Est-ce qu'il jouera au football à l'université?   (Oui,… dès que… pouvoir.)
11. Est-ce qu'il sait parler français?   (Oui,… + bien… que moi.)
12. Vous allez voyager ensemble pendant les vacances?   (Oui,… partir … quinze jours.)
13. Est-ce qu'il est riche?   (Oui,… promettre… payer le voyage.)
14. Vous avez suivi des cours avec lui?   (Oui,… étudier… ensemble… trois ans.)
15. Vous le trouvez sympa?   (Oui,… + bon… ami.)

B. Refaites les phrases suivantes en employant les mots entre parenthèses.

Parlez-moi de votre chambre

1. Il faut que tu viennes la voir.   (Demain… vous…)
2. Je la trouve magnifique.   (Elle… plaire beaucoup.)
3. Je la loue depuis trois mois.   (Il y a… que…)
4. Je n'ai pas souvent envie de sortir.   (*Employez* **rare**.)
5. Mon frère a fait le ménage il y a peu de temps.   (*Employez* **récent**.)
6. On met dix minutes pour aller en ville.   (L'année prochaine, …)
7. J'ai une bonne voiture et ce n'est pas un problème.   (Dès que…)

Connaissez-vous mon amie mystérieuse?   Combinez les phrases suivantes.

8. Vous ne connaissez pas la jeune femme? La jeune femme plaît à Jacques.
9. Il refuse de me présenter cette femme extraordinaire. Il vient de rencontrer la femme.
10. Elle habite un village merveilleux. Il y a trois ans, j'ai passé mes vacances dans ce village.
11. Elle sait bien faire de la planche à voile. Jacques ne sait pas aussi bien en faire.
12. Elle joue très bien au tennis. Paul joue moins bien.

13. Ils sont devenus amis en 1982. Ils sont toujours amis.

14. Ils vont partir au Québec. Ils vont y rester quinze jours.

15. Ils vont aller voir beaucoup de gens. Les gens parlent français.

C. Formez des phrases complètes avec les mots donnés.

Allons voir Robert

1. L'appartement / il / habiter / être / sixième / étage.
2. Si / nous / avoir / temps / nous / aller voir / ville.
3. Il / permettre / gens / passer le voir / sans téléphoner.
4. Il / ne ... pas / être / = gentil / Jean.
5. Ce / auto / être / aussi / rapide / sien.
6. Mais, c'est / bon / étudiant / classe.

Chez Robert

7. Vouloir / vous / je / mettre / musique?
8. Regarder / divan / je / venir / acheter.
9. Si / vous / avoir / soif / je / pouvoir / vous / servir / pastis.
10. Dire / moi / quand / vous / avoir envie / partir.
11. Je / avoir / +beau / vue / mon immeuble!
12. Je / ne ... pas / pouvoir supporter / appartements / être / trop / petit.
13. Ils / aller / se promener / en ville / aussitôt que / mon camarade / revenir.
14. Il / mettre / manteau / et / sortir / cinq minutes.
15. Il / faire / courses / + vite / moi.

D. Complétez les phrases suivantes. Faites attention aux suggestions entre parenthèses.

1. Je ne sais pas _____ j'ai mis la lampe.   (*pronom relatif*)
2. Connaissez-vous le _____ restaurant _____ la ville.   (*best*)
3. Que _____ -vous si vous _____ beaucoup d'argent?   (faire, avoir)
4. Où as-tu trouvé le fauteuil _____ est à votre gauche?   (*pronom relatif*)
5. Cette pièce est _____ petite _____ l'autre!   (*as*)
6. Je n'ai jamais vu _____ gens.   (*so many*)
7. On dort _____ quand il fait frais.   (*better*)
8. Le Brésil produit _____ ordinateurs que l'Argentine.   (*more*)
9. _____ les Russes ont une station spatiale.   (*For several years*)
10. Si vous me _____ des mensonges, je _____ furieux.   (dire, être)
11. Ils n'ont pas les médicaments _____ je cherche.   (*pronom relatif*)
12. Quand vous _____ le temps, j' _____ mes amis voir notre nouvel appartement.   (avoir, amener)
13. C'est _____ pièce _____ l'année.   (*worst*)
14. Si vous me _____ vous dépêcher, je vous _____   (promettre, attendre)
15. Jacqueline a étudié la biotechnologie _____ cinq ans.   (*for*)

E. Complétez les phrases suivantes de manière logique.

1. Je n'aime pas les hommes / les femmes qui…
2. Ma mère ne ferait jamais…
3. Mon frère / ma sœur a promis à nos parents…
4. …est le meilleur roman…
5. J'aime les vêtements qu(e)…
6. Je ne sais pas où…
7. Si j'étais en retard…
8. Je partirai vendredi, aussitôt que…
9. Je ferai mieux l'année prochaine si…
10. J'ai plus de talent…

F. Traduisez les phrases suivantes.

Partons!

1. This is the most boring week of the vacation.
2. We'll go to the beach as soon as we are ready.
3. I would be surprised if we took four hours to get there.
4. Your car is not as economical as mine.
5. Will you allow me to leave early?
6. Which suitcases did you put in the car?
7. We'll come back home when it starts to rain.
8. It's more difficult to drive when the weather is bad.
9. It's fantastic! I haven't been there in three years.
10. Twelve years ago, my family rented a house in that village.

Travail en Petits Groupes

A. Formez des phrases avec les éléments donnés.

sujet	verbe	complément	adjectif ou nom	nom
je	être	plus	bon	moi
mes amis	avoir	moins	bien	vous
mon (ma)	conduire	aussi	mauvais	mes amis
camarade	étudier	autant	mal	la classe
de chambre	manger		fantastique	la ville
mes voisins	boire		génial	l'université
mes parents	chanter		beau	… ?
mon frère / ma	comprendre		superbe	
sœur	danser		moche	
mon professeur	fumer		minable	
mon (ma)	jouer		horrible	
petit(e)	obéir		talent	
ami(e)	sécher		patience	
… ?			argent	
			… ?	

B. Interviewez un(e) camarade de classe. Parlez des sujets suivants.

    la maison / la ville où tu habites
    les cours que tu suis
    les gens que tu aimes
    les choses qui sont importantes dans ta vie
    le genre de film que tu préfères
    les endroits où tu vas
    les gens qui t'ont influencé(e)

C. Imaginez votre vie quand vous aurez cent ans.

    MODELE: se lever à cinq heures du matin
               Je me lèverai à cinq heures du matin.

    faire la grasse matinée
    ne pas se rappeler les gens
    manger peu
    ne pas sortir
    ne boire que du lait
    mettre mes chaussures avant mes chaussettes
    ne pas bien entendre / voir
    ne plus rien remettre à plus tard
    n'avoir plus de dents
    se coucher de bonne heure
    prendre des médicaments
    emmener mes petit(e)s ami(e)s dans des boîtes de nuit
    … ?

D. Interrogez vos camarades de classe. Demandez-leur depuis quand ils font / pendant combien de temps ils ont fait les choses suivantes.

    avoir un chien / un chat
    boire du lait
    se coucher à huit heures
    jouer au docteur
    posséder une voiture
    être étudiant(e) dans cette université
    connaître votre meilleur(e) ami(e)
    savoir nager
    habiter la ville où il / elle est né(e)
    … ?

E. Que feriez-vous si vous étiez de l'autre sexe?

    mettre une robe / une cravate
    changer de prénom
    (ne plus) jouer au football
    (ne plus) faire la cuisine
    payer l'addition
    avoir les cheveux plus / moins longs
    dire aux personnes du sexe opposé…
    trouver… formidable / affreux(-se)
    … ?

F. L'année dernière, qu'est-ce que vous avez fait...

vite?	horriblement?	le mieux?
souvent?	merveilleusement?	le plus mal?
bien?	fréquemment?	mal?
méchamment?	rarement?	... ?

G. **Jeu de rôles.**   Jouez les scènes suivantes avec un(e) camarade de classe.

1. Vous êtes journaliste pour une revue spécialisée. Choisissez le domaine (sports, mode, pêche, etc.) et interviewez un(e) camarade qui connaît le sujet mieux que vous.

2. Vous voulez louer un appartement. Téléphonez au / à la propriétaire et posez-lui des questions.

3. On vous a volé votre portefeuille. Expliquez la situation à un agent de police.

4. Vous avez besoin d'emprunter de l'argent à un(e) ami(e). Soyez très flatteur(-se).

5. Vous voulez que votre camarade devienne engagé(e). Expliquez-lui votre cause préférée.

6. Vous êtes guide dans un musée de l'avenir. Décrivez la vie qu'on y représente.

7. Essayez d'être plus snob que votre ami(e). Mentionnez toutes les choses que vous achetez qui sont de la meilleure qualité.

8. Vous êtes professeur de français, et vous parlez avec un étudiant qui n'est pas sérieux. Expliquez-lui comment il peut réussir dans votre classe.

Appendices

I. International Phonetic Alphabet

consonants

/ p /	Pierre	/ v /	vous
/ t /	tu	/ z /	bise
/ k /	comme	/ ʒ /	bonjour
/ b /	bonjour	/ l /	la
/ d /	de	/ ʀ /	garçon
/ g /	garçon	/ m /	main
/ f /	fille	/ n /	Anne
/ s /	merci, professeur	/ ɲ /	poignée
/ ʃ /	chez		

vowels

/ i /	bise	/ y /	une
/ e /	café	/ ø /	de, peu
/ ɛ /	appelle	/ œ /	heure
/ a /	va	/ ẽ /	bien, un, main
/ ɔ /	comme	/ ã /	connaissance
/ o /	au	/ ɔ̃ /	faisons
/ u /	vous		

semivowels   *mute e*

/ j /	Pierre	/ ə /	je, ferai
/ w /	oui		
/ ɥ /	nuit		

II. Les Etats-Unis

ETAT	in or to	ETAT	in or to
l'Alabama (*m.*)	dans l'Alabama / en Alabama	le Massachusetts	dans le Massachusetts
l'Alaska (*m.*)	dans l'Alaska / en Alaska	le Michigan	dans le Michigan
l'Arizona (*m.*)	dans l'Arizona / en Arizona	le Minnesota	dans le Minnesota
l'Arkansas (*m.*)	dans l'Arkansas / en Arkansas	le Mississippi	dans le Mississippi
		le Missouri	dans le Missouri
la Californie	en Californie	le Montana	dans le Montana
la Caroline du Nord	en Caroline du Nord	le Nebraska	dans le Nebraska
la Caroline du Sud	en Caroline du Sud	le Nevada	dans le Nevada
le Colorado	dans le Colorado / au Colorado	le New-Hampshire	dans le New-Hampshire
		le New-Jersey	dans le New-Jersey
le Connecticut	dans Le Connecticut	l'état de New-York	dans l'état de New-York
le Dakota du Nord	dans le Dakota du Nord	le Nouveau-Mexique	au Nouveau-Mexique
le Dakota du Sud	dans le Dakota du Sud	l'Ohio (*m.*)	dans l'Ohio
le Delaware	dans le Delaware	l'Oklahoma (*m.*)	dans l'Oklahoma
la Floride	en Floride	l'Oregon (*m.*)	dans l'Oregon
la Géorgie	en Géorgie	la Pennsylvanie	en Pennsylvanie
Hawaii (*m.*)	à Hawaii / aux îles Hawaii	le Rhode-Island	dans le Rhode-Island
l'Idaho (*m.*)	dans l'Idaho	le Tennessee	dans le Tennessee
l'Illinois (*m.*)	dans l'Illinois / en Illinois	le Texas	au Texas
l'Indiana (*m.*)	dans l'Indiana	l'Utah (*m.*)	dans l'Utah
l'Iowa (*m.*)	dans l'Iowa	le Vermont	dans le Vermont
le Kansas	dans le Kansas	la Virginie	en Virginie
le Kentucky	dans le Kentucky	la Virginie Occidentale	en Virginie Occidentale
la Louisiane	en Louisiane	l'état de Washington	dans l'état de Washington
le Maine	dans le Maine	le Wisconsin	dans le Wisconsin
le Maryland	dans le Maryland	le Wyoming	dans le Wyoming

Adapted from Nachtmann, Francis W., "French Prepositions with American Place Names." *French Review,*
Vol. 55, No. 1 (October, 1981), 88–92.

III.   Double Pronoun Objects

If you use two pronoun objects in a sentence or a negative command, you must keep the
following order:

me				
te	le	lui		
se	la	leur	y	en
nous	les			
vous				

Il prête ses livres à ses amis. → Il **les leur** prête.
J'ai donné de l'argent aux enfants. → Je **leur en** ai donné.
Nous allons vendre l'auto à notre voisin. → Nous allons **la lui** vendre.

Object pronouns in the first and third columns above cannot be used together. Use a
tonic pronoun instead.

Il m'a présenté à Robert.   Il m'a présenté **à lui**.

In affirmative commands, use the following order:

		moi/m'		
	le	toi/t'		
		lui		
verb	la	nous	y	en
	les	vous		
		leur		

Me and **te** become **moi** and **toi** when they are the final elements of the command. If **y** or
en is included, they become **m'** and **t'**.

Donnez-moi trois stylos. → Donnez-**m'en** trois.
Montrez-moi vos photos. → Montrez-**les-moi**.
Apportez-nous le journal. → Apportez-**le-nous**.

IV. Le passé simple

This tense may replace the **passé composé** in formal writing. There are three sets of endings:

-er verbs	*-ir* verbs	*-dre* verbs
je chant**ai**	je part**is**	je vend**is**
tu chant**as**	tu part**is**	tu vend**is**
il chant**a**	il part**it**	il vend**it**
nous chant**âmes**	nous part**îmes**	nous vend**îmes**
vous chant**âtes**	vous part**îtes**	vous vend**îtes**
ils chant**èrent**	ils part**irent**	ils vend**irent**

Irregular verbs add the following endings to their stems:

-s	-^mes
-s	-^tes
-t	-rent

The irregular stems of the verbs you know are:

avoir → eu-	être → fu-	prendre → pri-
boire → bu-	faire → fi-	savoir → su-
conduire → conduisi-	lire → lu-	suivre → suivi-
connaître → connu-	mettre → mi-	venir → vin-
devoir → du-	mourir → mouru-	voir → vi-
dire → di-	naître → naqui-	vouloir → voulu-
écrire → écrivi-	pouvoir → pu-	

Annibal **voulut** traverser les Alpes.	Hannibal **wanted** to cross the Alps.
Il **fit** ses devoirs.	He **did** his homework.
Nous **vîmes** un accident.	We **saw** an accident.
Napoléon **naquit** en Corse; il **mourut** à Sainte Hélène.	Napoleon **was born** in Corsica; he **died** on St. Helena.
Elles ne **dirent** jamais la vérité.	They never **told** the truth.

Conjugaison des verbes

Regular Verbs

Infinitif		Indicatif					Impératif	Subjonctif	Conditionnel
		Présent	Passé Composé	Imparfait	Futur				
-ER	**chanter**								
	je	chante	ai chanté	chantais	chanterai		chante	chanterais
	tu	chantes	as chanté	chantais	chanteras	chante	chantes	chanterais
	il / elle / on	chante	a chanté	chantait	chantera		chante	chanterait
	nous	chantons	avons chanté	chantions	chanterons	chantons	chantions	chanterions
	vous	chantez	avez chanté	chantiez	chanterez	chantez	chantiez	chanteriez
	ils / elles	chantent	ont chanté	chantaient	chanteront		chantent	chanteraient
-IR	**servir**								
	je	sers	ai servi	servais	servirai		serve	servirais
	tu	sers	as servi	servais	serviras	sers	serves	servirais
	il / elle / on	sert	a servi	servait	servira		serve	servirait
	nous	servons	avons servi	servions	servirons	servons	servions	servirions
	vous	servez	avez servi	serviez	servirez	servez	serviez	serviriez
	ils / elles	servent	ont servi	servaient	serviront		servent	serviraient
-IR	**finir**								
	je	finis	ai fini	finissais	finirai		finisse	finirais
	tu	finis	as fini	finissais	finiras	finis	finisses	finirais
	il / elle / on	finit	a fini	finissait	finira		finisse	finirait
	nous	finissons	avons fini	finissions	finirons	finissons	finissions	finirions
	vous	finissez	avez fini	finissiez	finirez	finissez	finissiez	finiriez
	ils / elles	finissent	ont fini	finissaient	finiront		finissent	finiraient

Regular Verbs

Infinitif		Indicatif				Impératif	Subjonctif	Conditionnel
		Présent	Passé Composé	Imparfait	Futur			
-DRE vendre								
	je	vends	ai vendu	vendais	vendrai		vende	vendrais
	tu	vends	as vendu	vendais	vendras	vends	vendes	vendrais
	il/elle/on	vend	a vendu	vendait	vendra		vende	vendrait
	nous	vendons	avons vendu	vendions	vendrons	vendons	vendions	vendrions
	vous	vendez	avez vendu	vendiez	vendrez	vendez	vendiez	vendriez
	ils/elles	vendent	ont vendu	vendaient	vendront		vendent	vendraient
-IRE conduire								
	je	conduis	ai conduit	conduisais	conduirai		conduise	conduirais
	tu	conduis	as conduit	conduisais	conduiras	conduis	conduises	conduirais
	il/elle/on	conduit	a conduit	conduisait	conduira		conduise	conduirait
	nous	conduisons	avons conduit	conduisions	conduirons	conduisons	conduisions	conduirions
	vous	conduisez	avez conduit	conduisiez	conduirez	conduisez	conduisiez	conduiriez
	ils/elles	conduisent	ont conduit	conduisaient	conduiront		conduisent	conduiraient
-IRE écrire								
	j'	écris	ai écrit	écrivais	écrirai		écrive	écrirais
	tu	écris	as écrit	écrivais	écriras	écris	écrives	écrirais
	il/elle/on	écrit	a écrit	écrivait	écrira		écrive	écrirait
	nous	écrivons	avons écrit	écrivions	écrirons	écrivons	écrivions	écririons
	vous	écrivez	avez écrit	écriviez	écrirez	écrivez	écriviez	écririez
	ils/elles	écrivent	ont écrit	écrivaient	écriront		écrivent	écriraient

Auxiliary Verbs

avoir

Infinitif	Indicatif				Impératif	Subjonctif	Conditionnel
	Présent	Passé Composé	Imparfait	Futur			
j'	ai	ai eu	avais	aurai		aie	aurais
tu	as	as eu	avais	auras	aie	aies	aurais
il/elle/on	a	a eu	avait	aura		ait	aurait
nous	avons	avons eu	avions	aurons	ayons	ayons	aurions
vous	avez	avez eu	aviez	aurez	ayez	ayez	auriez
ils/elles	ont	ont eu	avaient	auront		aient	auraient

être

Infinitif	Indicatif				Impératif	Subjonctif	Conditionnel
	Présent	Passé Composé	Imparfait	Futur			
je/j'	suis	ai été	étais	serai		sois	serais
tu	es	as été	étais	seras	sois	sois	serais
il/elle/on	est	a été	était	sera		soit	serait
nous	sommes	avons été	étions	serons	soyons	soyons	serions
vous	êtes	avez été	étiez	serez	soyez	soyez	seriez
ils/elles	sont	ont été	étaient	seront		soient	seraient

Reflexive Verb

se laver

Infinitif	Indicatif				Impératif	Subjonctif	Conditionnel
	Présent	Passé Composé	Imparfait	Futur			
je	me lave	me suis lavé	me lavais	me laverai		me lave	me laverais
tu	te laves	t'es lavé	te lavais	te laveras	lave-toi	te laves	te laverais
il/elle/on	se lave	s'est lavé(e)	se lavait	se lavera		se lave	se laverait
nous	nous lavons	nous sommes lavé(e)s	nous lavions	nous laverons	lavons-nous	nous lavions	nous laverions
vous	vous lavez	vous êtes lavé(e)(s)	vous laviez	vous laverez	lavez-vous	vous laviez	vous laveriez
ils/elles	se lavent	se sont lavé(e)s	se lavaient	se laveront		se lavent	se laveraient

Verbs with Stem Changes

Infinitif		Indicatif			Impératif	Subjonctif	Conditionnel
	Présent	Passé Composé	Imparfait	Futur			

acheter

	Présent	Passé Composé	Imparfait	Futur	Impératif	Subjonctif	Conditionnel
j'	achète	ai acheté	achetais	achèterai		achète	achèterais
tu	achètes	as acheté	achetais	achèteras	achète	achètes	achèterais
il/elle/on	achète	a acheté	achetait	achètera		achète	achèterait
nous	achetons	avons acheté	achetions	achèterons	achetons	achetions	achèterions
vous	achetez	avez acheté	achetiez	achèterez	achetez	achetiez	achèteriez
ils/elles	achètent	ont acheté	achetaient	achèteront		achètent	achèteraient

appeler

	Présent	Passé Composé	Imparfait	Futur	Impératif	Subjonctif	Conditionnel
j'	appelle	ai appelé	appelais	appellerai		appelle	appellerais
tu	appelles	as appelé	appelais	appelleras	appelle	appelles	appellerais
il/elle/on	appelle	a appelé	appelait	appellera		appelle	appellerait
nous	appelons	avons appelé	appelions	appellerons	appelons	appelions	appellerions
vous	appelez	avez appelé	appeliez	appellerez	appelez	appeliez	appelleriez
ils/elles	appellent	ont appelé	appelaient	appelleront		appellent	appelleraient

posséder

	Présent	Passé Composé	Imparfait	Futur	Impératif	Subjonctif	Conditionnel
je/j'	possède	ai possédé	possédais	posséderai		possède	posséderais
tu	possèdes	as possédé	possédais	posséderas	possède	possèdes	posséderais
il/elle/on	possède	a possédé	possédait	possédera		possède	posséderait
nous	possédons	avons possédé	possédions	posséderons	possédons	possédions	posséderions
vous	possédez	avez possédé	possédiez	posséderez	possédez	possédiez	posséderiez
ils/elles	possèdent	ont possédé	possédaient	posséderont		possèdent	posséderaient

Irregular Verbs

Infinitif	Indicatif				Impératif	Subjonctif	Conditionnel
	Présent	Passé Composé	Imparfait	Futur			

aller

	Présent	Passé Composé	Imparfait	Futur	Impératif	Subjonctif	Conditionnel
je/j'	vais	suis allé(e)	allais	irai		aille	irais
tu	vas	es allé(e)	allais	iras	va	ailles	irais
il/elle/on	va	est allé(e)	allait	ira		aille	irait
nous	allons	sommes allé(e)s	allions	irons	allons	allions	irions
vous	allez	êtes allé(e)(s)	alliez	irez	allez	alliez	iriez
ils/elles	vont	sont allé(e)s	allaient	iront		aillent	iraient

boire

	Présent	Passé Composé	Imparfait	Futur	Impératif	Subjonctif	Conditionnel
je/j'	bois	ai bu	buvais	boirai		boive	boirais
tu	bois	as bu	buvais	boiras	bois	boives	boirais
il/elle/on	boit	a bu	buvait	boira		boive	boirait
nous	buvons	avons bu	buvions	boirons	buvons	buvions	boirions
vous	buvez	avez bu	buviez	boirez	buvez	buviez	boiriez
ils/elles	boivent	ont bu	buvaient	boiront		boivent	boiraient

connaître

	Présent	Passé Composé	Imparfait	Futur	Impératif	Subjonctif	Conditionnel
je/j'	connais	ai connu	connaissais	connaîtrai		connaisse	connaîtrais
tu	connais	as connu	connaissais	connaîtras	connais	connaisses	connaîtrais
il/elle/on	connaît	a connu	connaissait	connaîtra		connaisse	connaîtrait
nous	connaissons	avons connu	connaissions	connaîtrons	connaissons	connaissions	connaîtrions
vous	connaissez	avez connu	connaissiez	connaîtrez	connaissez	connaissiez	connaîtriez
ils/elles	connaissent	ont connu	connaissaient	connaîtront		connaissent	connaîtraient

| Infinitif | | Indicatif | | | Impératif | Subjonctif | Conditionnel |
	Présent	Passé Composé	Imparfait	Futur			
devoir							
je/j'	dois	ai dû	devais	devrai		doive	devrais
tu	dois	as dû	devais	devras	dois	doives	devrais
il/elle/on	doit	a dû	devait	devra		doive	devrait
nous	devons	avons dû	devions	devrons	devons	devions	devrions
vous	devez	avez dû	deviez	devrez	devez	deviez	devriez
ils/elles	doivent	ont dû	devaient	devront		doivent	devraient
dire							
je/j'	dis	ai dit	disais	dirai		dise	dirais
tu	dis	as dit	disais	diras	dis	dises	dirais
il/elle/on	dit	a dit	disait	dira		dise	dirait
nous	disons	avons dit	disions	dirons	disons	disions	dirions
vous	dites	avez dit	disiez	direz	dites	disiez	diriez
ils/elles	disent	ont dit	disaient	diront		disent	diraient
faire							
je/j'	fais	ai fait	faisais	ferai		fasse	ferais
tu	fais	as fait	faisais	feras	fais	fasses	ferais
il/elle/on	fait	a fait	faisait	fera		fasse	ferait
nous	faisons	avons fait	faisions	ferons	faisons	fassions	ferions
vous	faites	avez fait	faisiez	ferez	faites	fassiez	feriez
ils/elles	font	ont fait	faisaient	feront		fassent	feraient

Infinitif	Indicatif				Impératif	Subjonctif	Conditionnel
	Présent	Passé Composé	Imparfait	Futur			
falloir							
il	faut	a fallu	fallait	faudra		faille	faudrait
mettre							
je/j'	mets	ai mis	mettais	mettrai		mette	mettrais
tu	mets	as mis	mettais	mettras	mets	mettes	mettrais
il/elle/on	met	a mis	mettait	mettra		mette	mettrait
nous	mettons	avons mis	mettions	mettrons	mettons	mettions	mettrions
vous	mettez	avez mis	mettiez	mettrez	mettez	mettiez	mettriez
ils/elles	mettent	ont mis	mettaient	mettront		mettent	mettraient
pleuvoir							
il	pleut	a plu	pleuvait	pleuvra		pleuve	pleuvrait

Infinitif	Indicatif				Impératif	Subjonctif	Conditionnel
	Présent	*Passé Composé*	*Imparfait*	*Futur*			
pouvoir							
je/j'	peux	ai pu	pouvais	pourrai		puisse	pourrais
tu	peux	as pu	pouvais	pourras		puisses	pourrais
il/elle/on	peut	a pu	pouvait	pourra		puisse	pourrait
nous	pouvons	avons pu	pouvions	pourrons		puissions	pourrions
vous	pouvez	avez pu	pouviez	pourrez		puissiez	pourriez
ils/elles	peuvent	ont pu	pouvaient	pourront		puissent	pourraient
prendre							
je/j'	prends	ai pris	prenais	prendrai		prenne	prendrais
tu	prends	as pris	prenais	prendras	prends	prennes	prendrais
il/elle/on	prend	a pris	prenait	prendra		prenne	prendrait
nous	prenons	avons pris	prenions	prendrons	prenons	prenions	prendrions
vous	prenez	avez pris	preniez	prendrez	prenez	preniez	prendriez
ils/elles	prennent	ont pris	prenaient	prendront		prennent	prendraient
recevoir							
je/j'	reçois	ai reçu	recevais	recevrai		reçoive	recevrais
tu	reçois	as reçu	recevais	recevras	reçois	reçoives	recevrais
il/elle/on	reçoit	a reçu	recevait	recevra		reçoive	recevrait
nous	recevons	avons reçu	recevions	recevrons	recevons	recevions	recevrions
vous	recevez	avez reçu	receviez	recevrez	recevez	receviez	recevriez
ils/elles	reçoivent	ont reçu	recevaient	recevront		reçoivent	recevraient

Infinitif	Indicatif				Impératif	Subjonctif	Conditionnel
	Présent	Passé Composé	Imparfait	Futur			
savoir							
je/j'	sais	ai su	savais	saurai		sache	saurais
tu	sais	as su	savais	sauras	sache	saches	saurais
il/elle/on	sait	a su	savait	saura		sache	saurait
nous	savons	avons su	savions	saurons	sachons	sachions	saurions
vous	savez	avez su	saviez	saurez	sachez	sachiez	sauriez
ils/elles	savent	ont su	savaient	sauront		sachent	sauraient
suivre							
je/j'	suis	ai suivi	suivais	suivrai		suive	suivrais
tu	suis	as suivi	suivais	suivras	suis	suives	suivrais
il/elle/on	suit	a suivi	suivait	suivra		suive	suivrait
nous	suivons	avons suivi	suivions	suivrons	suivons	suivions	suivrions
vous	suivez	avez suivi	suiviez	suivrez	suivez	suiviez	suivriez
ils/elles	suivent	ont suivi	suivaient	suivront		suivent	suivraient
tenir							
je/j'	tiens	ai tenu	tenais	tiendrai		tienne	tiendrais
tu	tiens	as tenu	tenais	tiendras	tiens	tiennes	tiendrais
il/elle/on	tient	a tenu	tenait	tiendra		tienne	tiendrait
nous	tenons	avons tenu	tenions	tiendrons	tenons	tenions	tiendrions
vous	tenez	avez tenu	teniez	tiendrez	tenez	teniez	tiendriez
ils/elles	tiennent	ont tenu	tenaient	tiendront		tiennent	tiendraient

Infinitif		Indicatif				Impératif	Subjonctif	Conditionnel
	Présent	Passé Composé	Imparfait	Futur				
venir								
je	viens	suis venu(e)	venais	viendrai		vienne	viendrais
tu	viens	es venu(e)	venais	viendras	viens	viennes	viendrais
il/elle/on	vient	est venu(e)	venait	viendra		vienne	viendrait
nous	venons	sommes venu(e)s	venions	viendrons	venons	venions	viendrions
vous	venez	êtes venu(e)(s)	veniez	viendrez	venez	veniez	viendriez
ils/elles	viennent	sont venu(e)s	venaient	viendront		viennent	viendraient
voir								
je/j'	vois	ai vu	voyais	verrai		voie	verrais
tu	vois	as vu	voyais	verras	vois	voies	verrais
il/elle/on	voit	a vu	voyait	verra		voie	verrait
nous	voyons	avons vu	voyions	verrons	voyons	voyions	verrions
vous	voyez	avez vu	voyiez	verrez	voyez	voyiez	verriez
ils/elles	voient	ont vu	voyaient	verront		voient	verraient
vouloir								
je/j'	veux	ai voulu	voulais	voudrai		veuille	voudrais
tu	veux	as voulu	voulais	voudras	veuille	veuilles	voudrais
il/elle/on	veut	a voulu	voulait	voudra		veuille	voudrait
nous	voulons	avons voulu	voulions	voudrons	veuillons	voulions	voudrions
vous	voulez	avez voulu	vouliez	voudrez	veuillez	vouliez	voudriez
ils/elles	veulent	ont voulu	voulaient	voudront		veuillent	voudraient

Vocabulaire

Français-anglais

The French-English vocabulary contains all the French words in this text except obvious cognates that are not active vocabulary items.

A number following a definition of a word indicates the chapter in which it first appears as an active vocabulary item. (P) indicates **Chapitre Préliminaire.**

A number-letter combination indicates the appearance of a new word in a chapter's **Faisons connaissance** (FC), **Lecture culturelle** (L) or **Communiquons** (C) section. Your instructor may or may not require you to include these entries in your active French vocabulary. Passive vocabulary has no chapter reference.

All nouns have gender markers (m. or f.). All adjectives appear in the masculine form followed by the feminine ending or feminine form. Plural forms of nouns or adjectives are indicated by the abbreviation *pl.* The following abbreviations are also used:

dem. adj.	demonstrative adjective	**interrog. adv.**	interrogative adverb
dem. pron.	demonstrative pronoun	**nondef. pron.**	nondefinite pronoun
conj.	conjunction	**part. art.**	partitive article
dir. obj. pron.	direct object pronoun	**poss. adj.**	possessive adjective
fam.	familiar	**poss. pron.**	possessive pronoun
indef. art.	indefinite article	**rel. pron.**	relative pronoun
ind. obj. pron.	indirect object pronoun	**reflex. pron.**	reflexive pronoun
inf.	infinitive	**subj. pron.**	subject pronoun

Irregular verbs are followed by chapter references indicating when each verb first appears. If the infinitive or a verb form appears in the textbook prior to the presentation of the complete conjugation of the verb, the chapter in which the conjugation of the verb form appears is indicated by the reference forms + chapter number. An asterisk indicates aspirate **h.**

Compiled by Dr. Valérie C. Lastinger, West Virginia University.

A

à *prép.* at, in, to
à propos about
à travers across (14–L)
abandonné (-e) abandoned (14–L)
abolir to abolish
abonné *m.* subscriber (7–L)
abonnement *m.* subscription (16–C)
abonner
s'—— (à) to subscribe (16–C)
absent (-e) absent (2)
absolument absolutely (11)
accent *m.* accent (13)
—— aigu acute accent (16)
—— circonflexe circumflex accent
—— grave grave accent (13)
accepter to accept (1–L, 15)
accident *m.* accident (10)
accompagner to accompany (14–L)
accomplir to accomplish (13–L)
accord *m.* agreement
accorder to grant (9–L)
accrocher to hang (15–L)
accusateur (-rice) accusing (18–L)
achat *m.* (11–L)
pouvoir d'—— buying power (11–L)
acheter to buy (3–L, 5, *forms*–13)
acide acid (17)
acteur *m.* actor (2)
actif (-ve) active (6–L, 18)
activité *f.* activity (2–L, 7)
actrice *f.* actress (2)
actualités *f. pl.* the news (8–C)
—— régionales local news (8–C)
actuel (-le) current (16–L)
s'adapter to adapt (13–L)
addition *f.* check (*in a restaurant*) (9–C)
admirer to admire (7)
adopter to adopt (8–L)
adorer to love (2)
adresse *f.* address (9)
adresser
s'—— to speak (15–L)
aéroport *m.* airport (10)
affaires *f. pl.* business, possessions, things (6)

homme d'—— businessman (12–L)
affectueusement affectionately (18)
affectueux (-se) affectionate (2)
affichage *m.* posting (17–L)
s'afficher to be posted (8–L)
affirmé (-e) asserted (13–L)
affirmer to affirm (17–L)
affolé (-e) frantic (18–L)
affreux (-se) horrible (2)
afin de in order to (14–L)
africain (-e) African (5–L)
Afrique *f.* Africa (4)
âge *m.* age (3)
Quel —— avez-vous? How old are you? (3)
âgé (-e) old (6–L)
agence de voyage *f.* travel agency (4)
agent de police *m.* policeman (2)
agglomération *f.* metropolitan area (9–L)
agir
il s'agit de it's a matter of (13–L, 15)
agneau *m.* lamb (3)
agréable pleasant (2)
agréer to accept (15–C)
agricole agricultural (16–L)
aide *f.* help (10–L)
aider to help (9–L)
ailleurs elsewhere (18)
aimer to like, to love (1)
—— bien to be fond of, to like (4)
—— mieux to prefer (2)
ainsi thus (5–L, 17)
air *m.* air (3–L)
en plein —— outdoors (3–L)
aise *f.*
mal à l'—— uncomfortable (13–C)
ajouter to add (14–C)
albatros *m.* albatros (17)
alcool *m.* alcohol (3)
Algérie *f.* Algeria (4)
alimentation *f.* food (12–L)
allemand (-e) German (2)
allemand *m.* the German language (8)
Allemagne *f.* Germany (4)

aller (P) to go (*forms,* 4)
Allez-y. (Vas-y.) Go ahead. (4)
—— voir to visit (5)
Allons-y! Let's go! (4)
Ça va? (P) Everything is OK?
Ça va. (P) Fine
Comment allez-vous? (P) How are you?
Comment ça va? How are you? (4)
Je vais bien (P) I am fine
On y va? Shall we go? (4)
Qu'est-ce qui ne va pas? What's wrong? (13)
alliance *f.* wedding ring (7)
allô hello (7)
allumette *f.* match (12–C)
alors then (4)
ça —— I'll be darned (17–C)
alphabet *m.* alphabet (1)
alsacien (-ne) from Alsace (18–L)
ambitieux (-euse) ambitious (2)
améliorer to improve (12–L)
amené (-e) brought (16–L)
amener to bring (17)
américain (-e) American (2)
Amérique *f.* America (4)
—— du Nord North America (4)
—— du Sud South America (4)
ami (-e) *m., f.* friend (1)
petit(-e) ——(-e) boy / girl friend (2)
amicalement best wishes (15–C)
amitié *f.* friendship (15–C)
amour *m.* love, affection (8–C, 11)
roman d'—— love story (8–C)
amuser
s'—— to have a good time (13)
an *m.* year (2–L, 3)
avoir … ——s to be . . . years old (3)
analyse de sang *f.* blood test (10–L)
ancêtre *m., f.* ancestor (15–L)
ancien (-ne) old, former (2)
ancienneté *f.* time span (16–L)
anesthésiste *m.* anesthesiologist (13–L)
anglais *m.* the English language (1)
anglais (-e) English (2)
Angleterre *f.* England (4)
Nouvelle —— New England (5–L)

anglophone English speaking (16–L)

animal *m.* animal (6–L, 7)

—— **domestique** pet (6–L)

animateur (-rice) *m., f.* organizer (18–L)

animé (-e)

dessin —— cartoon (8–C)

année *f.* year (2–L, 4)

anniversaire *m.* anniversary, birthday (9–C)

—— **de mariage** wedding anniversary (9–C)

annonce *f.*

petite —— classified ad (16)

annoncer (à) to announce (18)

annuaire *m.* phone book (7–C)

annuel (-le) annual (4–L)

annulation *f.* cancellation (9–C)

anonyme anonymous (13–L)

anthropologie *f.* anthropology (8)

antillais (-e) West Indian (18–L)

Antilles *f. pl.* the West Indies (16–L)

août *m.* August (4–L, 6)

apéritif *m.* before-dinner drink (3)

apparaître to appear (13–L)

appareil *m.*

à l'—— on the phone (7)

apparence *f.* appearance (14–L)

appartement *m.* apartment (4)

appartenir (à) to belong to (10)

appel *m.*

faire —— to call on, to appeal to (8–L)

appeler to call (P, *forms*–13)

je m'—— my name is . . . (P)

s'—— to be named (P, *use*–13)

apercevoir

s'—— to find out (17–L)

appliquer

s'—— to apply (17–L)

apport *m.* contribution (16–L)

apporter to bring (3)

apprécié (-e) prized (3–L)

apprécier to appreciate (2)

apprendre à to learn, to teach (8–L, 9)

approcher

s'—— to get closer (18)

approprié (-e) appropriate

après after (1)

—— **tout** after all (4)

et ——? So what? (17–C)

après-midi *m.* afternoon (3)

l'—— in the afternoon (4)

aquarelle *f.* watercolor (15)

arabe *m.* the Arabic language (8)

arbre *m.* tree (16–D, 17)

architecte *m.* architect (2)

architecture *f.* architecture (8)

argent *m.* money (1–L, 3)

—— **de poche** allowance (12–C)

argument *m.* reasoning (17–L)

armé (-e) armed (13–L)

armoire *f.* wardrobe (16)

arranger to arrange (6–L)

arrêter to stop, to arrest (17–C)

arrière

siège —— back seat (10–C)

arrière-pays *m.* back country (8–L)

arrivée *f.* arrival (13–L, 14)

arriver to arrive, to happen (2)

arrondissement *m.* district (16)

art *m.* art (2)

article *m.* article, item (6–L, 15)

artisanal (-e) craft (17–L)

artiste *m., f.* artist (2)

artistique (15)

un métier —— a career in the arts (15)

ascenseur *m.* elevator (9–L)

Asie *f.* Asia (4)

asperge *f.* asparagus (9–C)

assainissement *m.* decontamination (13–L)

assassinat *m.* murder (8–L)

assassiner to murder

assez de enough (5–C, 18)

J'en ai ——! I've had it! (17–C)

assiette *f.* plate (9–C)

assimiler to assimilate (15–L)

assister (à) to witness (5–L)

association *f.* association (13–L)

assurance *f.* insurance (10)

—— **tous risques** full collision insurance (10)

athlète *m., f.* athlete

atteinte *f.* affront (15)

attendre to wait (6–L, 9)

attention *f.* attention (4)

faire —— to pay attention (5)

atténuer to attenuate (8–L)

au (*contraction* **à** + **le**) to the, in the, at the (1)

—— **revoir** good-bye (1)

au fond at the bottom (18–L)

aucun (-e) no, not any (10–L)

augmentation *f.* increase (6–L)

augmenter to increase (6–L, 17)

aujourd'hui today (2–L, 4)

auprès de to (14–L)

aussi also, too (2)

aussi ... que as . . . as (18–L)

aussitôt que as soon as (17)

autant as much, as many (17–L)

d'—— **plus** all the more (17–L)

auteur *m.* author (2)

—— **dramatique** *m.* playwright (15)

autobus *m.* city bus (1)

en —— by bus (4–C)

autocar *m.* intercity bus (4–C)

en —— by bus (4–C)

auto-école *f.* driving school (10–C)

automatique automatic (10)

automne *m.* fall (6)

en —— in the fall (6)

auto-portrait *m.* self-portrait (6–L)

auto-stop *m.*

faire de l'—— to hitchhike (10–C)

automobile (auto) *f.* car (3)

en —— by car (4–C)

automobiliste *m.* motorist (10–L)

autoroute *f.* interstate highway (9–L)

autour de around (15–L)

autre other (5–L, 10)

—— **chose** something else (12)

autrement otherwise (12–L)

—— **dit** in other words (18–L)

Autriche *f.* Austria (4)

aux (*contraction* **à** + **les**) to the, in the, at the (1)

auxiliaire *m., f.* auxiliary (13–L)

avance *f.* advance (4)

en —— early (4)

d'—— ahead (14)

avant before (6)

avant

siège —— front seat (10–C)

avantage *m.* advantage (11–L)

avant-poste *m.* outpost (13–L)

avec   with (1)

avenir   *m.* future (7)

aventure   *f.* adventure (8–L)

avion   *m.* airplane (3)

en ——   by plane (4–C)

par ——   air mail (15–C)

avis   *m.* opinion (18)

avocat (-e)   *m., f.* lawyer (2)

avoir   to have (3)

—— . . . ans   to be . . . years old (3)

—— besoin de   to need (10)

—— chaud   to be hot (3)

—— + *degrees*   to have a temperature of . . . degrees (14–C)

—— du mal à   to have trouble (15)

—— envie   to feel like (11)

—— faim   to be hungry (3)

—— froid   to be cold (3)

—— l'honneur   to have the privilege (15–C)

—— lieu   to take place (14–L)

—— mal à   to have an ache (7)

—— peur   to be afraid (11)

Qu'est-ce que vous avez?   What's the matter? (7)

—— raison   to be right (3)

—— soif   to be thirsty (3)

—— tort   to be wrong (3)

il y a   there is, there are, ago (16) (3)

avril   *m.* April (6)

B

baccalauréat (bac, bachot)   *m.* exam at end of secondary school (2–L, 6)

bachelier (-ère)   *m., f.* holder of the baccalauréat (2–L)

bagage   *m.* baggage (5)

—— à main   hand luggage (5)

faire les ——   to pack (5)

bagnole   *f.* car (*slang*) (18–C)

bague   *f.* ring (7)

bain   *m.* bath (4)

—— de soleil   sun bath (4–L)

maillot de ——   swimsuit (5)

baiser   *m.* kiss (8)

affectueux ——s   hugs and

kisses (8)

baisser   to drop (6–L)

balle   *f.* centime (*fam.*) (12–C)

cent ——s   one franc (*fam.*) (12–C)

ballet   *m.* ballet (15)

bambara   *m.* the Bambara language (5–L)

ban   *m.* (8–L)

mettre au ——   to banish (8–L)

banal (-e)   banal, trite (10–L)

banane   *f.* banana (9–C)

bancaire   bank (17–L)

bande dessinée   *f.* comic strip (16–C)

banlieue   *f.* suburb (18–L)

banque   *f.* bank (1–L, 4)

banquette   *f.* seat (6)

banquier   *m.* banker (17–L)

bas (-se)   low

basé (-e)   based (6–L)

base-ball   *m.* baseball (14)

basket-ball   *m.* basketball (14)

basque   Basque (15–L)

bateau   *m.* boat (4–C)

en ——   by boat (4–C)

béarnaise   *f.* Béarnaise sauce (3–L)

beau (belle)   handsome, beautiful (4, *forms*–9)

faire ——   to be nice (*weather*) (5)

beaucoup   much, many, a lot of (1)

beauté   *f.* beauty (15)

bébé   *m.* baby

beige   beige (6)

bel   *special form of* beau *used before a masculine singular noun beginning with a vowel sound*

belge   Belgian (8)

Belge   *m., f.* Belgian citizen (14–L)

Belgique   *f.* Belgium (4)

bénéfice   *m.* profit (7–L)

bénévole   voluntary (13–L)

besoin   *m.* need (10)

avoir —— de   to need (10)

bête   *f.* beast (18)

—— noire   something one dreads (18)

bêtise   *f.* dumb thing (14)

Beur   *m.* Arab immigrant (*fam.*) (18–L)

beurre   *m.* butter (3)

bible   *f.* Bible (9–L)

bibliothèque   *f.* library (4)

bicyclette   *f.* bicycle (3)

à ——   on bike

bidule   *m.* thingamajig (*fam.*) (11–C)

bien   (PC) well

aller ——   (P) to be fine

—— des   many (12–L)

—— sûr   of course (7–C, 16)

bien   *m.* good (12–L)

bientôt   soon (1–C, 8)

à ——   see you soon (1–C)

bienvenu (-e)   welcome (9)

bière   *f.* beer (3)

bifteck   *m.* steak (9–D)

bijoutier   *m.* jeweler (7)

bilingue   bilingual (5–L)

billet   *m.* ticket (5)

—— de banque   bank note (12–C)

biologie   *f.* biology (8)

biotechnologie   *f.* biotechnology (17)

biscotte   *f.* Zwieback (3–L)

bise   *f.* (P-FC) kiss

faire la ——   (P-FC) to embrace lightly and kiss on both cheeks

blanc (-che)   white (2)

blessé (-e)   *m., f.* wounded person (10–L)

bleu (-e)   blue (2)

blond (-e)   blond (2)

bœuf   *m.* beef (9–C)

bof!   expression of disinterest (17–C)

boire   to drink (12)

boisson   *f.* drink (3)

—— diététique   diet soft drink (12)

—— gazeuse   soft drink (12)

boîte de nuit   *f.* night club (2)

bol   *m.*

J'en ai ras le ——!   I've had it up to here! (17–C)

bombarder   to bomb (6–D)

bon (ne)   good (1–C, *forms*–9)

bon   OK (4)

de bonne heure   early (12)

bonne nuit   good night (1–C)

faire ——   to be nice (*weather*) (8)

—— marché   cheap (12–C)

bonbon *m.* candy (7)

bonheur *m.* happiness (11)

bonjour *m.* (P) hello (*also* good-bye *in Canada*)

bonne *f.* maid (16–FC)

bonsoir *m.* good evening, good night (1)

bord de la mer *m.* sea shore, beach front (4)

bottin *m.* phone book (7–L)

bouche *f.* mouth (13)

boucherie *f.* butcher shop (3–L)

boucle *f.* buckle, loop, circular itinerary (14–L)

bouffer to eat (*fam.*) (18–C)

boulot *m.* work (*fam.*) (18–C)

bourgeois (-e) middle-class (15)

bout *m.* end (6)

bouteille *f.* bottle (5–C, 12)

boxe *f.* boxing

branche *f.* branch (18)

branché *m.* person in the know (*fam.*) (7–L)

brancher to plug (7–L)

bras *m.* arm (13)

brasserie *f.* bar-restaurant (12)

Brésil *m.* Brazil (4)

Bretagne *f.* Brittany (15–L)

breton *m.* the Breton language (15–L)

Breton (-ne) *m., f.* Breton (*Native of Brittany*) (15–L)

Britannique *m., f.* British (16–L)

bronze *m.* bronze (15)

brouillard *m.*

faire du —— to be foggy (8)

brousse *f.* bush (13–L)

bruit *m.* noise (11)

brûler *v.*

—— un feu to run a red light (10–C)

brun (-e) brown (2)

brutal (-e) rough, brutal (17)

Bruxelles Brussels (4)

bulletin *m.*

—— météorologique weather report

buraliste *m.* tobacco shop owner (12–C)

bureau *m.* desk, office (1)

—— de change currency exchange (12–C)

—— des objets trouvés lòst and found (6)

—— de poste post office (4–C, 12)

—— de tabac tobacco (7)

C

ça (P) that, it

—— va? (P) How is it going?

—— va (bien) I'm fine (1–C)

—— va pas, non? Are you crazy? (17–C)

cabine *f.*

—— téléphonique phone booth (7–C)

cabinet *m.* office (7)

cachot *m.* cell (prison) (9)

cadeau (-x) *m.* present (1)

maison de ——x gift shop (7)

cadre *m.* mid-level manager (6–L, 11)

—— supérieur upper manager (12–L)

café *m.* sidewalk café, coffee (1)

cahier *m.* notebook (5)

caille *f.* quail (12–FC)

caisse *f.* cash register (9–C)

Caisse d'Epargne *f.* Savings and Loan (4–D)

cajun *m.* cajun language (5–L)

calculatrice *f.* calculator (9)

calculer to calculate (12–C)

calendrier *m.* calendar (6)

camarade *m., f.* (2)

—— de chambre roommate (2)

—— de classe classmate (3)

campagne *f.* country, campaign (4–L, 13)

à la —— in the country (4–L, 13)

camper to camp (4–L)

camping *m.* camping (4–L)

—— sauvage unauthorized camping (4–L)

terrain de —— campground (4–L)

Canada *m.* Canada (2)

Canadien (-ne) *m., f.* Canadian (*citizen*) (2)

canapé *m.* sofa (16)

capable able (17–L)

capitale *f.* capital (8)

car for, because (5–L, 10)

caractère *m.*

—— d'imprimerie print (10)

caractérisé (-e) characterized (13–L)

caractériser to characterize

Caraïbes *f.* the Caribbean (5–L)

caravane *f.* trailer, motor home (4–L)

en —— in a motor home (4–L)

—— publicitaire accompanying sponsors' cars and trucks on the Tour de France

carnet *m.* a book (*of tickets*) (6–FC)

carte *f.* card, map, menu (1–L, 3)

—— d'embarquement boarding pass (5)

—— d'étudiant student ID (1–L)

—— de séjour residence permit (1–L)

—— nationale d'identité National ID card (1–L)

—— postale post card (7)

—— routière road map (9–L)

Carte Orange *f.* subway and bus pass (6–FC)

cas *m.* case (13–L)

casser (13–C)

se —— le / la / les to break one's . . . (13–C)

Tu me casses les pieds! You really annoy me! (17–C)

cassette *f.* cassette (9)

catch *m.* wrestling (14)

cause *f.*

à —— de because of (11–L)

causerie *f.* talk (17–L)

ce this, that, it (1)

c'est it is (1)

ce sont they are (1)

—— qu'ils disent what they say

—— soir this evening, tonight (1)

céder to give up (5–L)

cédille *f.* cedilla

ceinture *f.* belt (6)

—— de sécurité seat belt (10–C)

cela that, it (1)

célèbre   famous (5–L, 9)

célibataire   *m., f.* unmarried person (6–L)

celle   this one, that one (6–L, *forms–* 14)

celte   Celtic (15–L)

celui   that, that one, this one (8–L, *forms–*14)

cent   hundred (4)

centenaire   hundred-year-old (14–L)

centime   *m.* 1/100th of a franc (12–C)

central (-e)   central (8)

centre de loisirs   *m.* community center (18–L)

centre ville   *m.* downtown (12)

cependant   however (12–L)

certain (-e)   certain (2)

certainement   certainly (18)

certitude   *f.* certainty

ces   these, those (7)

cesser (de)   to stop (15)

cet   this, that (4)

cette   this, that (4–L, 5)

ceux   these, those (11–L, 14)

chacal   *m.* jackal (18)

chacun (-e)   each, each one (10–L)

chaîne   *f.* channel (9)

　　—— stéréo   stereo system (9)

chaise   *f.* chair (3)

chaleur   *f.* heat (8)

chambre   *f.* bedroom (2)

　　camarade de ——   roommate (2)

champ   *m.* field (4–L)

champignon   *m.* mushroom (12–FC)

　　——s à la grecque   Greek-style mushrooms (12–FC)

chance   *f.* chance, luck (6)

change   *m.* (12–C)

　　taux de ——   exchange rate (12–C)

changement   *m.* change (14–L)

changer   to change (1–L, 6)

chanson   *f.* song (10)

chantage   *m.* blackmail (17–L)

chanter   to sing (1)

chapelle   *f.* chapel (9)

chapitre   *m.* chapter

chaque   each (3–L, 9)

charcuterie   *f.* cold cuts, also pork-butcher's shop (9–C, 12)

charcutier (-ère)   *m., f.* pork butcher (12)

charges   *f. pl.* utilities (16)

charmant (-e)   charming (2)

charte   *f.* charter (13–L)

chassé (-e)   run out (5–L)

chasse   *f.* hunting (14)

chat   *m.* cat (2)

château   *m.* castle (4)

chaud (-e)   hot, warm (2)

　　avoir ——   to be hot (*people*) (3)

　　faire ——   to be hot (*weather*) (5)

chaudement   warmly (18)

chauffard   *m.* reckless driver (10–C)

chauffeur   *m.* driver (4–L)

chaussée   *f.* (10–C)

　　—— glissante   slippery when wet (10–C)

chaussette   *f.* sock (5)

chaussure   *f.* shoe (5)

chef d'orchestre   *m.* conductor (15)

chemin   *m.* way (9)

cheminée   *f.* fireplace (9)

chemise   *f.* shirt (5)

chemisier   *m.* blouse (5)

chèque de voyage   *m.* traveler's check (1–L)

cher (chère)   expensive, dear (4)

　　coûter ——   to be expensive (12–C)

chercher   to look for (4)

chercher à   to try (15)

chercheur   *m.* researcher (16–L)

cheval   *m.* horse (4–C)

　　à ——   on horseback (4–C)

cheveux   *m. pl.* hair (2)

chez   at the house of (4)

　　—— soi   at home (8–C)

chien   *m.* dog (6–L, 9)

chiffon   *m.*

　　parler ——s   to talk about clothes

chimie   *f.* chemistry (8)

Chine   *f.* China (4)

chinois   Chinese (3–L)

chinois   *m.* the Chinese language (8)

chirurgical (-e)   surgical (13–L)

chirurgien   *m.* surgeon (13–L)

chocolat   *m.* chocolate (3)

choisir de   to choose (6–L, 7)

choix   *m.* choice (6–L)

chômage   *m.* unemployment (11)

chose   *f.* thing (6–L, 7)

　　autre ——   something else (12)

　　ce n'est pas grand ——   it's no big deal (17–C)

　　quelque ——   something (7)

choucroute   *f.* (12)

　　—— garnie   sauerkraut with meat (12)

chouette   great (*fam.*) (17–C)

-ci   with *dem. pro.* or *adj.* indicates closeness: this one, these (7)

　　ci-dessus   above

ciel   *m.* sky (2)

　　cieux   *m. pl.* heavens (17)

cigare   *m.* cigar

cigarette   *f.* cigarette (7)

cinéma   *m.* movies, movie theatre (2–L, 4)

cinq   five (1)

cinquantaine   *f.* about fifty (15–L)

cinquante   fifty (2)

cinquantième   fiftieth (2)

cinquième   fifth (2)

circulation   *f.* traffic (4–L, 11)

cité   *f.* housing project (18–L)

clair (-e)   clear (17)

classe   *f.* class (1)

classique   classical (2)

　　danse ——   ballet (15)

clavier   *m.* keyboard (7–L, 8)

　　—— à touches   keyboard (7–L)

clé   *f.* key (9)

code   *m.* (7–L)

　　—— de la route   rules of driving (10–C)

cœur   *m.* heart (16–C, 17)

　　élan du ——   emotional commitment (18–L)

coffre   *m.* car trunk (10–C)

coiffeur (-se)   *m., f.* hairdresser (12–L)

coin   *m.* corner (4)

　　au —— de   at the corner of (4)

colère   *f.* anger (17–C)

colis   *m.* parcel (12)

collectif (-ve)   collective (13–L)

collection   *f.* collection

collègue   *m.* colleague (15–L)

collier   *m.* necklace (7)

colon   *m.* colonist (16–L)

colonne *f.* column

combien how many, how much (1)

—— **font ...?** How much are . . . ? (1)

C'est ——? How much is it? (6–C)

tous les ——? How often?

combiné (-e) combined (8–L)

comédie *f.* comedy (8–C, 15)

—— **musicale** musical comedy (8–C, 15)

commande *f.* order (12)

commander to order food or drink (9–C, 12)

comme as, like (1–C, 3)

—— **ci,** —— **ça** so-so (1–C)

commencer à to begin (1)

comment (P) how

—— **allez-vous?** (P) How are you?

—— **ça va?** How are you? (1–C)

communal (-e)

école —— public primary school (15–L)

communication *f.* (7–C)

—— **avec préavis** person-to-person call (7–C)

—— **interurbaine** long-distance call (7–C)

compact (-e)

disque —— compact disk (9)

compagnie *f.* company (7–L, 10)

compagnon *m.* companion (7–L)

comparaison *f.* comparison

compétent (-e) competent (2)

complément *m.*

—— **d'objet direct** direct object

complet (-ète) complete (2–L, 18)

complètement completely (11–L, 18)

compliqué (-e) complicated (2)

comporter to include (9–L)

composé (-e) compound

composer (7–C)

—— **le numéro** to dial (7–C)

comprendre to understand, to include (9)

compris (-e) included (3–FC, 9–C, 19)

compromis *m.* compromise (17–L)

compte *m.* (7–L, 11)

—— **en banque** bank account (7–L, 11)

compter to count (9–L)

comptoir *m.* counter (5)

concernant concerning, about (8–L)

concert *m.* concert (6)

concierge *m., f.* concierge (16)

concilier to reconcile (11–L)

conclure to conclude (17)

concombre *m.* cucumber (9–C)

condamné (e) condemned (15–L)

conducteur *m.* driver (10)

conduire to drive (1–L, *forms*–14)

permis de —— driver's license (1–L)

se —— to behave (14)

confiture *f.* jam (3)

conflit *m.* conflict (13–L)

congé *m.* leave, vacation (4–L)

congélateur *m.* freezer (12–L)

conjoint *m.* spouse (10)

connaissance *f.* acquaintance (2–C)

connaisseur *m.* expert, connoisseur

connaître to know (10)

consacrer to devote (12–L, 15)

conseil *m.* advice (13)

conseiller (à) recommend, advise (12)

consentement *m.* consent (8–L)

conséquent (-e)

par —— consequently (2–L)

conserver to keep, to preserve (5– L)

considérablement considerably (7–L)

considéré (-e) considered (12–L)

considérer to consider (11–L)

concilier to reconcile (11–L)

consommation *f.* consumption

consommer to drink (3)

consonne *f.* consonant

constamment constantly (11–L)

constituer to constitute (4–L)

consultation *f.* a visit to the doctor (13–C)

consulter to consult (7–L, 11)

conte *m.* tale (8–C, 14)

contemporain (-e) contemporary (11)

contenir to include, to contain (9–L, 10)

content (-e) happy, pleased (2)

contexte *m.* context (13–L)

continent *m.* continent (5–L)

continental (-e) continental (16–L)

continuer à to continue (1)

contraire *m.* opposite (5)

contre against (14–L)

contribuer to contribute (15)

contrôle *m.* control (14)

—— **anti-doping** drug test (14)

controverse *f.* controversy (17–L)

convenir to be suitable

convenu (-e)

c'est —— all right (9–C)

convertir to convert (16–L)

convoité (-e) coveted (14–L)

copain *m.* pal, buddy (*male*) (2)

copieux (-se) copious (3–L)

copine *f.* pal, friend (female) (2)

coq *m.* rooster (18)

cordialement cordially (15–C)

corps *m.* body (13–C)

correct (-e) correct (15)

correctement correctly (15–L)

correspondance *f.* subway station with connecting lines (6)

correspondant *m.* other party, correspondent (7–L)

Côte-d'Ivoire *f.* Côte d'Ivoire (4)

côte *f.* coast (4)

Côte d'Azur the Riviera (4)

côté *m.*

à —— **de** next to (4)

côteau *m.* slope (17)

côtelette *f.* chop, cutlet (12–FC)

cotisation *f.* fee (10)

cou *m.* neck (15–L)

coucher

se —— to go to bed (13)

couleur *f.* color (2)

de quelle —— **est...?** What color is . . . ? (6–C)

couloir *m.* hall (9)

coup *m.*

—— **de phares** signal with high beams in a car (10–C)

—— **de téléphone** phone call (7–C)

coupable guilty (18–L)

coupe *f.* cup (14–L)

cour *f.* court, courtyard (9)

   cour de récréation *f.* playground (17–L)

courageux (-se) courageous (2)

courant (-e) widespread (12–L)

coureur *m.* racer (14–L)

courir to run (18)

couronne *f.* crown (8–L)

couronner to crown

courrier *m.* mail (12)

   —— **du coeur** lonely hearts' column (16–C)

cours *m.* course, class (1)

   sécher un —— to cut a class (2–L)

course *f.* errand, race (5) (14)

   —— **de voitures** car race (14)

   faire des ——s to run errands, to go shopping (5)

court (-e)

   à —— terme short-term (11–L)

couscous *m.* couscous (3)

   —— **royal** couscous with several varieties of meat (3–FC)

cousin (-e) *m., f.* cousin (2)

couteau *m.* knife (9–C)

coûter to cost (6–C)

   —— **cher** to be expensive (12–C)

   —— **... francs le kilo** to cost . . . francs a kilo (14–C)

coûteux (-se) costly (10–L)

couvert (-e) cloudy (8)

couvert *m.* table setting (9–C)

craindre to fear (11–L)

craintif (-ve) fearful (17)

cravate *f.* necktie (5)

crayon *m.* pencil (1)

créateur *m.* creator (7–L)

création *f.* creation (15)

crédit *m.* credit (9–L, 10)

créer to create (4–L)

crème *f.* cream (3)

   —— **solaire** sun cream (5)

créole *m.* Creole (5–L)

crêpe *f.* crêpe (3–L, 5)

crier to shout, scream (18–L)

criminalité *f.* criminality (11)

crise *f.* crisis (11–L)

critère *m.* criterion (13–L)

critique critical (13–L)

critiquer to criticize (15)

crochet *m.* hook (13–C)

croire to believe (6–C)

   je crois que … I believe that . . . (6–C)

croissance *f.* growth (16–L)

Croix-Rouge *f.* the Red Cross (13–L)

crudités *pl.* vegetable salad (9–C)

cruel (-le) cruel (17)

cruellement cruelly (16–L)

cuillère (cuiller) *f.* spoon (9–C)

   petite —— teaspoon (9–C)

cuisiné

   plat —— prepared dish (12)

cuisine *f.* cooking (2), kitchen (9)

   faire la —— to cook (2)

   minceur —— low-calorie cooking (3–L)

cuisinière *f.* stove (16)

cultivé (-e) educated (16–L)

cultiver to cultivate (8–L)

curatif (-ve) curative (13–L)

curieusement curiously (18)

curieux (-se) curious (18)

cycliste bicycle rider (14–L)

D

D.G.T. (Direction Générale des Télécommunications) *f.* the management of the French postal system (7–L)

d'abord at first (9)

d'accord OK (10)

   être —— to agree (15–C)

d'habitude usually (6)

Danemark *m.* Denmark (4)

danger *m.* danger (13–C, 17)

dangereux (-se) dangerous (2)

dans in, into, inside (1–L, 3)

danse *f.* dance (15)

   —— **classique** ballet (15)

danser to dance (1)

danseur (-se) *m., f.* dancer (15)

date *f.* date (6)

   —— **de naissance** birthdate (10)

davantage more (12–L, 13)

de any (3)

de l' some (3)

de la some (3)

de of, from, about (1)

   —— **là** from there (9)

   —— **rien** you're welcome (1)

débarrasser

   se —— to get rid of (15–L)

débat *m.* debate (15)

débordé (-e) overwhelmed (18–L)

débouché *m.* job opportunity (11)

début *m.* beginning (6)

décembre *m.* December (4–L, 6)

déception *f.* disappointment (17–C)

décider de to decide (4)

déclarer to declare (14–L)

découverte *f.* discovery (14–L)

découvrir to discover (8–L)

décrire to describe (14)

décrocher to pick up (*the phone*) (7–C)

décroissant (e) decreasing (11–L)

déçu (-e) disappointed (17–C)

défendre

   se —— to protect oneself (18–L)

défense *f.* prohibition (10–C)

   —— **de doubler** no passing (10–C)

   —— **de tourner à droite** no right turn (10–C)

défenseur *m.* defender (15–L)

défi *m.* challenge (17)

définition *f.* definition

défricher to clear the land (8–L)

dégoûtant (-e) disgusting (18)

degré *m.* degree (14–C)

dégueulasse disgusting (*vulgar*) (18–C)

déjà already (5)

déjeuner *m.* lunch (3–L, 7)

délaissé (-e) abandoned (18–L)

délibéré (-e) deliberate (15)

délicieux (-se) delicious

deltaplane *m.* hang glider (14)

déluge *m.* downpour

demain tomorrow (1–C, 4)

   à —— till tomorrow (1–C)

demande *f.* application (10)

demander to ask (for) (3)

   se —— to wonder (17–L)

demeurer to remain (15)

demi (-e) half (3)

dénatalité *f.* birthrate decline (17–L)

dénoncer to denounce (15–L)

dent *f.* tooth (7)

dentiste *m.* dentist (6)

départ *m.* start (14–L)

département *m.* administrative division in France (5–L)

dépêcher

   se —— to hurry (13)

dépense *f.* expense (12–L)

dépenser to spend (money) (8)

déplacement *m.* movement (4–C)

déplacer to move, dislodge (10–L)

depuis since, for (6)

   —— longtemps for a long time (6)

député *m.* congressman

dérailler to derail (10–L)

déraper to skid (10–L)

dériver to derive (5–L)

dernier (-ère) last (5)

derrière behind (4)

des some (3)

des (*contraction* **de** + **les**) of the (4)

dès from . . . on, as of (13–L, 16)

   —— que as soon as (17)

désagréable unpleasant (2)

descendre to go down (6, *forms*–9)

désert *m.* desert (17)

déshabiller

   se —— to undress (13)

désintéressé (-e) disinterested (13–L)

désirer to want (2)

désobéir (à) to disobey (7)

désolé (-e) sorry (11)

dessert *m.* dessert (3–L, 7)

dessin *m.*

   —— animé cartoon (8–C)

dessiner to draw

destinataire *m.* addressee (15–C)

destruction *f.* destruction (15)

détaillé (-e) detailed (9–L)

détaxe *f.* tax refund

détendre

   se —— to relax (13)

détente *f.* relaxation (13)

détester to hate (2)

détresse *f.* distress (13–L)

dette *f.* debt

deux two (1)

deuxième second (2)

devant in front of (4)

développer to develop (13–L)

   se —— to develop, to expand (13–L)

devenir to become (6–L, 10)

   Qu'est-ce que tu deviens? What are you up to? (10)

   Qu'est-ce qu'il est devenu? What became of him? (10)

deviner to guess

devoir *m.* duty, homework (4)

   ——s écrits written work (8)

   faires ses ——s to do one's homework (5)

devoir to have to, to owe (8–L, 12)

dialogue *m.* dialogue (1)

dictionnaire *m.* dictionary (8)

diététique

   boisson —— diet soft drink (12)

Dieu *m.* God (8–L, 18)

difficile difficult (2)

diffusé (-e) broadcast (8–L)

diffuser to broadcast (7–L)

dimanche *m.* Sunday (6)

diminuer to diminish (11)

dîner *m.* dinner (3)

dîner to have dinner (3)

dingue crazy (*slang*) (18–C)

diplomate *m., f.* diplomat (2)

dire to say, tell (1, *forms*–14)

   ce qu'ils disent what they say

   Comment dit-on …? How do you say . . . ? (1)

   vouloir —— to mean (1)

direct (-e)

   complément d'objet —— direct object

   en —— live (14–L)

directeur (-rice) *m., f.* director (15–C)

direction *f.* direction (6)

directive *f.* direction

discours *m.* speech (18–L)

discuter to discuss (11)

diskette *f.* disk (8)

dispensaire *m.* community clinic (13–L)

disponible available (15)

disputer

   se —— to argue

disque *m.* record (1)

   —— compact compact disk (9)

distingué (-e) distinguished (15–C)

distraction *f.* entertainment, amusement (6)

distribuer to distribute (7–L)

divan *m.* sofa (16)

divers (-e) diverse, various (13–L)

diversifier to diversify (13–L)

divisé (-e) divided (1)

diviser to divide (14–C)

dix ten (1)

dix-huit eighteen (1)

dix-neuf nineteen (1)

dix-sept seventeen (1)

dix-septième seventeenth (2)

dizaine *f.* about ten (15–L)

docteur *m.* doctor (7)

doigt *m.* finger (13)

dollar *m.* dollar (6)

domestique

   animal —— pet (6–L)

dommage *m.* damage, harm (10–L, 11)

   être —— to be too bad (11)

don *m.* donation (13–L)

donc so, therefore (11–L, 15)

données *f. pl.* data (6–L)

donner to give (4)

   —— un coup de téléphone to make a phone call (7–C)

   Donne-moi de tes nouvelles. Let me hear from you. (8)

   —— sur to look out on / over (16)

dormir to sleep (7)

dos *m.* back (13)

doubler to pass (*in traffic*) (10–C)

douche *f.* shower (4)

douleur *f.* pain (7)

doute *m.* doubt (14–L)

douter to doubt (11)

doux (-ce) *adj.* (12)

   vin —— sweet wine (12)

douze twelve (1)

drame *m.* drama (8–C, 15)

dresser

   se —— to rise (18–L)

drogue *f.* drug (7–L, 11)

droit (-e)

   tout —— straight ahead (4–C)

droit *m.* law, right (8)

droite *f.*

à ——— to the right (4–C)

du some (3)

du (*contraction* de + le) of the (4)

durable (12–L)

non ——— nondurable (12–L)

durée *f.* duration (6–L)

durer to last (6–L)

E

eau *f.* water (3)

échangé (-e) exchanged (7–L)

échange *m.* exchange (12–C)

échapper to escape (15–L)

échouer (à) to fail (2–L, 15)

éclair *m.* lightning (8)

éclater to explode (13–L)

écœurant (-e) nauseating (18)

école *f.* school (2–L, 3)

——— élémentaire elementary school (15–L)

——— maternelle kindergarten (15–L)

économies *f., pl*

faire des ——— to save money (8)

économique economical (8)

économisé (-e) saved

économiser to save (12–C)

économiste *m.* economist (2)

écouter to listen (1)

écran *m.* screen (7–L)

écraser to run over (10–L)

écrire to write (14)

écrit (-e) written (7–L, 8)

devoirs ———s written work (8)

écrivain *m.* writer (5–L, 15)

écrivaine *f.* (*Canadian French*) female writer (2)

éducation *f.* upbringing (6–L, 8)

——— physique physical education (8)

éduquer to raise (13–L)

effectuer to carry out, to make (17–L)

efficacité *f.* effectiveness (18–L)

efforcer

s'——— to attempt (14–L)

effort *m.* effort (17)

égal (-e)

Ça m'est ———. I don't care. (17–C)

également also (9–L)

égalité *f.* equality (11)

église *f.* church (4)

élevé (-e) high

élève *m., f.* pupil (2–L, 3)

élire to elect (17)

elle she, it (1)

they, them (5)

elles they (*f.*) (1)

they, them (5)

embarquement *m.* boarding (5)

embêter to annoy (11)

embrasser to kiss (15–C)

émetteur *m.* T.V. relay tower (15–L)

émission *f.* program, show (8–C, 16)

emmener to take (*someone*) (17)

emparer

s'——— to pick up (18–L)

empêcher to prevent (15–L)

emploi *m.* employment (6–L, 11)

——— du temps *m.* schedule

employé (e) *m., f.* employee (1–L, 6)

employer to use (5–L)

emporter to carry (12)

emprunter to borrow (8)

en to, in (1)

en some, any (15)

enchanté (-e) pleased (2)

encombré (-e) jammed, crowded (4–L)

encore still, again (5)

pas ——— not yet (5)

endettement *m.* debt (12–L)

endommagé (-e) damaged (10–L)

endormir

s'——— to fall asleep (13)

endroit *m.* place (11–C)

endurance *f.* stamina, endurance (14–L)

énergie *f.* energy (5–C, 17)

en face in front of, across from (4)

enfance *f.* childhood

enfant *m., f.* child (1)

enfin finally (10–L, 16)

engagement *m.* commitment (12–L)

engager

s'——— to engage oneself (8–L)

engin *m.* thingamajig (*fam.*) (11–C)

enlever to take off, away (13)

ennuyeux (-se) boring (2)

énorme enormous (10–L)

énormément enormously (17)

enrayer to check, to stop (13–L)

enregistrer to check (5)

enrichir to enrich

enseignement *m.* education, teaching (6–L, 15)

——— technique vocational education (6–L)

enseigner to teach (18)

ensemble together (1)

dans l'——— globally (16–L)

ensuite then, afterwards, next (4–C, 9)

entendre to hear (9)

entraîner to pull (10–L)

entre between, among (3–L)

entrée *f.* entrance, hall (9)

entrer (dans / à) to go in, to enter (2–L, 10)

entretien *m.* maintenance (10–C)

envahir to invade (4–L)

envie *f.*

avoir ——— to feel like (11)

environ about (7–L)

environnement *m.* environment (11–L)

envoyer to send (7)

épanouir

s'——— to blossom (16–L)

épargner to save, to spare (12–L)

éphémère ephemeral (12–L)

épice *f.* spice (16–L)

épicerie *f.* grocery store (5–C)

épidémie *f.* epidemic (13–L)

épidermique immediate (17–L)

épinards *m., pl.* spinach (9–C)

époque *f.* era (15–L)

épouvantable awful (18)

épouvante *f.*

film d'——— horror movie (8–C)

époux (-se) *m., f.* spouse (8–L)

épreuve *f.* test (14–L)

équipe *f.* team (10–L)

équipement *m.*

——— ménager household appliances (12–L)

équiper to equip (13–L)

équitation *f.* horseback riding (14)

érable *m.* maple tree (17)

erreur *f.* error (12–C)

escargot *m.* snail

esclave *m.* slave (5–L)
escrime *f.* fencing (14)
espace *m.* space (17)
Espagne *f.* Spain (4)
espagnol (-e) Spanish (2)
espagnol *m.* the Spanish language (8)
espérer to hope (6–C, 10, *forms*–13)
espionnage *m.*
   roman d'—— spy novel (8–C)
espion (-ne) *m., f.* spy
esprit *m.* mind (11–L)
essayer (de) to try (8–L, 12)
essence *f.* gasoline (10–C)
   prendre de l'—— to get gas (10–C)
essentiel (-le) essential (11)
estimer to believe, to think (10–L)
et (P) and
établi (-e) established (13–L)
étage *m.* floor (16)
étagère *f.* shelf (16)
étalement *m.* spreading (14–L)
étape *f.* stage, part of a race (14)
état *m.* state (15)
Etats-Unis *m. pl.* United States (4)
été *m.* summer (4–L, 5)
   en —— in the summer (6)
éthique *f.* ethics (13–L)
étoile *f.* star (9–L)
étonnant (-e) astonishing (11–L)
étonné (-e) surprised (11)
étonnement *m.* surprise (17–C)
étonner
   s'—— to marvel, to wonder (17–C)
étranger (-ère) foreign (3–L, 8)
   à / de l'—— abroad (4–L)
   langues étrangères foreign languages (8)
étranger *m.* foreigner (10)
être to be (1, *forms:* 2)
   —— à to belong to (5)
   —— à l'heure to be on time (11)
   —— + *adj.* + de to be . . . to (15)
   —— au régime to be on a diet (5)
   —— dommage to be too bad (11)

—— en + *academic subject* to be a major in . . . (2)
est-ce que…? (*question*) (1)
étude *f.* study (15)
études *f. pl.* studies (2–L)
étudiant (-e) *m., f.* student (1)
étudier to study (1)
Europe *f.* Europe (2)
européen (-ne) European (10)
eux they, them (5)
événement *m.* event (8–L)
évidemment evidently (18)
évident (-e) evident, obvious (11)
évier *m.* sink (16)
éviter (de) to avoid (10)
évoluer to evolve (6–L)
exagérer to exaggerate
examen *m.* examination (2–L, 3)
examiner to examine (12–L, 13)
exemple *m.*
   par —— for example (7–L)
exercer to exercise
exercice *m.* exercise (2)
   faire de l'—— to exercise
exiger to demand, require (14–L)
exode *m.* exodus (4–L)
expatrié (-e) expatriated (16–L)
expatrier
   s'—— to move to a foreign country (16–L)
expédier to send off (12)
expéditeur (-rice) *m., f.* sender (15–C)
expérimenter to experiment (7–L)
expliquer to explain (1)
explorateur *m.* explorer
explosif (-ve) explosive (16–L)
exporter to export (5–L)
expression *f.* expression (6–C)
exprimer to express
expulsé (-e) expelled (16–L)
extra-universitaire extra-curricular (2–L)
extrait *m.* extract (13–L, 15)
extraordinaire extraordinary (18)
extrêmement extremely (9–L)

F

face *f.* face (12–L)
   faire —— to face up to (12–L)
fâché (-e) angry (17–C)

facile easy (2)
facilement easily (7)
façon *f.* way, fashion
facteur *m.* mailman (10)
facture *f.* bill (7–L)
facultatif (-ve) optional (2–L)
faculté (fac) *f.* university (2)
   —— des Lettres et Sciences Humaines School of Arts and Sciences (2–FC)
   —— de Médecine School of Medicine (2–FC)
faible low (17–L)
faim *f.* hunger (3)
   avoir —— to be hungry (3)
faire *v.* to make, to do (P–FC, *forms*–5)
   —— appel to call on, to appeal to (8–L)
   —— attention to pay attention, to be careful (5)
   —— beau to be nice (*weather*) (5)
   —— la bise to kiss lightly on both cheeks (P–FC)
   —— bon to be nice (*temperature*) (8)
   —— chaud to be warm (*weather*) (5)
   Combien font …? How much are . . . ? (1)
   —— la connaissance to meet (2–C)
   —— la cuisine to cook (2)
   —— . . . degrés to be . . . degrees (14–C)
   —— de l'auto-stop to hitchhike (10–C)
   —— de l'équitation to go horseback riding (14)
   —— de l'orage to storm (8)
   —— de la natation to swim (8–C, 14)
   —— des économies to save money (8)
   —— du + *academic subject* to study . . . (8)
   —— du … aux 100 to get . . . liters per 100 kms (14–C)
   —— du brouillard to be foggy (8)

—— **du camping** to go camping (13–C)

—— **du + km à l'heure** to go (+ m.p.h) (10–C)

—— **du ski** to go skiing (4–L, 6)

—— **du soleil** to be sunny (8)

—— **du sport** to play sports (6)

—— **du vélo** to ride a bike (8–C)

—— **du vent** to be windy (8)

—— **face à** to face up to (12–L)

... **font...** equal (1)

—— **frais** to be cool (*weather*) (8)

—— **froid** to be cold (*weather*) (5)

—— **grève** to go on strike (18–L)

—— **la grasse matinée** to sleep late (5)

—— **la pause-café** to take a coffee break (4–L)

—— **la vaisselle** to do the dishes (5)

—— **le marché** to go grocery shopping (6–L)

—— **le ménage** to do housework (5)

—— **le plein** to fill up (10–C)

—— **les bagages** to pack (5)

—— **les courses** to shop, to run errands (5)

—— **les valises** to pack (5)

—— **mal** to hurt (5)

—— **mauvais** to be bad (*weather*) (5)

—— **... mètre(s)** to be . . . tall (14–C)

—— **peur** to scare (11)

—— **la queue** to wait in line (5)

—— **sauter** to blow up (15–L)

se —— to be done (10)

se —— **mal à...** to hurt one's . . . (13–C)

—— **un régime** to be on a diet (5)

—— **une promenade** to go for a walk (5)

—— **un tour** to go for a walk (5)

fait *m.*

——**s divers** human interest stories (16–C)

en —— in fact (11–L)

falloir to need, to have to (5)

familier

langage —— slang (12–C)

le français —— colloquial French (18–C)

famille *f.* family (2)

en —— with the family (5–L)

fantastique fantastic (2)

fantôme *m.* ghost (15–L)

farine *f.* flour (3)

fascinant(-e) fascinating (4)

fatigué (-e) tired (2)

fauché (-e)

être —— to be broke (*fam.*) (12–C)

faute *f.* mistake (15)

fauteuil *m.* armchair (16)

faux (-sse) false

favorisé (e) favored (11–L)

féminin (-e) feminine (2)

femme *f.* woman (1)

fenêtre *f.* window (1)

fermé (-e) closed (2)

fermer to close (1)

ne pas —— **l'oeil** not to be able to sleep (13)

fermeture *f.* closing (4–L)

fête *m.* holiday (6)

—— **des Mères** Mother's Day (9–C)

—— **Nationale** National Holiday (6)

—— **du Travail** Labor Day (6)

feu *m.*

brûler un —— to run a red light (10–C)

feuilleton *m.* series (8–C)

février *m.* February (5)

fiancé (-e) *m., f.* fiancé (7)

ficher

Fiche-moi la paix! Leave me alone! (17–C)

Je m'en fiche I don't care (17–C)

fidèle faithful (11)

fier (-ère) proud (16–L)

fille *f.* girl, daughter (2)

film *m.* film (4)

—— **d'épouvante** horror movie (8–C)

—— **policier** detective movie (8–C)

fils *m.* son (6–L, 7)

filtre *m.* filter (7)

fin *f.* end (2–L, 9)

—— **de semaine** weekend (*Canadian French*) (5–FC)

financement *m.* financing (13–L)

financier (-ère) financial (13–L)

finir (de) to finish (7)

Finlande *f.* Finland (4)

fixer (7)

—— **rendez-vous** to make an appointment (7)

fleuve *m.* river

flic *m.* cop (*slang*) (18–C)

flotte *f.* water (*slang*) (18–C)

flûte *f.* flute (15)

foie *m.*

pâté de —— liver pâté (12)

fois *f.* time (3–L, 4)

fonctionnaire *m., f.* government employee (6–L)

fonctionnement *m.* working (15–L)

fondé (-e) founded

fonder to found (15–L)

football *m.* soccer (4)

—— **américain** football (2–L, 14)

footballeur *m.* football player

footing *m.* jogging (8–C)

faire du —— to jog (8–C)

formidable great (2)

formulaire *m.* a form (10)

formule *f.* slogan (18–L)

fort (-e) strong, high (17–L)

fort very, strongly (10–L)

fouiller to search (8–L)

foule *f.* crowd (14–L)

four *m.* oven (4)

—— **à micro-ondes** microwave oven (4)

fourchette *f.* fork (9–C)

fournir to provide (13–L)

foyer *m.* household (6–L)

frais, fraîche

faire —— to be cool (*weather*) (8)

frais *m., pl.* costs (10)

franc *m.* franc (*monetary unit*) (4)

français (-e) French (2)

Français (-e) *m., f.* French citizen (2)

français *m.* the French language (1)
France *f.* France (4)
francophone French-speaking (5–L, 8)
francophonie *f.* the ensemble of French-speaking communities (5–L)
freiner to brake (10)
freins *m., pl* brakes (10–C)
fréquemment frequently (16–L, 18)
fréquent (-e) frequent (18)
fréquenter to visit, to date (2)
frère *m.* brother (2)
fric *m.* money (*fam.*) (12–C)
frigidaire *m.* refrigerator (4)
frites *f., pl.* French fries (5)
froid (-e)
  avoir —— to be cold (3)
  faire —— to be cold (*weather*) (5)
froid *m.* cold (7)
fromage *m.* cheese (3)
fruit *m.* fruit (9–C, 12)
  jus de —— fruit juice (12)
fuir to flee (13–L)
fumer to smoke (1)
fumeur *m.*
  non- —— nonsmoking (5)
furieux (-euse) angry (11)
futur *m.* future (4)

G

gagner to win, earn (8)
galerie *f.* gallery (9)
galet *m.* smooth stone (4–FC)
garagiste *m.* mechanic (10–C)
garçon *m.* boy (2) waiter (3)
garde *m.* guard (9)
garder to keep, to look after (12–C)
  —— la monnaie to keep the change (12–C)
gare *f.* train station (4)
garni (-e)
  choucroute ——e sauerkraut with meat (12)
gaspiller to waste (12–C)
gâteau *m.* cake (3)
gauche *f.* left (4–C, 10)
  à —— to the left (4–C)
gazeux (-se)
  boisson ——se soft drink (12)

géant (-e) giant (8–L)
gelée *f.* gelatin (12–FC)
gendarme *m.* policeman (10)
gêné (-e) embarrassed (18–L)
général (-e)
  en —— generally (1)
généralement generally (2–L, 18)
généraliste *m.* general practitioner (13–C)
généreux (-se) generous (2)
Genève Geneva (4)
génial (-e) nice (18)
genou *m.* knee (13)
genre *m.* type, genre (8–C)
gens *m., pl* people (4–L, 6)
géographie *f.* geography (8)
géologie *f.* geology (8)
germe *m.* seed (15–L)
gestion *f.* business (8)
gigantesque gigantic (10–L)
glace *f.* ice, ice cream (3)
glissant (-e)
  chaussée —— slippery when wet (10–C)
godasse *f.* shoe (*slang*) (18–C)
golf *m.* golf (14)
gorge *f.* throat (13)
gosse *m., f.* child (*slang*) (18–C)
goûter to snack (3–L)
gouvernement *m.* government
grâce thanks (12–L)
gramme *m.* gram (12)
grand (-e) great, large, tall (4–L, 6)
  —— magasin department store (11)
  ——es vacances summer vacation (4–L, 10)
grand-mère *f.* grandmother (2)
grand-père *m.* grandfather (2)
Grande-Bretagne *f.* Great Britain (4)
grandir to grow (6–L)
gras (-se)
  faire la —— matinée to sleep late (5)
gratuitement free (7–L)
grave serious (10)
  C'est pas —— It's not serious (17–C)
gravement gravely (18)
grec (grecque) Greek (12–FC)

grec *m.* the Greek language (8)
grillé (-e) toasted (3–L)
gris (-e) gray (2)
gros (-se) big, large (8–L, 9)
grossesse *f.* pregnancy (17–L)
grossier (-ère) rude (18–L)
grossir to get bigger (17–L)
groupe *m.* group (9)
grouper
  se —— to gather (15–L)
grue *f.* crane (10–L)
Guadeloupe *f.* Guadeloupe (5)
guérir to cure (17)
guerre *f.* war (11)
  —— de Sécession American Civil War
gueule *f.*
  Ta ——! Shut up! (*vulgar*) (18–C)
guichet *m.* window (12)
guide *m.* guide, guide book (9)
guillotine *f.* guillotine (9)
guillotiner to execute with a guillotine
guitare *f.* guitar (15)
Guyane *f.* French Guyana (5–L)
gymnase *m.* gymnasium (6)
gymnastique *f.* gymnastics (8–C)

H

habillement *m.* clothing (6–L)
habiller
  s'—— to get dressed (13)
habitable livable (17)
habitant *m.* resident, inhabitant (4–L, 6)
habiter to live (1)
habitude *f.* habit, custom (3–L, 10)
***haricot** *m.*
  —— vert green bean (9–C)
***haut (-e)**
  à ——e voix aloud
hebdomadaire *m.* weekly publication (16–C)
herbe *f.* grass (2)
héritage *m.* heritage (16–L)
***héros** *m.* hero
hésiter (à) to hesitate (15)
heure *f.* hour, time (1–C, 3)
  à l'heure on time (4)
  à tout à l'—— see you later (1–C, 7)

de bonne —— early (11)

être à l'—— to be on time (11)

Quelle —— est-il? What time is it? (3)

heureusement fortunately (6)

heureux (-se) happy (2)

Hexagone *m.* France (14–L)

hier yesterday (5)

histoire *f.* story, history (5–L, 6)

historique

roman —— historical novel (8–C)

hiver *m.* winter (4–L, 5)

en —— in the winter (6)

hivernal (-e) winter (16–L)

*****hockey** *m.* hockey (14)

*****Hollande** *f.* Holland (4)

homme *m.* man (1)

—— d'affaires businessman (12–L)

honneur *m.* honor (14–L)

horodateur *m.* parking meter (12–C)

horrible horrible (18)

*****hors-d'œuvre** *m.* appetizer (3–FC, 9–C)

hôtel *m.* hotel (1)

hôtesse *f.* hostess (4)

huile *f.* oil (3)

peinture à l'—— oil painting (15)

*****huit** eight (1)

hypocondriaque *m.* hypochondriac (13)

hypocrisie *f.* hypocrisy (2)

hypocrite hypocritical (2)

I

ici here (1)

idéal (-e) ideal

idée *f.* idea (5)

identifier to identify

identité *f.*

pièce d'—— ID card (1–L)

ignorer not to know (8–L)

il he, it (1)

Il n'y a pas de quoi. Don't mention it. (1)

île *f.* island (5–L)

ils they (1)

image *f.* picture

imam *m.* Moslem prayer leader (18)

imiter to imitate

immédiat (-e)

passé —— immediate past (10)

immédiatement immediately (7–L)

immeuble *m.* apartment building (16–FC)

immigré (-e) *m., f.* immigrant (18–L)

imparfait *m.* imperfect (*tense*) (10)

imperméable (imper) (*m.*) (*fam.*) raincoat (6)

impliquer to imply (18–L)

impoli (-e) impolite (2)

importance *f.* importance (11)

important (-e) important (4–L, 11)

impossible impossible (2)

impôt *m.* tax (11–FC, 12–L)

impressionnant (-e) impressive (8)

imprimante *f.* computer printer (8)

imprimerie *f.*

caractères d'—— print (10)

incompétent (-e) incompetent (2)

inconnu (-e) unknown (9–L)

inconvénient *m.* annoyance (11)

indicatif *m.* indicative mood

indigène indigenous (5–L)

indiquer to indicate (4–C, 7)

indispensable indispensable (7–L, 10)

infirmier (-ère) *m., f.* nurse (13–L)

inflation *f.* inflation (11)

informations *f., pl.* news (14)

informatique *f.* computer science (8)

informatisé (-e) computerized (7–L)

ingénieur *m.* engineer (2)

injuste unfair (11)

innocemment innocently (18)

innocent (-e) innocent (18)

inondation *f.* flood (13–L)

inonder to flood (8)

inoubliable unforgettable

inquiet (-ète) worried (10)

inquiéter to worry (13)

s'—— to worry (13)

inquiétude *f.* anxiety, concern (11–L)

inscrire to register (17–L)

insouciant (-e) carefree (11–L)

inspirer

s'—— to get inspired (15–L)

installer

s'—— to settle (8–L)

instant *m.* instant (5)

instituteur (-rice) *m., f.* elementary school teacher (15–L)

instrument *m.* instrument (12–L, 15)

insuffisamment insufficiently (18)

insuffisant (-e) insufficient (13–L, 15)

insupportable unbearable (8)

intelligemment intelligently (18)

intelligent (-e) intelligent (2)

interdiction *f.* forbidden thing (18–L)

interdit (-e) forbidden (10–C)

sens —— do not enter (10–C)

intéressant (-e) interesting (2)

intéresser to interest (16)

s'—— (à) to be interested in (15)

intérieur *m.*

à l'—— inside

intermariage *m.* mixed marriage (16–L)

interroger to question

interrompre interrupt

interrompu (-e) interrupted

interurbain (-e)

communication ——e long distance phone call (7–C)

intervenir to intervene (13–L)

interview *f.* interview (11)

intolérance *f.* intolerance (2)

inutile useless (2)

inutilisable unusable (10–L)

inviter (à) to invite (1)

Irlandais (-e) *m., f.* Irish (8–L)

Irlande *f.* Ireland (4)

isolé (-e) isolated (10–L)

Italie *f.* Italy (4)

italien *m.* the Italian language (8)

italien (-ne) Italian (2)

italique *m.* italics

J

Jamaïque *f.* Jamaica (4–L)

jamais never, ever (8)

ne ... jamais never, not ever (8)

jambe *f.* leg (13)

jambon   *m.* ham (9–C)
janvier   *m.* January (6)
Japon   *m.* Japan (4)
jardin   *m.* garden
jaune   yellow (2)
jazz   *m.* jazz (2)
je   I (P)
jean   *m.* blue jeans (5)
jeu   *m.* game (7–L)
     —— **télévisé**   game show (8–C)
jeudi   *m.* Thursday (6)
jeune   young (6)
jeune   *m.* young person (2–L)
     ——**s gens**   *m. pl.* young people (6)
jeunesse   *f.* young (18–L)
jogging   *m.* jogging (8–C)
joli (-e)   pretty (7)
jouer   to play (1)
   jouer à   to play a sport (8–C, 14)
   jouer de   to play an instrument (15)
jour   *m.* day (2–L, 4)
   huit ——**s**   a week (6)
   tous les ——**s**   every day (2–L, 4)
   quinze ——**s**   two weeks (6)
journal (-aux)   *m.* newspaper (7–L, 14)
     —— **écrits**   printed news (7–L)
     —— **télévisé**   TV news (14)
journalisme   *m.* journalism (8)
journaliste   *m., f.* journalist (2)
journée   *f.* day
juger   to judge
juillet   *m.* July (4–L, 6)
juin   *m.* June (2–L, 6)
jupe   *f.* skirt (5)
jus   *m.*
     —— **de fruit**   fruit juice (12)
jusqu'à   up to, as far as, until (3)
juste   just (11)
juste   immediately (16)
justement   exactly (6)
justice   *f.* justice (11)

K

kilo(gramme)   *m.* kilogram (5–C)
kilomètre   *m.* kilometer (10–C, 14)
kir   *m.* a drink made of white wine and black currant liqueur (3)

klaxon   *m.* car horn (10–C)

L

la (l')   the (1)
la (l')   her, it (8)
là   there (4)
   là-bas   over there (4)
   -là   suffix with *dem. pro.* or *adj.*, indicates distance: that one, those (7)
   de ——   from there (9)
     ——**-dedans**   therein (18–L)
laborantin (-e)   *m., f.* laboratory assistant (13–L)
laboratoire   *m.* laboratory (6)
labourer   to plow (8–L)
laid (-e)   ugly (2)
laisser   to leave, to allow (6)
   Laisse-moi!   Leave me alone! (17–C)
lait   *m.* milk (3)
lampe   *f.* lamp (16)
langage   *m.*
     —— **familier**   slang (12–C)
langue   *f.* language (5–L, 8)
latin   *m.* Latin language (5–L, 8)
lavabo   *m.* washbasin (16)
lave-vaisselle   *m.* dishwasher (12–L, 16)
laver   to wash (12–L)
   se ——   to wash up (13)
   machine à ——   washer (12–L)
le (l')   the (1)
le (l')   him, it (8)
leçon   *f.* lesson (1)
lecteur   *m.*
     —— **de diskettes**   *m.* disk drive (8)
lecture   *f.* reading (8–C)
légume   *m.* vegetable (3)
lendemain   *m.* next day (18–L)
lent (-e)   slow (12–L, 18)
lentement   slowly (18)
les   the (1)
les   them (8)
lessive   *f.* washing (*clothes*) (12–C)
lettre   *f.* letter (7)
leur   their (5)
     ——   to them (9)
   le ——   theirs (14)
lever

   se ——   to get up, to rise (13)
librairie   *f.* book store (4)
lieu   *m.* place (10)
   avoir ——   to take place (14–L)
ligne   *f.* line (6)
limite   *f.*
     —— **de vitesse**   speed limit (4–L)
lire   to read (1, *forms*–14)
Lisbonne   Lisbon (4)
liste   *f.* liste (4)
lit   *m.* bed (4)
littéraire   literary (5–L, 15)
littérature   *f.* literature (5–L, 8)
livre   *f.* 500 grams (5–C)
livre   *m.* book (1)
local   *m.* meeting place (15–L)
local (-e)   local (9–L)
location   *f.* rental (10)
logement   *m.* lodging (11–L)
logiciel   *m.* computer software (8)
logique   logical
loi   *f.* law (10)
loin de   far, far away (4)
loisir   *m.* spare time (8–C)
Londres   London (4)
long (-ue)   long (10–L, 18)
longtemps   a long time (6)
longuement   at length (18)
longueur   *f.* length (9–L)
lorsque   when (10)
loterie   *f.* lottery (8–L)
louer   to rent (2–L, 10)
lourdeur   *f.* awkward structure (15)
loyer   *m.* rent (16)
luge   *f.* sled (4–L)
lui   to him, to her, to it, (9); to her, him, it (5)
lundi   *m.* Monday (6)
lune   *f.* moon (6)
   sur la ——   on / to the moon (6)
lutte   *f.* fight (18–L)
lycée   *m.* high school (2–L, 4)
lycéen (-ne)   *m., f.* lycée student

M

ma   my (1–L, *forms*–5)
machin   *m.* thingamajig (*fam.*) (11–C)
Machin-Chouette   *m. f.* What's his / her Name (*fam.*) (11-C)
machine   *f.*

—— **à laver** washing machine (12–L)

madame (mesdames) *f.* (P) Mrs.
—— **Une Telle** Mrs. So-and-So (11–C)

Mme Mrs. (3)

mademoiselle *f.* Miss (1)

magasin *m.* store (3–L, 11)
grand —— department store (11)

magasiner to shop (*Canadian French*) (5–FC)

magazine *m.* magazine (8–C, 14)
—— **d'actualités** news magazine (8–C)
—— **de mode** fashion magazine (8–C)
—— **de sports** sports magazine (8–C)
—— **scientifique** science magazine (8–C)

magnétophone *m.* tape recorder (9)

magnétoscope *m.* video cassette recorder (9)

magnifique magnificent (2)

mai *m.* May (2–L, 6)

maillot *m.* jersey (5)
—— **de bain** bathing suit (5)

main *f.* hand (P–FC, 2)
poignée de —— handshake (P–FC, 2)

maintenant now (2–L, 4)

maintenir to maintain (12–L)

maire *m.* mayor (15–C)

mais but (1)

maison *f.* house (4)
à la —— at home (4)
—— **de cadeaux** gift shop (7)

maître d'hôtel *m.* maitre d' (9–C)

maîtresse *f.* elementary school teacher (15–L)

mal poorly, badly (1)

mal *m.*
avoir —— **à** to have an ache (7)
faire —— to hurt, to harm (5)
se faire —— **à...** to hurt one's . . . (13–C)

malade sick (13–C, 17)

maladie *f.* disease (17)

maladroit (-e) clumsy (10–L)

malgré in spite of (11–L)

malheureusement unfortunately (18)

malheureux (-se) unhappy (2)

maman *f.* mama (15–C)

mandat *m.* money order (12)

manger to eat (1)

manière *f.* manner, way (13–L)

manifestation *f.* manifestation (14–L)

manquer to miss (7–L)

manteau *m.* coat (6)

marchand (-e) *m., f.* shop keeper (12–C)

marchander to bargain (12–C)

marche *f.* protest march (18–L)

marché *m.* market (3–L)
—— **aux puces** flea market (12–C)
bon —— cheap (12–C)

mardi *m.* Tuesday (6)

mari *m.* husband (2)

mariage *m.* marriage (6–L)

marier
se —— to get married (8–L)

Maroc *m.* Morocco (4)

marque *f.* brand (7)

marquer to mark (16–L)

marre
J'en ai ——! I've had it up to here! (17–C)

mars *m.* March (4–L, 6)

masculin (-e) masculine (2)

match *m.* game (4)

matérialiste materialistic (11)

matériel (-le) material (11)

matériel *m.* hardware (8)

mathémathiques (maths) *f. pl.* mathematics (8)

matière *f.* subject (8)

matin *m.* morning (3)
le —— in the morning (4)

matinée *f.* morning (5)
faire la grasse —— to sleep late (5)

mauvais (-e) bad (2)
faire —— to be bad weather (5)

me (m') me (11); to me (11); myself (13)

mec *m.* dude (*slang*) (18–C)

mécanicien (-ne) *m. f.* mechanic (10–C)

méchamment out of meanness (18)

méchant (-e) mean, bad (2)

médecin *m.* doctor (2)

médecine *f.* medicine (8)

médias *m. pl.* mass media (14–L)

médicament *m.* medicine (17)

médico-chirurgical surgical (13–L)

meilleur (-e) better (15–C, 18)

même even (5–L, 6); same (6)

menacé (-e) threatened (17–L)

ménage *m.*
faire le —— to do the housework (5)

ménager
équipement —— household appliances (12–L)

mensonge *m.* lie (14)

mensuel (-le) monthly (10)

mensuel *m.* monthly magazine (16–C)

mentionné (-e) mentioned (9–L)

mentir to lie (7)

menu *m.* menu, fixed-price meal (3–FC, 9–C)

mer *f.* sea (4)

merci *m.* thank you (P)
—— **mille fois** thanks a million (4)

mercredi *m.* Wednesday (6)

merde *f.* damn (*fam.*) (17–C)
—— **alors!** damn! (17–C)

mère *f.* mother (2)
Fête des ——**s** Mother's Day (9–C)

merguez *f.* North-African spicy red sausage (3–FC)

merveilleusement marvelously (18)

merveilleux (-se) marvelous (5)

mes my (5)

mesdames *f. pl.* ladies (3)

mesdemoiselles *f., pl.* young ladies (6–C)

messager *m.* messenger (8–L)

messagerie *f.*
—— **rose** adult message service (7–L)

messe *f.* mass (8–L)

messieurs *m. pl.* gentlemen (+)

messieurs-dames *m.* Sir, Ma'am (1–C, 12)

mesure *f.*
être en —— **de** to be in a position to (13–L)

mesurer to measure (6–L)

météo *f.* weather report (7–L, 8)

métier *m.* career (15)

  un —— artistique a career in the arts (15)

métis *m.* person of mixed race (18–L)

mètre *m.* meter (4–C, 14)

métro *m.* subway (4–C, 6)

  en —— by metro, subway (4–C)

mettre to put, to put on, to take (*time*) (17)

  —— au ban to banish (8–L)

  se —— to begin (17)

meuble *m.* furniture (12–L, 16)

meublé (-e) furnished (16)

meurtre *m.* murder (8–L)

mexicain (-e) Mexican (2)

Mexico Mexico City (4)

Mexique *m.* Mexico (4)

Midi *m.* South of France (18–L)

midi *m.* noon (3)

mien (-ne) mine (14)

mieux better (2)

  aimer —— to prefer (2)

mil *alternate spelling of* **mille** *when used with dates* (6)

milieu *m.* (*social*) circle (15)

mille thousand (4)

milliard *m.* billion (6)

millier *m.* thousand (10–L)

million *m.* million (5–L, 6)

minable pitiful (*fam.*) (18)

minceur *f.*

  cuisine —— low-calorie cooking (3–L)

minéral (-e) mineral (3)

minuit *m.* midnight (3)

minute *f.* minute (5)

moche ugly (*fam.*) (18)

mode *f.* fashion (8–C)

mode *m.*

  —— de vie life style (12–L)

moderne modern (2)

moi me (1–L, 2, *forms*–5)

  moi-même myself (5); me (11); (to) me (11)

moins less, minus (1)

  à —— de barring (10–L)

moins (de) less, fewer (5–C)

  au —— at least (12–L)

  de —— en —— less and less (6–L)

  du —— at least (17–L)

mois *m.* month (4–L, 5)

  au —— de in the month of (6)

moitié *f.* half (6–L)

mon my (2, *forms*–5)

monde *m.* world (5–L, 11)

  tout le —— everybody (7–L, 9)

mondial (-e) world-wide (14–L)

moniteur *m.* monitor (8)

monnaie *f.* change (12–C)

monsieur (messieurs) *m.* Mr., sir, gentleman (1–C)

  —— Un Tel Mr. So-and-so (11–C)

montagne *f.* mountain (4–L, 13)

  à la —— in the mountains (4–L, 13)

montant *m.* cost

montée *f.* rise (17–L)

monter to go up, to ride, to get on (6)

montre *f.* watch (7)

montrer to show (1)

monument *m.* monument (5)

mort (-e) *m., f.* dead person (10–L)

Moscou Moscow (4)

mot *m.* word (15–L)

  ——s croisés crossword puzzle (16–C)

mourir to die (8–L, 10)

mousse *f.* moss (17)

moutarde *f.* mustard (3)

mouton *m.* mutton (3)

mouvement *m.* movement (15–L)

moyen *m.* means (13–L)

moyenne *f.*

  en —— in average (6–L)

multiplié (-e) multiplied (1)

mur *m.* wall (3)

musée *m.* museum (4)

musical (-e)

  comédie ——e musical comedy (8–C)

musicien (-ne) *m., f.* musician (2)

musique *f.* musique (2)

N

nager to swim (4–L, 14)

naissance *f.* birth (8–L, 10)

  date de —— birthdate (10)

naître to be born (6)

nana *f.* young woman (*slang*) (18–C)

nataliste *m.* promoting birth (17–L)

natalité *f.* birth rate (6–L)

natation *f.* swimming (8–C, 14)

naturellement naturally (17–L)

naturiste *m.* nudist

navette *f.* shuttle (17)

navré (-e) sorry (17–C)

nécessaire necessary (2–L, 10)

nécessairement necessarily (18)

négatif (-ve) negative (14)

négativement negatively

neige *f.* snow (4–L, 8)

neiger to snow (8)

n'est-ce-pas isn't it, aren't they, am I not, etc. (1)

nettoyer to clean (10–L)

neuf nine (1)

neuf (-ve) new (6–C)

  Quoi de ——? What's new? (6–C)

neuvième ninth (2)

neveu *m.* nephew (2)

nez *m.* nose (13)

ni nor (17)

niçois (-e) having to do with the city of Nice (12–FC)

nièce *f.* niece (2)

niveau *m.*

  —— de vie standard of living (12–L)

  passage à —— railroad crossing (10–L)

Noël *m.* Christmas

  Père —— Santa Claus

noir (-e) black (2)

nom *m.* name, noun (5)

nombre *m.* number (2–L, 11)

nombreux (-se) numerous (2–L)

non no (1)

nonante ninety (*Swiss and Belgian French*) (12–C)

nord-africain North African (3–L)

normalement normally (10–L)

Norvège *f.* Norway (4)

nos our (5)

note *f.* grade, note (8)

noté (-e)

  c'est —— I've got it (9–C)

notoriété *f.* publicity (18–L)

notre our (*forms*–5)

nôtre ours (14)

nourriture *f.* food (3)

nous we (1); we, us (5); us (11); to

us (11); ourselves (13)

nouveau (nouvelle) new (5–L, 9)

nouvel *special form of* **nouveau** *used before a masculine singular noun beginning with a vowel sound*

nouvelle *f.* short story (8–C)

nouvelles *f. pl.* news (7–L, 8)

  Donne-moi de tes —— Let me hear from you (8)

novembre *m.* November (6)

NPA (Numéro Postal d'Acheminement) *m.* zip code (*in Switzerland*) (10)

nuage *m.* cloud (8)

nucléaire nuclear (11)

nuit *f.* night (1–C, 2)

  boîte de —— night club (2)

  bonne —— good night (1–C)

  de la —— all night long (13)

  la tombée de la —— dusk (15–L)

numéro *m.* number (7–C, 10)

  —— de téléphone telephone number (7–C, 10)

  faire le —— to dial (*the phone*) (7–C)

  —— issue (*of a magazine*) (15)

O

oasis *f.* oasis (17)

obéir (à) to obey (7)

objet *m.* object (6)

  complément d'—— direct direct object

obligatoire required (7)

obligé (-e) required (2–L)

obtenir to obtain (6–L, 10)

occasion *f.* opportunity (7–L)

occidental (-e) western (6–L)

occupant (-e) *m., f.* passenger (10–C)

occupé (-e) occupied, busy (5–L)

occuper to occupy (5–L)

  s'—— (de) to take care of (15)

océan *m.* ocean (18–L)

octante eighty (*Swiss and Belgian French*) (12–C)

octobre *m.* October (2–L, 6)

œil *m.* eye (13)

  ne pas fermer l'—— to not be able to sleep (13)

œuf *m.*

  ——s en gelée eggs in gelatine (12–FC)

œuvre *f.* work (15)

officiellement officially (5–L)

offrir to offer (9–L)

omelette *f.* omelet (5)

on one, people, they, we (1)

  —— dit you say (1)

oncle *m.* uncle (2)

onze eleven (1)

onzième eleventh (2)

OP (ordinateur personnel) *m.* PC (personal computer) (8)

opéra *m.* opera (16–L)

opération *f.*

  salle d'—— operating room (13–L)

opinion *f.* opinion (6–L, 11)

opposer

  s'—— (à) to oppose

optimiste optimistic (2)

or but (8–L)

orage *m.* storm (8)

orchestre *m.*

  chef d'—— conductor (15)

ordinaire ordinary (18–L)

ordinateur *m.* computer (8)

oreille *f.* ear (13)

organisateur (-rice) *m. f.* organizer (14–L)

organisé (-e) organized (5)

origine *f.* origin (5–L, 8)

orphelin *m.* orphan (8–L)

orthographe *f.* spelling

ou or (1–L)

où where (3) (16)

oublier (de) to forget (5)

oui (P) yes

ouolof *m.* the Wolof language (5–L)

ouvert (-e) open (2)

ouvrier (-ère) *m., f.* worker (6–L)

ouvrir to open (1)

P

P.C.V. collect phone call (7–C)

P.T.T. (Postes Télécommunications Télédiffusion) *f., pl.* the French postal system (7–L)

page *f.* page (1)

pain *m.* bread (3)

paisible peaceful (8–L)

paix *f.* peace (11)

panne *f.*

  en —— broken down (11)

  tomber en —— to have a breakdown (10–C)

panneau *m.*

  —— routier *m.* road sign (8–L)

pantalon *m.* pants (5)

papier *m.* paper (7–L, 10)

  —— à lettres stationery (15–C)

paquet *m.*

  —— de cigarettes cigarette pack (7)

par by, through, per (1)

paradoxal (-e) paradoxical (17–L)

parapluie *m.* umbrella (5)

parc *m.* park (5)

parce que because (4)

parcours *m.* a run (14–L)

parcouru (-e) covered (14–L)

pardon *m.* pardon (4–C, 6)

pare-brise *m.* wind shield (10–C)

parent *m.* parent, relative (4–C, 5)

parenthèse *f.* parenthesis

paresseux (-se) lazy (2)

parfait (-e) perfect (7)

parfaitement perfectly (18)

parfois sometimes (13–L)

parfum *m.* perfume (7)

pari *m.* bet (15–L)

parisien (-ne) Parisian (2)

parking *m.* parking lot (11)

parler to speak, to talk (1)

parmi among (8–C)

parole *f.* word (18–L)

  prendre la —— to speak (18–L)

part *f.*

  à —— apart, except (14–L)

  C'est de la —— de qui? Who is it from? May I say who is calling? (7–C)

  d'autre —— on the other hand (14–L)

partager to share (6–L)

participe *m.*

  —— passé past participle

particulièrement particularly (4–L)

partie *f.*

  —— de pêche fishing trip (8–L)

partir to leave (4, *forms*–7)

  à —— de from (16)

partout   everywhere (13–L, 18)

pas   not (1)

   ne … pas   not, no (2)

   —— **du tout**   not at all (4)

passage   *m.*

   —— **à niveau**   railroad crossing (10–L)

passager (-ère)   *m., f.* passenger (10–C)

passant   *m.* passer-by (12–C)

passé (-e)   last, past (8)

passé   *m.*

   —— **composé**   compound past tense (5)

   —— **immédiat**   immediate past (tense) (10)

passeport   *m.* passport (1–L, 10)

passer (par)   to go by (2–L, 4)

   —— **un coup de téléphone**   to make a phone call (7–C)

   —— **un examen**   to take a test (2–L, 4)

   —— **les vacances**   to spend vacation (4–L)

   se ——   to happen (6–C)

passionnant (-e)   fascinating

passionner   to fascinate (14–L, 15)

pastis   *m.* licorice-flavored drink (14)

pâté   *m.* pâté (9–C, 12)

   —— **de foie**   liver pâté (12)

patience   *f.* patience (3)

patin   *m.*

   faire du —— **à glace**   to go ice skating (4–L)

pâtisserie   *f.* pastry shop (3–L)

patron   *m.* boss (14)

paume   *f.* palm (18–L)

pause-café   *f.* coffee break (4–L)

pauvre   poor (2)

payé (-e)   paid (4–L)

payer   to pay (7–L, 10)

pays   *m.* country (4)

Pays-Bas   *m. pl.*   the Netherlands (4)

pêche   *f.* fishing (8–L, 14)

   partie de ——   fishing trip (8–L)

pêche   *f.* peach (9–C)

peine   *f.*

   —— **capitale**   capital punishment

peintre   *m.* painter (15)

peinture   *f.* painting (15)

   —— **à l'huile**   oil painting (15)

peloton   *m.* pack (*of racers*) (14–L)

pendant   during (5)

pensable   thinkable (17–L)

pensée   *f.* thought (17–L)

penser   to think (5)

percuter   to crash into (10–L)

perdre   to lose (9)

père   *m.* father (2)

   —— **Noël**   Santa Claus

péril   *m.* peril (13–L, 15)

périlleux (-se)   perilous (8–L)

périphérique   peripheral (14–L)

permettre (à, de)   to permit (2–C, 17)

permis   *m.*

   —— **de conduire**   driver's license (1–L)

personnage   *m.* character

personne   *f.* person (6–L)

   ne … personne   no one (12)

   personne ne …   no one, nobody (8–L, 12)

personnel (-le)   personal (7–L, 8)

perte   *f.* loss (10–L)

peser   to weigh (14–C)

pessimiste   pessimistic (2)

pétanque   *f.* lawn bowling (14)

petit(-e)   small, little (2)

   —— **(e) ami(e)**   boy / girl friend (2)

petit déjeuner   *m.* breakfast (3–L, 9)

petits-pois   *m., pl.* peas (9–C)

pétrole   *m.* oil (17)

peu   few, little (1)

   —— **à** ——   little by little (14–L)

   un ——   a little, some (1)

peuplé (-e)   populated (15–L)

peur   *f.* fear (11)

   avoir —— **(de)**   to be afraid (11)

   faire —— **(à)**   to scare (11)

peut-être   perhaps (12)

phare   *m.* headlight (10–C)

   coup de ——**s**   signal with high beams of a car (10–C)

pharmacie   *f.* drugstore (4)

   —— **de garde / de nuit**   all-night drugstore (13–C)

philosophie (philo)   *f.* philosophy (2)

photo   *f.* photo (3)

phrase   *f.* sentence (8–L, 14)

physique   physical (8)

physique   *f.* physics (8)

piano   *m.* piano (10)

pichet   *m.* pitcher (3)

pièce   *f.* piece, coin (1–L, 14)

   —— **d'identité**   ID card (1–L)

   —— **de théâtre**   play (8–C)

pièce   *f.* room (16)

   deux ——**s**   two-room apartment (16)

pied   *m.* foot (4–C, 13)

   à ——   on foot (4–C)

pierre   *f.* stone (15)

pilote   *m.* pilot (2)

   —— **d'essai**   test pilot (18–L)

piloter   to fly (*a plane*)

pinard   *m.* wine (*slang*) (18–C)

pique-nique   *m.* picnic

piscine   *f.* swimming pool (6)

pittoresque   picturesque (9–L)

pizza   *f.* pizza (3)

place   *f.* place, seat, city square (3–L, 4)

   à ta ——   in your place (16)

   de la ——   room, space (4)

placer   to place (16)

plage   *f.* beach (4)

plaire   to please, to like (1–L, *forms*–18)

   s'il vous plaît   please (1–L)

plan   *m.* map (9–L)

planche à voile   *f.* wind-surf (4–L, 14)

plat   *m.* dish, platter (3–FC, 9–C, 12)

   —— **cuisiné**   prepared dish (12)

   —— **du jour**   special of the day (9–C)

   —— **principal**   main course (3–FC, 9–C)

plein (-e)   full (3–L, 4)

   en —— **air**   outdoor (3–L)

   faire le ——   to fill up (10–C)

pleuvoir   to rain (8)

plongée sous-marine   *f.* scuba diving (14)

pluie   *f.* rain (8)

plupart   *f.* most (4–L)

plus   more (1)

   à —— **tard**   see you later (1–C)

   de —— **en** ——   more and more (5–L)

   en ——   in addition (10)

le —— the most (11)

ne ... plus no more, no longer (2–L, 12)

non —— either, neither (7–L)

plusieurs several (5)

plutôt *adv.* rather (18–L)

pneu *m.* tire (9–L)

poche *f.* pocket (6)

argent de —— allowance (12–C)

poème *m.* poem (5–L, 10)

poésie *f.* poetry (8–C, 14)

poids *m.* weight (14–C)

poignée *f.*

—— de main (P–FC–2) handshake

point *m.* point, period (13–L)

—— de vue point of view

poire *f.* pear (9–C)

poisson *m.* fish (8–L, 12)

poli (-e) polite (2)

police *f.*

agent de —— policeman (2)

policier (-ère)

film —— detective film (8–C)

roman —— mystery novel (8–C)

politique

sciences ——s (sciences po) political science (8)

politique *f.* politics (13–L)

pollution *f.* pollution (11)

Pologne *f.* Poland (4)

pomme *f.* apple (9–C)

pomme de terre *f.* potato (9–C)

pont *m.* bridge (10–L)

population *f.* population (6)

porc *m.* pork (9–C)

port *m.* harbor (4)

porte *f.* door, gate (1)

portée *f.* reach (7–L)

portefeuille *m.* wallet (9)

porter to wear (5)

se —— to converge (18–L)

portière *f.* car door (10–C)

Portugal *m.* Portugal (4)

poser

—— une question to ask a question (3)

posséder to own (7–L, *forms*–13)

possibilité *f.* possibility (11)

possible possible (2)

postal

carte ——e post card (7)

poste *f.* post office (7–L, 12)

bureau de —— post office (12)

—— restante general delivery (12)

poste *m.* job (13–L)

pot *m.*

prendre un —— to have a drink (*fam.*) (6)

pote *m.* friend (*slang*) (18–C)

pouce *m.* inch

poulet *m.* chicken (9–C)

pour for, per, in order to (1–L, 4)

pourboire *m.* tip (9–C)

pourcentage *m.* percentage (8–C)

pourquoi why (4)

poursuivre to pursue (6–L)

se —— to go on, to continue (13–L)

pourtant however (5–L)

poussé (-e) advanced (2–L)

pousser to grow (17)

pouvoir *m.*

—— d'achat buying power (11–L)

pouvoir to be able to (4–C, *forms*–7)

il se peut it is possible (11)

Pourriez-vous Could you (4–C)

pratiquant *m.* follower (8–C)

pratique *f.* practice (17–L)

pratiquer to practice (4–L, 14)

préalable *m.* preamble (18–L)

précaire precarious (13–L)

précieux (-se) valuable

préciser to specify

préférable preferable (11)

préféré (-e) preferred, favorite (3)

préférence *f.* preference (2)

préférer to prefer (3–L, *forms*–13)

premier (-ère) first (2)

premièrement first(ly) (18)

prendre to take, to have (3–L, 6, *forms*–9)

prénom *m.* first name (10)

préoccuper to preoccupy (11)

préparer to prepare (3)

près de near (4)

présent (-e) present (2)

présenter à to introduce (2–C, 9)

président (-e) *m., f.* president (2)

presque almost (5)

pressé (-e) in a hurry (9–L)

prêt (-e) ready (13–L)

prêter to lend (8)

prêtre *m.* priest (8–L)

prévenir to inform (8–L)

prévision *f.*

——s météorologiques weather forecast (7–L)

prévoir to foresee (8)

prier

je vous en prie you're welcome (7)

je vous prie please (7–C)

prière *f.* prayer (18)

principal (-e)

plat —— main course (3–FC, 9–C)

principalement principally (9–L)

principe *m.* principle (8–L)

printemps *m.* spring (6)

au —— in the spring (6)

prise de sang *f.* blood test (13)

prise en charge *f.* responsibility (18–L)

prison *f.* prison (5–L, 9)

prisonnier *m.* prisoner (9)

privé (-e) private (4–L)

prix *m.* price (4)

probable probable (11)

problème *m.* problem (6)

procès *m.* trial

prochain (-e) next (1–C, 4)

à la ——e till next time (1–C)

proche close (4)

proclamer to proclaim (16–L)

produire to produce (14)

produit *m.* product (7–L)

prof *m., f.* teacher (*fam.*) (4)

professeur *m.* teacher (1)

profiter to take advantage (11–L)

profond (-e) deep (14–L)

programme *m.* agenda (7–L)

programmeur (-se) *m., f.* programmer (2)

progressivement progressively (5–L)

projet *m.* plan

promenade *f.* walk (5)

faire une —— to take a walk (5)

promener to walk (13)

se —— to go for a walk (13)

promettre (à, de) to promise (17)

promouvoir to promote (17–L)

Prompts-Secours *m.* paramedics (13–C)

proportionnellement proportionally (6–L)

propre own

propriétaire *m., f.* owner (12–L, 16)

propriété *f.* property (4–L)

provenir to come from (13–L)

probablement probably (18)

prudemment carefully (18)

prudent (-e) careful (2)

psychologie (psycho) *f.* psychology (8)

publicitaire (14–L)

   caravane —— accompanying sponsors' cars and trucks on the Tour de France. (14–L)

publicité *f.* advertising (17–L)

publier to publish (5–L, 15)

puce *f.*

   marché aux ——**s** flea market (12–C)

puis then, next (12–L)

puisque since (8)

punir to punish (7)

Q

qualité *f.* quality (9–L, 11)

quand when (2, 6)

quarante forty (2)

quart *m.* 15 minutes (3)

quartier *m.* neighborhood (17–L)

quatorze fourteen (1)

quatre four (1)

quatre-vingt-dix ninety (4)

quatre-vingts eighty (4)

quatrième fourth (2)

que that (10)

   ne ... que only (12)

que what, that, which, whom (1, *forms*–7)

   qu'est-ce que what (1)

   qu'est-ce que c'est? what is it? (1)

   qu'est-ce qu'il y a? What is the matter? (6–C)

   qu'est-ce qui ne va pas? What's wrong? (6–C)

   qu'est-ce qui se passe? What's going on? (6–C)

Québec *m.* Quebec (4)

québécois (-e) having to do with Quebec (5)

Québécois (-e) *m., f.* person from Quebec (12–C)

quel (-le) what, which (3, *forms*–7)

   ——**le heure est-il?** What time is it? (3)

quelque some, any; *(pl.)* a few (5–C, 7)

   —— **chose** something (7)

   quelqu'un someone (10)

   —— **part** somewhere (11–C)

quelquefois sometimes (18)

querelle *f.* quarrel (8–L)

question *f.* question (1)

   poser une —— to ask a question (3)

queue *f.*

   faire la —— to wait in line (5)

qui who, whom (16) who, which (5, *forms*–7)

   à —— **est ...?** Whose is . . . ? (5)

   C'est à —— Whose turn is it? (6)

quinze fifteen (1)

quitter to leave (5–L, 7)

   Ne quittez pas Don't hang up *(the phone)* (7)

quoi what (1, *use*–7)

   il n'y a pas de —— don't mention it (1)

   —— **qu'il en soit** nevertheless (17–L)

quotidien *m.* daily newspaper (16–C)

quotidien (-ne) daily (11–L)

R

raccrocher to hang up (7–C)

raconter to tell (17–L)

radical *m.* stem

radio *f.* radio (1)

raffiné (-e) refined (3–L)

raisin *m.* grape (9–C)

raison *f.*

   avoir —— to be right (3)

ralentir to slow down (14–L)

rallier to join (17–L)

rang *m.* rank (17–L)

rangement *m.* putting things away (6–L)

ranger to put up (11)

râpé (-e) grated (9–C)

rapide fast (2)

rapidement rapidly (3–L, 18)

rappeler to call back, to remind (7–C, *forms*–13)

   se —— to remember (13)

rapport *m.* relationship

rapporter to bring back (6)

rare rare (11)

rarement rarely (18)

ravi (-e) delighted (17–C)

raz-de-marée *m.* tidal wave (13–L)

réagir to react (18–L)

récemment recently (5)

récent (e) recent (15–L, 18)

réception *f.* registration desk (4)

réceptionniste *m., f.* receptionist (4)

recette *f.* recipe

recevoir to receive (12)

recherche *f.*

   à la —— **de** in search of (8–L)

récit *m.* story (8–C)

réclamer to ask for (13–L)

recommander to recommend (4)

reconnaissant (-e) grateful (15–C)

reconnaître to recognize (10)

reconstruire to rebuild (13–L)

récrire to rewrite

recrutement *m.* recruiting (13–L)

rédacteur en chef *m.* editor-in-chief (17–L)

redevance *f.* fees, tax (8–L)

réduire to reduce (11)

refaire to redo

réfléchi (-e) reflexive

réfléchir (à) to think (7)

refuser (de) to refuse (15)

regard *m.* glance (18–L)

regarder to look at, watch (1)

régime *m.* diet (5)

règle *f.* rule (10)

régler to pay (10)

regretter (de) to be sorry (1–L, 11)

régulièrement regularly (4–L, 13)

relié (-e) linked (14–L)

remercier to thank (12–C)

remettre to postpone, to hand in, to hand back, to put back (10, *forms*–17)

remise en question *f.* reexamination (18–L)

remonter to go back (18–L)

remplacer   to replace (3–L)

remplir   to fill (out) (10)

remporter   to win (14–L)

rencontre   *f.* meeting (1–C)

rencontrer   to meet (8)

rendez-vous   *m.* appointment, date (7)

rendre à   to give back, to return, to make (+ *adjective*) (9)

—— **visite à**   to visit (9)

renouveler   to renew (17–L)

renseignement   *m.* information (4)

——**s**   *m., pl.* (phone) directory assistance (7–C)

renseigner   to inform (9–L)

rentrer   to come home, to return (3–L, 4)

réparation   *f.* repair (12–L)

repas   *m.* meal (3–L)

repasser   to retake (a test) (2–L)

répéter   to repeat (1, *forms*–13)

répondeur   *m.* answering machine (9)

répondre à   to answer (1, *forms*–9)

réponse   *f.* answer (6–L, 10)

reportage   *m.* report (11)

reposer   to rest (15–L)

se ——   to rest (13)

repousser   to push back (17)

représentant de commerce   *m.* traveling salesperson

représenter   to represent, to perform (12–L)

requis (-e)   required (13–L)

réservation   *f.* reservation (5)

réserver   to reserve (9–C, 10)

résidence   *f.* (4)

—— **universitaire**   dormitory (4)

résoudre   to resolve

responsable   *m., f.* person responsible (10–L)

ressembler à   to resemble (2–L, 9)

restaurant   *m.* restaurant (3)

restau u   *m.* university restaurant (*fam.*) (4)

reste   *m.* rest, remainder (5–L)

rester   to stay (4)

résultat   *m.* result (7–L)

résumé   *m.* summary

résumer   to summarize

rétablir   to restore

retard   *m.* (4)

en ——   late (4)

retenir   to hold back, to remember (10)

retourner   to go back (10)

retraite   *f.*

être à la ——   to be retired (17–L)

retransmission   *f.* broadcast (14–L)

retrouver   to find (again) (6)

réussir (à)   to succeed (7)

réveiller

se ——   to wake up (13)

révéler   to reveal (10–L)

revenir   to come back (10)

revenu (-e)   returned (13–L)

revenu   *m.* income (11–L)

rêver (de)   to dream (15)

révision   *f.* review

revoir   to see again (1, *forms*–8)

au ——   good-bye (1)

révolution   *f.* revolution (7–L)

la R——   the French Revolution (9)

revue   *f.* magazine, review (8–C, 14)

—— **d'actualités**   news magazine (8–C)

—— **de mode**   fashion magazine (8–C)

—— **scientifique**   science magazine (8–C)

—— **de sports**   sports magazine (8–C)

rez-de-chaussée   *m.* main floor (16–FC)

riche   rich (2)

rien   nothing (12)

Ça ne fait ——   it doesn't matter (17–C)

cela ne fait ——   it doesn't matter (12–C)

de ——   you're welcome (1)

ne ... rien ——   nothing (12)

rigueur   *f.* rigor (15)

risque   *m.*

assurance tous ——**s**   full collision insurance (10)

riz   *m.* rice (9–C)

robe   *f.* dress (5)

rock   *m.* rock 'n' roll (2)

rôle   *m.* role (11–L)

jeu de ——**s**   role playing

Romain   *m.* Roman (5–L)

roman   *m.* novel (5–L, 10)

romantique   *m.* romantic

rompre   to break (off) (8–L)

rond

table ——**e**   round table (11–FC)

rosbif   *m.* roast beef

rose   pink (2)

rôti (-e)   roasted (12–FC)

roue   *f.* wheel (8–L)

rouge   red (2)

rougeole   *f.* measles

rougir   to blush (7)

rouler   to drive (10–C)

—— **à + km à l'heure**   to go + m.p.h. (10–C)

route   *f.* road, highway (4–L)

code de la ——   rules of driving (10–C)

routier (-ère)

carte routière   road map (9–L)

royal (-e)

couscous ——   couscous with several varieties of meat (3–FC)

rubrique   *f.* column of a newspaper (16–C)

rue   *f.* street (4)

rugby   *m.* rugby (14)

ruisseau   *m.* brook (17)

russe   *m.* the Russian language (8)

Russie   *f.* Russia (4)

S

sa   his, her, its (2, *forms*–5)

sabot   *m.*

—— **en bois**   wooden shoe (15–L)

sac   *m.* purse, bag (5)

sachet   *m.* packet (10–L)

sage-femme   *f.* midwife (13–L)

saisir   to seize (11–L)

saison   *f.* season (6)

salade   *f.* salad (3)

—— **niçoise**   Nice-style salad (12–FC)

salaire   *m.* salary (4–L, 11–FC)

salarié   *m.* wage earner (4–L)

salle   *f.* room (9)

—— **à manger**   dining-room (9)

—— **de bain**   bathroom (9)

—— **de classe**   classroom

—— **d'opération**   operating room (13–L)

salon *m.* living-room (9)

salut *m.* hi, so long (P)

salutation *f.* greeting (15–C)

samedi *m.* Saturday (6)

sandwich *m.* sandwich (5)

sang *m.*

   analyse de —— blood test (10–L)

   prise de —— blood test (13)

sans-logis *m.* homeless person (11)

sans without (4)

santé *f.* health (11)

satisfait (-e) satisfied (11–L)

saucisse *f.* sausage (12–FC)

saucisson *m.* hard salami (9–C)

sauf except (17–L)

sauvage primitive (4–L)

sauver to save (15–L)

savoir to know (1, *forms*–10)

   Je ne sais pas I don't know (1)

scandale *m.* scandal (8–L)

scénario *m.* script (8–L)

scène *f.* scene, stage (18–L)

science *f.* science (8)

scolaire school (4–L, 8)

scrupuleusement scrupulously (14–L)

sculpteur *m.* sculptor (15)

sculpture *f.* sculpture (15)

se himself, herself, itself, themselves (13)

sec (-èche) dry (12)

   être à —— to be broke (12–C)

   vin —— dry wine (12)

sèchement dryly (18)

sécher

   —— **un cours** to cut a class (2–L, *forms*–13)

second (-e) *m., f.* the latter (12–L)

secondaire secondary (2–L)

seconde *f.* second (7–L, 14)

secours *m.* help (13–L)

secrétaire *m., f.* secretary (2)

sécurité *f.* security (10–C, 11)

   ceinture de —— seat belt (10–C)

   —— **sociale** social security

seize sixteen (1)

séjour *m.*

   carte de —— residence permit (1–L)

séjourner to stay (16–L)

sel *m.* salt (3)

selon according to (9–L)

   —— **le cas** accordingly

semaine *f.* week (3–L, 4)

sembler to seem (11)

semestre *f.* semester (8)

semoule *f.* semolina (*a grain*) (3–FC)

Sénégal *m.* Senegal (4)

sens *m.*

   à mon —— in my opinion (15)

   —— **de l'humour** sense of humor

   —— **interdit** do not enter (10–C)

   —— **unique** one way (10–C)

sensationnel (-le) sensational (18)

sensible sensitive (7)

sentiment *m.* sentiment, feeling (11–L)

sentir to smell, to feel (7)

   —— **bon** to smell good (7)

   se —— to feel (13–C)

   —— **mauvais** to smell bad (7)

séparer to separate

sept seven (1)

septante seventy (*Swiss and Belgian French*) (12–C)

septembre *m.* September (2–L, 6)

série *f.* series (8–L)

sérieusement seriously (18)

sérieux (-se) serious (2)

serveuse *f.* waitress (9–C)

service *m.*

   —— **compris** tip included (3–FC, 9–C)

   station —— service station (10–C)

serviette *f.* napkin (9–C)

servir to serve (7)

ses his, her, its (5)

seul (-e) alone (2)

seulement only (7–L, 14)

   non —— not only (9–L)

sévère strict (10)

sexe *m.* sex

sexologue *m.* sexologist (7–L)

si yes (*affirmative response to a negative question*) (2)

si if (2–L, 3)

   s'il n'y a pas if there isn't, aren't (4)

s'il te plaît please (3)

s'il vous plaît please (1–L, 3)

Sida *m.* AIDS (11)

siècle *m.* century (5–L)

siège *m.* seat (5)

   —— **arrière** car back seat (10–C)

   —— **avant** car front seat (10–C)

sien (-ne) his, hers, its (14)

signalisation *f.* road signs (17–L)

signer to sign (1–L, 10)

signification *f.* meaning (18–D)

simple simple (2)

simplement simply (9–L, 18)

sincère sincere (2)

sincérité *f.* sincerity (2)

singer to ape (18–L)

sinon except, if not

situation *f.* situation, job (4–L, 11)

situé (-e) situated (5–L)

six six (1)

ski *m.* ski (4–L, 6)

   faire du —— to go skiing (4–L, 6)

   —— **nautique** water ski (4–L, 6)

social (-e) social (6–L, 11)

société *f.* society, company (6–L, 11)

sociologie (socio) *f.* sociology (8)

sœur *f.* sister (2)

soi one (self) (8–C)

   chez —— at home (8–C)

soif *f.*

   avoir —— to be thirsty (3)

soigner to treat (13–L)

soin *m.* care (13–L)

soir *m.* evening (1)

   ce —— this evening, tonight (1)

   le —— in the evening (4)

soirée *f.* evening (16)

soixante sixty (2)

soixante-dix seventy (4)

solaire

   crème —— sun cream (5)

soldes *m., pl.* sale (7)

soleil *m.*

   bain de —— sun bath (4–L)

   faire du —— to be sunny (8)

solitaire *m.* a lonely person (6–L)

sommairement in summary, briefly (17–L)

somme *f.*

   en —— in short (7–L)

son his, her, its (2, *forms*–5)

sondage *m.* poll (6–L, 11)

sonner to ring (7–C, 10)

sorte *f.* sort, kind (3)

sortir to leave, to go out, to date (7)

sou *m.* money; cent (*Canadian French*) (12–C)

soudain suddenly (16–L)

souffrir to suffer (11–L, 15)

souhaiter to wish (11)

soupe *f.* soup (3)

sourire to smile (17–L)

sous-médicalisé (-e) of under-developed health care (13–L)

sous under (4)

souterrain *m.* underground passage (8–L)

souvenir *m.* souvenir

souvent often (2)

spatial space (17)

speakerine *f.* announcer (8–L)

spectacle *m.* performance (14–L)

sport *m.* sport (2)

  faire du —— to play sports (6)

sportif (-ve) athletic (7–L, 14)

stade *m.* stadium (6)

station *f.* station (6)

  —— service service station (10–C)

stationnement *m.*

  —— interdit no parking (10–C)

stationner to park a vehicle (10–C)

statut *m.* status (17–L)

studieux (-se) studious (2)

stupide stupid (2)

stylo *m.* pen (1)

subir to undergo (14–L)

subitement suddenly (17–L)

succès *m.* success (11)

sucre *m.* sugar (3)

Sud-Est *m.* South-East (13–L)

Suède *f.* Sweden (4)

suffire

  Ça suffit! Enough! (17–C)

suffisamment enough (18)

suffisant (-e) enough (2–L, 18)

suggérer to suggest

suisse Swiss (12–C)

Suisse *f.* Switzerland (4)

suite *f.*

  à la —— following (8–L)

  tout de —— right away (3)

suivant (-e) following (15)

suivre to follow (8)

  —— un cours de to take a course (8)

sujet *m.* subject

superbe superb (18)

supérieur (-e)

  cadre —— upper level manager (12–L)

supermarché *m.* supermarket (3–L, 4)

supporter to stand (7)

sûr (-e) sure (6–C, 11)

  bien —— of course (7–C)

sur on, about, out of (*with numbers*) (2)

sûrement surely (18)

surpris (-e) surprised (11)

surtout especially (6–L, 11)

survie *f.* survival (17–L)

survivre to survive (17–L)

sus

  en —— extra (9–C)

symbiose *f.* symbiosis (18–L)

sympa nice (*fam.*) (11)

sympathie *f.* sympathy (15–L)

sympathique nice (2)

syndicat d'initiative *m.* tourist information bureau (4)

T

ta your (5)

tabac *m.* tobacco (7)

table *f.* table (4)

  A ——! Dinner is ready! (9–C)

  —— de nuit night stand (16)

tableau *m.* board, painting (15)

tableur *m.* spreadsheet (8)

tâche *f.* task (15–L)

taille *f.* size (6–L)

talent *m.* talent (3)

tant so much (17–C)

  —— mieux! good! (17–C)

  —— pis! too bad! (17–C)

tante *f.* aunt (2)

taper to type (7–L, 8)

tapis *m.*

  —— volant magic carpet

tard late (1–C, 7)

  à plus —— see you later (1–C, 7)

tarte *f.* pie (3)

tasse *f.* cup (5–C)

taux *m.*

  —— de change exchange rate (12–C)

taxe *f.* tax (4)

taxi *m.* taxicab (4–C)

  en —— by cab (4–C)

Tchad *m.* Chad (4)

te you (11); to you (2–C, 11); yourself (13)

technique

  enseignement —— vocational education (6–L)

tel (-le) such, like (18)

télé *f.* TV (2)

  à la —— on TV (4)

télécarte *f.* pay phone card (7–C)

télégramme *m.* telegram (12)

télématique *f.* tele-computing (7–L)

téléphone *m.* telephone (7–C)

  coup de —— phone call (7–C)

  numéro de —— phone number (7–C)

téléphoner to phone (7)

télévisé (-e)

  journal —— TV news (14)

télévision *f.* television (1)

tellement really (18)

téméraire bold (17)

témoin *m.* witness (8–L)

temporaire temporary (11–L)

temps *m.* weather, time, tense of a verb (6)

  à —— in time (10)

  de —— en —— from time to time (12–D)

  Quel temps fait-il? What's the weather like? (6–C)

tendre tender (17)

tenir to hold (10)

  —— à + noun to be fond of (10)

  —— à + verb to be anxious to, to insist on (10)

  —— de + noun to take after (10)

  Tenez! Tiens! Here! Say! (10)

tennis *m.* tennis (6)

tension *f.* tension (11–L)

tente *f.* tent (13–L)

terme *m.*

à court —— short-term (11–L)
à long —— long-term (13–L)
terminé (-e) finished (13)
terminer to finish (1)
terrain *m.*
 —— de camping campground (4–L)
terre *f.* land, earth (5–L, 17)
 tremblement de —— earthquake (13–L)
terrible horrible (13–L)
tes your (5)
tête *f.* head (13)
texte *m.* text (14)
thé *m.* tea (3)
théâtral (-e) theatrical (16–L)
théâtre *m.* theater (4)
tien (-ne) yours (14)
Tiens! Hey! (2)
tiers *m.* third (16–L)
timbre *m.* stamp (7)
timide timid, shy (2)
titre *m.* title (16–C)
 gros —— headline (16–C)
toi you (P, *forms*–5); yourself (13)
toilettes *f., pl.* restroom (9)
tomate *f.* tomato (9–C)
tomber to fall (10)
 —— en panne to have a breakdown (*in a car*) (10–L)
ton your (5)
tonnerre *m.* thunder (8)
tort *m.*
 avoir —— to be wrong (3)
tôt early (7)
touche *f.* key (7–L)
toucher to touch (11–L)
toujours always (2)
Tour de France *m.* annual bicycle race in France (14)
tour *m.*
 faire un —— to take a walk (5)
touriste *m.* tourist (5)
tournage *m.* filming (10–L)
tourner to turn (4–C)
tous all (2–L, 4)
 —— les jours every day (2–L, 4)
tout all, everything (1–C, 3)
 à —— à l'heure see you later (1–C)
 —— à coup suddenly (18–L)
 —— de suite right away (3)

 —— d'un coup all of a sudden (17–L)
 —— en while (13–L)
 pas du —— not at all (4)
traditionnel (-le) traditional (16–L, 18)
traditionnellement traditionally (3–L, 18)
traduction *f.* translation (17–L)
traduire to translate (14)
traffic *m.* trafficking (11)
tragédie *f.* tragedy (15)
train *m.* train (3)
 en —— by train (3)
 —— de marchandise freight train (10–L)
traitement *m.* treatment (13–L)
traitement de texte *m.* word processor (8)
traiter to deal (17–L)
tranquille quiet (11–C)
tranquillement quietly (18)
transistor *m.* transistor radio (9)
transplantation *f.* transplant
transport *m.* transportation (3)
travail *m.* work (5–L, 6)
travailler to work (1)
travailleur (-se) hard-working (11–L)
treize thirteen (1)
tremblement *m.*
 —— de terre earthquake (13–L)
trente thirty (2)
trentième thirtieth (2)
très very (P)
trimestre *m.* quarter (8)
triste sad (11)
trois three (1)
troisième third (2)
trombone *m.* trombone (15)
trompette *f.* trumpet (15)
trop (de) too much, too many (5)
trouver to find (3)
 se —— to be located (4–C, 13)
truc *m.* thingamajig (*fam.*) (11–C)
truqué (-e) fake (14)
tu you (1)
tuer to kill (17)
Tunisie *f.* Tunisia (4)
tunisien (-ne) Tunisian (3)
type typical (6–L)
type *m.* dude (*fam.*) (18–C)

typique typical (6–L)
typiquement typically (3–L)

U

un, une a, an, one; the one (1)
 à la ——e on the front page of a newspaper (16–C)
Un(e) Tel(le) *m., f.* So-and-So (11–C)
unique unique (7–L)
 sens —— one way (10–C)
unité centrale *m.* central processing unit (C.P.U.) (8)
universitaire university (2–L, 4)
université *f.* university (1)
urgence *f.* emergency (13–L)
URSS *f.* Soviet Union (4)
usage *m.* usage, use (5–L, 15)
usine *f.* factory (4)
utile useful (2)
utilisé (-e) used (10–L)
utiliser to use (3–L, 8)
utilitaire utilitarian (7–L)

V

vacances *f., pl.* vacation (4)
 en —— on vacation (4–L)
 les grandes —— summer vacation (4–L, 10)
vacancier *m.* vacationer (4–L)
vaccin *m.* vaccine
vagabond (-e) wandering (17)
vague *f.* wave (16–L)
vainqueur *m.* winner (14–L)
vaisselle *f.*
 faire la —— to do the dishes (5)
valeur *f.* value (12–C)
valise *f.* suitcase (5)
 faire les ——s to pack (5)
valoir to be worth (11)
 il vaut mieux it is better (11)
vantard (-e) braggart
vanter to brag about (14–L)
varié (-e) varied (9–L)
Varsovie Warsaw (4)
veau *m.* veal (9–C)
vedette *f.* star (14–L)
vélo *m.* bike (3)
 à —— on a bike (4–C)
 faire du —— to ride a bike (8–C)

vendeur (-se) *m.* salesperson (16–C)

vendre to sell (9)

vendredi *m.* Friday (6)

vendu (-e) sold (8–L)

venir to come (7, *forms*–10)

  —— **de + inf.** to have just done something (10)

  —— **de + noun** to come from (10)

vent *m.* wind (8)

  faire du —— to be windy (8)

vente *f.* sale (12–L)

ventre *m.* stomach (13)

vérifier to check (10–C)

véritable true (4–L)

vérité *f.* truth (14)

verre *m.* glass (5–C, 12)

  prendre un —— to have a drink (12)

vers about, around (13)

vert (-e) green (2)

vêtement *m.* clothes (5)

vétérinaire *m.* veterinarian (7–L)

viande *f.* meat (3)

vide empty (14)

vie *f.* life (2–C, 4)

  niveau de —— standard of living (12–L)

vieil *special form of* **vieux** *used before a masculine singular noun beginning with a vowel sound* (9)

vieillir to get old (6–L)

vietnamien Vietnamese (3–L)

vieux (vieille) old (6–L, 9)

ville *f.* city (2–L, 4)

  centre —— downtown (12)

  en —— downtown (2–L, 4)

vin *m.* wine (2)

  carte des ——**s** wine list (9–C)

  —— **doux** sweet wine (12)

  —— **sec** dry wine (12)

vinaigrette *f.* oil and vinegar dressing (3–L)

vingt twenty (1)

vingt et unième twenty-first (2)

vingtaine *f.* about twenty (9–L)

vingtième twentieth (2)

violemment violently (18)

violence *f.* violence (11)

violent (-e) violent (8–L, 14)

violon *m.* violin (15)

violoncelle *m.* cello (15)

virage *m.* curve (10–L)

visage *m.* face (17)

visite *f.*

  rendre —— **à** to visit (9)

  une —— (*doctor*) house call (13–C)

visiter to visit (*a place*) (4)

visiteur *m.* visitor (8–L)

vite fast (4–L, 18)

vitesse *f.*

  limite de —— speed limit (4–L)

vivace vivacious (15)

vivre to live (11–L, *forms*–17)

vocabulaire *m.* vocabulary

vodka *f.* vodka

voici here is / are (1)

voilà there is / there are (1–L, 3)

voir to see (5, *forms*–8)

  aller —— to visit (*people*) (5)

  Voyons! Let's see, Come on! (8)

voisin *m.* neighbor (11)

voiture *f.* car (3)

  en —— by car (4–C)

voix *f.* voice

  à haute —— aloud

  —— **grave** deep voice

vol *m.* flight (5)

volant *m.* steering wheel (10–C)

voler to steal (18–L)

volonté *f.* will (15)

vos your (5)

votre your (1, *forms*–5)

vôtre yours (14)

vouloir to want to (1, *forms*–7)

  —— **dire** to mean (1)

  Je voudrais I would like (2–C, 3)

  Veuillez agréer Please accept (15–C)

vous you (1); to you (1); you (5)

vous-même(s) yourself (5); to you, you (11); yourself, yourselves (13)

voûte *f.* vaulted ceiling (9)

voyage *m.* trip (1–L, 4)

  agence de —— travel agency (4)

  chèque de —— traveler's check (1–L)

voyager to travel (2)

voyageur *m.* traveler (9–L)

voyelle *f.* vowel

vrai (-e) true (2)

  c'est pas ——? no? (17–C)

vraiment really, truly (11–L, 18)

vue *f.* view (4)

W

wagon *m.* train car (10–L)

walkman *m.* walkman (9)

week-end *m.* weekend (4)

western *m.* western film (8–C)

xénophobie *f.* xenophobia (18–L)

Y

y there (1, *use*–15)

  il n'y a pas de quoi don't mention it (1)

  il y a there is, there are, ago (3)

yeux *m., pl.* eyes (13)

Z

Zaïre *m.* Zaire (4)

zéro zero (1)

zut darn (17–C)

  —— **alors!** darn! (17–C)

Anglais–français

The English-French Vocabulary contains only active vocabulary.

A

a, an   un, une (indef. art., adj.) (1)
a lot of   beaucoup (1)
about   de (1), sur (2), vers (13)
absent   absent (-e) (2)
absolutely   absolument (11)
accent   accent *m.* (13)
[to] accept   accepter (15)
accident   accident *m.* (10)
actor   acteur *m.* (2)
ad
  classified ad   petite annonce *f.*
  (16)
advice   conseil *m.* (13)
[to] advise   conseiller (à) (12)
affair   affaire *f.* (6)
affectionate   affectueux (-se) (2)
affectionately   affectueusement (18)
affront   atteinte *f.* (15)
Africa   Afrique *f.* (4)
after all   après tout (4)
after   après (1)
afternoon   après-midi *m.* (3)
  (in the) ——   l'après-midi (4)
again   encore (5)
age   âge *m.* (3)
ago   il y a (16)
agreeable   agréable (2)
ahead   d'avance (14)
AIDS   Sida *m.* (11)
airplane   avion *m.* (3)
airport   aéroport *m.* (10)
awkward structure   lourdeur *f.* (15)
albatros   albatros *m.* (17)
alcohol   alcool *m.* (3)
Algeria   Algérie *f.* (4)
all   tous (4), tout (3)
allow   laisser (6)
almost   presque (5)
alone   seul (-e) (2)
alphabet   alphabet *m.* (1)
already   déjà (5)
also   aussi (2)
always   toujours (2)
ambitious   ambitieux (-euse) (2)
America   Amérique *f.* (4)
American   américain (-e) (2)
amusement   distraction *f.* (6)

and   et (PC)
animal   animal *m.* (7)
[to] announce   annoncer (à) (18)
[to] annoy   embêter (11)
annoyance   inconvénient *m.* (11)
[to] answer   répondre (à) (1)
answer   réponse *f.* (10)
answering machine   répondeur *m.*
  (9)
anthropology   anthropologie *f.* (8)
any   de (nondef. art.) (3), quelque
  (7)
apartment   appartement *m.* (4)
application   demande *f.* (10)
appointment   rendez-vous *m.* (7)
[to] appreciate   apprécier (2)
April   avril *m.* (6)
Arabic   (*language*) arabe *m.* (8)
architect   architecte *m.* (2)
architecture   architecture *f.* (8)
arm   bras *m.* (13)
armchair   fauteuil *m.* (16)
around   vers (13)
arrival   arrivée *f.* (14)
[to] arrive   arriver (2)
art   art *m.* (2)
article   article *m.* (15)
artist   artiste *m.* (2)
artistic   artistique (15)
as   comme (3)
  — **far** —   jusqu'à (3)
  — **of**   dès (16)
  — **soon** —   aussitôt que (17)
  — **soon** —   dès que (17)
Asia   Asie *f.* (4)
[to] ask   demander (3)
  —— **a question**   poser une
  question (3)
at   à (1)
  —— **first:**   d'abord (9)
  —— **home:**   à la maison (4)
  —— **length:**   longuement (18)
  —— **the corner of:**   au coin de
  (4)
  —— **the house of:**   chez (4)
  —— **the:**   au (à + le) aux (à +
  les) (1)
athletic   sportif (-ve) (14)

attention   attention *f.* (4)
August   août *m.* (6)
aunt   tante *f.* (2)
Austria   Autriche *f.* (4)
author   auteur *m.* (2)
automatic   automatique (10)
available   disponible (15)
[to] avoid   éviter (10)
awful   épouvantable (18)

B

back   dos *m.* (13)
bad   mauvais (-e) (2)
badly   mal (1)
ballet   ballet *m.* (15), danse classique
  f. (15)
bank   banque *f.* (4)
  —— **account:**   compte en banque
  m. (11)
bar-restaurant   brasserie *f.* (12)
baseball   base-ball *m.* (14)
basketball   basket-ball *m.* (14)
bath   bain *m.* (4)
bathroom   salle de bains *f.* (9)
[to] be   être (2)
  —— **. . . to**   être + *adj.* + de
  (15)
  —— **. . . years old**   avoir ... ans
  (3)
  —— **able to**   pouvoir (7)
  —— **about**   s'agir (de) (15)
  —— **afraid**   avoir peur (11)
  —— **bad weather**   faire mauvais
  (5)
  —— **born**   naître (6)
  —— **cold**   (*weather*) faire froid (5)
  —— **cold**   (*people*) avoir froid (3)
  —— **cool**   faire frais (8)
  —— **done**   se faire (10)
  —— **fine**   aller bien (PC)
  —— **foggy**   faire du brouillard (8)
  —— **fond of**   tenir à + *noun* (10)
  —— **fond of**   aimer bien (4)
  —— **hot**   (*people*) avoir chaud (3)
  —— **hungry**   avoir faim (3)
  —— **interested in**   s'intéresser
  (à) (15)
  —— **located**   se trouver (13)

—— **named** s'appeler (*forms*) (13)

—— **nice** (*temperature*) faire bon (8)

—— **nice** (*weather*) faire beau (5)

—— **on a diet** être au régime (5)

—— **on time** être à l'heure (11)

—— **right** avoir raison (3)

—— **sorry** regretter de (11)

—— **sunny** faire du soleil (8)

—— **thirsty** avoir soif (3)

—— **too bad** être dommage (11)

—— **warm** (*weather*) faire chaud (5)

—— **windy** faire du vent (8)

—— **worth** valoir (11)

—— **wrong** avoir tort (3)

beach plage *f.* (4)

beautiful beau (bel), belle (4, *forms*-9)

beauty beauté *f.* (15)

because parce que (4), car (10)

[to] become devenir (10)

bed lit *m.* (4)

bedroom chambre *f.* (2)

beer bière *f.* (3)

before avant (6)

[to] begin commencer (1), se mettre à (17)

beginning début *m.* (6)

[to] behave se conduire (14)

behind derrière (4)

beige beige (6)

Belgian belge (8)

Belgium Belgique *f.* (4)

[to] belong to être à (5), appartenir (à) (10)

belt ceinture *f.* (6)

better mieux (2), meilleur (-e) (18)

bicycle vélo *m.*, bicyclette *f.* (3)

big gros (-se) (9)

billion milliard *m.* (6)

biology biologie *f.* (8)

biotechnology biotechnologie *f.* (17)

birth naissance *f.* (10)

birthdate date de naissance *f.* (10)

black noir (-e) (2)

blond blond (-e) (2)

blood sang *m.* (13)

—— **test** prise de sang *f.* (13)

blouse chemisier *m.* (5)

blue bleu (-e) (2)

blue jeans jean *m.* (5)

[to] blush rougir (7)

board tableau *m.* (15)

boarding

—— **pass** carte d'embarquement *f.* (5)

bold téméraire (17)

book livre *m.* (1)

bookstore librairie *f.* (4)

boring ennuyeux (-se) (2)

[to] borrow emprunter (8)

boss patron *m.* (14)

bottle bouteille *f.* (12)

boy garçon *m.* (2)

boyfriend petit ami *m.* (2)

[to] brake freiner (10)

branch branche *f.* (18)

brand marque *f.* (7)

Brazil Brésil *m.* (4)

bread pain *m.* (3)

broken down en panne (11)

breakfast petit-déjeuner *m.* (9)

[to] bring apporter (3)

—— **(someone)** amener (17)

—— **back** rapporter (6)

bronze bronze *m.* (15)

brook ruisseau *m.* (17)

brother frère *m.* (2)

brown brun (-e) (2)

Brussels Bruxelles *f.* (4)

brutal brutal (-e) (17)

buddy copain *m.* (2)

bus

city —— autobus *m.* (1)

intercity —— (*m.*) autocar (1)

business affaires *f. pl.* (6), gestion *f.* (8), sciences économiques *f. pl.* (sciences éco) (8)

but mais (1)

butter beurre *m.* (3)

[to] buy acheter (5, 13-forms)

by par (1)

C

cake gâteau *m.* (3)

calculator calculatrice *f.* (9)

calendar calendrier *m.* (6)

[to] call appeler (PC, forms-13)

—— **back** rappeler (forms) (13)

campaign campagne *f.* (13)

Canada Canada *m.* (2)

Canadian Canadien (-ne) *m., f.* (2), canadien (-ne) (2)

candy bonbon *m.* (7)

capital capitale *f.* (8)

car auto *f.*, voiture *f.* (3)

card carte *f.* (3)

career métier *m.* (15)

artistic —— métier artistique *m.* (15)

careful prudent (-e) (2)

carefully prudemment (18)

[to] carry away emporter (12)

cassette cassette *f.* (9)

castle château *m.* (4)

cat chat *m.* (2)

cell (*prison*) cachot *m.* (9)

cello violoncelle *m.* (15)

center centre *m.* (12)

central processing unit (CPU) unité centrale *f.* (8)

central central (-e) (8)

certain certain (-e) (2)

certainly certainement (18)

Chad Tchad *m.* (4)

chair chaise *f.* (3)

challenge défi *m.* (17)

chance chance *f.* (6)

[to] change changer (6)

channel chaîne *f.* (9)

chapel chapelle *f.* (9)

charming charmant (-e) (2)

check enregistrer (5)

cheese fromage *m.* (3)

chemistry chimie *f.* (8)

child enfant *m., f.* (1)

China Chine *f.* (4)

Chinese chinois (8)

chocolate chocolat *m.* (3)

[to] choose choisir (7)

church église *f.* (4)

cigarette cigarette *f.* (7)

pack of ——**s** paquet de cigarettes *m.* (7)

city ville *m.* (4)

city square place *f.* (4)

class classe *f.* (1), cours *m.* (1)

classical classique (2)

classmate camarade de classe *m.* (3)

clear clair (-e) (17)

[to] close fermer (1)

close   proche (4)
closed   fermé (-e) (2)
clothes   vêtements *m.* (5)
cloud   nuage *m.* (8)
cloudy   couvert (-e) (8)
coast   côte *f.* (4)
coat   manteau *m.* (6)
coffee   café *m.* (1)
coin   pièce *f.* (14)
cold   froid *m.* (7)
   to be ——— (*people*)   avoir froid (3)
   [to] be ——— (*weather*)   faire froid (5)
cold cuts   charcuterie *f.* (12)
color   couleur *f.* (2)
[to] come   venir (10)
   ——— **back**   revenir (10)
   ——— **from**   venir de + *noun* (10)
   ——— **home**   rentrer (4)
   ——— **on!**   Voyons! (8)
comedy   comédie *f.* (15)
compact   compact (-e) (9)
company   compagnie *f.* (10)
company   société *f.* (11)
competent   compétent (-e) (2)
complete   complet (-ète) (18)
completely   complètement (18)
complicated   compliqué (-e) (2)
computer   ordinateur *m.* (8)
   ——— **printer**   imprimante *f.* (8)
computer science   informatique *f.* (8)
   personal computer (PC)   ordinateur personnel (OP) *m.* (8)
concert   concert *m.* (6)
concierge   concierge *m., f.* (16)
[to] conclude   conclure (17)
conductor   chef d'orchestre *m.* (15)
[to] consult   consulter (11)
[to] consume   consommer (3)
[to] contain   contenir (10)
contemporary   contemporain (-e) (11)
[to] continue   continuer (1)
[to] contribute   contribuer (15)
control   contrôle *m.* (14)
[to] cook   faire la cuisine (2) (2)
cooking   cuisine *f.* (2)
corner   coin *m.* (4)

correct   correct (-e) (15)
correspondence   correspondance *f.* (6)
costs   frais *m. pl.* (10)
counter   comptoir *m.* (5)
country   campagne *f.* (13)
country   pays *m.* (4)
courageous   courageux (-se) (2)
course   cours *m.* (1)
court   cour *f.* (9)
couscous   couscous *m.* (3)
cousin   cousin (-e) (2)
covered   couvert (-e) (8)
cream   crème *f.* (3)
   sun cream   crème solaire *f.* (5)
creation   création *f.* (15)
credit   crédit *m.* (10)
crêpe   crêpe *f.* (5)
criminality   criminalité *f.* (11)
criticize   critiquer (15)
cruel   cruel (-le) (17)
[to] cure   guérir (17)
curious   curieux (-se) (18)
curiously   curieusement (18)

D

damage   dommage *m.* (11)
[to] dance   danser (1)
dance   danse *f.* (15)
dancer   danseur (-se) (15)
danger   danger *m.* (17)
dangerous   dangereux (-se) (2)
date   date *f.* (6), rendez-vous *m.* (7)
[to] date   fréquenter (2), sortir avec (7)
day   jour *m.* (4)
dear   cher, chère (4)
debate   débat *m.* (15)
December   décembre *m.* (6)
[to] decide   décider (4)
deliberate   délibéré (-e) (15)
Denmark   Danemark *m.* (4)
dentist   dentiste *m.* (6)
[to] describe   décrire (14)
desert   désert *m.* (17)
desire   envie *f.* (11)
desk   bureau *m.* (1)
dessert   dessert *m.* (7)
destruction   destruction *f.* (15)
[to] devote   consacrer (15)
dialogue   dialogue *m.* (1)

dictionary   dictionnaire *m.* (8)
[to] die   mourir (10)
diet   régime *m.* (5)
   ——— **soft drink**   boisson diététique *f.* (12)
difficult   difficile (2)
[to] diminish   diminuer (11)
dining room   salle à manger *f.* (9)
dinner   dîner *m.* (3)
diplomat   diplomate *m. f.* (2)
direction   direction *f.* (6)
[to] discuss   discuter (11)
disease   maladie *f.* (17)
disgusting   dégoûtant (-e) (18)
dish   plat *m.* (12)
   prepared ———   plat cuisiné *m.* (12)
dishwasher   lave-vaisselle *m.* (16)
disk   diskette *f.* (8)
   ——— **drive**   lecteur de diskettes *m.* (8)
[to] disobey   désobéir (à) (7)
district   arrondissement *m.* (16)
divided   divisé (-e) (1)
[to] do   faire (5)
   ——— **gymnastics**   faire de la gymnastique (14)
   ——— **homework**   faire des devoirs (5)
   ——— **housework**   faire le ménage (5)
doctor   médecin *m.* (2), docteur *m.* (7)
dog   chien *m.* (9)
dollar   dollar *m.* (6)
don't mention it   il n'y a pas de quoi (1)
door   porte *f.* (1)
dormitory   résidence universitaire *f.* (4)
[to] doubt   douter (11)
downtown   en ville (4), centre ville *m.* (12)
drama   drame *m.* (15)
[to] dream   rêver (de) (15)
dress   robe *f.* (5)
[to] drink   boire (12)
drink   boisson *f.* (3)
   before dinner ———   apéritif *m.* (3)
   diet soft ———   boisson

diététique *f.* (12)

[to] **drive** conduire (14)

driver conducteur *m.* (10)

drug drogue *f.* (11)

—— **test** contrôle anti-doping *m.* (14)

drugstore pharmacie *f.* (4)

dry sec (sèche) (12)

dryly sèchement (18)

during pendant (5)

duty devoir *m.* (4)

E

each chaque (9)

ear oreille *f.* (13)

early en avance (4), tôt (7), de bonne heure (11)

[to] **earn** gagner (8)

earth terre *f.* (17)

easily facilement (7)

easy facile (2)

[to] **eat** manger (1)

economical économique (8)

economist économiste (2)

education éducation *f.* (8), enseignement *m.* (15)

physical —— éducation physique *f.* (8)

effort effort *m.* (17)

eight huit (1)

eighteen dix-huit (1)

eighty quatre-vingts (4)

[to] **elect** élire (17)

eleven onze (1)

eleventh onzième (2)

elsewhere ailleurs (18)

employee employé (-e) *m., f.* (6)

employment emploi *m.* (11)

empty vide (14)

[to] **end** finir (7)

end bout *m.* (6), fin *f.* (9)

energy énergie *f.* (17)

engineer ingénieur *m.* (2)

England Angleterre *f.* (4)

English anglais (-e) (2)

English language anglais *m.* (1)

enough assez de (18)

—— suffisamment (18)

—— suffisant (-e) (18)

enormously énormément (17)

[to] **enter** entrer (10)

entertainment distraction *f.* (6)

entrance entrée *f.* (9)

equality égalité *f.* (11)

errand course *m.* (5)

especially surtout (11)

essential essentiel (-le) (11)

Europe Europe *f.* (2)

European européen (-ne) (10)

even même (6)

evening soir *m.* (1), soirée *f.* (16)

in the —— le soir (4)

everyday tous les jours (4)

everybody tout le monde (9)

everything tout (3)

everywhere partout (18)

evidently évidemment (18)

exactly justement (6)

examination examen *m.* (3)

[to] **examine** examiner (13)

[to] **exercise** faire de l'exercice (13)

exercise exercice *m.* (2)

[to] **explain** expliquer (1)

extract extrait *m.* (15)

extraordinary extraordinaire (18)

eye oeil *m.* (*pl.*: yeux) (13)

F

face visage *m.* (17)

factory usine *f.* (4)

[to] **fail** échouer (à) (15)

faithful fidèle (11)

fake truqué (-e) (14)

[to] **fall asleep** s'endormir (13)

[to] **fall** tomber (10)

fall automne *m.* (6)

family famille *f.* (2)

famous célèbre (9)

fantastic fantastique (2)

far from loin de (4)

[to] **fascinate** passionner (15)

fascinating fascinant (-e) (4)

fast (*adj.*) rapide (2); (*adv.*) vite (18)

father père *m.* (2)

fear peur *f.* (11)

fearful craintif (-ve) (17)

February février *m.* (5)

fee cotisation *f.* (10)

[to] **feel** sentir (7)

—— **like** avoir envie (11)

feminine féminin (-e) (2)

fencing escrime *f.* (14)

few peu (1)

a —— quelque (7)

fiancé fiancé (-e) *m., f.* (7)

fifteen quinze (1)

fifth cinquième (2)

fiftieth cinquantième (2)

fifty cinquante (2)

[to] **fill (out)** remplir (10)

filter filtre *m.* (7)

finally enfin (16)

[to] **find** trouver (3)

—— **again** retrouver (6)

finger doigt *m.* (13)

[to] **finish** terminer (1)

finished terminé (-e) (13)

Finland Finlande *f.* (4)

fireplace cheminée *f.* (9)

first premier (-ère) (2)

first(ly) premièrement (18)

fish poisson *m.* (12)

fishing pêche *f.* (14)

five cinq (1)

[to] **fix** fixer (7)

flight vol *m.* (5)

[to] **flood** inonder (8)

floor étage *m.* (16)

flour farine *f.* (3)

flute flûte *f.* (15)

[to] **follow** suivre (8)

following suivant (-e) (15)

food nourriture *f.* (3)

foot pied *m.* (13)

for pour (4), depuis (6), car (10)

—— **a long time** depuis longtemps (6)

foreign étranger (-ère) (8)

foreigner étranger (-ère) *m., f.* (10)

[to] **foresee** prévoir (8)

[to] **forget** oublier (5)

form formulaire *m.* (10)

former ancien (-ne) (2)

fortunately heureusement (6)

forty quarante (2)

four quatre (1)

fourteen quatorze (1)

fourth quart *m.* (3)

fourth quatrième (2)

franc franc *m.* (4)

France France *f.* (4)

French language français *m.* (1)

French Revolution la Révolution *f.* (9)

French (person) Français (-e) *m., f.* (2)

French français (-e) (2)

—— **fries** frites *f. pl.* (5)

frequent fréquent (-e) (18)

frequently fréquemment (18)

Friday vendredi *m.* (6)

friend ami (-e) *m., f.* (1), copine *f.* (2)

from de (*prép.*) (1), à partir de (16)

—— **there** de là (9)

—— . . . **on** dès (16)

fruit fruit *m.* (12)

—— **juice** jus de fruit *m.* (12)

full plein (-e) (4)

furious furieux (-euse) (11)

furnished meublé (-e) (16)

furniture meuble *m.* (16)

future futur *m.* (4), avenir *m.* (7)

G

gallery galerie *f.* (9)

game match *m.* (4)

general delivery poste restante *f.* (12)

generally généralement (18)

generous généreux (-se) (2)

Geneva Genève *f.* (4)

gentlemen messieurs *m. pl.* (4)

geography géographie *f.* (8)

geology géologie *f.* (8)

German (*language*) allemand *m.* (8)

German allemand (-e) (2)

Germany Allemagne *f.* (4)

[to] get

—— **closer** s'approcher (18)

—— **dressed** s'habiller (13)

—— **on** monter (6)

—— **undressed** se déshabiller (13)

—— **up** se lever (13)

gift cadeau (-x) *m.* (1)

—— **shop** maison de cadeaux *f.* (7)

girl fille *f.* (2)

girlfriend petite amie *f.* (2)

[to] give donner (4)

—— **back** rendre (9)

glass verre *m.* (12)

[to] go aller (PC, forms-4)

—— **back** retourner (10)

—— **down** descendre (6, forms-9)

—— **for a walk** faire un tour, une promenade (5), se promener (13)

—— **horseback riding** faire de l'équitation (14)

—— **in** entrer (10)

—— **on a diet** faire un régime (5)

—— **out** sortir (7)

—— **shopping** faire des courses (5)

—— **to bed** se coucher (13)

—— **up** monter (6)

—— **wind surfing** faire de la planche à voile (14)

Let's go Allons-y, On y va, Allez-y (vas-y) (4)

God Dieu *m.* (18)

golf golf *m.* (14)

good bon (ne) (forms-9)

—— **-bye** au revoir (1), bonjour (*in Canada*) (PC)

—— **evening** bonsoir (1)

grade note *f.* (8)

gram gramme *f.* (12)

grandfather grand-père *m.* (2)

grandmother grand-mère *f.* (2)

grass herbe *f.* (2)

gravely gravement (18)

gray gris (-e) (2)

Great Britain Grande-Bretagne *f.* (4)

great formidable (2), grand (-e) (6)

Greek language grec *m.* (8)

green vert (-e) (2)

group groupe *m.* (9)

grow pousser (17)

Guadeloupe Guadeloupe *f.* (5)

guard garde *m.* (9)

guide (*book*) guide *m.* (9)

guillotine guillotine *f.* (9)

guitar guitare *f.* (15)

gymnasium gymnase *m.* (6)

H

habit habitude *f.* (10)

hair cheveux *m. pl.* (2)

half demi (-e) (3)

hall couloir *m.*, entrée *f.* (9)

[to] hand back/in remettre (10)

hand main *f.* (2)

—— **clasp** poignée de main *f.* (2)

—— **luggage** bagage à main *m.* (5)

handsome beau (bel), belle (4, forms-9)

hang glider deltaplane *m.* (14)

happiness bonheur *m.* (11)

happy heureux (-se), content (-e) (2)

harbor port *m.* (4)

hardware matériel *m.* (8)

harm dommage *m.* (11)

[to] hate détester (2)

[to] have avoir (3), prendre (6, forms-9)

—— **a good time** s'amuser (13)

—— **an ache** avoir mal à (7)

—— **dinner** dîner (*verb*) (3)

—— **just done something** venir de + *inf.* (10)

—— **to** falloir (il faut) (5), devoir (12)

—— **trouble** avoir du mal à (15)

he il (*subj. pron.*) (1), lui (*tonic, pron.*) (5)

head tête *f.* (13)

health santé *f.* (11)

[to] hear entendre (9)

heat chaleur *f.* (8)

heavens cieux *m.* (17)

hello bonjour (PC)

—— (*on the phone*) allô (7)

her (*poss. adj.*) son, sa, ses (5); (*dir. obj. pron.*) la (l') (8); (*poss. pron.*) sien, sienne (14); (*ind. obj. pron.*) lui (9); (*tonic pron.*) elle (5)

here ici (1)

—— **is / are** voici (1)

—— **!** Tiens (2), Tenez! (10)

[to] hesitate hésiter (à) (15)

Hi salut (PC)

him le (l') (8); (*ind. obj. pron.*) lui (9); (*tonic pron.*) lui (5)

his son, sa, ses (5)

—— (*poss. pro.*) sien (-ne) (14)

history histoire *f.* (6)

hockey *hockey *m.* (14)

[to] hold back retenir (10)

[to] hold tenir (10)

—— **please** Ne quittez pas (7)
holiday fête *f.* (6)
Holland *Hollande *f.* (4)
home maison *f.* (4)
   at —— à la maison (4)
homeless sans-logis *m., f.* (11)
homework devoir *m.* (4)
   written —— devoirs écrits *m.*
   pl. (8)
[to] hope espérer (10, forms-13)
horrible affreux (-se) (2), horrible
   (18)
horseback riding équitation *f.* (14)
hostess hôtesse *f.* (4)
hot chaud (-e) (2)
hotel hôtel *m.* (1)
hour heure *f.* (3)
house maison *f.* (4)
how comment (PC)
   —— **are you?** Comment allez-
   vous? (PC) Comment ça va? (4)
   —— **do you say?** Comment dit-
   on … (1)
   —— **is it going?** Ça va? (PC)
   —— **much are . . . ?** combien
   font … ? (1)
   —— **much** combien (1)
hugs and kisses affectueux baisers
   m. pl. (8)
hundred cent (4)
hunger faim *f.* (3)
hunting chasse *f.* (14)
[to] hurry se dépêcher (13)
[to] hurt faire mal (5)
husband mari *m.* (2)
hypochondriac hypocondriaque *m.,*
   f. (13)
hypocrisy hypocrisie *f.* (2)
hypocritical hypocrite (2)

I

I je (PC)
I am fine je vais bien (PC),
   ça va (PC)
ice glace *f.* (3)
ice cream glace *f.* (3)
idea idée *f.* (5)
if si (3)
   —— **there is not** s'il n'y a pas (4)
immediately tout de suite (3), juste
   (16)

imperfect imparfait *m.* (10)
impolite impoli (-e) (2)
importance importance *f.* (11)
important important (-e) (11)
impossible impossible (2)
impressive impressionnant (-e) (8)
in en (1), dans (3)
   —— **addition** en plus (10)
   —— **front of** devant, en face (4)
   —— **general** en général (1)
   —— **my opinion** à mon sens
   (15)
   —— **order to** pour (4)
   —— **the country** à la campagne
   (13)
   —— **the fall** en automne (6)
   —— **the month of** au mois de
   (6)
   —— **the spring** au printemps
   (6)
   —— **the summer** en été (6)
   —— **the** au (à + le) aux (à +
   les) (1)
   —— **time** à temps (10)
   —— **your place** à ta place (16)
[to] include contenir (10)
incompetent incompétent (-e) (2)
[to] increase augmenter (17)
independent indépendant (-e) (2)
indicate indiquer (7)
indispensable indispensable (10)
inflation inflation *f.* (11)
information renseignement *m.* (4)
   tourists' —— **bureau** syndicat
   d'initiative *m.* (4)
innocent innocent (-e) (18)
innocently innocemment (18)
inside dans (3)
instant instant *m.* (5)
instrument instrument *m.* (15)
insufficient insuffisant (-e) (15)
insufficiently insuffisamment (18)
insurance
   full collision —— assurance
   tous risques *f.* (10)
intelligent intelligent (-e) (2)
intelligently intelligemment (18)
[to] interest, intéresser (16)
interesting intéressant (-e) (2)
interview interview *f.* (11)
into dans (3)

intolerance intolérance *f.* (2)
[to] introduce présenter à (9)
[to] invite inviter (1)
Ireland Irlande *f.* (4)
isn't it? n'est-ce pas? (1)
issue (*of a magazine***)** numéro *m.*
   (15)
it is better il vaut mieux (11)
it is possible il se peut (11)
it ça (PC), ce (*dem. adj.; dem. pro.*)
   (1, forms-7), cela
   il (*subj. pron.*) (1), le, la (l') (*dir.*
   obj. pron.) (8)
it's a matter of il s'agit de (15)
It's c'est (1)
Italian language italien *m.* (8)
Italian italien (-ne) (2)
Italy Italie *f.* (4)
item article *m.* (15)

J

jackal chacal *m.* (18)
jail prison *f.* (9)
jam confiture *f.* (3)
January janvier (6)
Japan Japon (4)
jazz jazz *m.* (2)
jersey maillot *m.* (5)
jeweler bijoutier *m.* (7)
job opportunity débouché *m.* (11)
journalism journalisme *m.* (8)
journalist journaliste *m.* (2)
July juillet *m.* (6)
June juin *m.* (6)
just juste (11)
justice justice *f.* (11)

K

key clé *f.* (9)
keyboard clavier *m.* (8)
[to] kill tuer (17)
kilometer kilomètre *m.* (14)
kind sorte *f.* (3)
kiss baiser *m.* (8)
kitchen cuisine *f.* (9)
knee genou *m.* (13)
[to] know connaître (10), savoir (10)
   I don't —— je ne sais pas (1)

L

Labor Day Fête du Travail *f.* (6)
laboratory laboratoire *m.* (6)
ladies mesdames *f. pl.* (3)
lamb agneau *m.* (3)
lamp lampe *f.* (16)
land terre *f.* (17)
language langue *f.* (8)
   foreign ——s langues
    étrangères *f. pl.* (8)
large grand (-e) (6), gros (-se) (9)
last dernier (-ère) (5)
late tard (7), en retard (4)
   see you later à plus tard (7)
Latin latin *m.* (8)
law loi *f.*, droit *m.* (8)
lawyer avocat (-e) *m., f.* (2)
lazy paresseux (-se) (2)
[to] learn apprendre à (9)
[to] leave partir (4, *forms*-7), laisser
   (6), quitter (7)
left gauche (10)
leg jambe *f.* (13)
[to] lend prêter (8)
less moins (1)
lesson leçon *f.* (1)
letter lettre *f.* (7)
liaison liaison *f.* (6)
library bibliothèque *f.* (4)
[to] lie mentir (7)
lie mensonge *m.* (14)
life vie *f.* (4)
lightning éclair *m.* (8)
[to] like aimer (1), aimer bien (4),
   plaire (18)
   I would —— je voudrais (3)
like comme (3)
like tel (-le) (18)
line ligne *f.* (6)
Lisbon Lisbonne (4)
list liste *f.* (4)
[to] listen écouter (1)
literary littéraire (15)
literature littérature *f.* (8)
little petit (-e) (2), peu (1)
livable habitable (17)
live habiter (1)
living room salon *m.* (9)
London Londres (4)
long long (-ue) (18)
   a —— time longtemps (6)

[to] look
   —— at regarder (1)
   —— for chercher (4)
   —— out over / on donner sur
   (16)
[to] lose perdre (9)
   —— patience perdre patience
   (9)
lost and found bureau des objets
   trouvés (6)
[to] love aimer (1), adorer (2)
love amour *m.* (11)
luggage bagage *m.* (5)
lunch déjeuner *m.* (7)

M

magazine magazine *m.*, revue *f.* (14)
magnificent magnifique (2)
mail courrier *m.* (12)
mailman facteur *m.* (10)
[to] major in être en + *academic
   subject* (2)
[to] make faire (*formes*) (5)
   —— + *adjective* rendre (9)
   —— an appointment fixer
   rendez-vous (7)
   —— noise faire du bruit (11)
man homme *m.* (1)
many beaucoup (1)
map carte *f.* (3)
maple érable *m.* (17)
March mars *m.* (6)
marvelous merveilleux (-se) (5)
marvelously merveilleusement (18)
masculine masculin (-e) (2)
material matériel (-le) (11)
materialistic matérialiste (11)
mathematics mathématiques
   (maths) *f.* (8)
May mai *m.* (6)
me me (*reflex. pron.*) (13), moi (*tonic
   pron.*) (2, *forms*-5)
   to —— me (m'), moi (11)
[to] mean vouloir dire (1)
mean méchant (-e) (2)
meat viande *f.* (3)
medicine (*science*) médecine *f.* (8)
medicine médicament *m.* (17)
[to] meet rencontrer (8)
menu carte *f.* (3)
meter mètre *m.* (14)

Mexican mexicain (-e) (2)
Mexico City Mexico (4)
Mexico Mexique *m.* (4)
mid-level manager cadre *m.* (11)
middle-class bourgeois (-e) *m., f.*
   (15)
midnight minuit *m.* (3)
milk lait *m.* (3)
million million *m.* (6)
mine mien (-ne) (14)
mineral minéral (-e) (3)
minus moins (1)
minute minute *f.* (5)
   15 ——s un quart d'heure (3)
miss mademoiselle *f.* (1)
mistake faute *f.* (15)
modern moderne (2)
Monday lundi *m.* (6)
money argent *m.* (3)
   —— order mandat *m.* (12)
monitor moniteur *m.* (8)
month mois *m.* (5)
   in the —— of au mois de (6)
monthly mensuel (-le) (10)
monument monument *m.* (5)
moon lune *f.* (6)
   on the —— sur la lune (6)
more plus (1), davantage (13)
morning matin *m.* (3), matinée *f.* (5)
   in the —— le matin *m.* (4)
Morocco Maroc *m.* (4)
Moscow Moscou *f.* (4)
moss mousse *f.* (17)
mother mère *f.* (2)
mountain montagne *f.* (13)
   in the ——s à la montagne (13)
mouth bouche *f.* (13)
movie film *m.* (4)
movies, movie theater cinéma *m.*
   (4)
Mrs. madame *f.* (mesdames *f.
   pl.*) (PC), Mme (3)
much beaucoup (1)
multiplied multiplié (-e) (1)
museum musée *m.* (4)
music musique *f.* (2)
musical comedy comédie musicale
   f. (15)
musician musicien (-ne) *m. f.* (2)
mustard moutarde *f.* (3)
mutton mouton *m.* (3)

my   mon, ma, mes (5)
myself   moi-même (5)

N

name   nom *m.* (5)
  first ——   prénom *m.* (10)
  My —— is   Je m'appelle (PC)
National Holiday   Fête Nationale *f.* (6)
nauseating   écœurant (-e) (18)
near   près de, (4)
necessarily   nécessairement (18)
necessary   nécessaire (10)
necklace   collier *m.* (7)
necktie   cravate *f.* (5)
[to] need   falloir (il faut) (5), avoir besoin de (10)
need   besoin *m.* (10)
negative   négatif (-ve) (14)
neighbor   voisin *m.* (11)
nephew   neveu *m.* (2)
Netherlands   Pays-Bas *m. pl.* (4)
never   ne ... jamais (8)
New Orleans   La Nouvelle Orléans *f.* (4)
new   neuf (1), nouveau (nouvel, nouvelle) (9)
news   nouvelles *f. pl.* (8), informations *f. pl.* (14)
  TV ——   journal télévisé *m.* (14)
newspaper   journal (-aux) *m.* (14)
next   prochain (4)
nice   génial (-e) (18)
nice   sympathique (2), sympa (*fam.*) (11)
niece   nièce *f.* (2)
night   nuit *f.* (2)
  all —— long   de la nuit (13)
  —— club   boîte de nuit *f.* (2)
  —— stand   table de nuit *f.* (16)
nineteen   dix-neuf (1)
ninth   neuvième (2)
ninety   quatre-vingt-dix (4)
no   non (1)
  —— longer   ne ... plus (12)
  —— more   ne ... plus (12)
  —— one   ne ... personne (12), personne ... ne (12)
nobody   personne ... ne (12)
noise   bruit *m.* (11)
noon   midi *m.* (3)
nor   ni (17)

North America   Amérique du Nord *f.* (4)
Norway   Norvège *f.* (4)
nose   nez *m.* (13)
not   pas (1)
  —— at all   pas du tout (4)
  —— ever   ne ... jamais (8)
  ——   ne ... pas (2)
  —— yet   pas encore (5)
note   note *f.* (8)
notebook   cahier *m.* (5)
nothing   rien (1), ne ... rien, rien ... ne (12)
novel   roman *m.* (10)
November   novembre *m.* (6)
now   maintenant (4)
nuclear   nucléaire (11)
number   numéro *m.* (10), nombre *m.* (11)
  telephone ——   numéro de téléphone *m.* (10)

O

oasis   oasis *f.* (17)
[to] obey   obéir (à) (7)
object   objet *m.* (6)
[to] obtain   obtenir (10)
obvious   évident (-e) (11)
October   octobre *m.* (6)
of   de (*prép.*) (1)
  —— course   bien sûr (16)
  —— the   du (4)
office   bureau *m.* (1), cabinet *m.* (7)
often   souvent (2)
oil   huile *f.* (3), pétrole *m.* (17)
OK   bon! (4), d'accord (10)
old   ancien (-ne) (2), vieux, vieille, vieil (9)
  How —— are you?   Quel âge avez-vous? (3)
omelet   omelette *f.* (5)
on   sur (2)
  —— the phone   à l'appareil (7)
  —— TV   à la télé (4)
one   on (1) (*subject pronoun*)
oneself   se (*reflexive pronoun*) (13)
only   ne ... que (12), seulement (14)
[to] open   ouvrir (1)
open   ouvert (-e) (2)
opinion   avis *m.* (18), opinion *f.* (11)
opposite   contraire *m.* (5)
optimist   optimiste (2)

orchestra   orchestre *m.* (15)
[to] order   commander (12)
order   commande *f.* (12)
organized   organisé (-e) (5)
origine   origine *f.* (8)
other   autre (10)
our   notre, nos (5)
ours   nôtre (14)
ourselves   nous (13)
out of (*a number*)   sur (2)
oven   four (4)
  microwave ——   four à micro-ondes *m.* (4)
over there   là-bas (4)
[to] owe   devoir (12)
[to] own   posséder (13)
owner   propriétaire *m., f.* (16)

P

[to] pack   faire les bagages, les valises (5)
page   page *f.* (1)
pain   douleur *f.* (7)
painter   peintre *m.* (15)
painting   tableau *m.*, peinture *f.* (15)
  oil ——   peinture à l'huile *f.* (15)
pal   copain *m.*, copine *f.* (2)
pants   pantalon *m.* (5)
paper   papier *m.* (10)
parcel   colis *m.* (12)
pardon   pardon *m.* (6)
parent   parent *m.* (5)
Parisian   parisien (-ne) (2)
park   parc *m.* (5)
parking lot   parking *m.* (11)
[to] pass   passer (4)
passport   passeport *m.* (10)
past   passé (-e) (8)
past
  compound —— tense   passé composé *m.* (5)
  immediate ——   passé immédiat *m.* (10)
pâté   paté *m.* (12)
  liver ——   pâté de foie *m.* (12)
patience   patience *m.* (3)
[to] pay attention   faire attention (5)
[to] pay   payer, régler (10)
peace   paix *f.* (11)
pen   stylo *m.* (1)
pencil   crayon *m.* (1)

people on (2), gens *m. pl.* (6)
per pour (4)
perfect parfait (-e) (7)
perfectly parfaitement (18)
perfume parfum *m.* (7)
perhaps peut-être (12)
peril péril *m.* (15)
[to] permit permettre (à / de) (17)
personal personnel (-le) (8)
pessimistic pessimiste (2)
philosophy philosophie (philo) *f.* (2)
[to] phone téléphoner (7)
photo photo *f.* (3)
physical physique (8)
physics physique *f.* (8)
piano piano *m.* (10)
pie tarte *f.* (3)
piece pièce *f.* (14)
pilot pilote *m.* (2)
pitcher pichet *m.* (3)
pitiful minable (18)
pizza pizza *f.* (3)
[to] place placer (16)
place place *f.* (4), lieu *m.* (10)
[to] play jouer (1)
—— **an instrument** jouer de (15)
—— **a sport** faire du sport (6), jouer à (14)
playwright auteur dramatique *m.* (15)
pleasant agréable (2)
please s'il te plaît (3), s'il vous plaît (3)
pleased content (-e) (2) enchanté (-e) (2)
pocket poche *f.* (6)
poem poème *m.* (10)
poetry poésie *f.* (14)
Poland Pologne *f.* (4)
policeman agent de police *m.* (2), gendarme *m.* (10)
polite poli (-e) (2)
poll sondage *m.* (11)
public opinion —— sondage d'opinion *m.* (11)
pollution pollution *f.* (11)
poor pauvre (2)
poorly mal (*adv.*) (1)
population population *f.* (6)
pork butcher charcutier (-ère) *m., f.* (12)

pork butcher shop charcuterie *f.* (12)
Portugal Portugal *m.* (4)
possibility possibilité *f.* (11)
possible possible (2)
post card carte postale *f.* (7)
post office bureau de poste *m.*, (12), poste *f.* (12)
[to] postpone remettre (10)
[to] practice pratiquer (14)
prayer prière *f.* (18)
[to] prefer aimer mieux (2), préférer (*forms*) (13)
preferable préférable (11)
preference préférence *f.* (2)
preferred préféré (-e) (3)
[to] preoccupy préoccuper (11)
[to] prepare préparer (3)
present présent (-e) (2)
president président (-e) *m., f.* (2)
pretty joli (-e) (7)
price prix *m.* (4)
print caractère d'imprimerie *m.* (10)
prisoner prisonnier *m.* (9)
probable probable (11)
probably probablement (18)
problem problème *m.* (6)
produce produire (14)
program émission *f.* (TV) (16)
programmer programmeur (-se) *m., f.* (2)
[to] promise promettre (à / de) (17)
psychology psychologie (psycho) *f.* (8)
publish publier (15)
punish punir (7)
pupil élève *m., f.* (3)
purse sac *m.* (5)
[to] push back repousser (17)
[to] put mettre (17)
—— **back** remettre (10)
—— **on** mettre (17)
—— **up** ranger (11)

Q

quality qualité *f.* (11)
Quebec Québec *m.* (4)
Quebec québécois (-e) (5)
question question *f.* (1)
quietly tranquillement (18)

R

race course *f.* (5)
car —— course de voitures *f.* (14)
radio radio *f.* (1)
[to] rain pleuvoir (8)
rain pluie *f.* (8)
acid —— pluie acide *f.* (17)
raincoat imperméable *m.*, imper *m.* (6)
[to] raise lever (13)
rapidly rapidement (18)
rare rare (11)
rarely rarement (18)
[to] read lire (14)
really tellement (18)
[to] recall rappeler (*forms*) (13)
[to] receive recevoir (12)
recent récent (e) (18)
recently récemment (5)
reception réception *f.* (4)
receptionist réceptionniste *m.* (4)
[to] recognize reconnaître (10)
[to] recommend conseiller (à) (12)
[to] recommend recommander (4)
record disque *m.* (1)
red rouge (2)
[to] reduce réduire (11)
refrigerator frigidaire *m.* (4)
[to] refuse refuser (de) (15)
regime régime *m.* (5)
regularly régulièrement (13)
[to] relax se détendre (13)
relaxation détente *f.* (13)
[to] remain demeurer (15)
[to] remember retenir (10)
[to] remember se rappeler (13)
[to] rent louer (10)
rent loyer *m.* (16)
rental location *f.* (10)
[to] repeat répéter (13)
report reportage *m.* (11)
required obligatoire (7)
[to] resemble ressembler à (9)
reservation réservation *f.* (5)
[to] reserve réserver (10)
residence résidence *f.* (4)
resident habitant *m.* (6)
[to] rest se reposer (13)
restaurant restaurant *m.* (3)
university —— restau u *m.* (*fam.*) (4)

restroom   toilettes *f. pl.* (9)

[to] return   rentrer (4)

review   revue *f.* (14)

rich   riche (2)

[to] ride   monter (6)

right   droit *m.* (8)

rigor   rigueur *f.* (15)

[to] ring   sonner (10)

ring   bague *f.* (7)

risk   risque *m.* (10)

Riviera   Côte d'Azur *f.* (4)

rock 'n' roll   rock *m.* (2)

room   salle *f.* (9), pièce *f.* (16)

——— de la place (4)

two- ——— apartment   deux pièces *m.* (16)

———**mate**   camarade de chambre *m., f.* (2)

rooster   coq *m.* (18)

rose   pink (2)

rough   brutal (-e) (17)

rugby   rugby *m.* (14)

rule   règle *f.* (10)

[to] run   courir (18)

——— **a blood test**   faire une prise de sang (13)

Russia   Russie *f.* (4)

Russian language   russe *m.* (8)

S

sad   triste (11)

salad   salade *f.* (3)

sale   soldes *m. pl.* (7)

salt   sel *m.* (3)

same   même (6)

sandwich   sandwich *m.* (5)

Saturday   samedi *m.* (6)

sauerkraut   choucroute *f.* (12)

——— **with meat**   choucroute garnie *f.* (12)

[to] save (*money*)   faire des économies (8)

[to] say   dire (1, forms-14)

[to] scare   faire peur (11)

school   école *f.* (3)

secondary ———   lycée *m.* (4)

——— scolaire (8)

science   science *f.* (8)

political ———   sciences politiques (sciences po) *f. pl.* (8)

scuba diving   plongée sous-marine *f.* (14)

sculptor   sculpteur *m.* (15)

sculpture   sculpture *f.* (15)

sea   mer *f.* (4)

———**shore**   bord de la mer *m.* (4)

season   saison *f.* (6)

seat   place *f.* (4), siège *m.* (5), banquette *f.* (6)

second   deuxième (2)

second   seconde *f.* (14)

secretary   secrétaire *m., f.* (2)

security   sécurité *f.* (11)

see you later   à tout à l'heure (7)

[to] see   voir (5, forms-8)

——— **again**   revoir (8)

[to] seem   sembler (11)

[to] sell   vendre (9)

semester   semestre *m.* (8)

[to] send   envoyer (7)

Senegal   Sénégal *m.* (4)

sensational   sensationnel (-le) (18)

sensitive   sensible (7)

sentence   phrase *f.* (14)

September   septembre *m.* (6)

serious   grave (10), sérieux (-se) (2)

seriously   sérieusement (18)

serve   servir (7)

seven   sept (1)

seventeen   dix-sept (1)

seventeenth   dix-septième (2)

seventy   soixante-dix (4)

several   plusieurs (5)

she   elle (*subj. pron.*) (1), elle (*tonic pron.*) (5)

shelf   étagère *f.* (16)

shirt   chemise *f.* (5)

shoe   chaussure *f.* (5)

show   émission *f.* (16)

show   montrer (1)

shower   douche *f.* (4)

shuttle   navette *f.* (17)

sick   malade (17)

sidewalk café   café *m.* (1)

[to] sign   signer (10)

simple   simple (2)

simply   simplement (18)

since   depuis (6), puisque (8)

sincere   sincère (2)

sincerity   sincérité *f.* (2)

[to] sing   chanter (1)

sink   évier *m.* (16)

sister   sœur *f.* (2)

situation   situation *f.* (11)

six   six (1)

sixteen   seize (1)

sixty   soixante (2)

ski   ski *m.* (6)

[to] ski   faire du ski (6)

skirt   jupe *f.* (5)

sky   ciel *m.* (2)

[to] sleep   dormir (7)

not to be able ———   (ne pas) fermer l'œil (13)

——— **late**   faire la grasse matinée (5)

slope   côteau *m.* (17)

slow   lent (-e) (18)

slowly   lentement (18)

small   petit (-e) (2)

[to] smell   sentir (7)

——— **good**   sentir bon (7)

——— **bad**   sentir mauvais (7)

[to] smoke   fumer (1)

nonsmoking   non-fumeur (5)

[to] snow   neiger (8)

snow   neige *f.* (8)

soccer   football *m.* (4)

social   social (-e) (11)

society   société *f.* (11)

sociology   sociologie (socio) *f.* (8)

sock   chaussette *f.* (5)

sofa   canapé *m.*, divan *m.* (16)

soft   doux (-ce) (12)

soft drink   boisson gazeuse *f.* (12)

so long   salut *m.* (PC)

some   de la, de l', du (*part. art.*) (3), des (4), en (15), quelque (7)

someone   quelqu'un (10)

something   quelque chose (7)

——— **else**   autre chose (12)

——— **one dreads**   bête noire (18)

sometimes   quelquefois (18)

son   fils *m.* (7)

song   chanson *f.* (10)

soon   bientôt (8)

sorry   désolé (-e) (11)

[to] be ———   regretter de (11)

sort   sorte *f.* (3)

soup   soupe *f.* (3)

South America   Amérique du Sud *f.* (4)

Soviet Union   URSS *f.* (4)

space   de la place (4), espace *m.* (17)

space   spatiale (17)
Spain   Espagne *f.* (4)
Spanish language   espagnol *m.* (8)
Spanish   espagnol (-e) (2)
[to] speak   parler (1)
[to] spend   dépenser (8)
sport   sport *m.* (2)
spouse   conjoint *m.* (10)
spreadsheet   tableur *m.* (8)
spring   printemps *m.* (6)
stadium   stade *m.* (6)
stamp   timbre *m.* (7)
[to] stand   supporter (7)
state   état *m.* (15)
station   station *f.* (6)
[to] stay   rester (4)
stereo system   chaîne stéréo *f.* (9)
still   encore (5)
stomach   ventre *m.* (13)
stone   pierre *f.* (15)
[to] stop   cesser (de) (15)
store   magasin *m.* (11)
    department ——   grand
        magasin *m.* (11)
[to] storm   faire de l'orage (8)
storm   orage *m.* (8)
story   histoire *f.* (6)
stove   cuisinière *f.* (16)
street   rue *f.* (4)
strict   sévère (10)
student   étudiant (-e) *m., f.* (1)
studious   studieux (-se) (2)
study   étude *f.* (15)
[to] study   étudier (1), faire du +
        academic subj. (8)
stupid   stupide (2)
subject   matière *f.* (8)
subway   métro *m.* (6)
    —— **station**   station de métro *f.*
        (6)
[to] succeed   réussir (à) (7)
success   succès *m.* (11)
such   tel (-le) (18)
[to] suffer   souffrir (15)
sugar   sucre *m.* (3)
suitcase   valise *f.* (5)
summer   été *m.* (5)
sun   soleil *m.*
    —— **bath**   bain de soleil *m.* (5)
Sunday   dimanche *m.* (6)
superb   superbe (18)
supermarket   supermarché *m.* (4)

sure   sûr (-e) (11)
surely   sûrement (18)
surprised   étonné (e), surpris (-e)
        (11)
Sweden   Suède *f.* (4)
sweet   doux (-ce) (12)
[to] swim   nager, faire de la natation
        (14)
swimming   natation *f.* (14)
    —— **pool**   piscine *f.* (6)
swimsuit   maillot de bain *m.* (5)
Switzerland   Suisse *f.* (4)

T

table   table *f.* (4)
[to] take   prendre (6, *forms*-9)
    —— **(someone)**   emmener (17)
    —— **a course**   suivre un cours de
        (8)
    —— **a test**   passer un examen (4)
    —— **after**   tenir de + *noun* (10)
    —— **away**   enlever (13)
    —— **care of**   s'occuper (de) (15)
    —— **off**   enlever (13)
tale   conte *m.* (14)
talent   talent *m.* (3)
[to] talk   parler (1)
tall   grand (-e) (6)
tape recorder   magnétophone *m.* (9)
tax   taxe *f.* (4)
tea   thé *m.* (3)
[to] teach   apprendre à (9),
        enseigner (18)
teacher   professeur *m.* (1), prof *m., f.*
        (4) (*fam.*)
teaching   enseignement *m.* (15)
telegram   télégramme *m.* (12)
television   télévision *f.* (1)
    TV   télé *f.* (2)
ten   dix (1)
tender   tendre (17)
tennis   tennis *m.* (6)
test   examen *m.* (3)
    drug ——   contrôle anti-doping
        m. (14)
    [to] run a blood ——   faire une
        prise de sang (13)
    [to] take a ——   passer un
        examen (4)
text   texte *m.* (14)
thank you   merci (PC)

    —— **a million**   merci mille fois
        (4)
that   ça (PC), ce (*dem. adj., dem.
        pron.*) (1, *forms*-7) cet (4) cette
    —— **one**   celle, (5) celui (14),
        ceux, (15), cela (1), que (*conj.*)
        (10)
the   le, la (l'), les (1)
    —— **most**   le plus (11)
theater   théâtre *m.* (4)
their(s)   leur (5)
them   les (*dir. obj. pron.*) (8); (*tonic
        pron.*) eux (5) (*ind. obj. pron.*) leur
        (9)
then   alors (4), ensuite (9)
there   là (4), y (15)
    —— **is / are**   voilà (3)
    —— **is**   il y a (3)
these   ces (7)
they   elles (*tonic pron.*) (5); ils,
        elles (*pron. subj.*) (1), on (2), eux
        (5)
    —— **are**   ce sont (1)
thing   chose *f.* (7)
    dumb ——   bêtise *f.* (14)
[to] think   penser (5), réfléchir (à)
        (7)
third   troisième (2)
thirst   soif *f.* (3)
thirteen   treize (1)
thirtieth   trentième (2)
thirty   trente (2)
this   ce (*dem. adj., dem. pron.*) (1,
        forms-7) cet (4) cette (5) ceux
        (15)
    —— **evening**   ce soir (1)
    —— **one**   celle, celui (14)
those   ces (7)
thousand   mille (4) or mil (*with a
        date*)
three   trois (1)
throat   gorge *f.* (13)
thunder   tonnerre *m.* (8)
Thursday   jeudi *m.* (6)
thus   ainsi (17)
thus   donc (15)
ticket   billet *m.* (5)
time   heure *f.* (3), fois *f.* (4), temps *m.*
        (6)
    What —— **is it?**   Quelle heure
        est-il? (3)
    on ——   à l'heure (4)

timid timide (2)

tired fatigué (-e) (2)

to en (1)

—— **the** au (à + le) aux (à + les) (1)

tobacco tabac *m.* (7)

—— **and cigarette store** bureau de tabac *m.* (7)

today aujourd'hui (4)

together ensemble (1)

tomorrow demain (4)

tonight ce soir (1)

too many trop (de) (5)

too much trop (de) (5)

tooth dent *f.* (7)

tourist touriste *m.* (5)

traditional traditionnel (18)

traditionally traditionnellement (18)

traffic circulation *f.* (11)

trafficking traffic *m.* (11)

tragedy tragédie *f.* (15)

train train *m.* (3)

—— **station** gare *f.* (4)

transistor radio transistor *m.* (9)

[to] translate traduire (14)

transportation transport *m.* (3)

travel agency agence de voyage *f.* (4)

[to] travel voyager (2)

tree arbre *m.* (17)

trip voyage *m.* (4)

trombone trombone *m.* (15)

true vrai (-e) (2)

truly vraiment (18)

trumpet trompette *f.* (15)

truth vérité *f.* (14)

[to] try essayer (12), chercher à (15)

Tuesday mardi *m.* (6)

Tunisia Tunisie *f.* (4)

Tunisian tunisien (3)

twelve douze (1)

twentieth vingtième (2)

twenty vingt (1)

two deux (1)

[to] type taper (8)

U

ugly laid (-e) (2), moche (18) (*fam.*)

umbrella parapluie *m.* (5)

unbearable insupportable (8)

uncle oncle *m.* (2)

under sous (4)

[to] understand comprendre (9)

unemployment chômage *m.* (11)

unfair injuste (11)

unfortunately malheureusement (18)

unhappy malheureux (-se) (2)

unit unité *f.* (8)

United States Etats-Unis *m. pl.* (4)

unity unité *f.* (8)

university université *f.* (1), faculté (fac) *f.* (2); universitaire (4)

unpleasant désagréable (2)

until jusqu'à (3)

up to jusqu'à (3)

us nous (11, 5); (*ind. obj. pron*) nous (11)

[to] use utiliser (8)

use usage *m.* (15)

useful utile (2)

useless inutile (2)

usually d'habitude (6)

utilities charges *f. pl.* (16)

V

vacation vacances *f. pl.* (4)

summer —— grandes vacances *f. pl.* (10)

vaulted ceiling voûte *f.* (9)

vegetable légume *m.* (3)

very très (PC)

video cassette recorder magnétoscope *m.* (9)

view vue *f.* (4)

violence violence *f.* (11)

violent violent (-e) (14)

violently violemment (18)

violin violon *m.* (15)

[to] visit fréquenter (2), aller voir (5)

—— *a person* rendre visite à (9)

—— *a place* visiter (4)

visit visite *f.* (9)

W

[to] wait attendre (9)

—— **in line** faire la queue (5)

waiter garçon *m.* (3)

[to] wake up se réveiller (13)

[to] walk promener (13)

walkman walkman *m.* (9)

wall mur *m.* (3)

wallet portefeuille *m.* (9)

wandering vagabond (-e) (17)

[to] want désirer (2)

[to] want vouloir (7)

war guerre *f.* (11)

wardrobe armoire *f.* (16)

warm chaud (-e) (2)

warmly chaudement (18)

Warsaw Varsovie *f.* (4)

[to] wash

—— **the dishes** faire la vaisselle (5)

—— **up** se laver (13)

washbasin lavabo *m.* (16)

watch montre *m.* (7)

water skiing ski nautique (6)

[to] go —— faire du ski nautique (6)

water eau *f.* (3)

watercolor aquarelle *f.* (15)

way chemin *m.* (9)

we nous (*subj. pron.*, 1; *tonic pron.* 5)

[to] wear porter (5)

weather temps *m.* (6)

—— **report** prévisions de la météo *f.* (8)

wedding ring alliance *f.* (7)

Wednesday mercredi *m.* (6)

weekend week-end *m.* (4)

week semaine *f.* (4)

a —— huit jours (6)

two ——**s** quinze jours (6)

welcome bienvenu (-e) (9)

well bien (PC)

what que, quoi, qui, quel (-le) (7)

—— **are you up to?** Qu'est-ce que tu deviens? (10)

—— **became of him?** Qu'est-ce qu'il est devenu? (10)

—— **is it?** Qu'est-ce que c'est? (1)

——**'s wrong?** Qu'est-ce que vous avez? (7), Qu'est-ce qui ne va pas? (13)

when quand (2), lorsque (10); (*interrog. adv.*) quand (6)

where où (*interrog. adv.* 3, *rel. pron.* 16)

which　qui (16), quel (-le) (3, forms-7)

white　blanc (-che) (2)

who　qui est-ce qui, qui est-ce que, qui (7); (*rel. pron.*) qui (16)

whom　qui est-ce qui, qui est-ce que, qui (7)

Whose is it!　C'est à qui? (6)

why　pourquoi (4)

will　volonté *f.* (15)

[to] win　gagner (8)

wind　vent *m.* (8)

　——-**surf**　planche à voile *f.* (14)

window　fenêtre *f.* (1); guichet *m.* (12)

wine　vin *m.* (2)

　dry ——　vin sec *m.* (12)

　sweet ——　vin doux *m.* (12)

winter　hiver *m.* (5)

　in ——　en hiver (6)

[to] wish　souhaiter (11)

with　avec (1)

without　sans (4)

woman　femme *f.* (1)

word processor　traitement de texte *m.* (8)

[to] work　travailler (1)

work　travail *m.* (6), œuvre *f.* (15)

world　monde *m.* (11)

worried　inquiet (-ète) (10)

[to] worry　inquiéter, s'inquiéter (13)

wrestling　catch *m.* (14)

[to] write　écrire (14)

writer　écrivain *m.* (15), écrivaine *f.* (*Québec*) (2)

written　écrit (-e) (8)

wrong　tort *m.* (3)

Y

year　an *m.* (3), année *f.* (4)

yellow　jaune (2)

yes　oui (PC), si (*in answer to a negative question*) (2)

yesterday　hier (5)

you say　on dit (1)

you　te (*dir. / ind. obj. pron.*) (11), toi (5), tu (1), vous (*subj. pron.*) (1), vous (*dir. / ind. obj. pron.*) (11), vous (*reflex. pron.*) (13)

　——'re welcome　de rien (1), je vous en prie (7)

young　jeune (6)

　—— **people**　jeunes gens *m. pl.* (6)

your　ton, ta, tes (5), vos, votre (5)

yours　tien (-ne) (14), vôtre (14)

yourself　te (*reflex. pron.*) (13); toi (*tonic pron.*) 13; vous-même (5)

Z

Zaire　Zaïre *m.* (4)

zero　zéro (1)

zip code　NPA (Numéro Postal d'Acheminement) *m.* (*in Switzerland*) (1)

Index